EDITION OSHO

innenwelt verlag

Die Texte für dieses Buch sind Transkripte aus einer Diskurs-Serie, die Osho über die Fragmente des Heraklit vor einer internationalen Zuhörerschaft gehalten hat. Alle Osho Diskurse sind als Originale publiziert worden und als Original-Audios erhältlich. Audios und das vollständige Text-Archiv finden sie unter der Online Bibliothek „Osho Library“ bei www.osho.com

FSC www.fsc.org
MIX
Papier aus verantwortungsvollen Quellen
FSC® C110508

Überarbeitete Neuauflage 2013
Übersetzung: Prem Nirvano
Umschlaggestaltung: Silke Bunda Watermeier, www.watermeier.net

www.innenwelt-verlag.de

Druck: Westermann Druck Zwickau GmbH, Zwickau
Printed in Germany
ISBN 978-3-942502-25-2

OSHO

DIE VERBORGENE HARMONIE

ALLES FLIESST - VORTRÄGE ÜBER DIE FRAGMENTE DES HERAKLIT

MIT EINEM VORWORT VON JOACHIM ERNST BERENDT

INHALT

LICHT UND DUNKEL. LIEBE UND HASS.

Versuch eines Vorworts von Joachim Ernst Berendt

1 „Der Weise beobachtet einfach, wohin sich der Fluss der Natur wendet; dann folgt er diesem Fluss. Er hat kein Ego, das den Fluss vorantreiben will ... Er versucht nicht, die Natur zu besiegen; er sieht ein, dass das eine Dummheit wäre ... Er wird wie eine weiße Wolke, die am Himmel zieht – ohne zu wissen, wohin ... Das Ziel ist überall. Du musst die Natur nur gewähren lassen. Jeder Augenblick ist Erfüllung. Du musst es nur zulassen. Nur zulassen ..."

Das sind die Worte, mit denen dieses Buch endet. Ich setze sie an den Anfang, damit der Kreis geschlossen ist. Der Kreis als Zeichen des Zen. Der Einheit und des Eins-Seins. Des Rades. Der ewigen Wiederkehr. Alles wichtige Symbole für dieses Buch, zu dessen Kernsätzen die folgenden gehören: „Alles fließt. Nichts ruht. Alles vergeht, nichts dauert ... Veränderung ist das einzig Ewige. Nur der Wandel bleibt. Sonst nichts... In einem Kreis sind Anfang und Ende eins."

Osho hat die hier vorgelegten Diskurse über die Fragmente des Heraklit im Dezember 1974 gehalten – schon damals sprach er in jener souveränen Art, die so viele, die ihn hören, in den Bann schlägt. Von der kurzen Periode des Schweigens in Oregon unterbrochen, sprach er seit fünfzehn Jahren in dieser Weise: täglich mehrere Stunden frei redend – meist ein Diskurs morgens, einer abends – ohne schriftliche Unterlagen –, nie versiegend an Einfällen, Ideen, Stories, Informationen – an Weisheit. Um die 500 Bücher sind auf diese Weise entstanden, direkt und ohne weitere Korrekturen von den Tonbandaufnahmen in das druckfertige Manuskript übertragen – ein Phänomen ohne Vergleich. Man hat gesagt: „Osho spricht wie gedruckt." Aber man kann den Satz auch umkehren: Der gedruckte Osho liest sich und klingt für den mit seinem inneren Ohr Mitlesenden, als ob Osho selbst spräche. Dies ist gesprochene Sprache. Der Leser ist dabei, erlebt mit, wenn ein Gedanke entsteht: wie er sich nähert, zum ersten Mal eingefangen, wieder fallen gelassen, erneut aufgegriffen, gewendet, hinterfragt, präzisiert wird und wie er schließlich jene geschliffene Form erhält, die einem Osho-Gedanken ansteht. Dies ist epische Sprache. Selbst wenn Osho abstrakte Gedanken abhandelt, klingt es, als erzähle er Geschichten.

Ich stelle mir vor, Heraklit hat ähnlich gesprochen. Geschrieben hat er nichts. Es gibt nur Fragmente. Seine Schüler und Anhänger haben sie aufgezeichnet. Da es Aufnahmegeräte nicht gab – auch keine Stenografie –, konnten sie nur Bruchstücke festhalten.

Heraklit hat im 6. Jahrhundert vor Christus in Ephesus in der heutigen Türkei gelebt, einer der prachtvollsten Städte der damaligen Welt. Denken im Abendland beginnt mit Heraklit. Es gibt nur noch einen anderen Denker, von dem man das in ähnlicher Weise sagen kann – von seinem großen Zeitgenossen Pythagoras auf der Insel Samos – nicht weit von Ephesus entfernt. Ob sich die beiden gekannt, gelegentlich besucht, miteinander Diskurse geführt und gestritten haben? Pythagoras hat als Erster die harmonikale Grundstruktur des Universums „offensichtlich" zu machen versucht.

Heraklit liebte die „Verborgene Harmonie". Die Alten haben ihn „den Dunklen" genannt – ihn, dessen Gedanken von leuchtender Klarheit und Helle sind. Manche mochten ihn nicht. Er war ihnen ein Stein des Anstoßes. Über die Jahrhunderte hinweg haben sich Philologen und Philosophen über ihn geärgert. Genau so wie sich heute die Leute über Osho ärgern. Osho spricht über Heraklit, weil er die Gemeinsamkeit zwischen seinem Denken und dem des großen, „dunklen" Griechen spürt. Nur deshalb kann er so tief in die Fragmente des Heraklit eindringen.

Vor Jahren, als ich mein Buch „Das Dritte Ohr“ schrieb, brauchte ich Informationen über Heraklits „Verborgene Harmonie“. Ich fragte einen Philosophie- und Politikdozenten von der Technischen Universität Berlin – Hans-Peter Hempel, Autor des Buches „Heidegger und Zen“. Der sprach von dem engen Zusammenhang des Denkens Heideggers und dem Oshos am Beispiel des Heraklit. Ich traute meinen Ohren nicht. Ich schwöre, Hempel hatte nichts mit Sannyasins am Hut. Er kannte selbstverständlich die Literatur und Oshos Werk, er wusste, wo man sich am besten kundig macht.

2 Heraklit und Osho: Die beiden sind wie die Quellflüsse eines gemeinsamen Stromes – der eine fließt über die Jahrtausende hinweg, der andere in unserem Jahrhundert entsprungen und doch bereits ähnlich mächtig und reißend. Der Leser steht am Ufer und sieht und verfolgt staunend, bewegt, verunsichert, manchmal auch lachend die Gedanken – sich wandelnd, sich verzweigend, wieder zusammenfließend, in Strudeln und Katarakten – in unerschöpflicher Fülle vorbeiströmend. Es ist schön, am Ufer zu stehen und den Fluss anzuschauen. Ganz viele Osho-Leser tun das. Aber es ist auch notwendig, in den Fluss zu springen und selbst zu schwimmen. Deshalb hat Osho so oft gesagt: „Bücher müssen überschritten werden.“

Wer das Ufer überschreitet, fällt in den Fluss. Dann muss er schwimmen können. Um ein Ufer überschreiten zu können, braucht man das Ufer. Um Bücher überschreiten zu können, braucht man Bücher. Wer aus Oshos Forderung, Bücher müssen überschritten werden, folgert, er brauche keine Bücher zu lesen, hat nichts verstanden.

Ich habe in den USA einen Freund, dessen Haus direkt am Mississippi steht. Da sitzt er stundenlang am Fenster und schaut auf den sich in jeder Welle wandelnden Strom.

„Ich wohne hier schon 25 Jahre lang“, sagt er, „aber der Fluss ist jede Minute anders. Du wirst süchtig, wenn du ihn anschaust. Es ist, als siehst du das Leben selbst.“

Als junger Mann war ich süchtig nach der Sprache Nietzsches. Man kann süchtig nach Oshos Sprache werden. Ich kann diejenigen verstehen, die es werden. Man steht am Ufer und schaut den Worten, Sätzen und Gedanken zu, als seien sie Wellen. Osho schwimmt in ihnen – wie jene großen chinesischen Denker, die einmal in ihrem Leben den Gelben Fluss durchschwammen. Osho schwimmt sein Leben lang durch Ströme, die so breit sind wie der Gelbe Fluss: Den Strom Laotse. Den Strom Buddha. Den Strom Jesus. Den Strom Pythagoras. Die Ströme der großen Zen-Weisen. Den Strom Heraklit.

Wer jemals durch einen Strom geschwommen ist, hat hinterher das Gefühl: jetzt ist er mein eigener. Aber er hat auch erfahren: „Man schwimmt niemals durch den gleichen Fluss.“ Das ist einer der großen Sätze Heraklits. Über die Jahrtausende hinweg wurde er immer wieder aufgegriffen – bis hin zu Hermann Hesse.

Osho: „Irgendwie müsst ihr es verstehen lernen, dieses ewige Fließen… nichts als ein Fließen, das immer weitergeht.“

Wenn der Fluss in jeder Sekunde ein anderer ist, dann ist der Mensch noch viel mehr von Sekunde zu Sekunde ein anderer. Osho zitiert Buddha: „Es gibt nichts in dir, das Dauer hat, nichts, das Wesen hat. Du bist etwas Fließendes, ein Strom.“

Man könnte an dieser Stelle auf die moderne theoretische Physik verweisen. Der Einstein-Schüler David Bohm hat das neue physikalische Weltbild des „Holomovement“ geschaffen – von *holos* – ganz, und *movere* (lateinisch) – sich bewegen. Alles ist eins und dennoch in steter Bewegung. Das genau sagt Heraklit, das sagt Osho, das sagen heute auch die Physiker. Nachdem sie jahrhundertelang das Gegenteil dessen gesagt haben, was die spirituellen Weisen meinten, sagen sie heute genau das Gleiche.

3 Oshos Heraklit-Buch beginnt mit dem berühmtesten Heraklit-Fragment:

„Die verborgene Harmonie
ist mächtiger
als die offensichtliche...
Die Menschen sehen nicht,
dass alles, was sich widerspricht,
dadurch mit sich in Einklang kommt."

Diese Worte sind auch Schlüsselsätze meines eigenen Denkens. Der erste, vorstehend wiedergegebene Heraklit-Satz ist eingespannt in den Kontrast zwischen den Adjektiva „verborgen" und „offensichtlich". Wir kennen alle die offensichtliche Harmonie: den fröhlichen Zusammenklang zwischen Menschen – das harmlose, „harmonische" Zusammenklingen der Töne in Tagesschlagern oder Meditationsmusik – die Übereinstimmung zwischen dir und mir, die schon morgen durch Hass ersetzt werden kann. Heraklit meint, diese „offensichtliche" Harmonie ist zwar gut und mächtig, aber es gibt eine andere Harmonie, die noch viel besser und mächtiger ist, das ist die „verborgene".

Was könnte mit „verborgene Harmonie" gemeint sein? Ich glaube, es ist gut, sich Heraklit im griechischen Original anzuschauen. Der vollständige Spruch umfasst nur vier Worte – halb so viel wie die deutsche Übersetzung:

Armonia aphanes phaneres kreisson.

Wahrhaftig ein Satz, an dessen gedanklicher und schriftstellerischer Prägnanz sich Generationen von Philologen die Zähne ausgebissen haben. Man spürt, dass der Satz auf das Wort *kreisson* zuläuft. Ich schlage in meinem Schul-Lexikon nach, das schon meinem Vater in seiner Kindheit gedient hat, und finde dort, dass es eine ganze Skala von Bedeutungen besitzt: stärker, mächtiger, gewaltiger, vorzüglicher, kräftiger, nützlicher, besser, glücklicher, überlegen, obsiegen, Sieger, Herrscher. All das schwingt mit, wenn Heraklit die öffentliche, für jedermann sichtbare, leuchtende, wohlklingende Harmonie für weniger mächtig hält als die unsichtbare, verborgene, nicht auf Anhieb erkennbare. Man könnte völlig richtig übersetzen: „Die verborgene Harmonie ist Sieger über die sichtbare" – und hätte damit einen Spruch vom Zuschnitt Laotses.

Die beiden Worte, die im griechischen Original aufeinanderprallen wie Rammböcke, sind – das wird im Griechischen noch deutlicher als im Deutschen – Sehworte: *aphanes* und *phaneres.* Ihre gemeinsame Wurzel steckt in dem Wort *phanos* – die Fackel, die Leuchte. Unser Wort Fantasie ist damit verwandt; im Griechischen bedeutet es Erscheinung, Vorzeichen, Wunder, Traumbild, Gespenst. Also: Harmonie kann leuchtend sein. Wie eine Fackel. Aber dann ist sie lediglich eine Erscheinung, ein Traumbild, ein Gespenst. Mächtiger und besser als diese Art von Harmonie ist diejenige, die nicht leuchtet und die niemand sehen kann, weil sie verborgen ist. Sie ist – das macht der Komparativ *kreisson* deutlich – noch gewaltiger, mächtiger, trefflicher, nützlicher als die sichtbar vor aller Augen liegende „öffentliche" Harmonie.

Das Wort *armonia* war auch bei den Griechen schon ein musikalisches Wort. Harmonie erklingt, wird gehört. Die mächtigere Harmonie – diejenige, die wir nicht sehen können, als sei sie eine Fackel – können wir allein durch unsere Ohren wahrnehmen. Auf diese Weise steckt gleich auch noch drin in dem Heraklit-Wort: Was wir hören können, geht tiefer, ist mächtiger, vorzüglicher, nützlicher, besser, glücklicher als das, was wir sehen können.

Dass hier nichts hineininterpretiert wird, macht der zweite Heraklit-Spruch vollends deutlich: „Die Menschen sehen nicht, dass alles, was sich widerspricht, dadurch mit sich in Einklang kommt." Das zu betonende Wort ist „dadurch".

Heraklit will sagen: Die Dinge kommen eben dadurch in Einklang – in Harmonie! –, dass sie einander widersprechen. Sie sind also nicht in wahrer Harmonie, wenn ihr Einklang offensichtlich ist, wenn er nur dem Auge einsehbar und lediglich erscheinend ist. Osho – und übrigens auch Heidegger – betonen, dass diese Aussage des Heraklit das moderne Wissenschaftsdenken zutiefst angeht – und aus den Angeln hebt. Osho schreibt: „A ist A und kann niemals B sein. Dieses Prinzip des Aristoteles wurde zum Grundstein des gesamten westlichen Denkens... Liebe ist Liebe, Hass ist Hass; und Liebe kann niemals Hass sein. Das ist töricht, denn alle Liebe schließt Hass ein – sie muss ihn einschließen; das ist naturgegeben."

Deshalb ist die eindimensionale, logische Aussage von vornherein verkehrt. Sie ist nicht eine Aussage des Lebens. Und eine lebendige Aussage ist von vornherein unlogisch, weil sich das Leben in Paradoxien äußert. Paradoxien widersprechen sich. Was sich widerspricht, so sagen Heraklit und Osho, kommt eben dadurch – also durch die Paradoxie, nicht durch die Logik! – mit sich selbst in Harmonie. Genau diese Tatsache hat das so erfolgreiche und dennoch– oder eben deshalb – so flache abendländische Wissenschaftsdenken über-„sehen". Indem es immer nur vorwiegend sah – die Fackel, das Leuchtende – übersah es. Und zwar übersah es den verborgenen Einklang, die nicht offensichtliche Harmonie. Deshalb auch von Osho – genau wie von Heraklit – die Höranweisung: „Höre! Aber indem du hörst, vergiss den Hörer. Werde ganz und gar hörend. Nur Ohren und Ohren und Ohren. Als verwandelte sich dein ganzer Körper in Ohren. Du wirst zwei riesengroße Ohren – und sonst nichts. Deine Augen hören, deine Hände hören. Deine Füße hören. Jede Zelle deines Wesens soll hören."

Osho macht das sehr schön am Beispiel des Lichtes deutlich. In allen Religionen heißt es „Gott ist Licht!" Im Koran, in den Upanishaden, in der Bibel – überall. Wer ist dann aber das

Dunkle? Die Nacht? In diesem Punkt, sagt Osho, ist Heraklit tiefer als Jesus, Mohammed, Zarathustra und so viele andere: „Gott ist Tag und Nacht, Winter und Sommer, Krieg und Frieden, Überfluss und Mangel." Der Akzent liegt nicht auf den großen Worten – Tag, Nacht etc., nicht einmal auf dem allergrößten – Gott, sondern auf dem kleinsten – auf „und". Osho: „Nie zuvor und nie danach sind so schöne Worte ausgesprochen worden." Man kann richtig spüren, wie sehr Osho diesen Heraklit-Satz liebt. Überhaupt, ständig spürt man Liebe auf diesen Seiten! Nicht wahr: Zur offensichtlichen Harmonie gehört die Vorstellung, dass Gott Licht ist. Der leuchtende, strahlende Gott! Dunkel und Licht, Tag und Nacht widersprechen einander. Ebenfalls Winter und Sommer, Krieg und Frieden, Überfluss und Mangel, Liebe und Hass, Glück und Leid.

Aber: Erst durch diesen Widerspruch kommen die Dinge zur Harmonie. Erst wenn Gott beides ist, haben wir das Ganze. Wenn er das nicht ist, entsteht sofort die Frage: Wer ist dunkel? Wer ist Nacht, Krieg, Schmerz, Leid, Unglück? Die meisten Religionen brauchen deshalb den Teufel. Die Mönche des Mittelalters waren besessen von ihm. Je mehr sie über Gott nachdachten, desto größer wurde der Raum, der – so erschien es ihrem Verstand – unmöglich Gottes sein konnte. Dieser Raum wurde dem Teufel zugewiesen. Jesus wurde von ihm versucht. Augustinus beschwörte ihn. Die Hexenverfolger projizierten ihn auf die Frauen und verbrannten sie. Luther warf sein Tintenfass nach ihm. Noch heute kann man den Tintenfleck an der Wand sehen; generationenlang wurde er pflichtschuldigst erneuert, wenn er verblichen war. Etablierte Religionen brauchen den Teufel. Man sieht das heute an den Sektenfachleuten der Kirchen. Sie leben vom Teufel. Der verschafft ihnen ihren Unterhalt. Nicht Jesus Christus.

Heraklit – aber auch Osho – und natürlich Buddha und Laotse – wollen die Fülle des Seins. Nichts wird irgendwohin abgedrängt und dem Teufel überlassen. Alles ist Gottes: Liebe und Hass, Dunkel und Licht. Teufel ist nur ein anderes Wort für Gott. Die Sprache weiß das. Das Wort „Teufel" geht auf die gleiche Wurzel wie Sanskrit deva, lateinisch deus und französisch dieu zurück. Die Helle des Lichtes also kommt aus der gleichen Quelle wie die Hölle der Dunkelheit. Das Ganze, das Eine ist die verborgene Harmonie, die allein unseren Ohren wahrnehmbare. Deshalb meinen die Upanishaden und so viele große spirituelle Weise und Bücher: „Das Ohr ist der Weg!" Der Weg, um die verborgene Harmonie zu hören. Um Gott zu hören. Denn die verborgene Harmonie – das ist Gott.

Bei den Sufis, in den Upanishaden, den Zen-Weisen – überall spielt er eine ganz große Rolle. Heraklit nennt diesen „letzten Urgrund" den Logos, ein Zentralwort des griechischen Denkens. Allein hörend – so meint er – kann er erkannt werden: „Wer den Logos nicht hört, der höre auf mich: Der Weise sieht ein, dass alle Dinge eins sind." Will sagen: Wenn ihr es schon selber nicht hören könnt, dann hört doch wenigstens auf mich: Alles ist eins. Genau das sagt auch Osho an.

4 Man kann nicht über Harmonie sprechen, ohne an Musik zu denken. Von dort ist schließlich das Wort in unseren Sprachgebrauch gelangt. Harmonie in der Musik unterliegt dem Gesetz der Obertöne. Mit jedem Ton, den wir hören, steigen Obertöne auf. Ja, wir können einen Ton überhaupt nicht wahrnehmen ohne Obertöne. Er wäre sonst mehr nervendes Geräusch als lebendiger Ton. Auf der Obertonleiter erklingen zuerst die Oktave, dann die Quinte, dann nochmals die Oktave, dann Terzen und Quarten – und das sind alles „harmonische" Intervalle. Wenn man aber die Obertonleiter weiter emporsteigt – und das geschieht zwangsläufig im musikalischen Tongeschehen –, dann kommt man zu jenen Intervallen, die unserem herkömmlichen

Musikverständnis nach weniger harmonisch sind: große und kleine Sekunden, große und kleine Septimen, Mikrointervalle. Die Forderung, die in den spirituellen Traditionen der Menschheit erhoben wird, lautet: aufzusteigen auf der Obertonleiter – aufzusteigen soweit man nur kann, auch also in die „unharmonischen" Bereiche hinein. Eben deshalb ist Obertonmusik – Musik, die bewusst mit Obertönen arbeitet, sie nicht bloß in Kauf nimmt – spirituelle Musik. Insofern es unendlich viele Primzahlen gibt, gibt es auch unendlich viele Obertöne. Jede Obertonleiter führt uns in die Unendlichkeit. Jedes bewusste Hören von Obertönen führt uns zwangsläufig aus dem Bereich jener Intervalle, die uns „harmonisch" erscheinen, zu den schwächer und weniger deutlich erklingenden „unharmonischen" Intervallen. In diesen Bereich sollen wir gelangen. Es ist der Bereich der „verborgenen Harmonie". Dorthin sollen wir das Bewusstsein von Harmonie tragen, dort sollen wir Harmonie entdecken.

Kein Zweifel, das ist auch eine gesellschaftliche, damit eine politische Forderung. „Wer nur etwas von Musik versteht, versteht auch von der nichts", hat Hanns Eisler gesagt. Musik bedeutet mehr als nur ihre Klänge. Sie bedeutet die ganze Welt. Zur Welt gehören auch Gesellschaft und Politik. Das also ist unsere Aufgabe – nicht nur in der Musik: Durchzuhören durch die Offensichtlichkeit des Harmonischen, sich damit nicht zufrieden geben, Harmonie dort zu finden und dorthin zu tragen, wo wir sie nur mit den allerfeinsten Ohren wahrnehmen – und jedenfalls nicht sehen, fühlen, schmecken, riechen – können, wo sie aber gleichwohl verborgen ist. Wenn wir diese Aufgabe nicht erfüllen, dann hören wir auf. Das sagt uns ja die Sprache mit diesem Wort: Wir hören auf, wenn wir aufhören zu hören. Sie hätte es nicht bilden können, wenn dies nicht der „verborgene" Sinn wäre, den sie anpeilte: aufhören zu hören – aufhören zu sein.

5 Wir müssen deshalb auf der Hut sein, uns von jenen Menschen vereinnahmen zu lassen, die heute eine „Heile Welt" predigen. Ganz viele Menschen des sogenannten „New Age" tun das. Die heile Welt – das ist die Welt der offensichtlichen Harmonie. Die ganze Welt – die Welt zwar nicht der Religionen, aber die Welt Gottes – ist die Welt der verborgenen Harmonie. Die Welt, die uns im Obertongeschehen auf so eindringliche Art deutlich wird. Die Welt, die ganz feine Ohren braucht. Wer ganz genau hören will, schließt instinktiv die Augen. Das Wort Mystiker kommt von griechisch *myein* – die Augen schließen. Osho fordert moderne Mystiker. Er ist selbst einer.

Das New Age hat es mit der offensichtlichen Harmonie – mit der leichten, seichten, eingängigen. Das ist New Age: Harmonie ohne Disharmonie, Licht ohne Dunkel, Liebe ohne Hass, Frieden ohne Krieg, Freude ohne Schmerz, Lachen ohne Weinen, Ruhe ohne Unruhe. Immer nur die Hälfte der Dinge. Deshalb klingt auch die meiste Musik des New Age so langweilig – immer nur die Hälfte der musikalischen Möglichkeiten.

Das New Age nimmt eine Scheinwelt wahr. Sie meditieren miteinander, sie tanzen und singen miteinander – und das ist ja alles total schön –, aber sie verpassen das Ganze der Existenz und des Seins. Das New Age ist auf einen Pol fixiert: auf Licht und Liebe und offensichtliche Harmonie. Deshalb taucht sofort triumphierend am anderen Pol der Teufel auf und schreit: „Hier bin ich!" Man kann deutlich sehen, dass er wirklich präsent ist – voller Hohn – in all dem, was da unter den Teppich gekehrt wird. Und was schon jahrhundertelang im Christentum unter den Teppich gekehrt wurde. Was die etablierten Religionen unter den Teppich kehren.

6 Ständig ist in diesem Buch von Gott die Rede, aber dann, in einem der letzten Kapitel steht: „Ein Mensch, der richtig im

Kopf ist, braucht keinen Gott … Ihr wollt nicht frei sein, ihr wollt lieber Sklaven sein und darum erfindet ihr Gott … Wenn du ohne Gott lebst, dann wirst du zu Gott, wirst Du göttlich."

Ist das ein Widerspruch? Oberflächlich gesehen: ja! Widersprüche gibt es oft im Werk und im Denken Oshos. Die Massenpresse, die Flachdenker, die im „Spiegel" und im „Stern" schreiben, haben ihm das angekreidet. Osho selbst sagt: „An der Oberfläche kommt es euch manchmal so vor, dass ich mir widerspreche, aber wenn ihr nicht nur auf meine Worte hört, sondern auf mich, werdet ihr keine Widersprüche finden." Immer wieder lehrt er uns, dialektisch zu denken: Der Tag und die Nacht. Das Licht und das Dunkel. Die Liebe und der Hass – im Sinne Heraklits. Zusätzlich aber besitzt Osho noch etwas, was kaum einer der großen Denker und spirituellen Weisen der Menschheit besitzt: Humor.

Zum Beispiel: „Dialektik ist heterosexuell, Rationalität homosexuell." Das trifft nicht nur, das ist auch zum Lachen. Oder: „Wissenschaft ist Erkenntnis minus Selbsterkenntnis." So prägnant formulieren in der spirituellen Welt allenfalls noch die großen Zen-Meister. Nicht umsonst erzählt Osho so viele Witze und Schwänke von Nasrudin, dem vielgeliebten Schelm, dem Till Eulenspiegel der Sufis. Osho will, dass gelacht wird. Und er sorgt dafür, dass gelacht werden kann. Sogar in einem Buch über Heraklit.

Osho: „Ich antworte nicht auf die Frage, ich antworte dem Fragenden." Oder: „Was ich auch sage – auch das Gegenteil davon ist wahr. Denkt daran, denn wenn ihr das Gegenteil ausschließt, werdet ihr engstirnig und fanatisch." Und schließlich: „Alle Theorien sind falsch – absolut, kategorisch, meine eigenen eingeschlossen." Wer so denkt, muss in unserer auf Logik, Kausalität und Bestand fixierten Welt Feinde haben.

Osho: „Wenn die Mehrheit dich für einen Idioten hält, nur dann besteht die Wahrscheinlichkeit, dass du ein Weiser bist, andernfalls ist es ausgeschlossen." Und: „Wenn du keinen Feind hast, verschwindet alles Salz aus deinem Leben." Von hierher kommt das Schillernde des Oshobildes in der Öffentlichkeit. Osho hat seinen Spaß daran. Er genießt es, ja er fördert es. Er lacht darüber. Gelegentlich zitiert er Alan Watts, der über Gurdjieff geschrieben hat: „Er ist der heiligste Schurke, den ich je gekannt habe." Ich glaube, Osho wäre es lieb, wenn irgendjemand das über ihn sagte.

Also sage ich es hier: Osho ist der heiligste Schurke, den ich je gekannt habe.

Osho: „Ist es richtig, auf Kosten anderer ein Heiliger sein zu wollen? Nein, durchaus nicht. In einer besseren Welt wird der Heilige auch Sünder sein ... Nach Gurdjieff lässt sich das alte Konzept vom Heiligen nicht mehr aufrecht erhalten. Gurdjieff markiert einen Wendepunkt ... Bis zu ihm galt, dass ein Heiliger ein Heiliger sein muss. Er aber war beides – Heiliger und Sünder zugleich."

Osho: „Für mich gibt es nur eine Religion, und diese Religion ist: die innere Stimme finden, den inneren Leitstern." Und aus dem Zusammenhang dieses Buches wird deutlich: Der innere Leitstern ist die Verborgene Harmonie, der Verborgene Gott, der Gott in uns. Höre auf Seine Stimme in Dir! Deshalb ist dieses Buch so wichtig.

Für mich ist es eines der schönsten, die Osho geschrieben – eigentlich ja gesprochen – hat.

Joachim Ernst Berendt

1

DIE VERBORGENE HARMONIE

Die verborgene Harmonie
Ist besser
Als die offensichtliche.
Aus Zwietracht entsteht Eintracht,
Aus Missklang
Entsteht die höchste Harmonie.
Erst durch dauernden Wechsel
Kommen die Dinge zur Ruhe.
Die Menschen sehen nicht, dass alles,
Was sich widerspricht,
Dadurch mit sich in Einklang kommt.
Es liegt Harmonie im Widerstreit,
Das zeigen Bogen und Leier.
Der Name des Bogens ist Leben,
Aber sein Werk ist Tod.

ICH LIEBE HERAKLIT NICHT ERST in diesem Leben, sondern schon seit vielen Leben. Und Heraklit ist überhaupt der einzige Grieche, den ich je geliebt habe.

Heraklit ist wirklich großartig: Wäre er in Indien oder sonstwo in Asien geboren worden, wäre er als ein Buddha bekannt geworden. Aber in der griechischen Geschichte, in der griechischen Philosophie war er ein Fremder, ein Außenseiter. Für die Griechen war er kein Erleuchteter, sondern Heraklit der Obskure, Heraklit der Dunkle, Heraklit der Rätselhafte. Und Aristoteles sagte: „Im besten Fall ist er ein Dichter" – aber selbst dieses Zugeständnis fiel ihm nicht leicht. So sagte er später in anderen Werken: „Heraklit muss irgendeinen Charakterfehler gehabt haben, irgendeinen biologischen Schaden; darum redet er auf so dunkle Weise, in lauter Paradoxien."

Aristoteles glaubte, dass Heraklit etwas exzentrisch, ein bisschen verrückt sei – und Aristoteles gab für den ganzen Westen den Ton an. Hätte man Heraklit akzeptiert, dann wäre die gesamte Geschichte des Westens anders verlaufen. Aber er wurde überhaupt nicht verstanden. Er wurde mehr und mehr vom Hauptstrom des westlichen Denkens, der westlichen Weltanschauung abgedrängt. Heraklit war vom Schlag eines Gautam Buddha oder Laotse oder Basho. Der Boden Griechenlands war absolut ungeeignet für ihn. Im Osten dagegen wäre er zu einem großen Baum herangewachsen, hätte er Millionen helfen können, Millionen hätten durch ihn den Weg gefunden. Aber für die Griechen war er bloß fremdartig, exzentrisch, irgendwie ausländisch, nicht zugehörig: Er war nicht einer von ihnen. Darum wurde sein Name verschwiegen, in die Ecke geschoben; nach und nach vergaß man ihn. Als Heraklit geboren wurde, genau zu dieser Zeit, erreichte die Menschheit einen Höhepunkt, eine Zeit der Umwandlung. Es verhält sich mit der Menschheit genauso wie mit dem Individuum: Es gibt Augenblicke, wo sich alles verändert. Alle sieben Jahre verändert sich der Körper und das geht immer weiter so – wer siebzig Jahre lebt, dessen gesamtes biochemisches System verändert sich zehnmal. Und wenn man die Lücke zwischen diesen Phasen zu nutzen weiß – den Augenblick, wo sich der Körper verändert – dann ist es sehr leicht, in Meditation zu gehen.

Zum Beispiel: Mit vierzehn wird zum ersten Mal Sex bedeutsam. Der Körper erfährt eine biochemische Umwandlung und wenn man zu diesem Zeitpunkt zur Meditation hingeführt werden kann, ist es sehr leicht, den Einstieg zu finden. Der Körper ist noch nicht festgelegt, das alte Muster ist verschwunden und das neue soll erst entstehen. Es klafft eine Lücke. Im Alter von 21 Jahren ereignen sich wiederum tiefe Veränderungen, denn alle sieben Jahre erneuert sich der Körper vollständig: Alle alten Zellen werden abgestoßen und von neuen ersetzt. Dann geschieht das Gleiche im Alter von 35 Jahren und später dann wieder. Alle sieben Jahre erreicht der Körper den Punkt, wo das Alte verschwindet und das Neue fußfasst. Und es gibt jedes Mal eine Übergangszeit. Während dieser Übergangszeit gerät alles ins Schwimmen. Wenn du möchtest, dass eine neue Dimension in dein Leben eintritt, dann ist das genau die richtige Zeit.

Und ganz genau dasselbe geschieht mit der Menschheitsgeschichte im Großen. Alle fünfundzwanzig Jahrhunderte kommt es zu einem Gipfelpunkt, und wenn dieser Punkt genutzt wird, ist es leicht, zur Erleuchtung zu gelangen. Zu anderen Zeiten ist es weitaus schwieriger. Denn in jenem Gipfelmoment fließt der Strom von selbst in diese Richtung: Nichts ist fest, alles fließt.

Vor fünfundzwanzig Jahrhunderten wurden Gautama Buddha und Mahavir der Jaina in Indien geboren, in China Laotse und Tschuangtse, Zarathustra im Iran und in Griechenland Heraklit. Das sind die Höhepunkte. Nie zuvor waren solche Gipfel erreicht worden oder wenn sie erreicht wurden, dann sind sie nicht in die Geschichte eingegangen, denn die Geschichte beginnt für das Abendland mit Jesus. Ihr könnt euch nicht vorstellen, was vor fünfundzwanzig Jahrhunderten geschah. Und jetzt nähert sich wieder dieser Zeitpunkt, wir befinden uns wieder in einem fließenden Zustand: Das Alte ist sinnlos geworden, die Vergangenheit hat für euch keine Bedeutung mehr, die Zukunft ist ungewiss: Die Lücke tut sich auf. Und die Menschheit wird wieder einen Höhepunkt erreichen, den gleichen Gipfel wie zur Zeit des Heraklit.

Und wenn ihr ein wenig bewusst seid, könnt ihr diesen Augenblick nutzen – ihr könnt einfach vom Rad des Lebens abspringen. Wenn die Dinge festliegen, dann ist Umwandlung schwierig. Ihr habt das große Glück, in ein Zeitalter hineingeboren worden zu sein, wo die Dinge wieder in Bewegung sind. Nichts ist mehr sicher, alle alten Verhaltensmuster und Gebote sind nutzlos geworden. Neue Muster haben sich noch nicht wieder ausgebildet, aber sie werden sich bald ausbilden; der Mensch kann nicht ewig ohne festen Halt leben, denn ohne festen Halt herrscht Unsicherheit. Die Dinge werden sich also wieder setzen; dieser Zeitraum wird nicht lange dauern, er währt nur ein paar Jahre. Wenn du ihn nutzen kannst, kannst du einen Gipfel erreichen, der zu anderen Zeiten kaum zu erreichen ist. Verfehlst du ihn, dann wird ein solcher Zeitpunkt erst in fünfundzwanzig Jahrhunderten wiederkommen.

Macht es euch klar: Das Leben bewegt sich im Kreis – alles bewegt sich im Kreis. Das Kind kommt auf die Welt, dann kommt die Zeit der Jugend, dann das Alter, dann der Tod. Es bewegt sich so wie die Jahreszeiten: Der Sommer kommt, dann die Regenzeit, dann der Winter und so weiter, im Kreis herum.

Das Gleiche gilt auch für die Dimension des Bewusstseins: Alle fünfundzwanzig Jahrhunderte rundet sich der Kreis – und bevor der neue Kreis beginnt, öffnet sich eine Lücke, durch die man schlüpfen kann; die Tür steht für ein paar Jahre offen.

Heraklit ist wirklich eine ganz seltene Hochblüte. Er ist eine von den Seelen, die am weitesten nach oben gedrungen sind, einer von denen, die zum Mount Everest werden, zum höchsten Gipfel des Himalaja. Versucht ihn zu verstehen. Es ist sehr schwer. Nicht umsonst heißt Heraklit „der Dunkle". Er ist aber keineswegs dunkel. Ihn zu verstehen ist deshalb schwierig, weil du dich auf eine andere Seinsebene begeben musst. Das ist das Problem. Es ist leichter, ihn als dunkel abzutun und sich anderen Dingen zuzuwenden.

Es gibt zweierlei Menschen. Wer Aristoteles verstehen will, braucht sich nicht in seinem Sein zu ändern, man braucht nur Informationen zu speichern. Informationen über Logik, Philosophie usw. kann man sich in jeder Schule besorgen, dort kann man intellektuelles Verständnis anhäufen und dann Aristoteles verstehen. Man braucht sich nicht zu ändern, um ihn zu verstehen, man braucht nur ein wenig zusätzliches Wissen. Dein Sein bleibt das Gleiche, du bleibst der Gleiche. Du brauchst keine neue Dimension des Bewusstseins. Die ist nicht erforderlich.

Aristoteles ist klar. Wer ihn verstehen will, braucht dazu nur ein wenig Anstrengung: Wer durchschnittlich intelligent ist, wer einen einigermaßen durchschnittlichen Kopf hat, kann ihn begreifen. Aber wer Heraklit verstehen will, begibt sich auf steinigen Boden, und wenn man bei ihm Wissen sucht, geht man leer aus. Es nützt nichts, nur ein äußerst gescheiter Kopf zu sein. Man braucht eine andere Seinsqualität. Und das ist die Schwierigkeit – man braucht ein verändertes Sein. Und so ist es leichter, Heraklit den „Dunklen" zu nennen.

Er ist nicht dunkel. Ihr befindet euch nur noch unterhalb der Seinsebene, auf der er verstanden werden kann. Wenn ihr diese Seinsebene erreicht habt, verschwindet plötzlich seine ganze Dunkelheit. Er gehört zu den strahlendsten Wesen überhaupt. Er ist nicht dunkel, er ist nicht undurchsichtig – ihr aber seid blind. Seid euch ganz im Klaren, dass ihr die Verantwortung auf ihn schiebt, wenn ihr sagt, er sei dunkel und dass ihr versucht, der Umwandlung zu entkommen, die durch die Begegnung mit ihm möglich wird. Sagt nicht: „Er ist dunkel", sagt: „Wir sind blind" oder „Unsere Augen sind geschlossen".

Dort ist die Sonne: Du kannst dich mit geschlossenen Augen vor die Sonne hinstellen und sagen, die Sonne sei dunkel. Oder es kommt vor, dass du mit offenen Augen in die Sonne blickst, aber das Licht ist so stark, dass deine Augen vorübergehend blind werden. Das Licht ist einfach zu stark, es ist unerträglich, und plötzlich wird alles dunkel. Die Augen sind offen, die Sonne scheint dich an, aber die Sonne ist zu viel für deine Augen, und so bist du in Dunkelheit.

Und so ist es auch hier: Heraklit ist nicht dunkel. Entweder du bist blind oder deine Augen sind geschlossen oder es gibt die dritte Möglichkeit: Wenn du in Heraklit hineinblickst, ist er ein so strahlendes Wesen, dass deine Augen ganz einfach ihre Sehkraft verlieren. Er ist unerträglich, sein Licht ist zu viel für dich. Du bist so viel Licht nicht gewohnt, und so musst du ein paar Vorkehrungen treffen, bevor du Heraklit verstehen kannst. Und wenn er spricht, klingt es so, als spräche er wirr, als mache es ihm Spaß, Rätsel aufzugeben – denn er spricht in Paradoxen.

Alle, die die Wahrheit wissen, sprechen in Paradoxen. Und das hat seinen Grund. Sie sprechen nicht in Rätseln, sie drücken sich sehr klar aus – aber was bleibt ihnen übrig? Wenn das Leben selbst paradox ist – was sollen sie machen? Man kann natürlich saubere und klare Theorien schaffen, nur um die Paradoxe zu vermeiden, aber diese Theorien stimmen dann nicht, sie können nicht mit dem Leben übereinstimmen. Aristoteles ist klipp und klar; er sieht wie ein französischer Garten aus. Heraklit sieht dagegen wirr aus, wie ein wild gewachsener Wald.

Bei Aristoteles gibt es keine Schwierigkeit; er vermeidet jedes Paradox, er hat eine saubere und klare Lehre aufgestellt; das gefällt. Aber wenn man sich Heraklit aussetzt, bekommt man es mit der Angst zu tun, denn Heraklit öffnet die Tür des Lebens, und das Leben ist paradox. Buddha ist paradox, Laotse ist paradox. Alle, die die Wahrheit wissen, müssen notgedrungen in Paradoxen sprechen. Was können sie sonst tun? Wenn das Leben selbst paradox ist, müssen sie sich nach dem Leben richten.

Und das Leben ist nicht logisch. Es ist ein Logos, aber keine Logik. Es ist ein Kosmos, kein Chaos – aber auf keinen Fall ist es Logik. Das Wort Logos muss erklärt werden, denn Heraklit gebraucht es häufiger. Und der Unterschied zwischen Logos und Logik muss ebenfalls geklärt werden. Logik ist eine Lehrmeinung über das, was wahr ist; und Logos ist die Wahrheit selbst. Logos ist existenziell. Logik ist nicht existenziell; Logik ist intellektuell, theoretisch. Versucht, das zu verstehen. Wenn man das Leben sieht, sieht man auch den Tod. Wie kann man den Tod ausklammern? Wenn man das Leben anschaut, ist er darin enthalten. Jeder Augenblick des Lebens ist auch ein Augenblick des Todes; Leben und Tod lassen sich nicht trennen. Und das ist verwirrend. Leben und Tod sind nicht zwei voneinander getrennte Erscheinungen: Sie sind die zwei Seiten ein und derselben Münze, zwei Ansichten der gleichen Medaille.

Wer tief in dieses Phänomen eindringt, erkennt, dass Leben Tod und Tod Leben ist. In dem Augenblick, wo du geboren wirst, hast du zu sterben begonnen. Und daraus folgt, dass du wieder zu leben beginnst, wenn du stirbst. Wenn im Leben der Tod enthalten ist, dann muss auch im Tod das Leben enthalten sein. Sie gehören zusammen, sie ergänzen sich gegenseitig. Leben und Tod sind wie zwei Flügel oder wie zwei Beine, du kannst dich nicht nur mit dem rechten oder dem linken Bein vorwärts bewegen.

Im Leben gibt es keine Rechten oder Linken, sondern nur beide zugleich. Man kann eine Weltanschauung haben, die einen zu einem ‚Rechten' oder ‚Linken' macht. Aber Weltanschauungen stimmen nie mit dem Leben überein und können es auch nicht, denn eine Weltanschauung muss notwendigerweise sauber, klar und schlüssig sein. Aber das Leben ist nicht so, das Leben ist grenzenlos. Einer der größten Dichter der Welt, Walt Whitman, sagt irgendwo: „Ich bin widersprüchlich, denn ich bin grenzenlos."

Durch Logik beengst du deinen Horizont und du kannst nicht mehr grenzenlos sein. Wenn du Angst hast dir zu widersprechen, kannst du nicht grenzenlos sein. Dann musst du wählen, musst du verdrängen, musst du das Gegenteil vermeiden, musst du es verstecken. Aber ist es schon dadurch aus der Welt, dass du es verdrängst? Wirst du etwa nicht sterben, nur weil du dem Tod nicht ins Auge blickst?

Du kannst den Tod vermeiden, du kannst ihm den Rücken zukehren, du kannst ihn dir ganz aus dem Kopf schlagen … Darum sprechen wir ja auch nicht vom Tod. Das gehört sich nicht. Wir sprechen nicht davon, wir scheuen uns davor. Der Tod geschieht jeden Tag, er geschieht überall, aber wir meiden ihn wo wir können. Sobald jemand stirbt, haben wir es eilig, mit ihm abzuschließen. Wir verlegen die Friedhöfe außen vor die Stadt, damit niemand hingeht. Und dort machen wir Gräber mit Marmortafeln und meißeln schöne Sprüche darauf. Wir gehen hin und legen Blumen auf das Grab. Und was bedeutet das? Ihr versucht, alles ein wenig auszuschmücken.

Der Westen hat einen Beruf daraus gemacht, den Tod zu verdrängen. Es gibt Leute, die einem berufsmäßig helfen, den Tod zu vermeiden. Sie verschönern die Leiche, sodass sie wieder lebendig aussieht. Was macht ihr da? Meint ihr, dass das irgendwie weiterhelfen kann? Den Tod gibt es. Die Reise geht zum Friedhof; wo ihr ihn hinverlegt, macht keinen Unterschied, hinkommen tut ihr doch. Du bist schon unterwegs dahin, du stehst in der Schlange und wartest auf den Augenblick des Todes, wartest in der Schlange der Sterbenden. Wohin willst du dich vor dem Tod flüchten?

Aber die Logik versucht klar zu sein; und nur um klar zu sein, klammert sie aus. Sie sagt: Leben ist Leben und Tod ist Tod, es sind zwei getrennte Erscheinungen. Aristoteles sagt: A ist A, es kann niemals B sein. Dieses Prinzip wurde zum Grundstein des gesamten westlichen Denkens: Meide den Widerspruch – Liebe ist Liebe, Hass ist Hass; und Liebe kann niemals Hass sein.

Das ist töricht, denn alle Liebe schließt Hass ein – sie muss ihn einschließen; das ist naturgegeben. Du liebst jemanden und du hasst denselben Menschen. Du musst es tun, du kannst es nicht vermeiden. Wenn du es vermeiden willst, wird alles verlogen. Aus diesem Grund ist eure Liebe zur Lüge geworden: Sie ist nicht ehrlich, sie ist nicht authentisch; sie kann nicht aufrichtig sein, sie ist nur Fassade. Warum ist sie nur Fassade? Weil ihr die Kehrseite leugnet.

Du sagst: „Du bist mein Freund, und ein Freund kann kein Feind sein. Und du bist mein Feind, du kannst nicht mein Freund sein!" Aber das sind nur die zwei Seiten derselben Medaille. Der Feind ist ein versteckter Freund und der Freund ist ein versteckter Feind. Die andere Seite versteckt ihr, aber es gibt sie trotzdem.

Aber das wird euch zu viel. Wenn ihr beides seht, wird es unerträglich. Wenn du im Freund den Feind siehst, wirst du ihn nicht mehr lieben können. Wenn du im Feind den Freund siehst, wird es dir unmöglich, ihn zu hassen. Das ganze Leben wird zum Rätsel.

Heraklit wird „der Verwirrende" genannt. Er ist nicht verwirrend, er entspricht dem Leben. Was immer ist, er gibt es einfach wieder. Er hat keine Lebensanschauung, er zimmert keine eigenen Systeme zurecht, er ist einfach ein Spiegel. Was auch immer das Leben vorgibt, er gibt es wieder. Einmal bist du voller Liebe und im nächsten Moment bist du voller Hass: Der Spiegel gibt es wieder. Der Spiegel kann nichts verschleiern, er ist immer nur wahr. Aristoteles ist nicht wie ein Spiegel. Er ist wie eine leblose

Fotografie, die sich nicht verändert; sie geht nicht mit dem Leben mit. Und darum sagt Aristoteles, dass etwas mit diesem Heraklit nicht stimmt, dass es in seinem Charakter einen entscheidenden Mangel geben muss. Für Aristoteles muss das Denken klar sein, systematisch, rational; Logik ist für ihn der Sinn des Lebens und Gegensätze darf man nicht vermischen.

Aber wer vermischt sie denn? Heraklit ist nicht verantwortlich dafür. Und wie könnt ihr sie trennen, wenn sie im Leben selbst vermischt sind? Ja, in euren Büchern könnt ihr das versuchen, aber eure Bücher sind dann falsch. Eine logische Aussage ist von vornherein verkehrt, weil sie nicht eine Aussage des Lebens ist. Und eine lebendige Aussage ist von vornherein unlogisch, weil sich das Leben in Paradoxen äußert.

Seht euch das Leben an: Überall ist Gegensatz – aber an den Gegensätzen selbst ist nichts verkehrt: Sie sind lediglich für euren logischen Verstand unerträglich. Wenn du zu mystischer Einsicht gelangst, wird Gegensätzlichkeit schön. Ja, Schönheit ist ohne sie überhaupt nicht möglich. Wenn du denselben Menschen, den du liebst, nicht auch hassen kannst, dann fehlt deiner Liebe jede Spannung. Sie ist dann eine leblose Angelegenheit ohne Polarität und alles ist schal.

Was geschieht tatsächlich in der Liebe? Wenn du jemanden tatsächlich liebst, dann liebst du ihn am Morgen, und am Nachmittag ist daraus schon Hass geworden. Warum? Was ist der Grund dafür? Warum ist das so im Leben? Wenn man jemanden hasst, trennt man sich von ihm; der ursprüngliche Abstand ist wiedergewonnen. Bevor ihr euch verliebt habt, seid ihr zwei getrennte Individuen gewesen. Durch eure Liebe wurdet ihr zu einer Einheit, wurde aus euch eine Gemeinschaft.

Ihr müsst dieses Wort *Community* – Gemeinschaft – verstehen, es ist sehr schön: Es bedeutet *common unity* – gemeinsame Einheit. Eine Gemeinschaft zu sein ist für ein paar Augenblicke schön, aber danach kommt es einem wie Sklaverei vor. Es ist schön, gemeinsam zur Einheit zu werden, es führt zu einem Höhepunkt, einem Gipfel, aber man kann nicht ewig auf dem Gipfel leben. Wer soll dann im Tal leben? Und der Gipfel ist nur schön, weil es auch das Tal gibt. Wenn du nicht zurück ins Tal gehen kannst, verliert der Gipfel seine ganze Gipfelhaftigkeit. Nur im Vergleich zum Tal ist er ein Gipfel. Wenn du dir auf dem Gipfel ein Haus baust, wirst du vergessen, dass es ein Gipfel ist, die ganze Schönheit der Liebe geht verloren.

Am Morgen liebst du und schon am Nachmittag bist du voller Hass. Du bist ins Tal gegangen, du bist an den Anfangspunkt zurückgekehrt, genau dorthin, wo du warst, bevor die Liebe geschah, jetzt seid ihr wieder Einzelne. Einzeln zu sein ist auch schön; es gibt Freiheit. Im Tal zu sein ist auch schön; es bringt Entspannung. Im dunklen Tal zu sein tut gut, es hilft dir, wieder ins Gleichgewicht zu kommen. Danach bist du dann wieder bereit, zum Gipfel aufzusteigen; am Abend liebst du wieder. Es ist ein Prozess von Trennung und Wiedervereinigung; er wiederholt sich ständig. Wenn du nach einem Augenblick des Hasses wieder liebst, dann bist du wieder in den Flitterwochen.

Wo keine Abwechslung ist, wird das Leben statisch. Wenn man nicht zum Gegenteil übergehen kann, wird alles fad und langweilig. Darum sind allzu kultivierte Menschen langweilig, sie lächeln immerzu, nie werden sie böse. Du beleidigst sie und sie lächeln; du verdammst sie und sie lächeln. Sie sind unerträglich. Und ihr Lächeln ist gefährlich. Denn ihr Lächeln geht nicht tief, es bleibt nur auf den Lippen, es ist eine Maske. Sie lächeln nicht, sie folgen lediglich ihren Anstandsregeln. Und dadurch wird ihr Lächeln hässlich.

Menschen, die immerzu nur lieben und nie hassen, die nie wütend werden, entpuppen sich regelmäßig als oberflächlich. Denn woher soll die Tiefe kommen, wenn man nicht ins Gegenteil umschlagen kann? Tiefe kommt durch das Umschlagen ins Gegenteil.

Liebe ist Hass. Eigentlich sollten wir nicht die Worte Liebe und Hass gebrauchen, sondern nur ein einziges Wort: LiebesHass. Eine Liebesbeziehung ist eine Hassbeziehung und das ist gut so! Am Hass ist nichts verkehrt, denn nur durch den Hass gelangst du zur Liebe. An einem Wutanfall ist nichts verkehrt, denn nur durch Wut gelangst du zu Stille und Ruhe.

Ist euch das schon aufgefallen? Jeden Morgen fliegen hier über uns Flugzeuge hinweg – ein sehr lauter Lärm. Und wenn das Flugzeug vorbeigeflogen ist, folgt ihm eine tiefe Stille nach. Bevor das Flugzeug kam, war es nicht so still. Wenn das Flugzeug vorbei ist, ist die Stille tiefer als zuvor.

Du gehst nachts im Dunkeln eine Straße entlang; plötzlich kommt ein Wagen. Mit voller Geschwindigkeit fährt er an dir vorbei; deine Augen sind vom Licht geblendet, und wenn das Auto vorbei ist, herrscht tiefere Dunkelheit.

Alles lebt durch den Gegensatz; durch die Spannung des Gegensatzes wird alles tiefer. Entferne dich, damit du näherkommen kannst; geh zum Gegenpol, sodass du wieder näherkommen kannst. Eine Liebesbeziehung ist eine Beziehung, bei der man immer wieder in die Flitterwochen kommt. Wenn die Flitterwochen vorüber sind und alles hat sich gesetzt, dann ist die Sache bereits tot; alles, was sich gesetzt hat, ist tot. Das Leben bleibt nur dann erhalten, wenn seine Bewegung nicht zum Stillstand kommt; alles, was sicher ist, ist schon im Grab. Eure Bankkonten sind eure Friedhöfe; dort seid ihr begraben. Wer absolut sicher ist, lebt nicht mehr, denn Leben heißt nichts anderes, als sich zwischen den Gegensätzen zu bewegen.

Krankheit ist nichts Schlechtes: Durch die Krankheit gewinnt ihr die Gesundheit zurück. In der Harmonie des Ganzen hat alles seinen Platz, und weil er das erkennt, wird Heraklit „der Verwirrende" genannt! Laotse hätte ihm aus tiefstem Herzen zugestimmt, aber Aristoteles konnte ihn nicht verstehen. Und unglücklicherweise wurde Aristoteles zur Quelle des griechischen Denkens. Und das griechische Denken – das ist die eigentliche Katastrophe – wurde zum Ausgangspunkt des gesamten westlichen Denkens. Was ist nun die Botschaft des Heraklit, der Kern seiner Botschaft? Versteht, damit ihr weiter folgen könnt. Heraklit sieht nicht Dinge. Er sieht Bewegungen. Bewegung ist für ihn Gott. Und wenn ihr genau hinschaut, werdet ihr sehen, dass es auf der Welt keine Dinge gibt, dass alles in Bewegung ist. Und deshalb ist es ein existenzieller Irrtum, überhaupt das Wort *ist* zu gebrauchen, weil alles wird. Nichts ist im Zustand – nichts.

Ihr sagt: „Dies ist ein Baum". Wenn ihr das ausgesprochen habt, ist der Baum schon weitergewachsen; eure Feststellung stimmt schon nicht mehr. Der Baum ist niemals statisch, wie kann man also das Wort *ist* benutzen? Der Baum wird immer nur, er wird unentwegt etwas anderes. Alles wächst, alles bewegt und entwickelt sich. Leben ist Bewegung. Es ist wie ein Fluss – immer in Bewegung.

Heraklit sagt: „Du kannst nicht zweimal in den gleichen Fluss steigen", denn wenn du zum zweiten Mal hineinsteigen willst, hat er sich weiterbewegt. Er ist ein Fließen. Kannst du dem gleichen Menschen zweimal begegnen? Unmöglich! Gestern Morgen wart ihr alle auch hier – aber bin ich der Gleiche? Seid ihr die Gleichen? Alle Flüsse sind heute weitergeflossen. Ihr mögt morgen wieder hier sein, aber mich werdet ihr nicht finden; ein anderer wird hier sein. Das Leben ändert sich ständig. „Nur die Veränderung ist ewig", sagt Heraklit – nur die Veränderung ändert sich nicht. Alles andere verändert sich. Heraklit glaubt an eine permanente Revolution. Alles ist in Revolution. Nur so kann alles leben. Sein heißt Werden. Selbst wenn man bleibt, wo man ist, heißt das, dass man sich bewegt – du kannst nicht einfach bleiben, denn nichts steht still.

Selbst das Gebirge, der Himalaja, ist nicht statisch. Die Berge bewegen sich, bewegen sich schnell. Sie werden geboren und sterben. Der Himalaja ist eine der jüngsten Gebirgsketten der

Erde und er wächst immer noch. Er hat noch nicht den Gipfelpunkt erreicht, er ist noch sehr jung, jedes Jahr wächst er um dreißig Zentimeter. Es gibt alte Berge, die ihren Höhepunkt schon erreicht haben; jetzt fallen sie zusammen, sie sind alt, ihre Rücken sind gebeugt.

Diese Wände, die ihr um euch her seht: Jedes Teilchen in ihnen ist in Bewegung. Man kann die Bewegung nicht sehen, denn sie ist sehr fein und sehr schnell. Die Physiker bestätigen heute, was Heraklit sagt, und nicht, was Aristoteles sagt – macht euch das klar. Jedes Mal, wenn die Wissenschaft der Wirklichkeit näher kommt, muss sie Heraklit und Laotse recht geben. Heute sagen die Physiker, dass alles in Bewegung ist. Eddington hat gesagt, Ruhe sei das einzige falsche Wort der Sprache. Nichts ist im Zustand der Ruhe, nichts kann ruhen. Ruhe ist ein irreführendes Wort, ihm entspricht keine Realität.

Ist gibt es nur in der Sprache. Im Leben, in der Schöpfung gibt es kein *ist* – alles *wird*. Wenn Heraklit vom Fluss sagt – und das Symbol des Flusses ist bei ihm ein Leitmotiv –, dass du nicht zweimal hineinsteigen kannst, sagt er damit zugleich, dass selbst du dann nicht mehr derselbe bist. Nur oberflächlich betrachtet siehst du unverändert aus. Nicht nur der Fluss hat sich also verändert, sondern auch du.

Es geschah, dass ein Mann zu Buddha kam, um ihn zu beleidigen, er spuckte ihm ins Gesicht. Buddha wischte sich das Gesicht ab und fragte den Mann: „Hast du sonst noch etwas zu sagen?"– als ob dieser Mann etwas gesagt hätte. Der Mann war verblüfft; so eine Antwort hatte er nicht erwartet. Er ging davon. Am nächsten Tag kam er wieder. Die ganze Nacht hatte er nicht schlafen können. Er spürte immer stärker, dass er einen großen Fehler gemacht hatte; er hatte ein schlechtes Gewissen.

Am Morgen kam er wieder, fiel Buddha zu Füßen und sagte: „Vergib mir!" Und Buddha sagte: „Wer soll dir jetzt vergeben? Den Mann, auf den du gespuckt hast, gibt es nicht mehr, wer soll also wem vergeben? Vergiss das Ganze, jetzt ist daran nichts mehr zu ändern. Man kann es nicht ungeschehen machen, Schluss damit! Es gibt keine Betroffenen mehr, beide Parteien sind tot. Was können wir tun? Du bist ein neuer Mensch und ich bin ein neuer Mensch."

Genau das ist auch die tiefste Botschaft Heraklits: Alles fließt und ändert sich; alles bewegt sich, nichts bleibt stehen. Und im Augenblick, wo du dich an etwas klammerst, gehst du an der Wirklichkeit vorbei. Und dieses Klammern wird zum Problem, denn die Wirklichkeit verändert sich, du aber klammerst dich an etwas. Zum Beispiel: Gestern hast du mich geliebt. Jetzt hasst du mich. Ich klammere mich ans Gestern und sage: „Du musst mich lieben, denn gestern warst du voller Liebe und gestern hast du gesagt, dass du mich immer lieben wirst – was ist denn inzwischen passiert?" Aber was kannst du daran ändern? Und gestern, als du sagtest, dass du mich immer lieben würdest, war das nicht gelogen, aber ein Versprechen war es auch nicht, es war einfach aus der Stimmung heraus gesagt und ich habe dir diese Stimmung sehr geglaubt. In dem Augenblick hast du es wirklich gefühlt, dass du mich immer und ewig lieben wirst, und es war nicht die Unwahrheit. Bedenke das! Du warst dem Augenblick treu, das war eben die Stimmung, aber jetzt ist die Stimmung vorbei. Derjenige, der es sagte, ist nicht mehr. Und wenn es vorbei ist, ist es vorbei, man kann daran nichts ändern. Man kann die Liebe nicht erzwingen. Aber genau das versuchen wir alle und schaffen uns dadurch viel Elend.

Der Ehemann sagt: „Liebe mich!" Die Ehefrau sagt: „Liebe mich, denn du hast es versprochen – hast du die Zeit vergessen, wo du mir den Hof gemacht hast?" Aber diese Zeit ist dahin. Diese beiden Menschen gibt es nicht mehr. Ein junger Mann von zwanzig, erinnere dich – bist du noch der Gleiche von damals? Viel ist seitdem geschehen; der Ganges ist längst weitergeflossen, du bist nicht mehr da, wo du warst.

Ich habe folgende Geschichte gehört: Eines Abends sagte Mulla Nasrudins Frau: „Du liebst mich nicht mehr, du küsst mich nicht mehr, du umarmst mich nicht mehr. Weißt du noch, unsere erste Zeit – du hast mich manchmal gebissen und das hat mir immer so gefallen! Kannst du mich nicht noch einmal beißen?"

Nasrudin stieg aus dem Bett und seine Frau fragte: „Wo gehst du hin?"

Er sagte: „Ins Badezimmer, mein Gebiss holen."

Nein, du kannst nicht zweimal in den gleichen Fluss steigen. Es ist unmöglich. Klammere dich nicht fest; wenn du dich festklammerst, schaffst du dir die Hölle. Festklammern ist die Hölle und ein Bewusstsein, das sich an nichts klammert, ist immer schon im Paradies, man geht mit jeder Stimmung mit, man akzeptiert die Stimmung und man akzeptiert die Veränderung; ohne jeden Groll, ohne jede Klage; denn so ist das Leben, so sind die Dinge nun einmal. Du kannst dich wehren, aber daran ändern kannst du nichts.

Wenn man jung ist, hat man natürlich andere Stimmungen, denn die Jugend hat ihre eigenen Gesetze und Jahreszeiten. Wie sollte ein alter Mann die gleichen Stimmungen haben? Ein alter Mann macht sich lächerlich, wenn er die gleichen Anwandlungen hat. Wie kann ein alter Mann noch verliebte Sachen sagen? Alles hat sich verändert. Wenn man jung ist, ist man romantisch, unerfahren, verträumt. Wenn man alt ist, sind alle Träume fort. Daran ist nichts verkehrt, denn wenn die Träume verschwunden sind, ist man der Wirklichkeit näher, jetzt versteht man alles besser. Man ist weniger romantisch, denn man träumt nicht mehr, aber das ist gut so. Träumerei war eine Stimmung, eine Jahreszeit, so etwas verändert sich. Und man muss immer dem Zustand treu sein, in dem man sich gerade befindet. Sei deinem wandelbaren Selbst treu, denn das ist die einzige Wirklichkeit. Buddha sagt daher: „Es gibt kein Selbst. Du bist ein Fluss. Es gibt kein Selbst, denn es gibt nichts in dir, das sich nicht ändert.“ Buddha wurde aus Indien verbannt, weil es nach der indischen Vorstellung der Hindus, vor allem der der Brahmanen, ein ewiges Selbst gibt, das Atma. Sie hatten immer behauptet, dass es etwas Ewiges gibt, und Buddha behauptete nun: „Nur die Veränderung ist ewig – nichts ist ewig.“

Warum wollt ihr etwas Ewiges sein? Denn nur eine tote Sache kann von Dauer sein. Wellen kommen und gehen, darum ist das Meer lebendig. Wenn die Wellen zum Stillstand kommen, steht alles im Meer still. Das Meer wird ein totes Ding. Alles lebt durch Wechsel – und Wechsel bedeutet Wechsel zum Gegenpol. Man bewegt sich von einem Pol zum anderen und damit wird man immer wieder lebendig und frisch. Tagsüber arbeitet ihr hart und nachts schlaft ihr und entspannt euch. Morgens seid ihr wieder lebendig und frisch für die Arbeit. Ist euch diese Polarität je aufgefallen?

Arbeit ist der Gegenpol der Entspannung. Wenn du hart arbeitest, bist du hinterher abgespannt, müde, erschöpft, aber dann fällst du in das tiefe Tal der Ruhe, der tiefen Entspannung. Die Außenwelt rückt in weite Ferne, du bewegst dich der Mitte zu. Du bist nicht mehr mit dem identifiziert, der du in der Außenwelt bist, du bist nicht mehr der Name, das Ich; du nimmst nichts aus der Außenwelt mit. Du vergisst einfach, wer du bist, und am Morgen bist du frisch. Dieses Vergessen tut gut, es macht dich frisch. Versuch nur einmal drei Wochen nicht zu schlafen; du wirst verrückt, denn du hast vergessen, zum Gegenpol zurückzukehren.

Wenn Aristoteles recht hat, dann wirst du, wenn du nicht schläfst, wenn du nie zum Gegenpol überwechselst, am Ende erleuchtet. In Wirklichkeit wirst du wahnsinnig. Und Aristoteles ist schuld, wenn es im Westen so viele Wahnsinnige gibt. Wenn der Westen nicht auf den Osten hört oder auf Heraklit, dann wird früher oder später der ganze Westen wahnsinnig. Er muss es werden, denn ihr habt die Polarität aus den Augen verloren.

Die Logik redet eine geradlinige Sprache. Die Logik sagt: Ruhe dich am Tag aus, übe dich tagsüber im Ausruhen, damit du nachts in tiefen Schlaf gehen kannst – das ist logisch! Übe das Ausruhen! Das ist es, was die Reichen tun; sie ruhen sich den ganzen Tag aus und dann leiden sie an Schlaflosigkeit und beklagen sich: „Wir können nicht schlafen.“ Dabei üben sie den ganzen Tag lang – und liegen auf ihren Betten, liegen in ihren Lehnstühlen, ruhend und immer nur ruhend. Und nachts dann stellen sie plötzlich fest, dass sie nicht schlafen können. Sie haben sich nach Aristoteles gerichtet, sie sind logisch.

Eines Tages suchte Mulla Nasrudin seinen Arzt auf. Hustend ging er hinein. Der Doktor meinte: „Hört sich schon besser an.“ Nasrudin sagte: „Natürlich hört es sich schon ein bisschen besser an – ich hab schließlich die ganze Nacht geübt.“

Wenn du das Ausruhen den ganzen Tag übst, wirst du in der Nacht ruhelos. Du wälzt dich hin und her: Der Körper macht Gymnastik, damit er sich anschließend ausruhen kann. Nein, es gibt niemanden, der weniger mit dem Leben übereinstimmt als Aristoteles. Gehe zum Gegenpol: Arbeite hart am Tage und du schläfst nachts umso tiefer. Je tiefer du in den Schlaf gehst, umso mehr findest du am Morgen, dass du ungeheure Arbeitskraft hast – deine Energie ist unerschöpflich. Durch Ruhe gewinnt man Energie, durch Arbeit gewinnt man Ruhe, das ist das genaue Gegenteil.

Es kommen Leute zu mir, die sagen: „Wir leiden an Schlaflosigkeit, wir können nicht schlafen. Was sollen wir tun, um uns zu entspannen?“

Es sind Anhänger des Aristoteles.

Ich sage ihnen: „Ihr braucht nicht zu entspannen. Geht einfach spazieren, aber lange, rennt wie die Verrückten – zwei Stunden morgens, zwei abends, dann stellt sich die Ruhe von selbst ein. Sie folgt automatisch. Ihr braucht keine Entspannungstechniken; ihr braucht Techniken aktiver Meditation, nicht Entspannung.

Ihr seid schon zu entspannt; eure Schlaflosigkeit beweist, dass ihr schon zu entspannt seid – ihr braucht keine Entspannung."

Das Leben bewegt sich von einem Gegenpol zum anderen. Und Heraklit sagt: Das ist gerade das Geheimnis, das ist die verborgene Harmonie. Er ist sehr poetisch, aber anders könnte er es nicht sagen. Er kann nicht philosophisch sein, denn Philosophie bedeutet Rationalität. Nur die Dichtung kann widersprüchlich sein; ein Dichter kann Dinge sagen, die ein Philosoph nicht zu sagen wagt. Dichtung steht dem Leben näher. Und die Philosophen drehen nur Kreise um die Mitte, sie treffen nie ins Schwarze. Sie gehen rund um den heißen Brei herum. Dichter treffen direkt ins Schwarze. Wenn man irgendeine Parallele zu Heraklit im Osten sucht, dann findet man sie bei den Zen-Meistern, den Zen-Dichtern; besonders in der Dichtung, die man Haiku nennt.

Einer der großen Meister des Haiku ist Basho. Basho und Heraklit sind sich ungeheuer nah, wie in tiefer Umarmung; sie sind fast eins. Basho hat nie etwas in philosophischer Form geschrieben; er hat nur in kleinen Haikus geschrieben, nur dreizeilige Haikus von siebzehn Silben, es sind nur kleine Stücke. Heraklit hat auch nur Teilstücke geschrieben; er hat kein System aufgestellt wie Hegel oder Kant; er ist kein Systematiker – es gibt von ihm nur orakelhafte Aphorismen. Jeder Spruch ist in sich vollendet, wie ein Diamant; jeder für sich bis zur höchsten Vollendung geschliffen. Warum sollten die Einzelstücke also einen Zusammenhang ergeben? Er sprach orakelhaft. Die ganze Technik der orakelhaften Aphorismen ist im Westen vergessen worden. Erst Nietzsche schrieb wieder in diesem Stil. Sein Buch „Also sprach Zarathustra" besteht aus orakelhaften Aphorismen. Aber seit Heraklit war Nietzsche der Einzige. Im Osten hat jeder Erleuchtete in dieser Form geschrieben. Das ist die Form der Upanishaden, der Veden, des Buddha, des Laotse, des Basho – alles reine Aphorismen.

Sie sind so knapp, dass du in sie eindringen musst, und schon dadurch, dass du in sie eindringen musst, änderst du dich – dein Intellekt wird nämlich nicht mit ihnen fertig. Basho sagt in einem Haiku:

Alter Teich
Frosch hüpft hinein
Plop

Das ist alles! Er hat alles gesagt. Erst das Bild: Du siehst einen alten Teich, einen Frosch, der am Rand sitzt, und dann: der Sprung des Frosches. Du kannst das Aufspritzen sehen und den Ton des Wassers hören. Und Basho sagt: „Alles ist damit gesagt." Das Leben ist nichts als das: ein alter Teich, der Sprung eines Frosches, das Aufklatschen im Wasser – und Schweigen. Das ist es, was du bist; das ist alles, was überhaupt ist – und Schweigen.

Heraklit spricht in seinem Fragment über den Fluss auf gleiche Weise. Erst ahmt er die Geräusche eines Flusses nach – *autoisi potamoisi*; bevor er etwas inhaltlich sagt, ahmt er das Plätschern eines Flusses nach und dann spricht er den Aphorismus: „Du steigst nicht zweimal in den gleichen Fluss." Er ist ein Dichter, aber kein gewöhnlicher Dichter. Die Hindus nennen einen Dichter *Rishi*. Es gibt zwei Arten von Dichtern: einer, der noch träumt und aus seinen Träumen heraus dichtet – ein Byron, ein Shelley, ein Keats. Und dann gibt es die andere Art Dichter, den *Rishi*, den, der nicht mehr träumt – er sieht die Wirklichkeit und aus der Wirklichkeit wird Dichtung geboren. Heraklit ist ein *Rishi*, ein Seher, ein Dichter, der nicht mehr träumt, der der Existenz begegnet ist. Er ist der erste Existenzialist des Westens. Versucht jetzt, in seine orakelhaften Aphorismen einzudringen.

Die verborgene Harmonie

Ist besser
Als die offensichtliche.

Warum? Warum ist die verborgene Harmonie besser als die offensichtliche? Weil das Offensichtliche an der Oberfläche ist und die Oberfläche kann täuschen. Die Oberfläche kann man manipulieren, prägen. Im Zentrum bist du existenziell und auf der Oberfläche bist du sozial. Die Ehe existiert an der Oberfläche, die Liebe im Zentrum; die Liebe hat eine versteckte Harmonie; die Ehe eine offensichtliche. Geh zu irgendeinem Freund ins Haus: Wenn du durch das Fenster blickst, streiten sich Mann und Frau, ihre Gesichter sind verzerrt; kaum bist du eingetreten, ändert sich das Bild: Wie höflich sie miteinander umgehen, wie liebevoll sie säuseln!

Das ist eine Harmonie, die offensichtlich ist, eine Harmonie an der Oberfläche. Aber tief im Inneren gibt es da keine Harmonie, es ist einfach eine hohle Form, nur ein Zurschaustellen. Ein wahrhaftiger Mensch mag an der Oberfläche unharmonisch scheinen, aber in seinem Mittelpunkt ist er immer harmonisch. Selbst wenn er sich widerspricht, ist in seinen Widersprüchen eine verborgene Harmonie. Und jemand, der sich nie widerspricht, der an der Oberfläche völlig stimmig ist, kann nicht wirklich harmonisch sein. Das sind verlässliche Leute: Wenn sie lieben, dann lieben sie; wenn sie hassen, dann hassen sie – sie gestatten den Gegensätzen nicht, sich zu mischen, sich zu treffen. Sie wissen ganz genau, wer ihr Freund und wer ihr Feind ist. Sie leben an der Oberfläche und praktizieren Beständigkeit. Ihre Beständigkeit ist keine wirkliche Beständigkeit: Tief drinnen kocht Unbeständigkeit. An der Oberfläche kommen sie irgendwie zurecht. Ihr kennt sie – denn ihr seid es selbst! Oberflächlich kommt ihr irgendwie zurecht, aber das hilft euch nicht weiter. Haltet euch nicht unnütz an der Oberfläche auf. Geht tiefer – und versucht nicht, zwischen den Gegensätzen zu wählen.

Ihr müsst beide Seiten ausleben. Und wenn du beides leben kannst und dich von keiner Seite fangen lässt, wenn du beides leben kannst – wenn du lieben kannst, ohne den Abstand zu verlieren, und hassen kannst, ohne den Abstand zu verlieren, dann liegt die verborgene Harmonie in diesem unbeteiligten Beobachter. Dann weißt du, dass es sich um Wetterlagen handelt, um wechselnde Jahreszeiten, um Stimmungen, die einfach kommen und gehen – und du kannst ihre Gestalt erkennen.

Dieses deutsche Wort „Gestalt" ist sehr schön. Es besagt, dass es eine Harmonie gibt zwischen der Figur und ihrem Hintergrund, dass sie nicht im Gegensatz zueinander stehen, sondern nur scheinbar gegensätzlich sind. Zum Beispiel: Die Lehrerin schreibt mit weißer Kreide an die Tafel. Schwarz und Weiß sind Gegensätze. Ja, für aristotelische Köpfe sind sie Gegensätze: Schwarz ist Schwarz und Weiß ist Weiß, sie sind polar entgegengesetzt. Warum schreibt die Lehrerin Weiß auf Schwarz? Kann sie nicht Schwarz auf Schwarz schreiben? Natürlich könnte sie das, aber das wäre sinnlos. Das Schwarz muss als Hintergrund dienen und das Weiß wird zur Figur darauf. So kommt es zum Kontrast, es herrscht eine Spannung zwischen ihnen: eine verborgene Harmonie. Weiß sieht auf Schwarz weißer aus; das ist die Harmonie. Auf Weiß verschwindet Weißes einfach, denn dann gibt es keine Spannung, keinen Kontrast.

Vergesst nicht, dass man nie von Jesus gehört hätte, wenn die Juden ihn nicht gekreuzigt hätten. Sie machten eine Gestalt daraus: Das Kreuz war der schwarze Hintergrund und Jesus hob sich weiß dagegen ab. Jesus wäre sonst völlig vergessen. Es liegt am Kreuz, dass er sich den Herzen der Menschen tiefer eingeprägt hat als je ein Buddha, stärker als ein Mahavir. Fast die halbe Welt hat ihn lieben gelernt – und zwar wegen des Kreuzes.

Jesus ist wie eine weiße Linie auf schwarzem Hintergrund. Buddha ist eine weiße Linie auf weißem Hintergrund – es gibt keinen Kontrast, es gibt keine Gestalt, der Hintergrund ist mit der Figur identisch.

Wenn du nur liebst und nicht hassen kannst, dann ist es verlorene Liebesmüh, dann ist es nutzlos. Sie hat dann keine Intensität, sie hat dann keine Flamme, sie hat dann keine Leidenschaft; sie ist einfach nur kalt. Soll Leidenschaft daraus werden – und Leidenschaft ist ein schönes Wort, denn Leidenschaft hat Intensität – dann muss man auch hassen können. Mitgefühl hat nur Intensität, wenn man auch zornig sein kann. Wenn man überhaupt nicht zornig werden kann, dann ist auch das Mitgefühl ohnmächtig – ganz einfach ohnmächtig! Man ist hilflos, darum ist man voll Mitgefühl. Man kann nicht hassen, darum liebt man. Wenn du hasst und trotzdem liebst, dann ist das Leidenschaft. Dann wird es zu einer Figur mit Hintergrund, dann wird „Gestalt“ daraus.

Und Heraklit spricht von der tiefsten „Gestalt“ überhaupt. Die offensichtliche Harmonie ist in Wirklichkeit gar keine Harmonie, und die verborgene Harmonie ist die einzig wirkliche Harmonie. Versuche also nicht an der Oberfläche konsequent zu wirken; finde vielmehr eine Stimmigkeit zwischen den tiefer liegenden Unstimmigkeiten heraus, finde eine Harmonie zwischen den tiefsten Gegensätzen.

Die verborgene Harmonie
Ist besser
Als die offensichtliche.

Das ist der Unterschied zwischen einem religiösen und einem moralischen Menschen. Ein moralischer Mensch ist nur an der Oberfläche harmonisch; ein religiöser Mensch ist im Zentrum harmonisch. Ein religiöser Mensch muss notgedrungen widersprüchlich sein, ein moralischer Mensch ist immer konsequent. Auf einen moralischen Menschen kann man sich verlassen. Auf einen religiösen Menschen kann man sich nicht verlassen. Ein moralischer Mensch ist vorhersagbar; ein religiöser Mensch nie. Wie Jesus sich benehmen wird, weiß niemand – selbst seine engsten Jünger nicht, sie konnten es nicht vorhersagen. Dieser Mann ist nicht einzuschätzen: Er redet von Liebe und dann nimmt er eine Peitsche und vertreibt die Geldwechsler aus dem Tempel; er redet davon, seinen Feind zu lieben und er bringt den ganzen Tempel in Aufruhr – er ist rebellisch. Ein Mann, der von Liebe spricht, aber sich nicht daran zu halten scheint!

Bertrand Russell hat ein Buch geschrieben: „Warum ich kein Christ bin". In diesem Buch bringt er all diese Unstimmigkeiten zur Sprache. Er schreibt: „Jesus ist widersprüchlich und scheint neurotisch. Einmal sagt er: ‚Liebe deinen Feind' und dann wird er plötzlich so wütend – nicht nur auf Menschen, sogar auf Bäume: Er verflucht einen Feigenbaum. Er kam mit seinen Jüngern an einen Feigenbaum; sie waren hungrig, aber die Zeit der Feigenernte war weit entfernt. Sie sahen den Baum an und fanden keine Früchte und es heißt, dass Jesus den Baum verfluchte. Was ist das eigentlich für ein Mann? Und er redet von Liebe!"

Er hat eine verborgene Harmonie, aber Bertrand Russell kann sie nicht finden, weil er der moderne Aristoteles ist. Er kann sie nicht finden, er kann sie nicht verstehen. Gut, dass er kein Christ ist; das ist nur gut. Er kann kein Christ sein, er kann kein religiöser Mensch sein, er ist ein Moralist. Jeder Schritt muss übereinstimmen – aber womit? Mit wem? Mit wem soll er übereinstimmen? Mit der Vergangenheit? „Jede einzelne meiner Behauptungen muss mit jeder anderen übereinstimmen!", fordert der Moralist. – Warum?

Das ist nur möglich, wenn der Fluss nicht fließt. Habt ihr je einen Fluss beobachtet? Manchmal geht er nach rechts, manchmal nach links, manchmal nach Süden, manchmal nach Norden und ihr werdet sehen, dass dieser Fluss sehr unbeständig ist – aber hinter allem wirkt eine verborgene Harmonie: Der Fluss erreicht das Meer. Ganz gleich, wohin er fließt, das Meer bleibt sein Ziel. Manchmal muss er sich nach Süden wenden, weil das Gefälle nach Süden geht; manchmal muss er sich genau in die Gegenrichtung wenden, nach Norden, weil das Gefälle nach Norden geht, aber in jeder Richtung findet er das gleiche Ziel: Er bewegt sich auf das Meer zu und erreicht es auch.

Denkt euch einen Fluss, der beständig ist, und der sagt: „Ich will mich stets südlich halten, wie kann ich mich da nach Norden wenden? Dann sagen die Leute ja, ich bin nicht konsequent." So ein Fluss wird nie das Meer erreichen. Die Flüsse eines Russell oder Aristoteles erreichen nie das Meer; sie sind zu beständig, zu geradlinig. Und sie wissen nichts von der verborgenen Harmonie: dass man durch Gegensätze ein und dasselbe Ziel suchen kann. Das gleiche Ziel kann von entgegengesetzten Seiten angegangen werden. Diese Möglichkeit ist einem Russell gänzlich unbekannt. Aber es gibt sie dennoch. Aber das ist schwierig – du wirst laufend in Schwierigkeiten kommen. Die Leute erwarten Konsequenz von dir und die verborgene Harmonie hat nichts mit der Gesellschaft gemein. Sie gehört dem Kosmos an, aber nicht der Gesellschaft. Die Gesellschaft ist Menschenwerk und die Gesellschaft hat ihr ganzes System so entwickelt, als wäre alles statisch. Die Gesellschaft hat Moralsysteme, Verhaltensmuster entwickelt, so als ob alles ohne Bewegung wäre.

Aus diesem Grund setzen sich Moralsysteme fort, über ganze Jahrhunderte hin. Alles ändert sich, nur die toten Regeln gelten weiter. Alles ändert sich unentwegt und die sogenannten Moralisten predigen unentwegt die gleichen Dinge weiter, vollkommen irrelevante Dinge, die nur mit der Vergangenheit übereinstimmen, mit nichts sonst. Absolut irrelevante Dinge leben weiter ...

Zum Beispiel: In den Zeiten Mohammeds gab es in den arabischen Ländern viermal so viel Frauen wie Männer, weil die

Araber Krieger waren und einander ununterbrochen bekämpften und töteten – Mörder. Und Frauen waren zu keiner Zeit so töricht wie Männer und also überlebten sie vierfach. Was also tun? Wenn es in der gesamten Gesellschaft viermal so viele Frauen gibt wie Männer, dann könnt ihr euch vorstellen, dass viele Probleme auftauchen. Also schuf Mohammed die Regel, dass jeder Moslem vier Frauen heiraten konnte ... und sie halten sich noch heute an diese Regel!

Heute ist eine hässliche Angelegenheit daraus geworden, aber sie sagen, das stimme mit dem Koran überein. Die ganze Situation hat sich heute geändert, vollkommen geändert – es gibt heute nicht viermal so viele Frauen – aber sie folgen der Regel. Und was einmal ein schönes, verantwortungsvolles Eingehen auf eine ganz bestimmte historische Situation war, ist heute hässlich, absolut hässlich. Aber sie halten sich daran, denn die Moslems sind sehr beständige Menschen. Sie können sich nicht ändern; und Mohammed können sie nicht noch einmal fragen, er ist nicht mehr da. Und Moslems sind sehr listig: Sie haben die Tür für jeden weiteren Propheten geschlossen. Sonst könnte ja einer kommen und etwas tun, etwas verändern. Also ist Mohammed der Letzte – die Tür wäre selbst dann verschlossen, wenn Mohammed selber wiederkäme. Er kann nicht kommen, weil sie die Tür verschlossen haben. So ist es immer und überall.

Moralisten verschließen die Tür, weil jeder neue Prophet jedes Mal Unruhe stiftet, weil ein neuer Prophet nicht mit den alten Regeln übereinstimmen kann. Er lebt im Augenblick. Er hat seine eigene Disziplin – übereinstimmend mit der jetzigen Realität. Ohne Garantie, dass seine Disziplin auch mit der Vergangenheit übereinstimmt! Es gibt keine Garantie, es kann keine geben. Also macht jede moralische Tradition die Tür zu.

Die Jainas haben ihre Tür zugemacht: Sie sagen, dass Mahavir der Letzte ist, dass jetzt keine *Teerthankaras* mehr kommen. Die Moslems sagen, Mohammed ist der letzte Prophet. Die Christen sagen, Jesus ist der einzige Sohn Gottes, es kann keine weiteren Söhne Gottes geben – überall verschlossene Türen. Warum verschließen die Moralisten immer die Türen? Einfach als Sicherheitsmaßnahme; denn wenn ein Prophet kommt, ein Mensch, der nur von Augenblick zu Augenblick lebt, dann stellt er plötzlich alles auf den Kopf, er schafft ein Durcheinander, ein Chaos.

Jeder hat sich irgendwie eingerichtet: Eine Kirche, eine öffentliche Moral, eine gesellschaftliche Etikette, alles steht fest – und ihr haltet euch an die Regeln. Ihr stellt euch eine offensichtliche Harmonie an der Oberfläche her. Dann kommt plötzlich wieder ein Prophet und schafft alles neu, bringt das ganze Gefüge durcheinander; er fängt an, alles von Grund auf zu erneuern.

Ein Moralist ist ein Mensch der Oberfläche. Er ist für die Regeln da, nicht umgekehrt. Er ist für die Schriften da, nicht die Schriften für ihn. Er folgt den Regeln, aber er folgt nicht seiner eigenen Wahrnehmung. Wenn du der Wahrnehmung folgst, der reinen, unbeteiligten Wahrnehmung, wirst du zur verborgenen Harmonie vordringen. Dann störst du dich an keiner Gegensätzlichkeit, sondern du nutzt sie. Und wenn du die Gegensätzlichkeit nutzen kannst, hältst du einen geheimen Schlüssel in der Hand: Dann kannst du deine Liebe durch Hass vertiefen.

Hass ist nicht der Feind der Liebe. Er ist genau das Salz, das die Liebe erst schön macht – er ist ihr Hintergrund. Genauso kannst du dein Mitgefühl durch Zorn intensivieren; dann ist Zorn nicht bloß das Gegenteil. Und das ist es, was Jesus meint, wenn er sagt: „Liebe deine Feinde!“ Das ist die Bedeutung: „Liebe deine Feinde, denn Feinde sind keine Feinde – sie sind Freunde, sie helfen dir.“ In verborgener Harmonie gehen sie zusammen und werden eins. Wut ist dein Feind? Bediene dich ihrer, mach sie zum Freund! Hass ist dein Feind? Bediene dich seiner, mach ihn zum Freund! Erlaube deiner Liebe durch den Hass tiefer zu werden, mache ihn zum fruchtbaren Boden – und er wird zum fruchtbaren Boden. Das ist die verborgene Harmonie des Heraklit: Liebe den Feind, nutze das Gegenteil. Das Gegenteil ist nicht das Gegenteil – es ist lediglich der Hintergrund, der Kontrast.

Die verborgene Harmonie
Ist besser
Als die offensichtliche.

Heraklit ist unübertroffen.

Die verborgene Harmonie
Ist besser
Als die offensichtliche.
Aus Zwietracht entsteht Eintracht,
Aus Missklang
Entsteht die höchste Harmonie.
Erst durch den dauernden Wechsel
Kommen die Dinge zur Ruhe.
Die Menschen sehen nicht, dass alles,
Was sich widerspricht,
Dadurch mit sich in Einklang kommt.
Es liegt Harmonie im Widerstreit,
Das zeigen Bogen und Leier.
Der Name des Bogens ist Leben,
Aber sein Werk ist Tod.

Natürlich, dem Rationalisten kommt er verwirrend vor – obskur, dunkel. Aber ist er das? Er ist kristallklar, wenn ihr nur sehen könnt, er ist so leuchtend hell! Aber wenn man vom rationalen Verstand abhängt, wird das schwierig, denn Heraklit sagt, dass aus Disharmonie die höchste Harmonie entsteht. Gegensatz bringt Einklang: Liebe deinen Feind.

Das Leben wäre völlig ohne Würze, wenn der Gegensatz einfach entfiele. Stellt euch nur eine Welt vor, in der es kein Böses gibt! Glaubt ihr, dass es dann das Gute gäbe? Stellt euch nur eine Welt ohne Sünder vor. Glaubt ihr, alle wären dann Heilige? Der Heilige kann nicht ohne den Sünder bestehen, der Heilige braucht den Sünder. Der Sünder kann nicht ohne den Heiligen sein – der Sünder braucht den Heiligen. Zwischen ihnen besteht eine Harmonie, eine verborgene Harmonie: Sie sind polar aufeinander bezogen. Und das Leben ist schön, weil es beides gibt. Gott kann ohne den Teufel nicht sein. Gott ist ewig, aber der Teufel auch.

Es kommen Leute und stellen mir Fragen. Sie sagen: „Warum ist es so eingerichtet? Wenn es Gott gibt, warum gibt es dann so viel Elend, Bosheit, Schlechtigkeit – warum?“ Darum, weil Gott ohne dies alles nicht existieren kann – es dient ihm als Kontrast. Für sich genommen, ohne den Teufel, wäre Gott einfach schal, nichts als schal – dann könntest du Gott vielleicht erbrechen, aber essen könntest du ihn nicht – er wäre einfach fade, zum Erbrechen.

Er kennt die verborgene Harmonie; er kann nicht ohne den Teufel sein; hasse also den Teufel nicht – nutze ihn. Wenn Gott ihn nutzt, warum nicht auch du? Wenn Gott nicht ohne ihn sein kann, wie könntest du ohne ihn sein? Ein wahrer Heiliger, ein Vollblut-Heiliger ist vom Schlage eines Gurdjieff.

Alan Watts schreibt über Gurdjieff: „Er ist der heiligste Schurke, den ich je gekannt habe!“ Und das stimmt wirklich: Gurdjieff ist ein Schurke, aber der heiligste, den es gibt. Gott selbst ist dieser heiligste Schurke. Wenn du den Teufel abschaffst, hast du zugleich Gott umgebracht. Das Spiel braucht beide als Mitspieler. Als Adam vom Teufel versucht wurde, war es Gott selbst, der ihn versuchte. Es war ein abgekartetes Spiel. Die Schlange steht in Gottes Diensten und der Teufel ebenso. Das bloße Wort Teufel ist schön. Es stammt aus der Sanskrit-Wurzel *dev*, was das Göttliche bedeutet. *Divinus*, göttlich, stammt aus derselben Wurzel wie der Teufel. Beide Worte kommen aus der gleichen Wurzel *dev*. Es ist tatsächlich so: Die Wurzel ist eins, nur die Äste haben sich gegabelt: Auf dem einen Ast sitzt der Teufel, auf dem anderen Ast sitzt das Göttliche – aber die Wurzel ist die Gleiche – *dev*.

Es muss also verabredet sein, sonst könnte das Spiel nicht weitergehen. Es muss eine tiefe Harmonie geben – das ist die geheime Abmachung. Auf der einen Seite sagt Gott zu Adam: „Du sollst nicht vom Baum der Erkenntnis essen." Nun geht die Verschwörung los, das Spiel geht los. Jetzt werden die ersten Spielregeln gegeben.

Dem Christentum sind viele tiefe Dinge entgangen, weil es versucht hat eine offensichtliche Harmonie herzustellen. Und zwanzig jahrhundertelang haben sich die christlichen Theologen den Kopf über den Teufel zerbrochen: Wie soll man ihn erklären? Dabei ist das gar nicht nötig. Die Sache ist ganz einfach. Heraklit weiß das. Es ist ganz einfach: Da gibt es nichts zu erklären. Aber die Christen haben sich darüber den Kopf zerbrochen – denn die bloße Existenz des Teufels bedeutet ja, dass Gott ihn erschaffen haben muss; wie könnte es ihn sonst geben?

Wenn es den Teufel gibt, muss Gott das zugelassen haben, wie kann es ihn sonst geben? Und wenn Gott ihn nicht zerstören kann, dann ist euer Gott ein machtloser Gott, dann könnt ihr ihn nicht allmächtig nennen. Und wenn Gott den Teufel erschuf ohne zu wissen, dass er sich als Teufel entpuppen würde, dann ist er nicht allwissend. Wie? Er erschuf den Teufel ohne zu ahnen, dass er eines Tages die ganze Welt durcheinanderbringen würde? Er erschuf Adam ohne zu wissen, dass er eines Tages die Frucht des Baumes essen würde? Und er hat es verboten! – Also ist er nicht allwissend. Wenn es den Teufel gibt, kann Gott auch nicht allgegenwärtig sein, denn wer ist dann im Teufel gegenwärtig? Dann kann Gott nicht überall sein. Jedenfalls ist er nicht im Herzen des Teufels. Und wenn er im Herz des Teufels ist, warum dann den armen Teufel verdammen?

Es gibt eine heimliche Abmachung – eine verborgene Harmonie. Gott hat Adam nur deshalb das Essen der Frucht verboten, um ihn zu versuchen. Damit beginnt die Versuchung, denn sobald es heißt „Tu das nicht", kommt die Versuchung ins Spiel. Der Teufel tritt erst etwas später auf – die erste Versuchung geht von Gott selber aus. Im Garten Eden gab es schließlich Tausende von Bäumen und Adam hätte von sich aus wohl kaum den Baum der Erkenntnis herausgefunden; das ist kaum denkbar, kaum anzunehmen! Es ist uns bis heute noch nicht gelungen, alle Bäume dieser Erde zu finden; es gibt unbekannte Bäume, die noch nicht eingeordnet worden sind; manche Spezies muss erst noch entdeckt werden. Und was ist schon diese Erde? – der Garten Eden war Gottes Garten: Millionen und Abermillionen von Bäumen, unendlich. Sich selbst überlassen, allein, hätten Adam und Eva ihn niemals herausgefunden – aber Gott selbst versuchte sie. Hierauf bestehe ich: Die Versuchung kommt von Gott. Und der Teufel ist nur der zweite Spielpartner. Gott versuchte Adam: „Iss nicht davon!" – und im selben Augenblick war der Baum bekannt und natürlich damit das Verlangen entfacht: „Warum hat Gott es wohl verboten? Etwas muss ja dran sein. Gott selbst darf davon essen. Er selbst tut es also und nur uns ist es nicht gestattet." Der Verstand hat angefangen zu arbeiten, das Spiel beginnt. Dann, lediglich als Mitspieler in der Verschwörung, tritt die Schlange auf und sagt: „Iss – denn wenn du davon isst, wirst du sein wie Gott." Und das ist das tiefste Verlangen des Menschen: zu sein wie Gott.

Der Teufel bediente sich dieses Tricks, weil er in die Verschwörung eingeweiht war. Er hat sich Adam nicht unmittelbar genähert, er nähert sich durch Eva – denn wenn man den Mann versuchen will, geht das nur über die Frau. Sonst, auf direktem Wege, funktioniert keine Versuchung. Jede Versuchung kommt durch den Sex – jede Versuchung kommt durch die Frau. Die Frau ist für den Teufel wichtiger, damit das Spiel läuft – denn es ist unmöglich, der Frau, die dich liebt, etwas zu versagen. Dem Teufel kann ein Mann widerstehen, aber der Frau ...? Und der Teufel kommt in Gestalt der Schlange. Das ist nichts anderes als ein phallisches Symbol, ein Symbol für das Geschlechtsorgan, denn nichts eignet sich so gut wie die Schlange, um das männliche Geschlechtsorgan darzustellen – sie gleichen sich völlig. Der Teufel nähert sich durch die Frau, denn wie kann man einer Frau etwas abschlagen?

Mulla Nasrudin tat alles, um seine Frau zur Asthma-Kur in die Berge zu schicken. Aber seine Frau war nicht dazu bereit; sie weigerte sich. Sie sagte: „Ich fürchte, dass mir die Bergluft nicht zusagen wird." Mulla Nasrudin sagte: „Aber meine Liebe, mach dir doch keine Gedanken! Es gibt keine Bergluft, die so unverschämt wäre dir abzusagen. Mach dir keine Gedanken."

Es ist unmöglich, der Frau, die du liebst, etwas zu versagen. Daher hat der Teufel ein leichtes Spiel mit jeder Frau. Adam wurde also indirekt versucht; er aß den Apfel vom Baum der Erkenntnis – und dafür wurde er aus dem Garten Eden verbannt... und das Spiel geht heute noch weiter. Darin steckt eine tief verborgene Harmonie. Gott kann nicht allein arbeiten. Ebenso wie Elektrizität nicht mit dem Pluspol allein funktionieren kann, ohne den Minuspol. Das wäre so, als würde Gott nur mit dem Mann arbeiten, ohne die Frau. Nein, das hatte er schon vorher ausprobiert – aber das war ein Fehlschlag. Erst erschuf er Adam, aber das war nichts, denn mit Adam allein konnte das Spiel nicht losgehen, es passierte nichts. Dann schuf er die Frau.

Und die erste Frau, die er schuf, war nicht Eva. Die erste Frau war Lilith – aber sie muss eine Anhängerin der Frauenbewegung gewesen sein. Sie machte Schwierigkeiten, weil sie behauptete: „Ich bin genauso unabhängig wie du." Und am ersten Abend, als sie zu Bett gehen wollten, ging der Krach los, sie hatten nämlich nur ein Lager, ein Bett. Wer also sollte auf dem Bett schlafen und wer auf dem Boden? Lilith sagte einfach: „Kommt nicht infrage! Du schläfst auf dem Fußboden." So argumentiert auch die Frauenbewegung. Adam hörte nicht darauf und Lilith verschwand. Lilith ging zu Gott und sagte: „Dieses Spiel spiele ich nicht mit." Genauso verschwindet jetzt im Westen die Frau – Lilith macht nicht mehr mit – und all ihre Schönheit und Anmut und alles Übrige ist dahin. Und das ganze Spiel steht auf dem Spiel, denn es gibt Frauen, die fordern: „Liebt keinen Mann!"

Ich las kürzlich eine Kampfschrift. Sie fordern: „Bringt den Mann um! Legt jeden Mann um! Denn solange der Mann lebt, kann es keine Freiheit für die Frau geben!" Aber wenn ihr den Mann umbringt, kann es euch dann noch geben? Das Spiel braucht zwei Mitspieler.

Lilith trat von der Bühne ab, und so konnte das Spiel nicht weitergehen. Also musste Gott die jetzige Frau erschaffen. Diesmal versuchte er es mit einem Knochen des Mannes selbst, denn eine Frau separat zu erschaffen, hätte nur wieder zu Schwierigkeiten geführt. Also nahm er Adam eine Rippe weg und erschuf damit die Frau.

Und so gibt es eine Polarität, die dennoch eine Einheit bildet. Sie sind zwei und doch gehören sie zum gleichen Körper. Der Sinn ist dieser: Sie sind zwei, sie sind entgegengesetzt und doch gehören sie dem gleichen Körper an, tief drinnen entspringen sie der gleichen Wurzel. Tief drinnen sind sie ein Körper. Darum verschmelzen sie zu einem Körper, wenn sie einander in tiefer, liebender Umarmung begegnen. Sie gehen zurück in den Zustand des Adam, als er allein war, sie werden eins, begegnen sich und verschmelzen. Der Gegensatz ist da, damit das Spiel läuft; tief drinnen aber ist trotzdem Einheit. Beides ist notwendig, damit das Spiel weitergehen kann: Gegensatz – und dennoch Einheit. Wenn die Harmonie absolut wird, ist das Spiel aus – wer soll dann noch mit wem spielen? Und wenn die Entzweiung absolut ist, der Gegensatz unversöhnlich ist, wenn keine Harmonie mehr möglich ist, dann ist das Spiel ebenfalls aus. Harmonie in der Zwietracht, Einheit im Gegensatz: Das ist der Schlüssel zu allen Geheimnissen.

Erst durch den dauernden Wechsel
Kommen die Dinge zur Ruhe.
Die Menschen sehen nicht, dass alles,
Was sich widerspricht,
dadurch mit sich in Einklang kommt.

Der Teufel stimmt mit Gott überein, Gott stimmt mit dem Teufel überein – das ist der Grund, warum der Teufel existiert.

Es liegt Harmonie im Widerstreit,
Das zeigen Bogen und Leier.

Ein Musiker spielt mit dem Bogen auf der Leier. Der Gegensatz besteht nur auf der Oberfläche. Auf der Oberfläche ist es Reibung und Widerstand, ein Kampf, ein Streit, eine Spannung. Aber daraus entsteht schöne Musik.

Aus Zwietracht entsteht Eintracht…

Gegenteile ergänzen sich…

Aus Missklang
Entsteht die höchste Harmonie

und:

Der Name des Bogens ist Leben,
Aber sein Werk ist Tod.

Der Tod kann also nicht wirklich Gegensatz sein, er ist die Leier. Denn wenn der Name des Bogens Leben ist, dann muss der Name der Leier Tod sein. Und zwischen diesen beiden entsteht die höchste Harmonie des Lebens.

Du stehst genau in der Mitte zwischen Tod und Leben, aber du bist keins von beiden. Klammere dich also nicht ans Leben und fürchte dich nicht vor dem Tod. Du bist die Musik zwischen dem Bogen und der Leier. Du bist der Zusammenprall und das Zusammenkommen und das Verschmelzen und das Höchste, was daraus entstehen kann.

Wähle nicht!

Wenn du wählst, gehst du fehl. Wenn du wählst, wirst du dich an eine Seite binden, mit einer Seite identifizieren. Lass das Leben den Bogen sein, lass den Tod die Leier sein, und sei du die Harmonie zwischen den beiden, die verborgene Harmonie.

2

WIR SCHLAFEN MIT OFFENEN AUGEN

Menschen sind selbst in wachen Augenblicken
Wie Blinde und beachten das,
Was um sie her geschieht, so wenig
Wie in ihrem Schlaf.
Narren sind, obwohl sie hören können,
Genau wie Taube.
Für sie gilt das Sprichwort:
Selbst anwesend
Sind sie abwesend.
Handelt nicht und sprecht nicht wie im Schlaf!
Wachende haben eine Welt gemeinsam -
Schlafende haben jeder eine Welt für sich.
Wachend sehen wir nichts als Tod,
Schlafend - nichts als Träume.

HERAKLIT RÜHRT AN DAS TIEFSTE PROBLEM der Menschheit – dass wir sogar im Wachzustand fest schlafen. Ihr schlaft, wenn ihr schlaft, aber ihr schlaft auch, wenn ihr wach seid. Buddha sagt es, Jesus sagt es und Heraklit sagt es auch: Ihr seht hellwach aus, aber das ist nur Schein; tief im Innern geht der Schlaf weiter. Was ist damit gemeint?

Sogar in diesem Augenblick träumt ihr im Innern. Tausende von Gedanken reihen sich aneinander – und ihr seid euch nicht bewusst, was ihr tut, ihr seid euch nicht bewusst, wer ihr seid.

Ihr wisst sicher, dass bestimmte Leute, sogenannte *Somnambule*, im Schlaf herumgehen, irgendetwas tun und sich dann wieder hinlegen. Sie steigen nachts aus dem Bett, mit offenen Augen, gehen herum, öffnen zum Beispiel die Tür zur Küche, machen sich etwas zu essen und legen sich dann wieder schlafen. Und wird so ein Mensch am Morgen danach gefragt, weiß er nichts davon. Er erinnert sich höchstens an einen Traum, in dem er aufgestanden ist und sich in der Küche etwas zu essen gemacht hat ... aber freilich nur im Traum und selbst daran wird er sich kaum erinnern können.

Viele Menschen haben auf diese Weise Verbrechen begangen. Es gibt Mörder, die vor Gericht aussagen, dass sie nichts mehr wissen, dass sie sich nicht mehr daran erinnern können, so etwas getan zu haben. Und sie belügen nicht etwa das Gericht – durchaus nicht! Die Psychologen wissen heute, dass das keine Täuschungsversuche sind, dass diese Menschen nicht die Unwahrheit sprechen. Sie sprechen die volle Wahrheit. Sie haben gemordet, aber im Tiefschlaf; sie taten es wirklich – aber wie im Traum. Solch ein Schlaf ist tiefer als unser gewöhnlicher Schlaf. Diese Art von Schlaf ist wie Trunkenheit: Man kann ein wenig herumgehen, man kann ein paar Dinge tun, man kann sogar ein bisschen wahrnehmen – aber man ist wie betrunken. Man weiß nicht genau, was geschieht.

Und ihr – was habt ihr in eurer Vergangenheit getan? Könnt

ihr euch genau daran erinnern, warum ihr getan habt, was ihr getan habt? Und was euch alles zugestoßen ist – wart ihr bei klaren Sinnen, als es geschah? Ihr verliebt euch und wisst nicht warum. Ihr werdet böse und wisst nicht warum. Natürlich habt ihr eure Erklärungen dafür. Ihr rationalisiert alles, was ihr tut – aber Rationalisieren ist nicht Bewusstheit.

Bewusstheit bedeutet, dass alles, was im Moment geschieht, mit vollem Bewusstsein wahrgenommen wird: Du bist völlig da. Wenn du voll bei Sinnen bist, dann kann keine Wut ausbrechen. Sie kann nur ausbrechen, wenn du fest schläfst. Wenn du ganz da bist, findet sofort eine innere Umwandlung der Energie statt; denn wenn du gegenwärtig bist, voll bewusst, sind gewisse Dinge einfach nicht möglich. Alles, was man Sünde nennt, ist im bewussten Zustand nicht möglich. Und so gibt es also nur eine wirkliche Sünde und die heißt Unbewusstheit.

Das ursprüngliche Wort für Sünde bedeutet so viel wie fehlen, verfehlen. Es bedeutet nicht, etwas Falsches tun; es bedeutet einfach fehlen, abwesend sein. Das besagt die hebräische Wurzel des Wortes Sünde – fehlen. Ganz in dem Sinn, wie es noch in den heutigen Worten ‚Fehlverhalten' und ‚Fehltritt' steckt. Fehlen heißt, nicht da sein, etwas tun, ohne da zu sein. Das ist die einzige Sünde. Und entsprechend ist das einzige Verdienst: alles mit vollem Bewusstsein zu tun.

Gurdjieff nennt es „Selbsterinnerung"; Buddha nennt es „Gewahrsein"; Krishnamurti nennt es „Wachheit"; Kabir nennt es *Surati* – gegenwärtig sein. Das ist alles, was Not tut – sonst nichts. Zu ändern brauchst du nichts. Du kannst tun, was du willst, um dich zu ändern, es wird dir nicht gelingen. Wie oft hast du versucht, alles Mögliche an dir zu ändern. Und der Erfolg? Wie oft hast du dir vorgenommen, nie wieder wütend zu werden! Was ist aus deinem Vorsatz geworden? Wenn es so weit ist, gehst du wieder in die gleiche Falle: Du wirst wütend. Und wenn die Wut verraucht ist, tut es dir wieder leid. Es ist wie ein

Teufelskreis: Du wirst wütend, dann bereust du, dann bist du irgendwann wieder so weit.

Vor allem macht euch klar: Selbst in der Reue seid ihr nicht gegenwärtig. Auch die Reue gehört zur Sünde. Genau darum verändert sich auch nichts. Du versuchst es immer von neuem, fasst gute Vorsätze und machst Versprechungen, aber nichts geschieht – du bleibst, der du bist. Du bleibst genau derselbe, der du schon bei deiner Geburt warst, nicht die kleinste Veränderung hat sich in dir abgespielt. Das liegt nicht daran, dass du es etwa nicht versucht hättest, dass du dich nicht genug angestrengt hättest. Du hast es immer wieder versucht, aber umsonst – weil es nämlich keine Frage der Anstrengung ist. Sich noch mehr anzustrengen führt zu nichts. Es ist eine Frage der Wachheit, nicht der Anstrengung.

Wenn du wach bist, fällt vieles von selbst weg, ohne dass du es fallen lassen musst. Wenn du wach bist, sind bestimmte Dinge einfach nicht möglich. Und das ist meine Definition von Sünde: Was du im wachen Zustand nicht tun kannst, nenne ich Sünde. Und alles, was du im wachen Zustand tun kannst, ist Tugend. Es gibt keine andere Definition, es gibt kein anderes Kriterium. Du kannst dich nicht verlieben, wenn du wach bist. Somit ist es Sünde sich zu verlieben. Im Wachzustand kannst du nur lieben – das ist dann aber kein Herabfallen, keine Trübung deiner Wachheit, sondern ein Aufsteigen zu einem höheren Bewusstsein.

Warum sprechen wir von Verlieben? Es ist ein Fallen; du kommst dir abhanden, du fällst – du steigst nicht auf. Wenn du wach bist, kannst du einfach nicht fallen, nicht einmal in die Liebe hinein. Das ist nicht möglich, einfach nicht möglich. Bei wachem Bewusstsein ist das unmöglich – denn durch Liebe steigst du auf. Und wenn du durch Liebe aufsteigst, ist das ein vollkommen anderes Phänomen, als wenn du dich verliebst, jemandem verfällst. Verliebtheit ist ein Traumzustand.

Man kann es deshalb den Leuten an den Augen ablesen, wenn

sie verliebt sind: als wären sie in Trance, als wären sie berauscht und voller Träume. Ihre Augen sind schwer von Schlaf. Menschen, die zur Liebe aufsteigen, sind vollkommen anders. Es lässt sich erkennen, dass sie frei von Träumen sind, dass sie der Wirklichkeit ins Auge schauen und dass sie durch ihr Lieben wachsen.

Wenn du dich verliebst, fällst du ins Kindliche zurück. Wenn du zur Liebe aufsteigst, reifst du. Und mit der Zeit hört die Liebe auf, eine Beziehung zu sein, sondern sie wird zu einem Seinszustand. Dann liebst du nicht den einen mehr und den anderen weniger. Nein – du bist dann ganz einfach Liebe. Wer immer dir nahekommt, du teilst mit ihm. Was immer geschieht, du gibst deine Liebe. Du berührst einen Stein, als wäre er der Körper deiner Geliebten; du blickst einen Baum an, als blicktest du in das Gesicht deiner Geliebten. Es wird zu einem Seinszustand. Du bist nicht verliebt, sondern jetzt *bist* du Liebe. Und das ist ein Aufsteigen, kein Fallen. Liebe ist schön, wenn du durch sie zu einer höheren Ebene aufsteigst, und Liebe wird schmutzig und hässlich, wenn du ihretwegen fällst. Dann wirst du früher oder später sehen, dass sie sich als Gift erweist, dass sie zur Fessel wird. Du hast dich einfangen lassen, deine Freiheit wird erdrückt, deine Flügel werden dir gestutzt, du bist ein Gefangener. Wenn du dich verliebst, wirst du zum Besitz; du besitzt den andern und gestattest dem andern dich zu besitzen. Du wirst zur Sache gemacht und willst umgekehrt den, in den du dich verliebt hast, zur Sache machen. Seht euch ein Ehepaar an: Mann und Frau sind wie Objekte, sie sind keine Menschen mehr. Beide versuchen, sich gegenseitig zu besitzen – nur Objekte lassen sich besitzen, niemals Menschen. Wie kannst du einen Menschen besitzen? Wie kannst du einen Menschen beherrschen? Wie kannst du einen Menschen in Besitz umwandeln? Unmöglich! Aber der Mann versucht die Frau zu besitzen und die Frau macht es umgekehrt. Dann kommt es zum Zusammenprall; sie werden zu heimlichen Feinden und zerstören sich gegenseitig.

Es geschah: Mulla Nasrudin kam ins Friedhofsbüro und beschwerte sich beim Manager: „Ich weiß genau, dass meine Frau hier auf Ihrem Friedhof begraben liegt, aber ich kann ihr Grab nicht finden." Der Aufseher sah im Register nach und fragte: „Wie heißt Ihre Frau?" – Mulla sagte: „Frau Mulla Nasrudin." Er sah wieder nach und sagte: „Wir haben hier keine Frau Mulla Nasrudin, sondern nur einen Mulla Nasrudin." Und dann: „Es ist uns sehr peinlich, da muss ein Fehler im Register unterlaufen sein." Nasrudin sagte: „Keineswegs! Wo ist das Grab von Mulla Nasrudin? – Bei mir läuft alles unter meinem Namen. Auch das Grab meiner Frau!"

Besitz... jedermann sucht zu besitzen: die Geliebte den Liebhaber. Das hat mit Liebe nichts mehr zu tun. Im Gegenteil: Wenn du einen Menschen besitzt, dann hasst du ihn, dann zerstörst du ihn, dann tötest du ihn – du bist ein Mörder. Liebe muss Freiheit gestatten – Liebe ist Freiheit. Liebe macht den Geliebten freier und freier, Liebe verleiht Flügel und Liebe tut den weiten Himmel auf – sie kann kein Gefängnis, keine Einengung sein. Aber diese Liebe kennt ihr nicht, denn die geschieht nur, wenn ihr bewusst seid. Solche Liebe entsteht nur aus Bewusstheit. Die Liebe, die ihr kennt, ist Sünde, denn sie kommt aus Schlaf.

Und das gilt für alles, was ihr tut. Selbst wenn ihr versucht Gutes zu tun, richtet ihr nur Schaden an. Seht euch die sogenannten Wohltäter an: Sie richten immer nur Schaden an, sie sind die schlimmsten Aufrührer der Welt. Sozialreformer, sogenannte Revolutionäre, sie sind es, die am meisten Unheil anrichten. Aber es ist nicht leicht, das Unheil aufzudecken, das sie stiften, weil sie so gute Menschen sind. Sie tun den andern immer nur Gutes an – das ist ihre Art, die andern ins Gefängnis zu stecken. Wenn du ihnen erlaubst, etwas Gutes für dich zu tun, wirst du zu ihrem Besitz. Sie fangen damit an, dir die Füße zu salben und früher oder später spürst du ihre Hände am Hals.

Bei den Füßen fangen sie an, beim Hals hören sie auf, aber sie tun es unbewusst, sie wissen nicht, was sie tun. Sie haben einen Trick gelernt: Wenn du jemanden besitzen willst, tu Gutes. Es ist ihnen nicht einmal bewusst, dass sie diesen Trick gelernt haben. Aber der Schaden, den sie anrichten, ist echt. Ganz gleich, wodurch man den anderen zu besitzen versucht, gleich in welcher Form und welchem Namen es geschieht, es ist unreligiös, es ist Sünde. Eure Kirchen, eure Tempel, eure Moscheen haben sich allesamt an euch vergangen; sie alle lassen ihre Herrschsucht an euch aus und haben euch im Griff.

Jede Kirche ist gegen Religion, weil Religion Freiheit bedeutet. Wie kommen Kirchen also zustande? Ein Jesus versucht euch Freiheit und Flügel zu geben. Aber was geschieht dann, wie kommt es später zu einer Kirche? Es liegt daran, dass Jesus auf einer völlig anderen Seinsebene lebt, der Ebene des Bewusstseins; und die, die ihm zuhören, die ihm folgen, leben auf der Ebene des Schlafs. Was immer sie hören, hören sie durch den Filter ihrer eigenen Interpretation, durch ihre interpretierenden Träume. Und was immer sie dann tun, ist Sünde. Christus gibt euch eine Religion und dann machen Leute, die im Tiefschlaf leben, eine Kirche daraus.

Es heißt, dass der Satan, der Teufel, eines Tages sehr traurig unter einem Baum saß. Ein Heiliger kam vorbei, sah ihn und sagte: „Ich dachte immer, dass du dich nie ausruhst, dass du unentwegt Gemeinheiten ausheckst. Was tust du hier unter diesem Baum?" Satan war wirklich niedergeschlagen. Er sagte: „Ach, es scheint, die Priester haben mir die Arbeit abgenommen; ich habe nichts mehr zu tun, ich bin völlig unbeschäftigt. Manchmal kommen mir schon Selbstmordgedanken, weil diese Priester mehr Erfolg haben als ich."

Die Priester haben so viel Erfolg, weil sie aus der Freiheit Gefangenschaft gemacht haben, weil sie die Wahrheit zu Ideologie pervertiert haben, weil sie alles von der Ebene des Bewusstseins auf die Ebene des Schlafs heruntergezerrt haben. Versucht zu verstehen, was dieser Schlaf genau ist, denn wenn ihr fühlen könnt, was er ist, seid ihr schon auf dem Weg, der hinausführt. Was ist dieser Schlaf? Wie kommt es dazu? Was ist sein Mechanismus? Was ist sein modus operandi?

Der Verstand ist immer entweder in der Vergangenheit oder in der Zukunft. Das ist seine Arbeitsweise – er ist nie in der Gegenwart. Er kann nicht in der Gegenwart sein, das ist dem Verstand völlig unmöglich. Wenn du in der Gegenwart bist, hört der Verstand auf, denn Verstand heißt Denken, und wie kann man in der Gegenwart denken? Du kannst nur über die Zukunft nachdenken; sie ist noch nicht da, also kann der Kopf davon träumen. Der Kopf kann zwei Dinge tun: Er kann entweder in die Vergangenheit gehen, da gibt es genug Spielraum, den ganzen unendlichen Raum der Vergangenheit; da kannst du dich endlos herumtummeln. Oder der Verstand geht in die Zukunft; auch sie ist ein unendlicher Raum, nicht auszumessen... du kannst träumen und träumen und träumen. Aber wie soll der Verstand in der Gegenwart funktionieren? Sie hat keine Ausdehnung; die Gegenwart hat keinen Raum, in dem sich der Verstand bewegen könnte.

Die Gegenwart ist nichts als eine Trennlinie. Sie ist ohne Raum. Sie scheidet die Vergangenheit von der Zukunft – nichts als eine Scheidelinie. Man kann in der Gegenwart sein; aber nur, wenn man nicht denkt; zum Denken braucht man Raum. Gedanken brauchen Raum, genau wie Dinge – vergesst das nie. Gedanken sind unsichtbare Dinge, sie sind stofflich; Gedanken sind nichts Übersinnliches, denn die Dimension des Übersinnlichen beginnt erst dort, wo die Gedanken aufhören. Gedanken sind stoffliche, feinstoffliche Dinge und jede Materie braucht Raum. Du kannst nicht in der Gegenwart denken; sobald du zu denken anfängst, ist sie schon wieder Vergangenheit. Du sieht die Sonne aufgehen; du siehst es und du sagst: „Was für ein schöner Sonnenaufgang!" – er ist bereits Vergangenheit. Es gibt nicht einmal genug Spielraum um: „Wie schön!" zu sagen, denn wenn du diese beiden Wörter aussprichst – „wie schön" –, dann ist die Erfahrung schon Vergangenheit, dann hat der Verstand sie sich schon als Erinnerung eingeprägt. Aber was kannst du genau in dem Augenblick denken, wo die Sonne aufgeht – die Sonne steigt eben über den Horizont –, was kannst du da denken? Du kannst dich in diesen Augenblick auflösen, aber du kannst nicht denken. Für dich ist genug Raum da, aber nicht für Gedanken.

Eine Blume blüht im Garten und du sagst: „Eine schöne Rose!", aber in dem Augenblick bist du nicht mehr bei der Rose; sie ist bereits Erinnerung. Wenn die Blume da ist und du bist da, beide einander gegenwärtig, wie kannst du dann denken? Was kannst du denken? Wie ist Denken möglich? Es gibt keinen Raum dafür. Der Raum ist so eng – vielmehr: Es gibt überhaupt keinen Raum – und du und die Blume, ihr könnt nicht getrennt sein, denn es gibt für zwei nicht genug Raum. Nur Eines kann existieren.

Wenn es nur noch Gegenwart gibt, wirst du die Blume und die Blume wird du. Du bist nur ein Gedanke, ebenso wie die Blume ein Gedanke in der Vorstellung ist. Wenn aber das Denken wegfällt, wer ist dann die Blume und wer ist der, der sie ansieht? Der Beobachter wird zum Gegenstand der Beobachtung. Plötzlich verschwimmen die Grenzen. Plötzlich bist du in die Blume eingedrungen und die Blume ist in dich eingedrungen. Plötzlich seid ihr nicht mehr zwei – nur Eins ist.

Sobald du zu denken anfängst, seid ihr wieder entzweit. Wenn du nicht denkst, wo ist dann die Dualität? Wenn du mit der Blume bist ohne zu denken, kommt es zu einer Zwiesprache, wo zwei eins werden: kein Zwiespalt, sondern Zwiesprache. Wenn du mit deiner Geliebten zusammen bist, ist es eine Zwiesprache, nicht ein Zwiespalt; es gibt keine Zweiheit mehr. Du sitzt neben deiner Geliebten, du hältst die Hand deiner

Geliebten und du bist ganz einfach da. Ihr denkt nicht an die Tage, die hinter euch liegen; ihr denkt nicht an die Zukunft, die näherkommt – ihr seid hier und jetzt. Und es ist so schön, hier und jetzt zu sein, und so gewaltig; kein Gedanke kann diese Intensität durchbrechen. Und das Tor ist eng – eng ist das Tor der Gegenwart! Nicht einmal zwei können zusammen durchgehen, nur einer. In der Gegenwart ist Denken unmöglich, ist Träumen unmöglich, denn Träumen ist nichts anderes als Denken in Bildern. Beide sind sie Dinge, beide sind sie Erscheinungsformen der Materie.

Wenn du ohne zu denken in der Gegenwart bist, bist du zum ersten Mal im Übersinnlichen. Eine neue Dimension eröffnet sich dir – das ist die Dimension der Bewusstheit. Und weil ihr diese Dimension nie kennengelernt habt, behauptet Heraklit, dass ihr schlaft, dass ihr unbewusst seid. Bewusstheit heißt, so restlos im Augenblick aufzugehen, dass keine Bewegung möglich ist, weder in Richtung Vergangenheit noch in Richtung Zukunft. Alle Bewegung hört auf. Aber das bedeutet nicht, dass du bewegungslos wirst. Eine neue Bewegung beginnt, eine Bewegung zur Tiefe hin.

Es gibt zwei Formen von Bewegung und das ist die Bedeutung des Kreuzes Jesu: Es zeigt zwei Bewegungen an, die sich schneiden. Die eine Bewegung ist linear; man bewegt sich auf einer Linie, von einem Ding zum anderen, von einem Gedanken zum anderen, von einem Traum zum anderen; du bewegst dich von A zu B, von B zu C, von C bewegst du dich zu D. Du bleibst auf einer Linie, horizontal. Das ist die Bewegung derer, die fest schlafen. Wie ein Weberschiffchen kannst du hin und her gehen – die lineare Dimension. Es gibt aber eine Bewegung, die in eine völlig andere Richtung geht. Sie ist nicht horizontal, sie ist vertikal. Du gehst nicht von A nach B, von B nach C, sondern von A zu einem tiefer liegenden A: von A nach A1, A2, A3, A4, in die Tiefe; oder in die Höhe. Wenn das

Denken aufhört, beginnt die neue Bewegung. Jetzt fällst du in die Tiefe, in etwas, das sich auftut wie ein Abgrund. Menschen, die tief meditieren, kommen früher oder später an diesen Punkt: Dort überkommt sie die Angst, denn wenn man vor sich einen Abgrund gähnen fühlt – bodenlos –, dann überkommt einen die Angst. Du möchtest dich an die alte Bewegung klammern, denn die kennst du; das hier dagegen ist wie der Tod. Das symbolisiert das Kreuz Jesu: Es ist ein Tod. Aus der Horizontalen in die Vertikale gehen, bedeutet Tod – das ist der wirkliche Tod.

Aber Tod ist es nur vom einen Ende aus gesehen; am anderen Ende ist es Wiederauferstehung; es ist ein Sterben, um geboren zu werden; es ist ein Sterben in der einen Dimension und eine Geburt in einer anderen Dimension. Auf der Horizontalen bist du Jesus, auf der Vertikalen wirst du zu Christus.

Wenn du von einem Gedanken zum anderen gehst, bleibst du in der Welt der Zeit. Wenn du in den Augenblick hineingehst, statt in die Gedanken, gelangst du in die Ewigkeit. Aber bewegungslos bist du nicht – nichts auf der Welt ist bewegungslos, kann bewegungslos sein – aber deine Bewegung wird eine neue sein, eine Bewegung ohne Motivation. Behaltet diese Worte. Auf der Horizontalen bewegst du dich aufgrund von Motivation. Du musst etwas erreichen – Geld, Prestige, Macht – oder Gott, aber erreichen musst du etwas, irgendeine Motivation ist vorhanden. Eine motivierte Bewegung ist das Gleiche wie Schlaf.

Eine Bewegung ohne Motivation bedeutet Bewusstheit – du bewegst dich, weil es die reine Freude ist; du bewegst dich, weil Bewegung Leben ist, du bewegst dich, weil Leben Energie bedeutet, und Energie Bewegung. Du bewegst dich, weil Energie Genuss ist – aus keinem anderen Grund. Es geschieht absichtslos, du bist nicht auf irgendwelche Leistungen aus. Ja, eigentlich gehst du nirgendwohin, gehst du gar nicht – du genießt lediglich die Energie. Es gibt keinen Zweck außerhalb der Bewegung; Bewegung hat ihren eigenen, ihr innewohnenden

Sinn, keinen äußerlich herleitbaren Sinn. Ein Buddha lebt, ebenso wie ihr, aber die Bewegung ist von anderer Art: grundlos.

Vor ein paar Tagen hat mich jemand gefragt: „Warum hilfst du den Leuten zu meditieren?" Ich gab ihm zur Antwort: „Es macht mir ausgesprochen Freude." Genau wie einer, der seine Freude hat, wenn er im Garten Samen aussät und auf die Blumen wartet, so freue ich mich, wenn ihr aufblüht. Es ist wie Gärtnern. Für den, der aufblüht, ist es eine reine Freude. Und ich teile diese Freude mit ihm. Es gibt dabei kein Ziel. Wenn ihr nicht aufblüht, frustriert mich das nicht. Wenn es euch nicht gelingt, ist das auch in Ordnung, denn man kann niemanden zum Blühen zwingen. Du kannst eine Knospe nicht mit Gewalt öffnen – du kannst es zwar tun, aber dann tötest du sie. Es mag wie Aufblühen aussehen, aber es ist keines.

Die ganze Welt bewegt sich, die Schöpfung bewegt sich, in alle Ewigkeit; das Denken bewegt sich in der Zeit. Die Schöpfung bewegt sich in die Höhe und in die Tiefe und der Verstand bewegt sich rückwärts und vorwärts. Der Verstand bewegt sich horizontal; das ist Schlaf. Wenn du dich vertikal bewegen kannst, ist es Bewusstheit.

Sei im Augenblick. Bring dein ganzes Sein in den Augenblick ein. Gestatte der Vergangenheit nicht sich einzumischen und gestatte der Zukunft nicht sich einzumischen. Die Vergangenheit ist nicht mehr, sie ist tot. Und wie schon Jesus sagt: „Lass die Toten ihre Toten begraben." Die Vergangenheit ist nicht mehr! Warum machst du dir Gedanken über sie? Warum kannst du nicht aufhören, sie wiederzukäuen? Bist du verrückt? Es gibt sie nicht mehr, sie ist nur in deiner Vorstellung, sie ist nur eine Erinnerung. Die Zukunft ist noch nicht. Was soll es also, über die Zukunft nachzudenken?

Was noch nicht ist, wie kannst du darüber nachdenken? Wie kannst du es planen? Was du dir auch ausdenken magst, es wird anders kommen und dann wirst du frustriert sein, denn das

Ganze folgt seinem Plan. Warum versuchst du deinen eigenen Gegenplan zu haben? Die Schöpfung hat ihre eigenen Pläne, sie ist klüger als du – das Ganze ist notwendig klüger als der Teil. Warum tust du, als wärest du das Ganze? Das Ganze hat seine eigene Zielrichtung, es verwirklicht sich auf seine eigene Weise. Warum machst du dir darüber Gedanken? Ganz gleich, was du tust, es wird Sünde sein, denn du verfehlst den Augenblick – diesen Augenblick. Und wenn es zur Gewohnheit wird – und es wird zur Gewohnheit –, dann kommt die Zukunft und wieder verfehlst du sie, denn sie kommt nicht als Zukunft, sondern als Gegenwart.

Gestern hast du an heute gedacht, weil es das Morgen war; jetzt ist es das Heute, aber du denkst an Morgen, und wenn das Morgen kommt, wird es zum Heute … denn alles, was ist, ist Hier und Jetzt, anders kann es nicht sein. Und wenn deine Denkgewohnheiten festgelegt sind, sodass dein Kopf immer nur an Morgen denkt – wann gedenkst du dann zu leben? Morgen kommt nie. Und so lebst du immer nur am Jetzt vorbei – und das ist Sünde. Das ist der Sinn des hebräischen Wortstammes für Sünde. Im Augenblick, wo die Zukunft auftritt, tritt die Zeit auf. Du hast gegen die Schöpfung gesündigt. Und daraus ist ein festes Verhaltensmuster geworden: Wie ein Roboter gehst du unentwegt am Jetzt vorbei.

Zu mir kommen Leute von weit her, und zu Hause denken sie über mich nach und werden ganz aufgeregt meinetwegen und sie lesen und überlegen und träumen. Kaum sind sie dann hier, beginnen sie an zu Hause zu denken. Kaum angekommen, kehren sie schon wieder zurück. Dann fangen sie an, sich über die Kinder, die Frau, den Beruf, über alles Mögliche und tausend Dinge Gedanken zu machen. Und ich sehe mir den ganzen Unsinn an. Wenn sie wieder daheim sind, denken sie wieder an mich. Sie gehen am Jetzt vorbei, und das ist Sünde. Während du hier bist, bei mir, sei hier bei mir; sei ganz und gar hier bei mir, damit du eine neue Art von Bewegung lernst, damit du dich in der Ewigkeit bewegen lernst, statt in der Zeit.

Zeit ist Welt und Ewigkeit ist Gott; die Horizontale ist die Welt, die Vertikale ist Gott. Beide treffen sich in einem Punkt – das ist der Punkt, wo Jesus gekreuzigt wird. Beide treffen sich in einem Punkt, das ist der Punkt des Hier und Jetzt. Vom Hier und Jetzt aus hast du die Wahl zwischen zwei Reiserouten: die eine Reise in die Welt, in die Zukunft, die andere Reise zu Gott, in die Tiefe. Werdet mehr und mehr bewusst, werdet immer aufmerksamer und empfänglicher für die Gegenwart.

Wie aber sollst du es bewerkstelligen? Wie soll das möglich werden? Denn du steckst so tief im Schlaf, dass du auch daraus einen Traum machen kannst. Du kannst selbst über dies Hier und Jetzt nachdenken, es zum Gegenstand deiner Gedanken machen. Du kannst dich dabei so verkrampfen, dass du gerade deswegen nicht in der Gegenwart sein kannst. Wenn du zu sehr darüber nachdenkst, wie du in die Gegenwart kommen kannst, dann hilft dir dieses Nachdenken nicht. Wenn du dann zu viel Schuld empfindest ... und du wirst dich mit Sicherheit schuldig fühlen, wenn du manchmal in die Vergangenheit zurückgehst; es ist schließlich eine uralte Gewohnheit. Und dann fängst du an über die Zukunft nachzudenken, und schon fühlst du dich schuldig, dass du schon wieder gesündigt hast.

Fühl dich nicht schuldig, sieh ein, dass es eine Sünde ist, aber fühl dich nicht schuldig; aber das ist ein großer Balanceakt. Wenn du dich schuldig fühlst, gehst du an der ganzen Sache vorbei. Jetzt fängt das alte Spiel wieder in einer neuen Spielart an. Jetzt fühlst du dich schuldig, weil du an der Gegenwart vorbeigegangen bist. Damit denkst du über die Vergangenheit nach, denn jene Gegenwart ist nicht mehr gegenwärtig; sie ist vergangen und du fühlst dich deswegen schuldig und du gehst wieder am Jetzt vorbei.

Merkt euch also eines: Jedes Mal, wenn du plötzlich siehst, dass du in die Vergangenheit oder in die Zukunft gegangen bist, mach daraus kein Problem; komm ganz einfach in die Gegenwart zurück, ohne ein Problem daraus zu machen. Es ist vollkommen in Ordnung! Hole deine Aufmerksamkeit einfach zurück. Tausendmal wirst du den Augenblick verfehlen; es kann nicht gleich geschehen, ohne Übergang! Das ist zwar möglich, aber da du nicht genügend vorbereitet bist, kann es eben nicht gleich geschehen. Es ist eine so alte, so tief eingefleischte Angewohnheit, dass du sie nicht gleich ändern kannst. Aber macht euch keine Sorgen, Gott ist nicht in Eile; die Ewigkeit kann ewig warten.

Versucht es nicht auf Biegen und Brechen. Wenn du merkst, dass du abgekommen bist, komm zurück; das ist alles. Fühle dich nicht schuldig; das Schuldgefühl ist eine List des Verstandes, jetzt spielt er wieder sein Spiel. Bereue es nicht, dass du „schon wieder vergessen" hast. Sobald du es merkst, komm zu dem zurück, was du gerade tust: Du nimmst jetzt ein Bad – komm hierher zurück. Du isst jetzt – komme wieder zurück. Sofort, wenn du merkst, dass du nicht hier und jetzt bist, komm zurück, ohne weiteres, ohne Schuld. Halse dir keine Schuld auf. Wenn du dich schuldig fühlst, hast du alles missverstanden.

Es geht zwar um eine Sünde, aber nicht um Schuld, doch das ist schwer verständlich für euch. Sobald ihr spürt, dass etwas nicht stimmt, bekommt ihr sofort Schuldgefühle. Der Verstand ist so gerissen, so schlau. Solange du dich noch schuldig fühlst, kann das Spiel weitergehen; auf neuem Boden zwar, doch das gleiche Spiel. Die Leute kommen zu mir und sagen: „Wir vergessen es immer wieder." Völlig entmutigt sagen sie: „Wir vergessen es immer wieder. Wir geben uns Mühe, aber wir können es nur ein paar Sekunden lang im Kopf behalten. Einen Augenblick lang sind wir wach und erinnern uns an uns selbst, aber dann ist es wieder wie weggeblasen – was sollen wir bloß tun?" Nichts kann man tun. Es ist überhaupt keine Frage von Tun. Was kannst du schon tun? Das Einzige, was getan werden kann, ist, sich deshalb nicht auch noch Schuld aufzubürden. Komm ganz einfach zurück.

Je öfter du zurückkommst … ganz unkompliziert, vergiss das nicht, nicht mit so ernstem Gesicht, ohne große Anstrengung; schlicht unschuldig, ohne ein Problem daraus zu machen. Denn die Ewigkeit kennt keine Probleme. Alle Probleme sind auf der Horizontalen zu Hause; und auch dieses Problem gehört dahin.

Die Vertikale kennt keine Probleme, sie ist der reine Genuss, ohne jede Furcht, ohne jede Quälerei, ohne alle Sorgen, ohne alle Schuld, nichts von alledem. Nimm es leicht und komm zurück. Es wird viele Male danebengehen, aber das macht nichts. Achte nicht zu sehr darauf, wie oft du es vergisst. Beachte vielmehr, wie oft du dich schon wieder erinnert hast. Das merke dir: Lege das Gewicht nicht darauf, dass du oft den Faden verlierst, sondern darauf, dass du dich viele Male wieder daran erinnert hast. Sei glücklich darüber. Dass du den Faden verlierst, natürlich, das muss so sein. Du bist menschlich, du hast viele Leben lang auf der Horizontalen gelebt, es ist also natürlich. Das Schöne ist, dass du so oft zurückgefunden hast. Dir ist das Unmögliche gelungen; du kannst dich darüber freuen.

In vierundzwanzig Stunden wirst du es tausendmal vergessen, aber tausendmal wirst du dich auch wieder erinnern. Langsam beginnst du jetzt die Dinge neu zu sehen. Du bist so oft nach Hause zurückgekehrt, dass sich jetzt allmählich eine neue Sichtweise durchsetzt. Du wirst mehr und mehr in der Bewusstheit bleiben und immer weniger hin und her gehen. Die Spanne wird immer kürzer. Immer weniger wirst du vergessen – du trittst in die Vertikale ein. Und plötzlich, eines Tages, verschwindet die Horizontale ganz. Die Vertikale gewinnt an Intensität und die Horizontale verschwindet.

Das ist die tiefere Bedeutung, wenn in der Hindu-Tradition, wenn bei *Shankaracharya* und im *Vedanta* diese Welt illusionär genannt wird. Denn wenn die Bewusstheit vollkommen ist, verschwindet ganz einfach diese Welt, die ihr in eurer Vorstellung erschaffen habt. Eine andere Welt wird euch offenbart. Der Schleier der Illusion, *Maya*, verschwindet. Die Illusion ist nur da, weil ihr schlaft, weil ihr unbewusst seid.

Es ist genau wie mit dem Träumen. Nachts lebst du im Traum und solange der Traum anhält, ist er so wahr! Hast du je im Traum gedacht: „Das ist nicht möglich!" Das Unmögliche geschieht im Traum, aber du kannst es nicht bezweifeln. Im Träumen bist du so gutgläubig, im Traum ist niemand skeptisch, nicht einmal ein Bertrand Russell. Nein, im Traum ist jeder wie ein Kind, voll Vertrauen, ganz gleich, was geschieht. Dir erscheint deine Frau im Traum, plötzlich verwandelt sie sich in ein Pferd. Du denkst keinen Augenblick: „Wie ist das möglich?" Träumen ist Vertrauen, ist Glauben. Du kannst im Traum nicht zweifeln. Wenn du anfängst im Traum zu zweifeln, schwindet der Traum. Wenn du dich auch nur einmal daran erinnerst, dass dies ein Traum ist, wird es ein Schock sein, der Traum wird in Stücke gehen und du wirst endgültig wach.

Diese Welt, die du um dich her siehst, ist nicht die wirkliche Welt. Nicht, dass sie nicht existiert. Sie existiert, aber ihr seht sie durch einen Schirm von Schlaf, zwischen euch und der Welt ist Unbewusstheit. Ihr seht sie an und interpretiert sie auf eure Weise; ihr seid wie Trinker.

Mulla Nasrudin kam einmal angetorkelt, ganz betrunken, und der Liftboy wollte gerade die Tür zum Fahrstuhl schließen, aber irgendwie drängelte er sich noch hinein. Der Fahrstuhl war überfüllt. Jeder merkte, dass Mulla sternhagelvoll war; sein Atem stank, er versuchte, den Nüchternen zu spielen; er versuchte die Tür anzustarren, aber er fand sie nicht – seine Augen waren betrunken und müde. Irgendwie versuchte er zu stehen, aber auch das gelang nicht. Und er war so verlegen, denn alle starrten auf ihn und dachten, wie betrunken er war, er konnte es fühlen. Dann vergaß er plötzlich, wo er war, und sagte: „Sie werden sich fragen, warum ich diese Versammlung einberufen habe." Er sah so viele Menschen um sich her, dass er glaubte eine Versammlung einberufen zu haben, und dass sich nun alle Anwesenden fragten, worum es denn ging. Am Morgen wird er wieder klar sein. Er wird selbst darüber lachen, genauso wie ihr jetzt darüber lacht.

Alle Buddhas lachen, wenn sie erwachen. Ihr Gelächter ist wie Löwengebrüll. Sie lachen nicht über euch, sondern über den ganzen kosmischen Witz. Sie haben im Traum, in Schlaf gelebt, vollkommen betrunken von Begierden, und diese Begierden waren die Brille, durch die sie das Leben gesehen haben. Also war es nie das wirkliche Leben, sondern sie projizierten ihren eigenen Schlaf darauf.

Ihr nehmt die ganze Schöpfung als Leinwand, projiziert eure eigenen Vorstellungen darauf und seht Dinge, die gar nicht da sind; und die Dinge, die tatsächlich da sind, seht ihr nicht. Und der Verstand hat Erklärungen für alles, wenn Zweifel laut werden – der Verstand weiß eine Antwort. Er schafft Theorien, Philosophien, Systeme, nur um sich zu beschwichtigen: Alles ist in Ordnung. Alle Philosophien erfüllen den Zweck, das Leben erträglicher zu machen, sodass alles seine Ordnung hat und nichts schiefläuft. Dabei läuft alles schief; denn ihr schlaft.

Es kam einmal ein Mann zu mir: Er hatte große Sorgen. Er ist der Vater eines hübschen kleinen Mädchens. Er war tief besorgt. Er sagte: „Jeden Morgen wird ihr übel: Ich bin bei allen möglichen Ärzten gewesen und sie sagen, dass ihr nichts fehlt. Was soll ich nur tun?"

Also sagte ich ihm: „Geh doch zu Mulla Nasrudin, er ist der Schlaueste hier und weiß alles, denn ich habe ihn noch nie ‚Ich weiß nicht' sagen hören. Geh nur zu ihm."

Er ging hin. Ich ging hinterher, nur um zu hören, was Nasrudin wohl sagen würde. Nasrudin schloss die Augen, dachte über das Problem nach, dann machte er die Augen auf und sagte: „Gibst du ihr Milch zu trinken, bevor sie schlafen geht?" Der Mann bejahte. Nasrudin sagte: „Jetzt hab ich's! Wenn du einem Kind Milch gibst, dann wälzt sich das Kind die ganze Nacht über von einer Seite auf die andere und durch das Schütteln wird die Milch zu Quark. Aus dem Quark wird dann Käse und aus dem Käse Butter, aus der Butter wird Fett, aus dem Fett Zucker und aus dem Zucker schließlich Alkohol – und dann hat sie am Morgen natürlich einen Kater."

Und so sind alle Philosophien: beliebige Erklärungen der Dinge. Irgendwelche Erklärungen für Dinge, die nicht erklärt werden können; angebliches Wissen über etwas, das nicht gewusst werden kann. Aber sie machen das Leben annehmbar. Man kann dann besser schlafen; Philosophien sind wie Beruhigungsmittel.

Vergesst nicht – das ist der Unterschied zwischen Religion und Philosophie: Philosophie ist ein Beruhigungsmittel, Religion ist ein Schock; Philosophie verhilft euch zu einem guten Schlaf, Religion rüttelt euch aus dem Schlaf auf. Religion ist keine Philosophie, sie ist eine Technik, euch aus eurer Unbewusstheit herauszubringen. Und alle Philosophien sind Techniken, euch zu einem guten Schlaf zu verhelfen; sie geben euch Träume, Utopien. Religion nimmt euch alle Träume, alle Utopien.

Religion bringt euch zur Wahrheit, und Wahrheit ist nur möglich, wenn ihr nicht träumt. Ein träumender Geist kann nicht das Wahre sehen. Ein träumender Geist wird selbst noch die Wahrheit in einen Traum verkehren. Habt ihr es noch nie erlebt? Du stellst den Wecker; morgens um vier willst du aufstehen, du musst zum Zug. Dann geht am Morgen der Wecker los und deine Sinne gaukeln dir einen Traum vor: Du sitzt in einem Tempel und die Glocken des Tempels läuten – damit ist alles erklärt. Der Wecker stört dich nicht weiter, er kann dich nicht mehr aufwecken, du hast ihn wegerklärt – im selben Augenblick! Der Verstand arbeitet sehr raffiniert.

Und heute können sich die Philosophen gar nicht darüber beruhigen, wie das funktioniert, wie der Verstand so schnell, so blitzschnell produziert. Welche Kompliziertheit! Der Verstand muss schon vorher Entwürfe machen. Wieso findest du dich plötzlich in einer Kirche oder in einem Tempel, wo die Glocken läuten? Der Wecker geht los und ohne Zeitabstand wird innerhalb des Traums die Erklärung geliefert. Du versuchst dem Wecker aus dem Weg zu gehen, du willst nicht aufstehen, du willst an einem so kalten Wintermorgen nicht aufstehen. Die Vorstellungskraft sagt: „Das ist nicht der Wecker, es ist ein Tempel, den du besuchst." Alles ist klar, du fällst in den Schlaf zurück. Nichts anderes haben seit je die Philosophen getan und daher gibt es so viele Philosophien – denn jeder braucht eine andere Erklärung.

Eine Erklärung, die für einen anderen ein Schlafmittel ist, muss es nicht auch für dich sein. Und das ist es, wovon Heraklit in diesen Versen spricht. Versucht nun, ihn zu verstehen. Er sagt:

Die Menschen sind selbst in wachen Augenblicken
Wie Blinde und beachten das,
Was um sie her geschieht, so wenig
Wie in ihrem Schlaf.

Im Schlaf bist du dir nicht bewusst, was um dich her vorgeht, aber bist du dir in deinen wachen Stunden bewusst, was um dich herum geschieht?

Die Forschung hat sich viel damit befasst. Achtundneunzig Prozent aller Mitteilungen an dich lässt dein Hirn nicht zu, achtundneunzig Prozent; nur zwei Prozent werden zugelassen! Und selbst diese zwei Prozent werden von deinem Denksystem interpretiert. Ich sage etwas und du hörst etwas anderes; was du hörst, sage ich gar nicht, aber du interpretierst es so, dass du in deinem Schlaf nicht gestört wirst. Deine Vorstellungskraft liefert dir sofort eine Interpretation. Du ordnest es in dein Denksystem ein und dein Denksystem verarbeitet es, es wird Teil deines Denkens. Und damit verfehlt ihr jeden Buddha, jeden Christus, jeden Heraklit und andere. Sie sprechen immer von neuem zu euch; sie sagen euch wieder und wieder, dass sie etwas gefunden haben, dass sie etwas erfahren haben, aber sowie sie das sagen, sofort interpretiert ihr es. Ihr habt eure eigenen Tricks.

Aristoteles wurde durch Heraklit äußerst verstört. Also befand er, dass dieser Mensch irgendeinen Charaktermangel hatte – und damit war für ihn der Fall erledigt! Du hast ihn kategorisiert, weil er dir nicht passt, weil er dich verstört. Heraklit muss für Aristoteles ein Dorn im Auge gewesen sein, denn Aristoteles bewegt sich auf der Horizontalen, darin ist er Meister, und dieser Heraklit versucht, uns in das Mysterium hineinzustoßen. Das musste irgendwie erklärt werden. Also sagte Aristoteles: „Mit diesem Mann stimmt irgendetwas nicht, ob nun biologisch, physiologisch, charakterologisch, irgendein Fehler ist jedenfalls da. Warum sollte er sonst auf Paradoxen bestehen? Warum sollte er so auf dem Geheimnisvollen bestehen? Warum sollte er darauf bestehen, dass es eine Harmonie gibt – zwischen Gegensätzen? Gegensätze sind Gegensätze! Da gibt es keine Harmonie. Leben ist Leben und Tod ist Tod. Haltet die Dinge klar auseinander, vermischt sie nicht, dieser Mensch scheint nicht ganz klar im Kopf."

Laotse empfand genauso. Laotse sagte: „Alle scheinen weise zu sein, außer mir. Alle scheinen so klug, außer mir; ich bin ein Narr!" Und Laotse ist einer der größten, der weisesten Menschen, die je geboren wurden, aber in eurer Mitte fühlt er sich wie ein Narr. Laotse sagt: „Was für klare Denker alle Leute sind; ich bin ein Wirrkopf." Was Aristoteles über Heraklit sagte, sagt Laotse über sich selber. Laotse sagt: „Wer meinen Lehren zuhört, ohne den Kopf einzuschalten, wird erleuchtet. Wer meinen Lehren durch den Kopf zuhört, findet seine eigenen Erklärungen – aber die haben mit mir nichts zu tun. Und Leute, die zuhören, ohne überhaupt zu hören, davon gibt es viele, Leute, die so tun, als ob sie zuhörten, ohne tatsächlich zuzuhören, die lachen über meine Narrheiten." Diese dritte Art von Zuhörern ist in der Mehrheit. Und Laotse sagt: „Wenn die Mehrheit nicht über dich lacht, dann sei dir bewusst, dass du etwas Falsches gesagt haben musst. Wenn die Mehrheit lacht, nur dann sagst du etwas Wahres. Wenn die Mehrheit dich für einen Idioten hält, nur dann besteht die Wahrscheinlichkeit, dass du ein Weiser bist; andernfalls ist es ausgeschlossen."

Heraklit kommt Aristoteles wie ein Wirrkopf vor. Und euch muss er auch so vorkommen, denn Aristoteles hat alle Universitäten erobert, alle Colleges der Welt. Heute werdet ihr überall in Logik unterrichtet, nicht in Mysterien.

Überall wird euch beigebracht rational zu sein, nicht mystisch. Jeder wird geschult, klipp und klar zu sein. Um klipp und klar zu sein, muss man sich auf der Horizontalen bewegen; dort ist A gleich A und B ist B und A ist niemals B. Aber im geheimnisvollen Abgrund der Vertikalen überschneiden und vermischen sich die Grenzen: Mann ist Frau und Frau ist Mann; Richtiges ist falsch und Falsches richtig; das Dunkle ist hell und das Helle dunkel; Leben ist Tod und Tod ist Leben – alle Grenzen verschwinden und vermischen sich. Auf der Vertikalen ist Gott ein Geheimnis und kein logischer Schluss. Diejenigen, die Gottesbeweise liefern, versuchen nur das Unmögliche; für Gott ist kein Beweis möglich. Beweise gehören der Horizontalen an.

Das ist die Bedeutung von Vertrauen: Du fällst in den Abgrund, du erlebst den Abgrund, du verschwindest einfach in ihm – und dann erkennst du. Du erkennst erst, wenn deine ganze Vorstellungswelt verschwunden ist, niemals vorher.

Narren sind, obwohl sie hören können,
Genau wie Taube.

Für sie gilt das Sprichwort:
Selbst anwesend
Sind sie abwesend.

Der Ort, an dem du bist, ist genau der, wo du nicht bist. Du magst überall sein, nur nicht da, wo du bist. Wo immer du bist, da bist du nicht. Es heißt in alten tibetanischen Schriften, dass Gott viele Male zu dir kommt, aber er findet dich nicht da, wo du bist. Er klopft an deine Tür, aber der Hausherr ist nicht zu Hause, er ist immer woanders. Fragt euch selbst: Seid ihr zu Hause dort, wo ihr wohnt, oder seid ihr irgendwo anders? Wie kann Gott dich finden? Du brauchst ihn gar nicht aufzusuchen; sei einfach zu Hause, und er wird dich finden. Er ist auf der Suche nach dir, genau wie du auf der Suche nach ihm bist. Sei einfach zu Hause, dass er dich finden kann, wenn er kommt. Er kommt und klopft und wartet tausendmal an deiner Tür, aber du bist nie da.

Narren sind, obwohl sie hören können,
Genau wie Taube.
Für sie gilt das Sprichwort:
Selbst anwesend
sind sie abwesend.

Das ist der Schlaf: abwesend zu sein, nicht da zu sein im gegenwärtigen Augenblick, irgendwo anders zu sein.

Mulla Nasrudin saß im Café und redete über seine Großzügigkeit. Und wenn Mulla redet, dann geht er bis zum Äußersten. Da sagte einer: „Nasrudin, wenn du so großzügig bist, warum lädst du uns nie zu dir nach Hause ein? Du hast uns noch nicht ein einziges Mal zum Essen eingeladen. Wie steht's also?"

Mulla war so begeistert, dass er gar nicht an seine Frau dachte. „Kommt, wir gehen gleich jetzt!", rief er. – Je näher er seinem

Haus kam, desto nüchterner wurde er. Plötzlich erinnerte er sich an seine Frau und bekam es mit der Angst zu tun – dreißig Leute schleppte er an!

Vor seinem Haus angekommen, sagte er: „Wartet! Ihr wisst alle, ich hab eine Frau. Ihr habt auch Frauen, also wisst ihr, was ich meine. Wartet also. Ich will vorangehen und sie überreden, dann ruf ich euch herein." Und er ging und verschwand.

Sie warteten und warteten und warteten, aber er kam einfach nicht; schließlich klopften sie an. Nasrudin hatte seiner Frau erzählt, was geschehen war: dass er den Mund zu voll genommen hatte wegen seiner Großzügigkeit und sich dann hatte einfangen lassen. Seine Frau hatte gesagt: „Aber wir haben nichts zu essen für dreißig Leute und es ist zu spät, um noch etwas zu besorgen."

Da sagte Nasrudin: „Mach Folgendes: Wenn sie anklopfen, geh einfach hin und sag ihnen, dass Nasrudin nicht zu Hause ist."

Und als sie endlich klopften, kam die Frau und sagte: „Nasrudin ist nicht zu Hause."

Sie antworteten: „Das überrascht uns, denn wir sind zusammen gekommen, und er ist hineingegangen und wir haben ihn nicht herauskommen sehen, wir sind dreißig Zeugen und warten seitdem hier auf den Stufen, er muss also drinnen sein. Geh zurück und suche ihn, er muss sich irgendwo verstecken."

Sie ging hinein und sagte: „Was sollen wir tun?" – Nasrudin wurde nervös! Er sagte: „Warte!" Er kam heraus und sagte zu den Wartenden: „Was soll das heißen? Er könnte doch zur Hintertür das Haus verlassen haben?!"

So etwas ist möglich, das passiert euch jeden Tag. Er vergaß sich vollkommen; und das ist es: Aus Logik heraus vergaß er sich selbst. Die Logik stimmt, das Argument stimmt: „Was soll das heißen: Ihr wartet an der Vordertür, er könnte durch die Hintertür hinausgegangen sein!" Die Logik stimmt, aber Nasrudin hat vollkommen vergessen, dass er es selber ist, der das sagt.

Ihr seid nicht zu Hause. Weder für die Welt seid ihr zu Hause, noch für euch selbst. Das ist der Schlaf. Wie könnt ihr dann hören? Wie könnt ihr dann sehen? Wie könnt ihr dann fühlen? Wenn du nicht hier und jetzt gegenwärtig bist, sind alle Türen geschlossen. Du bist ein Toter, du lebst nicht. Darum sagt Jesus immer wieder zu seinen Zuhörern: „Wer Ohren hat zu hören, höre mich. Wer Augen hat zu sehen, sehe mich!"

Heraklit muss vielen Menschen begegnet sein, die zuhören ohne zu hören; die sehen können und doch nicht sehen, weil ihr Haus vollständig leer ist. Der Hausherr ist nicht zu Hause; die Augen sehen, die Ohren hören, aber der Hausherr ist nicht zu Hause, er ist nicht anwesend. Augen sind nichts als Fenster; sie können erst dann sehen, wenn du hindurchsiehst. Wie kann ein Fenster sehen? Du musst am Fenster stehen, erst dann kannst du sehen. Wie sonst? Sie sind nur Fenster, sie können nichts spüren. Wenn du da bist, ändert sich alles vollkommen.

Der ganze Körper ist wie ein Haus und die Gedanken reisen, der Hausherr ist ununterbrochen auf Reisen und das Haus steht leer. Und das Leben klopft an deine Tür – du kannst es Gott nennen oder was du willst, der Name spielt keine Rolle; nenn' es Existenz, es klopft an die Tür, ja es klopft schon lange, aber du bist nie anzutreffen. Das ist der Schlaf, den Heraklit meint.

Handelt nicht und sprecht nicht wie im Schlaf!

Handle und sprich mit vollem Bewusstsein, und du wirst eine ungeheure Veränderung in dir beobachten. Die bloße Tatsache, dass du bewusst bist, verändert deine Handlungsweise. Nun kannst du keine Sünde begehen – nicht, dass du dich kontrollieren musst, nein! Kontrolle ist ein armseliger Ersatz; sie nützt nicht viel. Wenn du bewusst bist, brauchst du keine Wut zu unterdrücken: Wut kann nämlich bei Bewusstheit gar nicht erst aufkommen. Wut und Bewusstheit können nicht Seite an Seite bestehen; zwischen ihnen gibt es keine Koexistenz. Bei Bewusstheit kann Eifersucht nicht aufkommen. Bei Bewusstheit verschwinden viele Dinge einfach – alle Negativität verschwindet.

Es ist wie mit Licht: Wenn dein Haus voll Licht ist, kann dann die Dunkelheit noch darin herrschen? Sie entweicht einfach. Wenn dein Haus erleuchtet ist, wie kannst du noch stolpern? Wie kannst du gegen die Wand rennen? Das Licht ist an, du kennst die Tür, du gehst einfach hin und gehst hinein oder hinaus. Solange es dunkel ist, stolperst du, tappst du herum, fällst du hin. Wut ist nichts als Stolpern; Eifersucht ist nichts als ein Tappen im Dunkeln. Alles Verkehrte ist nicht an sich verkehrt, sondern deshalb, weil ihr im Dunkeln lebt.

Wenn ein Jesus zornig werden will, kann er das; er kann damit umgehen. Ihr könnt nicht damit umgehen – der Zorn geht mit euch um. Wenn Jesus das Gefühl hat, dass es gut und nützlich ist, wütend zu werden, kann er sich der Wut bedienen, wie und wo er will, er ist ein Meister. Jesus kann wütend spielen, ohne wütend zu sein. Viele Menschen haben mit Gurdjieff gearbeitet, er war ein Mann zum Fürchten. Wenn er wütend wurde, dann schnaubte er wie rasend; er sah aus wie ein Mörder; aber das war bloß Spiel, einfach eine Situation, um jemandem zu helfen. Und im selben Augenblick, ohne auch nur eine Sekunde Abstand, sah er jemand anders an und lächelte; und dann sah er wieder auf den, dem er seine Wut zeigen wollte, und blickte wieder wutschnaubend drein. Das ist möglich. Wenn du bewusst bist, kannst du von allem Gebrauch machen. Selbst Gift wird zum Elixier, wenn du bewusst bist; und umgekehrt, wenn du schläfst, wird sogar ein Elixier zu Gift, denn alles hängt davon ab, ob du bewusst bist oder nicht. Handlungen bedeuten nichts. Auf Handlungen kommt es nicht an. Auf dich, auf deine Wachheit, auf dein Bewusstsein, auf deine Geistesgegenwart kommt es an. Es geht nicht darum, was du tust.

Es gab einmal einen großen buddhistischen Meister namens Nagarjuna. Ein Dieb kam zu ihm. Der Dieb war in Liebe zu diesem Meister entbrannt, weil er nie einen schöneren Menschen gesehen hatte, nie solch grenzenlose Anmut. Er fragte Nagarjuna: „Gibt es auch für mich irgendeine Möglichkeit so aufzublühen wie du? Aber eines muss ich dir gleich ganz klar sagen: Ich bin ein Dieb. Und noch eins: Ich kann es nicht lassen. Das darf also nicht zur Bedingung gemacht werden. Ich will tun, was immer du sagst, aber ich kann nicht aufhören ein Dieb zu sein. Das hab ich schon oft versucht, es geht einfach nicht, und so hab ich mir das aus dem Kopf geschlagen. Ich füge mich meinem Schicksal, dass ich ein Dieb bin und bleibe, also brauchst du mir darüber nichts zu sagen. Das muss von vornherein klar sein."

Nagarjuna fragte: „Wovor hast du Angst? Wer redet denn davon, dass du ein Dieb bist?"

Der Dieb sagte: „Aber jedes Mal, wenn ich zu einem Mönch gehe, zu einem Priester oder einem Heiligen, sagen sie immer: Hör erst mit dem Stehlen auf."

Nagarjuna lachte und sagte: „Dann müssen es selber Diebe gewesen sein, warum sonst sollte sie das kümmern? Mich kümmert das nicht!"

Der Dieb war sehr froh. Er sagte: „In Ordnung. Es scheint, ich bin jetzt also dein Schüler. Du bist der richtige Meister."

Nagarjuna nahm ihn auf. Er sagte: „Jetzt kannst du gehen und tun, was du willst. Nur eine Bedingung musst du befolgen: Sei bewusst! Geh und brich in Häuser ein, hol dir heraus, was du willst, stiehl nach Herzenslust, tu was dir Spaß macht, mich kümmert es nicht, ich bin kein Dieb – aber tu es bewusst."

Der Dieb sah nicht, wie er in die Falle ging. Er sagte: „Dann ist ja alles in Ordnung. Ich will's versuchen."

Nach drei Wochen kam er wieder und sagte: „Du bist schlau, denn wenn ich bewusst stehle, kann ich nicht stehlen. Wenn ich stehle, verschwindet das Bewusstsein. Ich bin in der Klemme."

Nagarjuna sagte: „Kein Wort mehr von deiner Dieberei und deinem Stehlen. Es geht mich nichts an, ich bin kein Dieb. Entscheide dich jetzt! Wenn du Bewusstheit willst, dann entscheide dich. Wenn du sie nicht willst, auch da entscheide jetzt."

Der Mann sagte: „Aber jetzt ist es schwer, ich hab davon gekostet und es ist so schön, ich will ja alles aufgeben, was du willst."

Dann erzählte er: „Erst neulich nachts ist es mir zum ersten Mal gelungen, in den Palast des Königs einzudringen. Ich habe die Schatzkammer geöffnet. Ich hätte der reichste Mann der Welt werden können, aber du warst mir auf den Fersen und ich musste bewusst werden. Als ich bewusst wurde, war plötzlich keine Motivation mehr da, kein Verlangen. Als ich bewusst wurde, sahen die Diamanten einfach wie Steine aus, ganz gewöhnliche Steine. Sobald ich diese Bewusstheit verlor, war der Schatz wieder da. Ich wartete und wiederholte das viele Male. Ich wurde bewusst und war wie ein Buddha und konnte noch nicht einmal die Hand danach ausstrecken, denn die ganze Sache sah einfach kindisch aus, einfach dumm, nichts als Steine, was tue ich nur? Mein Bewusstsein um dieser Steine willen zu verlieren? Aber dann verlor ich dieses Bewusstsein schon wieder und die Steine wurden wieder schön, die ganze Illusion war wieder da. Am Ende raffte ich mich auf und entschied, dass sie die Sache nicht wert waren."

Wenn du erst einmal von der Bewusstheit gekostet hast, lohnt sich nichts anderes mehr, du kennst jetzt die höchste Glückseligkeit des Lebens. Dann plötzlich fallen viele Dinge von dir ab; du siehst ihre Dummheit, ihre Torheit. Die Motivation fällt weg, das Verlangen fällt weg, die Träume sind zerfallen.

Handelt nicht und sprecht nicht wie im Schlaf!

Das ist der einzige Schlüssel.

Wachende haben eine Welt gemeinsam –
Schlafende haben jeder eine Welt für sich.

Träume sind privat, absolut privat! Niemand kann deinen Traum betreten. Du kannst keinen Traum mit deiner Geliebten teilen. Mann und Frau schlafen im gleichen Bett, aber sie träumen getrennt. Es ist unmöglich, einen Traum zu teilen, weil er ein Nichts ist. Wie lässt sich ein Nichts mit einem anderen teilen? Wie eine Luftblase ist er absolut nicht-existent, du kannst niemanden an ihm teilhaben lassen, du musst für dich allein träumen. Und darum, wegen der Schläfer, wegen so vieler Schläfer, gibt es so viele Welten. Du hast deine eigene Welt; wenn du schläfst, lebst du eingeschlossen in deine eigenen Gedanken, Vorstellungen, Träume, Begierden. Wenn du einem anderen begegnest, ist das jedes Mal ein Zusammenstoß zweier Welten. Welten, die zusammenprallen, das ist unsere Situation! Schaut genau hin!

Schaut euch an, wie Ehemann und Ehefrau miteinander reden; sie reden überhaupt nicht. Der Mann denkt ans Büro, ans Gehalt; die Frau denkt an ihre Kleider zu Weihnachten. Im Innern haben sie ihre eigenen Privatwelten, aber ihre Privatwelten treffen sich irgendwo, stoßen vielmehr zusammen, denn die Kleider für die Frau hängen vom Gehalt des Mannes ab; das Gehalt des Mannes muss die Kleider der Frau finanzieren.

Die Frau sagt „Liebling“, aber hinter diesem Wort steckt „Kleider“; denn das ist es, woran sie denkt. Dieses Liebling bedeutet nicht das, was im Wörterbuch steht, denn jedes Mal, wenn seine Frau Liebling sagt, ist das nur eine Fassade und der Mann kriegt es sofort mit der Angst zu tun. Er zeigt es nicht, natürlich, denn wenn jemand Liebling sagt, darf man keine Angst zeigen.

Er sagt: „Was ist, Liebes? Was gibt's?“ Aber er hat Angst, weil er an sein Gehalt denkt; er weiß, Weihnachten rückt näher – Gefahr droht.

Mulla Nasrudins Frau sagte zu ihm: „Was ist los mit dir? In letzter Zeit habe ich so oft geweint und gejammert, ich kann vor Tränen nichts sehen und du fragst nicht einmal warum!" Nasrudin sagte: „Irgendwann reicht es! Es kostet zu viel, wenn ich frage. Und wie oft habe ich diesen Fehler nicht schon begangen. Denn diese Tränen sind nicht einfach Tränen, sondern Kleider, ein neues Haus, neue Möbel, ein neuer Wagen. Was weiß ich, was diese Tränen alles meinen. Mit Tränen fängt es immer an."

Kein Dialog ist möglich, denn innen sind sie zwei private Welten; nur Konflikt ist möglich. Träume sind privat, Wahrheit ist nicht privat. Wahrheit kann nicht privat sein, Wahrheit kann weder meine noch deine sein, Wahrheit kann nicht christlich oder hinduistisch sein, Wahrheit kann nicht indisch oder griechisch sein. Wahrheit kann nicht privat sein. Träume sind privat. Alles, was privat ist – merkt es euch! –, muss notgedrungen der Welt der Träume angehören. Wahrheit ist ein offener Himmel, sie ist für alle da, sie ist eins.

Die Sprache, die Laotse spricht, mag daher zwar eine ganz bestimmte sein; und wenn Buddha spricht, ist es wieder eine andere Sprache; und die Sprache eines Heraklit wieder eine andere, aber all diese Sprachen bedeuten das Gleiche, sie weisen auf das Gleiche hin. Und die sie sprechen, leben nicht in einer Privatwelt. Ihre Privatwelt ist gleichzeitig mit ihren Träumen und Begierden verschwunden, mit ihrer ganzen Vorstellungswelt. Nur in der Vorstellung gibt es eine private Welt, aber das Bewusstsein kennt keine privaten Welten.

Wachende haben eine Welt gemeinsam

Alle, die wach sind, leben in ein und derselben Welt, in der einen Schöpfung. Und alle, die schlafen und träumen, haben eine eigene Welt für sich. Eure Privatwelt muss fallen, das ist die einzige

Entsagung, die ich von euch verlange. Ich sage nicht, du sollst deine Frau verlassen; ich sage nicht, du sollst deinen Beruf aufgeben; ich sage nicht, verzichte auf dein Geld oder auf sonst irgendwas, nein! Ich sage nur: Komm heraus aus deiner Welt privater Träume. Das ist Sannyas für mich.

Das alte Sannyas hieß dieser Welt zu entsagen, dem Sichtbaren den Rücken zu kehren. Man ging in den Himalaja, ließ Frau und Kind zurück. Aber darum geht es nicht. Das ist nicht die Welt, die es zu verlassen gilt. Wie könnte man die verlassen! Selbst der Himalaja gehört dieser Welt an.

Die Welt, die man verlassen muss, ist die Welt der Vorstellungen, die Privatwelt der Träume. Wenn du der entsagst, dann kannst du auf dem Marktplatz sitzen und doch zugleich im Himalaja sein. Und solange du ihr nicht entsagst, wirst du selbst im Himalaja immer nur eine Privatwelt um dich herum schaffen. Glaube nicht, dass du dir selbst entkommen kannst! Wohin du auch gehst, du nimmst dich mit; wohin du auch gehst, du wirst dich verhalten wie eh und je. Die Situationen mögen andere sein, aber wie solltest du wohl anders sein? Du wirst im Himalaja genauso fest schlafen. Ob du nun in Pune schläfst oder in Boston oder in London oder im Himalaja – wo liegt der Unterschied? Wo du auch bist, wirst du träumen. Gib das Träumen auf! Werde wacher! Plötzlich verschwindet alles Träumen und mit dem Träumen alles Elend.

Wachend sehen wir nichts als Tod
Schlafend – nichts als Träume.

Das ist wirklich schön! Was du siehst, wenn du schläfst, sind Träume, Illusionen, Luftspiegelungen; deine eigene Schöpfung, deine eigene Privatwelt. Und was siehst du, wenn du wach bist? Heraklit sagt: Wenn du wach bist, siehst du rund um dich her nur Tod. Das ist vielleicht der Grund, warum du nicht hinsehen willst. Vielleicht träumst du nur deshalb und webst eine perlmuttfarbene Wolke um dich herum – damit du nicht der Tatsache des Todes ins Auge zu blicken brauchst.

Aber denke daran: Man wird erst dann religiös, wenn man sich dem Tod stellt, niemals vorher. Wenn du dem Tod ins Auge siehst, wenn du ihm von Angesicht zu Angesicht gegenüberstehst, wenn du ihm nicht ausweichst, wenn du dich nicht duckst, wenn du nicht davonläufst, wenn du dich nicht in eine Wolke einnebelst, wenn du dich stellst, wenn du ihm begegnest, dem nackten Faktum Tod, dann plötzlich erkennst du: Tod ist Leben. Je tiefer du in den Tod eindringst, desto tiefer dringst du ins Leben ein, denn, so sagt Heraklit, die Gegensätze treffen sich, vermischen sich, sind eins.

Wenn du also versuchst, vor dem Tod davonzulaufen, dann vergiss nicht, dass du damit auch vor dem Leben davonläufst; genau deswegen seht ihr so tot aus. Das ist das Paradox: Lauf vor dem Tod davon und du bist schon tot; zeige dich, schau dem Tod ins Angesicht und du wirst lebendig. Im Augenblick, wo du dem Tod so nah bist, dass du glaubst, du stirbst jetzt, wenn du nicht nur an der Peripherie, sondern im Innersten den Tod fühlst und ihn berührst, dann ist die Krise gekommen. Das ist das Kreuz des Jesus, die Krise des endgültigen Sterbens. In dem Augenblick stirbst du in der einen Welt, der Welt der Horizontalen, der Welt der Vorstellungen, und du erstehst neu in jener anderen Welt. Die Auferstehung von Jesus Christus ist kein körperliches Phänomen. Die Christen haben unnötigerweise immer neue Hypothesen hierüber aufgestellt. Gemeint ist nicht die Wiederauferstehung dieses leiblichen Körpers, es ist die Auferstehung in eine andere Dimension dieses Körpers; es ist die Auferstehung in eine andere Dimension eines anderen Körpers, der niemals stirbt. Unser Körper ist zeitlich, jener Körper ist ewig. Jesus ersteht neu in einer anderen Welt, der Welt der Wahrheit. Die private Welt ist verschwunden.

Im letzten Augenblick sagt Jesus, dass er betrübt, verstört ist. Selbst ein Mensch wie Jesus kann im Sterben betrübt sein, wie kann es auch anders sein. Er wendet sich an Gott, er schreit auf: „Was tust du mit mir?" Er möchte sich an die Horizontale klammern, er möchte sich ans Leben klammern, selbst ein Mann wie Jesus. Fühlt euch also nicht schuldig, wenn ihr euch auch irgendwie festhalten möchtet. Das ist der Mensch in Jesus und darin ist er menschlicher als Buddha oder Mahavir. Und das Menschliche an ihm ist: dass dieser Mann jetzt, wo es ans Sterben geht, verstört ist, dass er aufschreit; aber dass er auch nicht zurückweicht, dass er nicht fällt. Im gleichen Augenblick wird ihm klar, worum er da bittet. Und da sagt er: „Dein Wille geschehe!", entspannt sich, schickt sich in alles. Und plötzlich dreht sich das Rad, er ist nicht mehr in der Horizontalen; er ist in die Vertikale eingetreten, in die Tiefe ... dort wird er auf ewig wiedergeboren.

Stirb für die Zeit, damit du für die Ewigkeit auferstehen kannst. Stirb für die Welt der Vorstellungen, damit du lebendig wirst im Bewusstsein. Stirb für das Denken, damit du in die Wachheit geboren wirst. Heraklit sagt: „Was wir wachend sehen, ist Tod..." Und darum ziehen wir den Schlaf und die Träume vor, leben mit Drogen, mit Alkohol und Betäubungsmitteln, nur um dieser Tatsache nicht ins Auge blicken zu müssen. Aber man muss dieser Tatsache ins Auge blicken. Wenn du es kannst, erwächst aus der Tatsache des Todes die Wahrheit; wenn du fliehst, lebst du in Lügen. Wenn du der Tatsache ins Auge blickst, wird die Tatsache zur Tür für die Wahrheit. Die Tatsache ist der Tod. Dem muss man sich stellen. Und die Wahrheit wird das Leben sein. Das ewige Leben, das unerschöpfliche Leben, ein Leben ohne Ende.

Und dann ist Tod nicht mehr Tod. Dann ergänzen sich Leben und Tod wie zwei Flügel und werden eins.

Das ist die verborgene Harmonie.

3

ES GIBT NUR EINE WEISHEIT

Es ist die Aufgabe eines jeden Menschen,
Sich selbst zu kennen
Und das rechte Maß zu wissen.
Das rechte Maß zu wissen, ist die höchste Kunst.
Weisheit besteht in nichts als diesem:
Wahr reden, wahr handeln,
Der Natur der Dinge folgen.
Wer den Logos nicht hört, der höre auf mich:
Der Weise sieht ein,
Dass alle Dinge eins sind.
Es gibt nur eine Weisheit:
Erkenne die Intelligenz,
Die alle Dinge
Mit allen Dingen verwebt.
Weisheit ist eins und einzig.
Unwillig und doch willig
Lässt sie sich beim Namen des Zeus nennen.

EIN PAAR DINGE VORWEG, BEVOR WIR in die Textfragmente des Heraklit einsteigen.

Erstens: Sich selber zu kennen, ist das Allerschwerste überhaupt. Das müsste nicht so sein. Es müsste eigentlich die einfachste Sache von der Welt sein. Aber so ist es nun einmal nicht, aus vielen Gründen. Es ist so kompliziert geworden und jeder hat ein so großes Interesse daran, sich nicht selbst zu kennen, dass es fast unmöglich scheint, den Weg zurückzufinden, zur Quelle zurückzukehren, sich selbst zu begegnen.

Dein ganzes Leben, so wie es jetzt ist, so wie es von Gesellschaft, Staat und Kirche gebilligt wird, gründet sich auf Unkenntnis deiner selbst. Du lebst ohne dich zu kennen, weil die Gesellschaft nicht will, dass du dich kennst. Das wäre gefährlich für den Bestand der Gesellschaft. Jemand, der sich selber kennt, muss rebellisch werden. Erkenntnis ist die größte Rebellion. Und mit Erkenntnis meine ich Selbsterkenntnis, nicht das Wissen, das man sich aus Büchern zusammenliest, nicht das Wissen der Universitäten, sondern das Wissen, das entsteht, wenn du deinem eigenen Sein begegnest, wenn du dich in deiner völligen Blöße, deiner Nacktheit kennengelernt hast; das Wissen, wenn du dich siehst, wie Gott dich sieht, und nicht, wie die Gesellschaft dich zu sehen wünscht; wenn du dein naturhaftes Wesen siehst, in seinem völlig wilden Wuchs, eine Erscheinung, die nicht zivilisiert ist, sondern ungetrimmt, unkultiviert, ungehobelt.

Der Gesellschaft liegt nur daran, aus dir einen Roboter zu machen, keinen Revolutionär, denn das ist dienlich. Es ist leicht; einen Roboter zu beherrschen. Es ist praktisch unmöglich, einen Menschen, der sich selbst kennt, zu beherrschen. Wie wollte man einen Jesus beherrschen? Wie wollte man einen Buddha oder einen Heraklit beherrschen? Er beugt sich nicht, er folgt keinem Diktat. Er folgt seinem eigenen Wesen. Er ist wie der Wind, wie die Wolken; er bewegt sich wie ein Fluss. Er ist wild, selbstverständlich auch schön, naturhaft, aber eine Gefahr für die verlogene Gesellschaft. Er passt nicht in sie hinein. Bevor wir uns nicht eine natürliche Gesellschaft auf Erden schaffen, bleibt ein Buddha immer ein Asozialer und jeder Jesus muss gekreuzigt werden. Die Gesellschaft will herrschen; die privilegierten Klassen wollen herrschen, unterdrücken, ausbeuten. Am liebsten wäre es ihnen, wenn ihr gar nichts von euch selber wüsstet.

Das ist die erste, die äußere Schwierigkeit: Man wird notgedrungen in irgendeine Gesellschaft hineingeboren. Die Eltern sind Teil der Gesellschaft, die Lehrer sind Teil der Gesellschaft. Die Gesellschaft ist überall, du bist von ihr umzingelt. Wie da herauskommen? Es sieht wirklich unmöglich aus. Wo eine Tür finden, die zurück zur Natur führt? Von allen Seiten bist du eingeschlossen.

Die zweite Schwierigkeit kommt aus dir selbst, denn auch du möchtest andere unterdrücken, möchtest herrschen; auch du möchtest besitzen, mächtig sein. Jemand, der sich selber kennt, kann nicht zum Sklaven gemacht werden, aber er will auch keinen anderen zum Sklaven. Man kann einen Menschen, der weiß, wer er ist, nicht unterdrücken, aber jemand, der sich selbst kennt, kann auch keinen anderen unterdrücken. Er kann nicht beherrscht werden und er will niemanden beherrschen. In dieser Dimension verschwindet ganz einfach jede Form von Herrschaft. Er lässt sich nicht besitzen und will niemanden besitzen. Er ist frei und verhilft anderen dazu, ebenfalls frei zu werden. Die zweite Schwierigkeit sitzt noch tiefer als die erste. Die Gesellschaft kann man meiden, aber wie lässt sich das eigene Ego umgehen? Man bekommt Angst, denn ein Mann der Selbsterkenntnis denkt ganz einfach nicht in Begriffen von Besitz, Herrschaft und Macht. Er ist unschuldig wie ein Kind. Er möchte absolut frei leben und er möchte auch, dass andere absolut frei leben.

In dieser Welt der Sklaverei verkörpert ein solcher Mensch Freiheit. Hättest du gern, dass man dich nicht ausbeutet?

„Ja“, wirst du sagen, „das hätte ich gern.“; dass man dich nicht gefangen hält? Ja, du wärst gern kein Gefangener mehr. Aber willst du auch die Kehrseite? Willst du auch keinen anderen zum Gefangenen machen? Niemanden beherrschen, niemanden unterdrücken und ausbeuten? Nicht seinen Geist töten, keinen Menschen zur Sache machen?

Da wird es problematisch. Und vergesst nicht: Wer herrschen will, wird beherrscht; wer ausbeuten will, wird ausgebeutet; wer einen anderen zum Sklaven will, wird zum Sklaven. Das sind die beiden Seiten ein und derselben Medaille. Das ist die eigentliche Schwierigkeit bei der Selbsterkenntnis. Wenn es dies Problem nicht gäbe, wäre Selbsterkenntnis die einfachste und unkomplizierteste Sache von der Welt. Man brauchte sich nicht groß anzustrengen. Anstrengung ist nur nötig, weil es diese beiden Hemmnisse gibt. Beobachte sie ganz einfach, blicke in diese Hemmnisse hinein und fange an, sie für dich selber abzubauen. Höre erst damit auf zu beherrschen, zu besitzen, auszubeuten – und plötzlich siehst du dich in der Lage, dem Netz der Gesellschaft entwischen zu können.

Das eigentliche Problem ist aber das Ego, nur seinetwegen kannst du dich nicht selbst erkennen. Und das Ego gibt dir gewisse trügerische Selbstbilder ein. Und wenn du schon lange solch ein Bild von dir selber in dir trägst, bekommst du Angst. Die Furcht ist die, dass mit dem Verlust deines Selbstbildes deine Identität gebrochen wird. Du legst dir ein falsches Gesicht zu und dann bekommst du Angst: Wenn dieses falsche Gesicht fällt, wer bist du dann noch? Du könntest verrückt werden. Du hast schon zu viel darin investiert. Und jeder denkt von sich in so hohen Begriffen, in so verlogenen Begriffen! Zwar stimmt dir darin niemand zu, niemand unterstützt sie, aber dann denkt sich das Ego einfach, dass die anderen alle unrecht haben.

Ich kannte einmal einen alten Mann, einen Greis. Er wohnte fast ein halbes Jahrhundert lang in einem kleinen Flecken auf dem Land, in ein und demselben Haus; er verließ den Ort nie, ja, er ging nicht einmal in den Ort selbst hinein. Er blieb immer im Haus, war sehr isoliert, ein introvertierter Mann: keine Freunde, heiratete nie, ein ewiger Junggeselle, keine Kinder, die Eltern lange tot, allein. Die Leute hielten ihn für ein wenig absonderlich, ein wenig verrückt. Niemand kam je zu Besuch und auch er besuchte niemanden. Dann plötzlich überraschte er das ganze Dorf und alle Nachbarn: Er zog um, in das Haus nebenan. Die Nachbarn versammelten sich und fragten: „Warum nur?" Ein halbes Jahrhundert hatte er im gleichen Haus gelebt, warum also plötzlich das?

Der Mann sagte: „Tja, Kinder, das ist der Zigeuner in mir!" Das ist sein Bild von sich. Ob ihr zustimmt oder nicht, darauf kommt es nicht an; er jedenfalls hält sich für einen Zigeuner. Und genauso tragt ihr alle eure eigenen Bilder mit euch herum.

Das erste Problem ist also: Wenn du dich selbst erkennen willst, musst du deine falschen Vorstellungen von dir selbst fallen lassen, musst du dich so sehen, wie du wirklich bist, und das ist nicht sehr angenehm. Das ist das Problem; es ist wirklich nicht sehr schön. Genau deshalb hast du dir schöne Bilder ausgedacht: um dich zu verstecken. Wenn du dich in völliger Nacktheit siehst, ist das kein sehr schönes Bild; dann kommt Wut zum Vorschein, kommt Eifersucht zum Vorschein, kommt Hass zum Vorschein, du siehst tausend verkehrte Dinge an dir. Du hast dich zum Beispiel für einen großen Liebhaber gehalten und jetzt siehst du nur Eifersucht und Besitzansprüche, Hass und Verärgerung, jede Form von Negativität.

Du hältst dich für einen sehr, sehr edlen Menschen, aber wenn du in dich dringst, findest du viel Hässliches ... und sofort wendest du dich ab. Darum lehren die Buddhas seit Jahrtausenden: „Erkenne dich selbst." Aber niemand hört auf sie. Sich selbst zu erkennen, scheint eine so schwierige Sache; warum? Weil du dabei auf hässliche Dinge triffst. Sie sind vorhanden, da musst du durch. Du hast ein schönes Wesen in dir, aber du findest dieses schöne Wesen nicht an der Peripherie, sondern erst im Mittelpunkt. Und um das Zentrum zu erreichen, musst du die Peripherie hinter dir lassen. Und ausweichen kannst du nicht, es gibt keine Möglichkeit, drum herum zu kommen, man muss da durch. Du musst alles Hässliche, alles Negative, jeden Hass, jede Eifersucht, jede Gewalttätigkeit und Aggression bewusst erleben und nur, wenn du bereit und reif genug bist die Außenseite hinter dir zu lassen, gelangst du zum Zentrum. Dort ändert sich das Bild.

Im Mittelpunkt bist du Gott. An der Außenseite bist du Welt; und die Welt ist hässlich. An der Außenseite bist du nichts als eine Gesellschaft im Kleinen und die Gesellschaft ist hässlich. An der Peripherie bist du ein Napoleon, ein Hitler, ein Dschingis Khan, ein Tamurlan; kurz: all die Politiker und Verrückten der Welt. An der Außenseite bist du all das im Kleinen; du bestehst aus der ganzen Geschichte der Aggression, Gewalttätigkeit, Unterdrückung, Sklaverei. An der Peripherie, denke daran, bist du eins mit der Geschichte der Welt. Alles ist hineinverwoben. Das muss so sein, weil deine Vorstellungswelt nicht von dir stammt, sondern ein gesellschaftliches Produkt ist. Deine Vorstellungswelt trägt alle Krankheitskeime, alle Seuchen der Vergangenheit in sich, denn deine Vorstellungswelt ist kollektiv. Es gibt gewisse Momente, wo du deinen eigenen Dschingis Khan, deinen eigenen Hitler erkennen und beobachten kannst: In solchen Augenblicken wirst du erkennen, dass du am liebsten die ganze Welt ermorden, töten, vernichten willst.

Es gehört sehr viel Mut dazu, die Peripherie zu durchqueren, all dem ins Gesicht zu schauen. Und wenn du diese Peripherie durchdringen kannst, diese deine Gesellschaft, diese deine Geschichte, dann kommst du zum Mittelpunkt, wo du Gott selbst bist. Dann gibt es nur noch unendliche Schönheit, aber diese unendliche Schönheit ist unberührt von der Gesellschaft, sie hat nichts mit der Peripherie gemein. Dann bist du unschuldig, wie ein Neugeborenes, frisch wie der Tautropfen am Morgen, unberührt. Aber um dahin zu gelangen, musst du durch die ganze Hässlichkeit hindurch. Die gesamte Geschichte der Menschheit musst du durchqueren. Du kannst das nicht einfach umgehen.

Aber das hast du bis jetzt getan. Und darum ist Selbsterkenntnis so schwer geworden, du weichst aus. Der einzige Ausweg ist, die Augen zu schließen, nicht hinzusehen, einen Privat-Traum dagegenzusetzen, sich so zu sehen, wie du dich gern sehen möchtest: voller Ideale, Utopien und schöner Bilder. Mach dir eine kleine Nische im Schatten der Peripherie – richte sie gemütlich ein – und blicke nicht auf die Peripherie, wende ihr den Rücken zu. Und nun sagt Heraklit: „Erkenne dich selbst!" Denn das ist die einzige Weisheit.

Du hast Angst, aus deinem geschmückten Winkel herauszukommen, weil gleich nebenan der Vulkan steht und ausbrechen kann. Und so reden die Leute lieber von Selbsterkenntnis, sie diskutieren gern darüber, sie schreiben darüber, sie arbeiten Systeme aus, aber sie versuchen es nie selbst damit. Gerade die, die ununterbrochen von Selbsterkenntnis reden: Sie reden nur, streiten und diskutieren, aber in Wirklichkeit probieren sie es nicht aus. Und Selbsterkenntnis ist eine existenzielle Erfahrung, sie ist keine Theorie. Theorien richten nichts aus. Theorien sind auch nur schöne Tapeten. Mit ihnen brichst du nicht durch die Wand. Theorien durchbrechen nicht die Peripherie. Sie führen dich nicht zum Mittelpunkt.

Wie gern lasst ihr euch von irgendwelchen Leuten etwas vormachen: Wenn sie euch erzählen, dass du Gott bist, macht euch das sehr glücklich; wenn sie sagen, ihr seid unsterbliche Seelen, seid ihr sehr, sehr glücklich. Aber solche Theorien sind nichts als gemalte Attrappen, neue Spielarten des gleichen Tricks: Flucht. Hilfe bringen sie keine. Seht euch in Indien um. Jeder Hans Dampf weiß hierzulande, dass der Mensch ein Teil von Gott ist, dass jeder dem *Brahman* angehört. Und dann seht euch ihr Leben an, wie hässlich es ist. Die Leute, die von Gott reden – seht euch nur ihr Leben an, und ihr werdet nicht mal eine Spur, nicht die winzigste Spur von dem finden, worüber sie reden. Sie sagen diese Dinge nicht, um andere zu überzeugen, sondern sich selber. Aber sie bleiben an der Peripherie. Alle haben sie Angst sich in Bewegung zu setzen. Diese Angst ist in uns. Diese Angst muss überwunden werden.

Vergesst das nicht: Bevor ihr zur höchsten Seligkeit gelangt, müsst ihr durch lange Leiden hindurch. Bevor ihr zum Unendlichen, zum Ewigen gelangt, müsst ihr durch das Zeitliche, durch die gesamte Menschheitsgeschichte hindurch. Sie steckt in euch, in jeder Zelle eures Körpers, in jeder Zelle eurer Vorstellungswelt, eures Hirns, ihr kommt nicht darum herum. Die ganze Vergangenheit begleitet euch, steckt in euch; man muss durch all das hindurch. Es ist ein Alptraum, ein langer, langer Alptraum, Millionen Jahre lang, aber es führt kein Weg daran vorbei.

Das ist die Schwierigkeit. Das Leiden muss erlitten werden; das ist die Bedeutung von Jesus am Kreuz. Durch Leiden gelangt ihr zur Wiedergeburt; durch Leiden gelangt ihr zur Erkenntnis eurer selbst. Versucht es also nicht zu vermeiden, es gibt keinen Weg daran vorbei. Je mehr du ausweichst, desto mehr Gelegenheiten lässt du ungenutzt vergehen. Stelle dich! Du kannst nichts anderes tun, als dich zu stellen. Und je offener du dich stellen kannst, desto schneller verschwindet das Leiden. Es kommt der Augenblick, wo du absolut entschlossen bist dich ihm zu stellen, was immer es sein mag, du lässt alle Erwartungen, alle Bilder fallen. Selbst in einem einzigen Augenblick kannst du, bei uneingeschränkter Wachsamkeit, bis zum Zentrum vordringen. Aber in diesem einzigen Augenblick wirst du die gesamte Vergangenheit der Menschheit durchleiden müssen, die gesamte Geschichte. Du musst alles durchleiden, was je geschehen ist.

Es heißt – ihr habt sicher auch davon gehört –, dass Ertrinkende im Bruchteil eines Augenblicks ihre ganze Vergangenheit noch einmal erleben, bei der Geburt angefangen, bei den Schmerzen der Geburt, ein einziger Augenblick, ein Blitz, und das ganze Leben zieht vorbei. Das geschieht wirklich. Und das Gleiche geschieht, wenn du den Punkt des *Samadhi* erreichst, den Tod aller Tode, wo das Ego endgültig stirbt. Das geschieht wirklich! In einem einzigen Augenblick erleidest du die gesamte Geschichte der Menschheit, nicht nur deine eigene. Das ist das Kreuz. Du durchleidest die ganze Vergangenheit der Menschheit, denn jetzt lässt du die Menschheit hinter dir. Du musst durch alles hindurch, was die Menschheit gelebt hat. Du musst es erleiden. Und es ist ungeheuerlich. Die Qual ist unermesslich! Und nur dann erreichst du das Zentrum und die Seligkeit wird möglich.

Selbsterkenntnis ist so schwer, weil niemand bereit ist, durch irgendwelche Leiden hindurchzugehen.

Eure Vorstellungen von Selbsterkenntnis erinnern eher an Beruhigungspillen. Ihr glaubt, Selbsterkenntnis bringt Beruhigung. Die Leute kommen zu mir und sagen: „Bitte gib uns Frieden, Ruhe!" Und wenn euch einer verspricht, Ruhe und Frieden ohne Leid zu bringen, dann hält er euch zum Narren, und ihr seid ihm eine leichte Beute; denn das ist es, was ihr sucht. Darum kommen die Leute vom Schlag eines Maharishi Mahesh Yogi im Westen so gut an; sie geben euch in Wirklichkeit keine Meditation, sie teilen Beruhigungsmittel aus. Denn Meditation muss euch notwendig durch Leiden führen; sie ist kein Spiel.

Du musst durch Feuer hindurch, und nur in diesem Feuer wird dein Ego fallen. Erst wenn du es in seiner ganzen Hässlichkeit erblickst, fällt es wie von selbst ab. Aber Maharishi Mahesh Yogi und seinesgleichen sagen, dass niemand zu leiden braucht: „Ich gebe euch eine Methode; befolgt sie jeden Tag, zehn Minuten jeden Morgen und jeden Abend, und sie wird auf euer Wesen beruhigend wirken. Ihr werdet unendlichen Frieden finden und alles ist in Ordnung. Und nach ein paar Tagen schon seid ihr erleuchtet."

Ganz so leicht ist es nicht. Es ist schwer. Tricks bringen nichts. Verschwendet keine Zeit mit Tricks. Wie soll man schon dadurch erleuchtet werden, dass man täglich eine Mantra-Silbe leiert? Ihr habt die ganze Geschichte hinter euch und seid an einem bestimmten Punkt angelangt: hier. Ihr seid in diesem Augenblick angelangt: jetzt. Millionen von Jahren habt ihr hinter euch und wer will schon die ganze Strecke wieder zurück gehen? Denn Meditation heißt nichts anderes als an den Ursprung zurückgehen. Bis jetzt seid ihr vorwärts gegangen, jetzt müsst ihr zurückgehen, müsst ihr den ursprünglichen Punkt erreichen, von wo die Reise losging. Glaubst du wirklich, dass man durch das bloße Leiern einer Silbe, zehn Minuten lang jeden Morgen, erleuchtet wird? Wen, glaubst du, hältst du zum Narren? Höchstens dich selbst. Es waren keine Mantras, die dich bis hierher gebracht haben. Die Menschheit ist auf Millionen verkehrten Wegen herumgeirrt, fehlgegangen, hat gesündigt und gemordet; Krieg, Ausbeutung, Unterdrückung, Herrschaft. Du hast dich daran beteiligt, du bist mitverantwortlich. Und nur durch das Summen einer Silbe, zehn Minuten lang, glaubst du alle Verantwortung los zu sein, die Menschheit hinter dir zu lassen? Wem, glaubst du, machst du etwas vor?

Transzendenz ist möglich, aber nicht durch so einfache Tricks. Transzendenz ist allein durch das Kreuz möglich. Transzendenz ist allein durch Leiden möglich. Und wenn du dazu bereit bist, kannst du die ganze Vergangenheit in einem einzigen Augenblick durchleiden – aber das wird ein unerträglicher Alptraum sein. Genau deshalb ist ein Meister notwendig, denn man kann dabei völlig wahnsinnig werden. Der Weg geht durch gefährliches Gelände. Selbsterkenntnis ist das Größte, was es gibt, aber auch das Gefährlichste. Ein Schritt daneben und du wirst wahnsinnig. Darum hört niemand gern einem Buddha zu. Jeder weiß schließlich, dass das gefährlich ist. Die Reise nach innen ist gefährlich. Ein Meister ist nötig, der jeden Schritt überwacht, sonst fällst du in einen Abgrund; dir wird schwindlig und der Verstand geht einfach aus dem Leim und es ist schwierig, ihn wieder zusammenzuleimen.

Das sind die Schwierigkeiten und das ist der Grund, warum die Menschen einem Heraklit, einem Laotse, einem Buddha oder einem Jesus wohl mit einem Ohr zuhören, aber dann nie ernsthaft versuchen es in die Tat umzusetzen. Nur wenige versuchen es. Wenn du bereit bist es auszuprobieren, musst du dir im Klaren sein, was es bedeutet. Ein bloßes Verlangen nach Glück hilft dir nicht weiter. Ein Verlangen nach Wahrheit, nicht nach Glück, muss dich erfüllen. Wer nichts als Glück sucht, gibt sich lieber mit Beruhigungsmitteln, mit Narkose zufrieden. Und er macht sogar aus Meditation eine Narkose. Er möchte gern gut schlafen, er möchte sich nicht mehr um alles kümmern müssen, was passiert. Er hätte gern eine private Traumwelt, schöne Träume natürlich, nicht Alpträume. Das ist alles, was er sucht. Aber einer, der auf der Suche nach Wahrheit ist, denkt nicht zuallererst an Glück. Es geht ihm nicht um Glück oder Unglück. „Ich muss die Wahrheit wissen; selbst wenn das schmerzhaft ist, selbst wenn ich durch die Hölle muss, bin ich bereit dazu, ich gehe auch durch die Hölle. Wo es mich auch hinführen mag, ich bin bereit."

Es gibt zweierlei Menschen: Der eine ist auf der Suche nach Glück; das ist der weltliche Typ. Selbst, wenn er ins Kloster geht, ändert das nichts an der Einstellung; selbst da sucht er nach Glück, Vergnügen, Befriedigung. Er versucht es jetzt nur auf andere Weise, jetzt will er durch Meditation, durch Gebet, durch Gott sein Glück finden, immer glücklicher werden. Daneben gibt es den anderen Typus – und es gibt grundsätzlich nur diese beiden –, der auf der Suche nach Wahrheit ist. Und das Paradoxe ist, dass der, der das Glück sucht, es nie findet, denn das Glück kommt erst, wenn du die Wahrheit erreicht hast. Glück folgt der Wahrheit wie ein Schatten; für sich genommen ist es hohl, nur im Einklang mit der Wahrheit geht es in Erfüllung. Wenn du dich eins fühlst mit der Wahrheit, dann passt alles zusammen, dann ist alles an seinem natürlichen Platz. Du fühlst einen ganz bestimmten Rhythmus und dieser Rhythmus ist das Glück.

Aber auf direktem Weg kann man es nicht finden. Was man suchen muss, ist Wahrheit. Das Glück stellt sich ein, wenn die Wahrheit gefunden worden ist, aber Glück ist nicht das Ziel. Und wer das Glück direkt anstrebt, wird nur immer unglücklicher. Und dein Glück ist dann allerhöchstens ein Rausch, der dich dein Unglück vergessen lässt; mehr kann dabei nicht herauskommen. Glück ist nichts als eine Droge, es ist wie LSD, Marihuana, Meskalin.

Wie ist der Westen an Drogen gekommen? Auf sehr rationalem Wege! Man muss bei der Droge ankommen, wenn man das Glück sucht. Dann landet man früher oder später bei LSD. Genau das Gleiche ist früher auch schon in Indien geschehen. In den indischen Veden ist die Rede von *Soma*, einer Art LSD. Die frühen Inder stießen darauf, weil sie das Glück suchten; sie waren in Wirklichkeit keine Wahrheitssucher. Sie suchten nach mehr und mehr Befriedigung, also fanden sie *Soma*. *Soma* ist die Droge der Drogen.

Aldous Huxley nennt in seiner Utopie „Schöne neue Welt" die perfekte Droge des einundzwanzigsten Jahrhunderts ebenfalls *Soma*. Sobald ein Einzelner, eine Gesellschaft, eine ganze Zivilisation nach Glück sucht, müssen sie irgendwann bei den Drogen ankommen, denn Glück ist nichts anderes als die Suche nach der Droge. Die Suche nach Glück ist eine Suche nach Selbstvergessenheit; und genau dazu verhilft einem die Droge. Du vergisst dich und damit hört alles Elend auf. Du bist nicht mehr da, wie kann es also noch Unglück geben? Du bist im Tiefschlaf.

Die Suche nach Wahrheit geht genau in die entgegengesetzte

Richtung: nicht nach Befriedigung, nicht nach Vergnügen, nicht nach Glück, sondern nach dem Wesen des Daseins: „Was ist wahr?" Wer auf der Suche nach Glück ist, kann das niemals herausfinden; alles, was er finden kann, ist Vergessen. Nur wer sich auf die Suche nach der Wahrheit begibt, kann es herausfinden, denn wer die Wahrheit sucht, muss erst selbst wahr werden.

Wer die Wahrheit im Dasein finden will, muss das Wahre in seinem eigenen Wesen suchen. Durch diese Suche erinnert er sich mehr und mehr an seine wirkliche Natur. Das sind die beiden Wege: der Weg der Selbstvergessenheit oder auch der Weg der Welt; und der Weg der Selbsterinnerung, der Weg Gottes. Und das Paradoxe ist, dass der, der das Glück sucht, es niemals findet; und dass der, der die Wahrheit sucht und sich nicht um das Glück schert, es noch jedes Mal gefunden hat.

Heraklit sagt, dass wir vor allem dies Eine verstehen müssen: dass Selbsterkenntnis das Einzige sein muss, wonach wir suchen. Du magst alles wissen, aber wenn du nicht weißt, wer du bist, dann ist alles andere wertlos. Du magst mit der Zeit alles, außer dich selbst kennengelernt haben, aber was heißt das schon? Es kann nichts bedeuten, denn wenn der Wissende sich selbst nicht kennt, was kann sein Wissen schon wert sein, was kann ihm sein Wissen geben?

Wenn in dir Dunkelheit herrscht und du um dich her tausend Lichter aufstellst, werden sie dich nicht mit Licht erfüllen. Trotz der Lichter bleibst du selbst im Dunkeln. Du lebst im Dunkeln, du bewegst dich im Dunkeln. Diese Art von Wissen ist Wissenschaft. Man weiß tausendundeins Fakten, aber nicht, wer man ist.

Wissenschaft bezeichnet alles als Wissen, ausgenommen das Wissen um sich selbst. Sie ist Erkenntnis minus Selbsterkenntnis. Der Suchende selbst bleibt im Dunkeln. Das hilft nicht sehr viel weiter. Religion ist im Grunde Selbsterkenntnis. Du musst dich innerlich erhellen, die innere Dunkelheit muss weichen und dann fällt dein inneres Licht auf deinen Weg, wo immer du hingehst. Wo immer du hingehst, was immer du tust, auf alles fällt dein inneres Licht. Und indem du deinem Licht folgst, setzt ein innerer Rhythmus ein, eine Harmonie und die ist das Glück. Dann stolperst du nicht mehr, dann rennst du dir nicht mehr den Kopf ein, dann gibt es keine Konflikte mehr. Dann gehst du leichten Fußes deinen Weg, dann sind deine Schritte wie Tanz, dann ist alles eine einzige Erfüllung. Dann wartest du nicht, dass dir das Außerordentliche begegnet. Dann bist du glücklich. Du bist ganz einfach in deiner Gewöhnlichkeit glücklich.

Und wenn du es nicht in deiner Gewöhnlichkeit bist, kannst du nie glücklich werden.

Es macht dich glücklich, einfach da zu sein, glücklich, einfach zu essen, dich schlafen zu legen. Du bist glücklich. Jetzt hat das Glück keinen bestimmten Grund, sondern ist, was du bist. Ein Mensch, der sich selbst kennt, ist glücklich; nicht weil er Gründe dafür hat – sein Glück ist nicht bedingt. Es ist nicht etwas, das ihm zustößt, sondern das, was er ist. Er ist einfach glücklich. Wo immer er hingeht, nimmt er sein Glück mit sich. Wenn du ihn in die Hölle wirfst, wird er dort einen Himmel um sich her schaffen, für ihn wird die Hölle zum Himmel.

So wie du jetzt bist – unwissend über dich –, würdest du, selbst wenn man dich in den Himmel werfen würde, dort eine Hölle um dich her schaffen, denn du trägst deine Hölle mit dir herum. Wo du hingehst, macht keinen großen Unterschied, du sitzt in deiner eigenen Welt gefangen. Diese Welt liegt in dir, in deine Dunkelheit gehüllt. Dieses innere Dunkel muss weichen, das ist es, was Selbsterkenntnis bedeutet.

Und als Nächstes sagt Heraklit, dass es nicht schwerfällt, dahin zu kommen, wenn du bewusst die Extreme vermeidest. Bleib in der Mitte… in der goldenen Mitte; was Buddha *Ma Jihim Nikaya* nennt, den Mittelweg. Halte die Mitte, geh nicht ins Extrem. Denn wenn du glaubst, im einen Extrem das Gegenteil vom andern zu finden, so irrst du. Gegensätze sind eigentlich keine Gegensätze, sie ergänzen sich und bilden eine Einheit. Und das will Heraklit klarmachen. Beobachte andere und beobachte dich selbst. Der eine gibt sich mit zu viel Sex ab. Ausschweifungen führen zu Langeweile, das Aufregende verliert sich, bald also langweilt er sich. Dann fängt er mit Enthaltsamkeit an, weil er seine Ausschweifungen satt hat. Jetzt interessiert ihn Sex überhaupt nicht mehr. Er möchte gern Mönch werden, er sehnt sich nach dem Kloster, er will ein Keuschheitsgelübde ablegen. Das heißt, ins andere Extrem gehen. Es ist eine neue Form von Ausschweifung. Jedes Extrem ist Ausschweifung. Es gibt nur eine Ausschweifung: ins Extrem gehen. Erst ist man ins eine Extrem gegangen, jetzt geht man ins andere, auch das ist Ausschweifung. Früher oder später hat man auch davon genug. Zurzeit haben die katholischen Priester die Nase voll vom Zölibat – und fangen an zu heiraten. Sie hatten den Bogen überspannt…

Man muss wissen, wo man aufhören muss: In der Mitte verläuft der richtige Weg. Wenn du in der Mitte bleiben kannst, verschwindet das Denken, denn das Denken lebt von den Extremen. Erst isst du zu viel, dann fastest du und fastest zu viel. Das Erste war dumm, das Zweite ist genauso dumm. Der Körper braucht weder zu viel Nahrung noch muss er fasten. Er braucht nichts als eine ausgewogene Mitte zwischen beidem; er braucht eine ganz bestimmte Nahrungsmenge. Erst isst du zu viel, treibst Völlerei und der Körper wird dir zur Last. Es strengt dich an, dich mit ihm abzuschleppen; du fühlst dich nicht frisch und leicht in deinem Körper. Also gehst du ins andere Extrem. Jetzt fastest du. Und auch damit zerstörst du dich. Warum kannst du nicht in der Mitte bleiben? Warum kannst du nicht die richtige Nahrungsmenge zu dir nehmen und gesunde Kost auswählen? Warum kannst du nicht in der Mitte bleiben? Wenn du in der Mitte bleibst, wird der Verstand überflüssig und verschwindet.

Solange die Extreme existieren, bleibt auch der Verstand intakt, denn dadurch muss er immer von neuem denken. Wenn du zu viel isst, denkst du ans Fasten; wenn du fastest, denkst du ans Essen. Aber wenn du dich genau in der Mitte hältst, völlig im Gleichgewicht, was gibt es dann noch zu denken? Ein Mensch in der Mitte hat nichts, woran er denken kann. Ist er hungrig, dann isst er – und fertig! Ist er müde, dann geht er schlafen – fertig! Was gibt es da zu denken? Erst wenn du müde bist und nicht schlafen gehst, beginnst du über Schlaf nachzudenken. Jetzt ist der Schlaf zum Denkproblem geworden und der Verstand kann sich ans Werk machen. Wenn du nicht isst oder zu viel isst, musst du darüber nachdenken; es geht in den Kopf. Entweder du erlaubst dir sexuelle Ausschweifungen oder du zwingst dir Enthaltsamkeit auf. In beiden Fällen wird daraus ein Hirngespinst; der Sex wird in den Kopf verlegt und der Verstand dreht sich nur noch um ihn, immer im Kreis herum. Das Denken existiert nur, weil es Extreme gibt. Sobald du dich einfach in der Mitte hältst, brauchst du an nichts mehr zu denken, es gibt keinen Stoff für Gedanken. In der Mitte verschwindet alles Denken. Wenn du in wahrer Harmonie bist, folgst du einem eigenen Rhythmus. Du erfüllst dann all deine Bedürfnisse und bist dabei weder ihr Sklave noch ihr Feind. Du bist dann weder ein maßloser noch ein asketischer Mensch. Du bleibst ganz einfach in der Mitte. Alles wird friedlich. Diesen Zustand nennt Heraklit maßvoll, bescheiden, ausgeglichen. In allem müssen wir das Gleichgewicht finden. Durch Gleichgewicht kommst du der Wahrheit näher, denn die Wahrheit ist das endgültige Gleichgewicht. Wenn du ausgeglichen bist, öffnen sich plötzlich die Tore. Und jetzt versucht diese Verse zu verstehen:

Es ist die Aufgabe eines jeden Menschen,
Sich selbst zu kennen
Und das rechte Maß zu wissen.

Der Weg zur Selbsterkenntnis ist das Wissen um das rechte Maß. Beobachte deinen Verstand und du wirst sehen, wie er immer das Extrem will. Er genießt Extreme, er lässt sich gern zum Extrem hinreißen. Solange du dich nur in der Mitte aufhältst, hat er nichts zu tun, dann sitzt er arbeitslos rum.

Jemand fragte einen Zen-Meister: „Was ist dein Weg?" Er sagte: „Wenn ich hungrig bin, esse ich; und wenn ich mich müde fühle, gehe ich schlafen; das ist mein Weg. Ich esse nie, wenn ich nicht hungrig bin, und faste nie, wenn ich hungrig bin – das ist mein Weg!"

Der Mann antwortete darauf: „Aber das ist nicht gerade ein eindrucksvoller Weg, das tun wir alle."

Der Meister lachte. Er sagte: „Wenn ihr das alle tätet, dann brauchte kein Mensch zu mir zu kommen!"

Entweder isst man zu viel oder man isst zu wenig. Und der Verstand ist immer auf der Suche nach Gründen, die einem gestatten sich schlecht zu fühlen. Es ist zum Lachen, wirklich zum Lachen! Wie geschickt der Verstand ist Gründe zu finden, damit man sich elend fühlen kann.

Er ist es, der all deine Probleme schafft, denn in einem Zustand des Glücks muss er sterben. Und so ist er gegen alles Glück. Du leidest an etwas; also legt er dir nahe, dass es an dem liegt, was du gerade tust, und dass du etwas anderes tun musst. Und er schlägt dir das genaue Gegenteil vor. Pass auf! Wenn der Verstand dir genau das Gegenteil von dem vorschlägt, was du tust, folge ihm nicht! Suche immer die goldene Mitte. Hör nicht auf den Verstand – sei dir bewusst, wann du Halt machen musst.

Laotse sagt: „Drei Schätze gebe ich euch. Der eine ist Liebe. Der zweite Schatz: Meidet Extreme. Und der Dritte: Seid natürlich!" Und dann, so sagt er, nimmt alles seinen Lauf. Warum nimmt alles seinen natürlichen Lauf, wenn du diesen einfachen Ratschlägen folgst? Der Verstand ist ein perfekter Experte darin, wie man sich unglücklich machen kann.

Es kam einmal ein junger Mann zu mir und sagte: „Ich möchte nur von Wasser leben." Warum? Warum nur von Wasser? Er war so schon krank genug. Er hatte immer zu viel gegessen. Nun war ihm das zur Hölle geworden, nun musste eine andere Hölle her. Denn wie soll einer nur von Wasser leben? Das ist nur eine neue Hölle. Die Gleise des Verstandes führen von Hölle zu Hölle. Und irgendwo zwischen diesen Höllen liegt der Himmel, aber der Verstand geht immer daran vorbei.

Zwischen zwei Höllen liegt der Himmel; wisse also, wo du anhalten musst. Genau in der Mitte – halt! Iss nicht zu viel und faste nicht. Aber das bedeutet, dass dein Ego leer ausgeht; denn nur wenn du zu viel isst, hat dein Ego eine Chance. Mulla Nasrudin redet gern von seiner großen Esskapazität. Viele Male habe ich ihn schon sagen hören: „Ich kann neunundneunzig Kachoris* essen!" Natürlich habe ich ihn gefragt: „Warum rundest du sie nicht auf hundert auf?" Er sagte: „Für wen hältst du mich! Soll ich wegen einem Kachori zum Lügner werden? Ich bleibe ehrlich." Angeberei – erst geben die Leute an, wie viel sie essen können, und dann geben sie an, wie viel sie fasten können, aber die Angeberei bleibt gleich. Kriminelle geben an und eure sogenannten Heiligen auch. Beide sitzen im gleichen Boot und das Boot heißt Angeberei.

Ich habe von einem Verbrecher gehört, der in eine Zweierzelle eingewiesen wurde. Der andere, der schon lange in der Zelle saß, fragte ihn: „Für wie lange haben sie dich eingelocht?" Er war ein alter Hase. Der Neue sagte: „Bloß fünfzehn Jahre." Der andere: „Dann kannst du das Bett neben der Tür haben, du gehst ja bald wieder. Ich hab noch fünfundzwanzig Jahre abzusitzen."

Wer fünfundzwanzig Jahre abzusitzen hat, ist ein großer Verbrecher, aber nur fünfzehn? Kleine Fische! Selbst Kriminelle brüsten sich damit, was für große Dinger sie drehen können,

* *gefüllte Bällchen aus Kichererbsenmehl und Linsen*

oder wie viel sie schon auf dem Kerbholz haben. Wenn sie einen Mord begangen haben, behaupten sie, es waren sieben.

Und Heilige machen es nicht anders. Was ist also der Unterschied? In Indien geben die Heiligen öffentlich bekannt, wie viele Tage sie dieses Jahr gefastet haben…

Ein Mann kam zu mir und brachte seine Frau mit und sie sagte über ihn: „Er ist so ein großzügiger Mann, er hat schon fast hunderttausend Rupien gestiftet." Der Mann sah sie von der Seite an und korrigierte: „Nicht hunderttausend – hundertzehntausend."

Ihr gebt und gebt doch nicht, denn wenn sich das Ego daran ergötzt, dass du gibst, wird nichts gegeben. Das Ego kann nicht teilen. Das Ego kann nie großzügig sein, es liegt nicht in seiner Natur. Das Ego erfüllt sich immer durch den Kontrast. Diese Falle musst du genau kennen.

Es ist die Aufgabe eines jeden Menschen,
Sich selbst zu kennen
Und das rechte Maß zu wissen.
Das rechte Maß zu wissen, ist die höchste Kunst.

Und sie ist es wirklich. Mir ist nie etwas Größeres begegnet als die Fähigkeit, das rechte Maß zu kennen. Es gibt nichts Vergleichbares. Warum? Warum ist das die höchste Kunst? Weil damit dein Ego endgültig zerstört wird. Und das Ego ist die einzige Sünde. Weil du ein Ego hast, gehst du am Göttlichen vorbei. Und womit kann sich jemand schon brüsten, der ganz gewöhnlich, ganz einfach in der Mitte lebt? Kann man es an die große Glocke hängen, dass man gerade genug isst, nicht mehr, nicht weniger? Dass man ein völlig ausgewogenes Sexualleben führt? Kann man mit der ausgewogenen Mitte, gleich auf welchem Gebiet, vor anderen angeben? Das ist nun einmal nicht möglich. Übertreibe den Sex und du kannst die Welt wissen lassen, dass du noch mit fünfzig Jahren dreimal am Tag mit einer Frau schlafen kannst. Oder entsage allem Sex, bleibe enthaltsam und lass dann alle wissen, dass du unberührt bist und nie mit einem Menschen geschlafen hast. Aber wenn man genau in der Mitte lebt, was gibt es da zu rühmen? Die Mitte erregt kein Aufsehen. Und wenn man nichts vorweisen kann und sich mit nichts rühmen kann, bekommt das Ego keine Nahrung. Einfach in der Mitte zu bleiben, einfach gewöhnlich zu sein, das ist die höchste Kunst. Gewöhnlich zu sein ist die höchste Kunst, denn wenn du nichts als gewöhnlich bist, keine Ansprüche hast, weder in dieser noch in jener Welt, dann verschwindet das Ego. Das Ego lebt von Unausgewogenheit. Das Ego lebt von Extremen. Das Ego lebt von Gegensätzen. In der Mitte kann es nicht leben.

Wo du auch bist im Leben, welche Richtung du auch einschlägst, vergiss das nie: Halte die Mitte und bald siehst du, dass dein Verstand nicht mehr arbeitet, dass das Ego aufgehört hat zu existieren. Wenn es keine Ansprüche erheben kann, stirbt es. Und wenn es verschwunden ist, bist du vollendet. Jetzt öffnet sich die Tür zum Göttlichen. In der Mitte triffst du Gott; in den Extremen verfehlst du ihn.

Weisheit besteht in nichts als diesem:
Wahr reden, wahr handeln.

Fang an, versuch es, denn es ist eine lange Reise bis zur Erkenntnis der Wahrheit. Du brauchst viel Vorbereitung. Bevor dir die Wahrheit zu Bewusstsein kommt, musst du erst zu einem offenen Gefäß dafür werden, musst du dich vollkommen entleeren, damit der Gast Platz finden kann, denn nur deine Leere kann Gastgeber sein. Womit kannst du jetzt schon beginnen? Wenn du nach Wahrheit suchst, dann, so sagt Heraklit, sprich wahr und handle wahr. Wenn du die Wahrheit sprichst, dann gibt es nicht viel zu sagen, du wirst automatisch immer stiller.

Folgende Szene geschah in einem Damenklub. Eine Dame war gerade gegangen und die anderen Damen fingen an über sie zu reden. Die eine sagte: „Sie ist ja wirklich liebenswert, aber – plapperdiplapperdiplapperdiplap! Ich kann mir nicht vorstellen, dass sie überhaupt aufhören kann." Eine andere sagte: „Ist denn das alles wahr, was sie redet?" „Natürlich nicht!", sagte die Dritte, „so viel Wahrheit kann es einfach gar nicht geben!"

Wenn du nur noch wahr sein willst, wirst du schweigsam, denn neunundneunzig Prozent von dem, was du redest, ist einfach unwahr; das alles fällt dann von alleine weg. Und es gibt zwei Formen des Schweigens: Das eine Schweigen zwingst du dir auf. Dann ist es kein wirkliches Schweigen; du kannst dir die Zunge abschneiden, aber das ist noch kein Schweigen; du kannst den Mund schließen, das ist aber kein wahres Schweigen, denn im Innern: Plapperdiplapperdiplap, es hört und hört nicht auf.

Wahres Schweigen tritt ein, wenn du anfängst die Wahrheit zu sagen. Sag nur das, von dem du weißt, dass es wahr ist, sonst sprich erst gar nicht. Aber was bleibt dann zu sagen übrig? Nicht viel … und dann kommt ein Schweigen über dich, das von vollkommen anderer Art ist. Es ist kein erzwungenes Schweigen. Es kommt spontan: Es gibt eben nichts zu sagen.

Und wenn es nichts zu sagen gibt, wirst du zuerst in Gesellschaft schweigsamer; du redest weniger und hörst mehr zu. Dann aber hört allmählich auch das innere Reden auf, denn wenn du anderen Leuten gegenüber keine Unwahrheiten sagen kannst, wie kannst du im eigenen Inneren fortfahren unwahres Zeug zu reden? Das Ganze kommt dir plötzlich absurd vor. Du redest im Innern nur, weil du dich für das äußere Reden übst. Wenn du den Menschen zuhören kannst, ohne viel zu reden, wenn du nur die Wahrheit sagst, das, wofür du geradestehen kannst: „Ich bin Zeuge", dann wird sich eine bestimmte Stille einfinden. Eine ungezwungene Stille, eine Stille, die nicht aus Disziplin stammt, sondern eine Stille, die sich ganz natürlich einstellt.

Heraklit sagt: Rede die Wahrheit und handle nach der Wahrheit und tu nur das, was deinem Gefühl nach das Wahre ist. Das wird anfangs nicht leicht sein, denn dein ganzes Leben ist nur auf Lügen gebaut. Anfangs wirst du merken, wie du anderen gegenüber aus dem Takt kommst, aber mit der Zeit kristallisiert sich alles neu, eine neue Gestalt entsteht.

Die Zwischenzeit wird allerdings nicht leicht sein. Fang damit an, dass du beobachtest, in wie vielen Spielarten du lügst. Du lächelst und du fühlst dich innerlich nicht danach: also eine Lüge. Lächle nicht, du tust nur den Lippen Gewalt an, tust deinem Gesicht Gewalt an. Und wenn du das lange Zeit machst, wirst du ganz und gar das Gefühl für das Lächeln, für das wahre Lächeln verlieren. Nur kleine Kinder haben es; ihr aber habt alle vergessen, was ein wahres Lächeln ist. Ihr lächelt gedankenlos, es ist eine hohle Geste. Ihr lächelt aus Höflichkeit, weil es sich gehört. Ihr lächelt, weil man es so von euch erwartet. Du lächelst und weißt nicht, was du tust. Warum quälst du deine Lippen? Und wenn dein Gesicht falsch geworden ist, was kann dann an dir noch echt sein? Auch deine Tränen sind unecht geworden. Du weinst, wo es hinpasst zu weinen, andernfalls unterdrückst du deine Tränen.

Beobachte die tausendfachen Tricks, mit denen du unecht geworden bist. Du sagst Dinge, die du nicht meinst; du benutzt Worte vollkommen unbewusst und dann gehst du ihnen in die Falle. Du sagst zu jemandem: „Du bist schön!" Für dich mag das reine Höflichkeit sein, du hast damit etwas im anderen berührt, etwas regt sich im andern. Der andere mag anfangen zu glauben, dass du das wirklich so meinst. Jetzt entstehen Erwartungen und dann kommt bald danach die Frustration, denn du hast das nur so dahin gesagt, du hast es nie ehrlich gemeint. Jetzt bist du in der Falle: Jetzt musst du die geweckten Erwartungen erfüllen. Jetzt fühlst du eine Last auf dir.

Sei aufrichtig, und du bist unbeschwert. Sei wahr, schaffe keine falschen Erwartungen um dich her, sonst steckst du in einem Gefängnis, in der Falle! Sage genau das, was du sagen willst, und sage immerzu: „So fühle ich im Augenblick. Für den nächsten Augenblick muss das nicht gelten, denn wer will wissen, was im nächsten Augenblick geschieht? In diesem Augenblick liebe ich dich, aber was kann ich schon über den nächsten Augenblick voraussagen?“ Nur ein Erleuchteter kann etwas über den kommenden Augenblick sagen, denn er ist an einem Punkt angekommen, wo alles ewig ist. Aber wie kannst du über den nächsten Augenblick sprechen?

Deine Stimmungen schwanken. Jetzt, in diesem Augenblick, magst du sagen: „Ich liebe dich“ und jetzt magst du sogar sagen: „Ich werde dich in alle Ewigkeit lieben.“ Das ist nur für diesen Augenblick wahr; aber über den nächsten Augenblick, wie kannst du da etwas sagen? Pass also auf und mache dir und andern das Relative daran klar: „Das gilt nur für jetzt – so fühle ich jetzt. Was im nächsten Augenblick sein wird, weiß niemand. Ich kann nichts versprechen.“

All deine Versprechungen sind unwahr, wie kannst du etwas versprechen? Ein Versprechen setzt voraus, dass du eine kristallisierte Mitte besitzt. Wie sonst kannst du ein Versprechen geben? Du sagst deiner Frau: „Ich werde dich ewig lieben!“ Wie willst du das halten? Wenn du schon nach ein paar Tagen spürst, dass sich der Reiz verliert, dass die Liebe verschwindet?! Was nun? Was willst du tun? Jetzt musst du falsche Grimassen machen, lächeln und küssen, musst mit ihr schlafen, weil du es versprochen hast. Jetzt wird alles unecht. Du wirst unwahr. Du fühlst dich schuldig, weil du dein Versprechen nicht erfüllst. Wenn du es erfüllst, dann ist es verlogen, dann machst du nur Theater. Es bringt dich nicht in Ekstase, sondern schafft nur noch mehr Unruhe und Belastung. Es kann dich nicht erfüllen, es muss dich frustrieren. Und je mehr du dich zwingst, diese Frau zu lieben, desto mehr wirst du dich dafür rächen, denn diese Frau ist wie ein Mühlstein um deinen Hals. Jetzt denkst du: „Hoffentlich stirbt sie bald, dann ist alles gut.“ Jetzt denkst du: „Wenn sie mich verlässt, ist alles gut.“ Und jetzt suchst du nach dem Fluchtweg. Und alles nur wegen eines Versprechens!

Ein Versprechen aus dem Moment heraus, fürs Leben gegeben ist eine Unmöglichkeit; denn ihr lebt nur in Augenblicken. Ihr habt bis jetzt noch keinen ewigen Mittelpunkt, ihr habt nichts als eine Peripherie, die ständig rotiert. Und das ist der Mechanismus, mit dem ihr euch selber in die Falle geht.

Du kannst nicht lieben, du kannst nicht lachen, du kannst nicht weinen, alles ist unwahr und du bist auf der Suche nach Wahrheit? Nein, das ist nicht möglich. Du musst wahr sein, um der Wahrheit zu begegnen. Denn nur Gleiches kann sich mit Gleichem treffen. Ein unwahrer Mensch kann nicht zur Wahrheit gelangen; nur ein wahrhafter Mensch kann zur Wahrheit gelangen. Pass auf! Gib keine Versprechen! Sag nichts; es sei denn, du glaubst in diesem Augenblick wirklich daran. Das gibt dir natürlich ein Gefühl der Hilflosigkeit, das Ego kann nach dieser Einsicht nicht mehr groß tun. Das Ego kann nicht mehr sagen: „Ich werde dich in alle Ewigkeit lieben!“ Du wirst dir hilflos vorkommen, dass du nicht einmal so viel versprechen kannst, aber nur so bist du wahrhaft.

Aber ich sage dir, du wirst, wenn du einen anderen Menschen auch nur für einen einzigen Augenblick liebst, ein anderer – denn das gibt dir einen Geschmack von der Wahrheit. Sei also wahr. Sag, was du wirklich sagen willst: Wenn du es nicht weißt, wenn die Situation für dich verwirrend ist, dann sprich nicht oder äußere einfach deine Verwirrung, bring sie zum Ausdruck. Bevor du handelst, mache dir vollkommen bewusst, ob du damit dein wahres Dasein zum Ausdruck bringst. Sei authentisch!

Tausende von Dingen, die du nicht tun willst, machst du trotzdem weiter. Wer zwingt dich denn? Du treibst unbewusst dahin, niemand zwingt dich diese Dinge zu tun. Warum also tust du sie? Du bist nicht bewusst. Es ist nichts als eine Kettenreaktion: Erst tust du das eine, dann folgt das andere daraus. Eins führt zum anderen, und so machst du immer weiter.

Und wann willst du Halt machen? Jeder Augenblick ist der geeignete Augenblick, damit aufzuhören. Schau einfach genau hin und löse dich allmählich aus der Kette von Lügen, die du dir geschmiedet hast. Natürlich fühlst du dich zuerst äußerst gedemütigt, klein, hilflos. Aber das entspricht der Wahrheit – fühle es. Weine, wenn dir nach Weinen zumute ist, wenn es dir aus dem Herzen kommt. Halte es nicht zurück; sag nicht: „Ich bin doch ein Mann, ich bin doch kein Weichling, ich kann mich doch nicht wie eine Frau benehmen!" Sag so etwas nicht. Keiner ist ganz und gar ein Mann, das gibt es nicht. Im Mann steckt auch eine Frau und in der Frau auch ein Mann; beides vermischt und vermengt sich im Inneren. Weine, denn wenn du nicht aufrichtig weinen kannst, kannst du auch nicht lächeln. Dann beherrscht dich die Angst, dass stattdessen die Tränen kommen; du hast sie so lange unterdrückt und deshalb kannst du nicht lachen.

Wenn du nicht weinen kannst, kannst du auch nicht lachen, es wird zum Teufelskreis. Wenn du wütend bist, dann sei wirklich wütend und nimm die Konsequenzen auf dich; sei aufrichtig wütend. Und meine Beobachtung ist die, dass der, der wirklich wütend wird, niemandem durch seine Wut wehtut, niemandem.

Aber eure Wut ist ohnmächtig, tot. Wenn du als Vater auf dein Kind wütend wirst, dann sei aufrichtig wütend und dein Kind wird es dir nie übel nehmen. Aber wenn du deine Wut mit einem Lächeln übertünchst, dann spürt dein Kind das sehr wohl, denn ein Kind ist unschuldig, es hat klare Augen, es sieht klarer als du. Es durchschaut einfach die Maske: dass hinter dem Lächeln die Wut lauert. Und dann kann es dir das nie vergeben, denn du bist unaufrichtig. Nichts macht ein Kind elender als Unwahrheit. Sei authentisch! Wenn dir nach Schlagen zumute ist, schlag dein Kind lieber, aber sei nicht unaufrichtig. Und wenn du Reue fühlst, dann bitte auch um Verzeihung und sei auch darin aufrichtig.

Ein Ehemann, der seine Frau nie vor Wut anbrüllt, kann sie auch nicht lieben, denn alles bleibt unecht zwischen ihnen, oberflächlich. Wenn du ihr keine tiefe Wut entgegenbringen kannst, wie kannst du ihr dann tiefe Liebe entgegenbringen? Und wenn du solche Angst hast vorm Wütendwerden, so zeigt das nur, dass du deiner Liebe nicht viel zutraust. Du fürchtest, dass die Dinge auseinanderfallen, dass die Beziehung auseinanderbrechen wird. Deshalb fürchtest du deine Wut. Aber welchen Wert hat dann deine Beziehung? Wenn sie keine Wut vertragen, nicht durch Wut reifen kann, ist sie nicht viel wert. Gib die Beziehung auf, bevor eine Bindung daraus wird. Nur – sei aufrichtig.

Du wirst um der Wahrheit willen leiden müssen, aber ohne Leiden geht es nicht. Und durch das Leiden wirst du reifen, dein inneres Wesen klärt sich dadurch. Du wirst eine Deutlichkeit und Schärfe bekommen, wie sie nur durch Konflikte entstehen kann, wie sie nur aus der Konfrontation mit der Wirklichkeit kommen kann. Wenn dich die Wut packt, lebe sie wirklich aus, denn nur wenn du wahrhaft böse wirst, kannst du auch wahrhaft vergeben.

Wenn du etwas nicht hergeben willst, sag einfach: „Ich will es behalten", ohne Ausreden zu suchen. Suche keine Ausreden, denn jeden Augenblick kannst du neue Verhaltensmuster prägen und dann so fest mit ihnen verwachsen, dass sie dir jeden Schritt vorschreiben. Mach dich frei davon – und jeder Augenblick ist dazu der richtige Augenblick.

Heraklit sagt:

Weisheit besteht in nichts als diesem:
Wahr reden, wahr handeln,
Der Natur der Dinge folgen.

Schau auf die Natur der Dinge. Beobachte das Natürliche und lass alles Künstliche fallen. Das Künstliche mag schön aussehen, aber es ist nicht lebendig. Beobachte das Natürliche und folge der Natur. Folge nie dem Künstlichen. Die Zivilisation ist künstlich, die Gesellschaft ist künstlich, alles scheint künstlich zu sein.

Ich hatte einmal einen Nachbarn, einen alten pensionierten Professor. Die Leute glaubten, er sei nicht ganz richtig im Kopf; bei einem alten Philosophieprofessor ist das auch nicht anders zu erwarten. Aber man soll nicht voreilig urteilen. Ich hörte mir das Gerücht an, bildete mir aber nie eine Meinung über ihn. Eines Tages allerdings musste ich im Vorbeigehen zusehen, wie er seine Blumen begoss, mit einer Gießkanne ohne Boden. Eine Gießkanne ohne Boden? Und obwohl kein Wasser da war, machte er alle Bewegungen des Blumengießens. Also fragte ich ihn: „He, was machen Sie da? Ihre Kanne hat ja keinen Boden!" Er antwortete: „Ich weiß, ich weiß, aber diese Blumen sind doch künstlich."

Euer ganzes Leben ist in Künstlichkeit erstarrt: Plastikblumen. Aus der Entfernung sehen sie verlockend schön aus, aber wenn man näherkommt, sind sie aus Kunststoff. Natürlich welken sie dann auch nicht so schnell. Sie können nicht sterben, sie sind aus Plastik; aber ein Ding, das nicht sterben kann, lebt auch nicht. Eine wirkliche Blume ist tausend Gefahren ausgesetzt. Wie unaufdringlich eine wirkliche Blume ist! Wie zart! Am Morgen öffnet sie sich – wie zart sie ist – und liefert sich dieser ganzen Welt aus. Stürme kommen und Wolken und der Regen und die Tiere und die Kinder und was nicht alles sonst, und trotz alledem behauptet sich diese zarte Blüte. Gerade das ist ihre Schönheit. Und am Abend ist sie dahin. Du wirst sie nie wiedersehen, sie wird nie mehr da sein, jetzt aber lebt sie. Am Morgen ist sie da, in ihrer ganzen Schönheit, und am Abend ist sie verblasst, gestorben, Erde zu Erde, Staub zu Staub. Aber sie hat gelebt. Eure künstlichen Blumen sind tot und darum können sie nicht sterben. Alles, was lebt, stirbt und nur tote Dinge können niemals sterben.

Schärfe dir ein, dass du keine Angst vor dem Tod zu haben brauchst, dass du keine Angst haben darfst, weil die Dinge vergänglich sind. Nur Unwahrheit stirbt nicht. Wahrheit stirbt tausend Tode und entsteht immer wieder neu. Vergiss es nicht: Unwahrheit ist wie eine künstliche Blume, sicher vor dem Tod.

Und das ist auch die Sicherheit der Ehe. Eine Ehe, die von den Eltern arrangiert wurde, ist, vom gesellschaftlichen Standpunkt aus, sicherer. Liebe ist etwas Zartes, Zerbrechliches. Wie die Blume des Morgens ist sie am Abend vergangen. Niemand weiß, wie sie entsteht, wie sie vergeht.

Liebe ist geheimnisvoll. Die Ehe ist nichts Geheimnisvolles. Die Ehe ist Berechnung. Man geht zum Astrologen, der schaut in den Sternkarten nach und arrangiert die Ehe. Eltern sind natürlich klüger als man selbst, sie wissen Bescheid, sie haben eine Menge erlebt. Wenn sie eine Ehe arrangieren, dann achten sie auf vieles, worum Liebende sich niemals kümmern würden: auf das Geld, auf den Status, auf tausend andere Dinge; ihnen geht es um Sicherheit. Aber wenn sich jemand verliebt, hat er nichts anderes im Kopf als seine Liebe.

Und so merkt euch eins: Etwas Totes kann nicht sterben, darin besteht seine Sicherheit; nur ist es leider auch tot. Etwas Lebendiges kann von einer Sekunde zur anderen verschwinden; das ist das Schlimme am Leben – aber Leben ist jedes Risiko wert. Sei wahrhaftig; das wird dich in viele, viele Schwierigkeiten bringen, aber jede Schwierigkeit wird dich reifer machen. Und indem du wahrhaftig bist, wahrhaftig sprichst und handelst, machst du dich selbst für die Wahrheit bereit. Wenn du eine bestimmte Stufe der Reife erreicht hast, öffnet sich plötzlich die Tür. Und einen anderen Weg dahin gibt es nicht.

Wer den Logos nicht hört, der höre auf mich:

Der Weise sieht ein,
Dass alle Dinge eins sind.

Heraklit sagt: „Höre auf mich", und ich würde das Gleiche sagen: „Höre auf mich: Der Weise sieht ein, dass alle Dinge eins sind." Wenn du den Logos hörst … Logos bedeutet das Gesetz, das Tao, das *Rit*; die allerletzte, fundamentale Ebene der Existenz ist der Logos. Ihr wisst nichts davon. Zu solcher Tiefe seid ihr nie vorgedrungen. Logos ist auch in dir, deine Mitte ruht im Logos, aber du hast nur an der Peripherie gelebt, und so weißt du nichts davon. Heraklit sagt: „Höre auf mich", auf einen Buddha, auf Heraklit, auf Laotse; dann sei so weise, einzusehen, „dass alle Dinge eins sind." Das ist noch nicht deine eigene Erfahrung.

An diesem Punkt setzt das Vertrauen ein: *Shradda*, Zuversicht. Religiosität kann nicht ohne Vertrauen sein, denn ihre letzte Dimension, ihre ganze Wahrheit, kennt ihr nicht. Und es gibt keine Möglichkeit, dies Letzte zu beweisen oder darüber zu streiten. Wer es kennt, kennt es, wer es nicht kennt, kennt es nicht. Was also tun? Es gibt nur eine einzige Möglichkeit: Einem Heraklit zu folgen, und zwar nicht nur in dem, was er sagt, sondern in dem, was er ist. Nur so kannst du allmählich zu der Einsicht kommen, dass diese ganze Verschiedenheit nur eines birgt, dass hinter diesem Viel-zu-Vielen unserer Welt nur *eines* ist.

Ihr hört mir seit langer Zeit zu. Ihr habt mir aus vielen verschiedenen Dimensionen heraus zugehört. An der Oberfläche kommt es euch manchmal so vor, dass ich mir widerspreche; aber wenn ihr nicht nur auf meine Worte hört, sondern auf mich, auf meine Gegenwart, werdet ihr keine Widersprüche finden. Und wenn ihr fühlt, nicht nur denkt, dann werdet ihr nach und nach spüren, dass alles, was ich sage, dasselbe ist. Ob ich es nun mit Heraklit sage oder mit Jesus oder Buddha oder Laotse oder Tschuangtse. Was ich auch sage, ich sage immerzu das Gleiche. Die Sprache mag jeweils eine andere sein, die Worte mögen andere sein, aber der Logos bleibt der Gleiche.

Wer den Logos nicht hört, der höre auf mich:
Der Weise sieht ein,
Dass alle Dinge eins sind.

Wenn du auf den Logos selber hören kannst, dann wirst du das erkennen; dann brauchst du es nicht einmal mehr einzusehen. Dann weißt du es einfach; dann brauchst du kein Vertrauen mehr. Vertrauen brauchst du nur, solange du noch nicht weißt und auf jemanden angewiesen bist, der weiß.

Du musst dich von einem, der weiß, bei der Hand nehmen lassen, von einem, der dich aus dem Bekannten ins Unbekannte mitnehmen kann, der dich auf unerforschte Meere hinausgeleiten kann. Und das ist ohne Vertrauen nicht möglich, denn wie sonst könntest du dich mir anvertrauen, wo es doch ins Unbekannte geht? Wenn du mir nicht vertraust, kannst du auch nicht mit mir gehen. Dann bleibst du immer an der Grenze des Bekannten stehen. Dann sagst du: „Bis hierhin kenne ich mich aus und fühl mich sicher, drüben sehe ich nichts als Wildnis. Und wer bist du, mich in die Wildnis zu führen? Wieso soll ich dir vertrauen?"

Der einzige Grenzübergang zwischen dem Bekannten und dem Unbekannten heißt Vertrauen. Du musst eine Liebesbeziehung zu einem Meister haben, nichts Geringeres als das, denn nur Liebe kann vertrauen. Es muss eine Beziehung von Herz zu Herz sein, von Tiefe zu Tiefe; sie muss intim sein.

Darum bestehe ich auf Sannyas und Einweihung. Nur wenn du mir rückhaltlos vertraust, wirst du dich nicht an das Bekannte klammern, an den Verstand, an dein Ego. Andernfalls, wie kannst du auch nur einen Schritt tun? Wenigstens einen Schritt musst du mit mir gehen, ohne Warum? zu fragen. Die Liebe fragt nie warum, weil Liebe vertrauen kann.

Ein kleines Kind muss seinem Vater vertrauen. Der Vater nimmt es bei der Hand und es folgt ihm. Es macht sich keine Gedanken; wo immer der Vater hingeht, es geht fröhlich mit. Es macht sich keine Gedanken um die Zukunft – das ist Vertrauen.

Wenn das Kind stehen bleibt und sagt: „Wo gehst du hin, wo führst du mich hin? Und was heißt hier Vertrauen, wie kann ich dir denn vertrauen?“, dann hört das Kind sofort auf zu wachsen, dann ist jedes Wachstum abgeschnitten. Das Kind muss der Mutter, dem Vater vertrauen. Ein Meister ist nichts anderes als ein Vater, der dich ins Unbekannte führt. Du musst noch einmal laufen lernen, du musst noch einmal lernen zu suchen und dich zurechtzufinden, du gehst noch einmal ins Dunkel hinein, du weißt nicht, wo die Reise hingeht.

Das heißt es, wenn Heraklit sagt:

Wer den Logos nicht hört, der höre auf mich:
Der Weise sieht ein,
Dass alle Dinge eins sind.
Es gibt nur eine Weisheit:
Erkenne die Intelligenz,
Die alle Dinge
Mit allen Dingen
Verwebt.
Weisheit ist eins und einzig.
Unwillig und doch willig
Lässt sie sich beim Namen des Zeus nennen.

Zeus ist der oberste Gott. Und die Weisheit ist zugleich willig und unwillig, sich den obersten Gott nennen zu lassen. Das ist paradox und der Verstand hat große Schwierigkeiten, das zu verstehen. Buddha sagt: „Es gibt keinen Gott“ – diese Haltung ist mit unwillig gemeint. Buddha sagt: „Ihr braucht mich nicht anzubeten, findet euer eigenes Licht.“ Er ist nicht willens, seine

Weisheit, sein Bewusstsein zum höchsten Gott erklären zu lassen. Und im nächsten Augenblick sagt er dann: „Komm und vertraue dich mir an!“ Schon im nächsten Augenblick widerspricht er sich. Warum tut er das? Weil einer, der angekommen ist, der zur Erleuchtung gelangt ist, kein Ego hat, also nicht willens ist, irgendetwas für sich in Anspruch zu nehmen.

Die Weisheit ist nicht willens sich zum obersten Gott zu erklären, aber sie ist der oberste Gott. Es gibt kein Ego mehr, das dies von sich behaupten könnte. Aber es ist so, es ist eine Tatsache, man kann es also auch nicht abstreiten.

Was also tun? Wenn ein Buddha sagt: „Ich bin nicht der oberste Gott“, dann spricht er die Unwahrheit. Wenn er sagt: „Ich bin der oberste Gott“, erinnert das an die Sprache des Ego. Was also soll er machen? Er steckt in der Klemme.

Sagt er: „Ich bin Gott“, werdet ihr denken, er ist ein Egoist. Sagt er: „Ich bin kein Gott“, so stimmt es nicht. Also sagt er manchmal: „Ja, ich bin einer“ und manchmal: „Nein, ich bin keiner.“ Und zwischen diesen beiden müsst ihr die Mitte finden, irgendwo dazwischen ist er beides. Er ist kein Gott, denn es gibt ihn nicht mehr als ein Ich, es gibt niemanden mehr, der das von sich sagen könnte. Und er ist gerade deswegen ein Gott, gerade weil es kein Ich mehr gibt, weil es niemanden gibt, der das von sich behaupten kann.

Weisheit ist eins und einzig.
Unwillig und doch willig
Lässt sie sich beim Namen des Zeus nennen.

Darum also reden alle Erleuchteten in Widersprüchen. Ganz gleich, was sie sagen, sie müssen sofort das Gegenteil behaupten, denn sie reden von etwas, das eins ist, einzig. Und das Eine und Einzige kann in keine Sprache gebracht werden, weil jede Sprache auf Dualität aufbaut. Wenn ein Erleuchteter sagt: „Ich bin das

Licht" – wer ist dann die Dunkelheit? Sprache entstammt nämlich der Dualität. Licht bedeutet das, was nicht dunkel ist. Aber ein Erleuchteter umfasst beides, Licht und Dunkelheit. Er ist beides, alle Dualität fällt in ihm zusammen: Das ist das Geheimnisvolle. Und eben weil es geheimnisvoll ist, hat Aristoteles gesagt: „Dieser Heraklit hat irgendwo einen Charakterfehler. Entweder stimmt etwas nicht mit seinem Kopf oder mit seinem Charakter. Denn er redet absurdes Zeug."

Arthur Koestler hat den Osten bereist, um Menschen zu beobachten, die den Zustand des *Samadhi* erreicht haben, und was er dem Westen zu berichten hatte, ist Folgendes: „Sie sind verrückt, sie sind absurd, sie sprechen wirres Zeug. Jeden Augenblick widersprechen sie sich."

Die Weisheit ist unendlich, sie enthält alle Gegensätze in sich. Du brauchst ein Herz, das fühlen kann, um in diese Absurdität einzudringen; und genau das ist Vertrauen. Vertrauen ist das Instrument, mit dem man in die Absurdität eines Erleuchteten eindringen kann. Und dann passt plötzlich alles zusammen. Plötzlich durchschaust du die ganze Absurdität und erkennst das Eine, das Einzige.

4

GOTT IST TAG UND NACHT

Gott ist Tag und Nacht, Winter und Sommer,
Krieg und Frieden, Überfluss und Mangel.
Das Wasser des Meeres ist zugleich rein und ungenießbar:
Es ist genießbar und gesund für Fische,
Aber ungenießbar und tödlich für die Menschen.
Tag und Nacht sind ihrem Wesen nach eins.
Der Weg nach oben und der Weg nach unten
Ist ein und derselbe.
Selbst Schlafende arbeiten und helfen mit
Bei dem, was im Universum vor sich geht.
In einem Kreis
sind Anfang und Ende eins.

GOTT IST KEINE PERSON. DIE MENSCHEN haben sich Gott immer als Person vorgestellt und dadurch sind Tausende von Schwierigkeiten entstanden. Alles, womit sich die Theologie herumschlägt, ist sinnlose Gedankenakrobatik und der Grund ist, dass Gott als Person angenommen wird.

Gott ist keine Person und kann es nicht sein, lasst das so tief wie möglich in euch eindringen, weil diese Einsicht zu einer Tür, zur Öffnung für euch werden kann. Gerade für die, die als Juden, Christen oder Moslems aufgewachsen sind, ist es schwer, sich Gott als etwas anderes als eine Person vorzustellen, und damit verbauen sie sich den Zugang. Sich Gott als Person vorzustellen, ist anthropozentrisch. In der Bibel steht geschrieben: „Gott erschuf den Menschen nach seinem Ebenbilde." Aber gerade das Gegenteil scheint mir der Fall zu sein, die Menschen haben sich Gott nach ihrem Ebenbilde geschaffen. Und da die Menschen so verschieden sind, gibt es so viele Götter auf der Welt.

Als christliche Missionare zum ersten Mal nach Afrika kamen, hatten sie Schwierigkeiten, wenn sie Gott als weiß und den Teufel als schwarz darstellten, denn da fühlten sich die Schwarzen gekränkt. Sie wollten von vornherein nichts vom Christentum wissen, weil ihnen diese Rollenverteilung nicht einleuchten wollte. Dann hatte ein Missionar eine Idee: Er wechselte einfach die Farben. Er malte Gott schwarz und den Teufel weiß und die Schwarzen waren glücklich. Das konnten sie akzeptieren. Ein Schwarzer kann sich Gott nicht anders als nach seinem eigenen Ebenbild vorstellen; für den Chinesen ist er Chinese und für den Inder ein Inder. Wir malen Gott als unser eigenes Spiegelbild, natürlich als ein vollkommenes, aber unser Ebenbild kann nicht Gott sein. Du bist ein Teil, ein winziges Teilchen, ein Atom der Schöpfung.

Wie kann das Ganze in dem Abbild eines Teiles enthalten sein? Das Ganze übersteigt das Teil, das Ganze ist unendlich groß. Wenn du dich an das Atom, an das Teilstück klammerst, entgeht dir das Ganze. Man darf sich Gott nicht als ein Spiegelbild seiner selbst denken, man muss im Gegenteil das Bild, das man von sich selbst hat, aufgeben. Du musst erst ohne Selbstbild leben; dann, und nur dann, kannst du zum Spiegel werden und das Ganze kann sich in dir spiegeln.

Je länger die Menschheit schon auf der Suche nach Wahrheit ist, desto klarer wird es: Wenn wir uns Gott als Person vorstellen, wird es schwierig, denn dann kommt man automatisch in Konflikt mit anderen persönlichen Göttern. Dann existiert nämlich ein jüdischer Gott, ein hinduistischer Gott, ein muslimischer Gott, ein christlicher Gott. Alles reiner Blödsinn. Wie kann Gott Christ, Hindu oder Moslem sein? All diese Götter gibt es nur, weil die Juden ihre eigene Vorstellung von Gott haben, und die Hindus usw., alle haben ihre eigene Vorstellung von Gott, und so muss es notgedrungen zu Konflikten kommen. Die Hindus glauben, dass Gott Sanskrit spricht; die Engländer halten ihn dagegen für einen englischen Gentleman.

Es wird erzählt, dass einmal ein Deutscher und ein Engländer miteinander redeten und der Deutsche sagte: „Wir planen alles bis ins Kleinste; warum werden wir jedes Mal besiegt?" Der Engländer sagte: „Es muss so kommen, weil wir ja jedes Mal zu Gott beten, bevor wir anfangen zu kämpfen, und der passt dann auf uns auf. Ihr müsst verlieren; ihr könnt einfach nicht siegen." Der Deutsche sagte: „Aber das tun wir doch auch; wir beten doch auch!" Der Engländer lachte und sagte: „Aber wer versteht schon Deutsch?" Für einen Engländer ist Gott Engländer. Für Adolf Hitler muss Gott ein Arier gewesen sein; denn jeder erschafft ihn nach seinen eigenen Vorstellungen. Ich las kürzlich die Erinnerungen eines britischen Truppengeistlichen, der Montgomerys Flügel zugeteilt war. Eines Tages, als sie zur Attacke bereitstanden, schien der Vorstoß unmöglich; es war zu bewölkt und neblig und kalt. Der Priester schreibt in seinem Tagebuch, dass der General ihn zu sich rief und sagte: „Bete sofort zu Gott und sage ihm, dass wir, seine Soldaten, auf dem Vormarsch sind und was er sich eigentlich denkt? Ist er etwa in Verbindung mit dem Feind? Sage ihm, dass er sofort mit diesem Wetter aufhören soll!" Der Priester traute seinen Ohren nicht: Ein Mann wie Montgomery konnte so daherreden?

Also wandte er ein: „Aber wie sähe das denn aus. Ich kann doch nicht zu Gott sagen: Was soll das? Hör sofort mit diesem Wetter auf, schließlich sind wir, deine Soldaten, auf dem Vormarsch!" Der Priester war ein bisschen verlegen, aber Montgomery sagte: „Du hörst auf meinen Befehl! Du bist *mein* Priester, gehörst meiner Armee an, was ich dir sage, das tu gefälligst. Geh und bete augenblicklich!"

Das kommt vor. Es klingt absurd und idiotisch, aber genau das passiert ständig, allen Leuten, jedem. Wenn du dir Gott als Person vorstellst, kann es nicht anders sein. Dann fängst du an mit ihm als Person in Verbindung zu treten. Aber er ist keine Person. Die Vorstellung von Gott als Person hat dazu geführt, dass es Millionen von Atheisten gibt. Atheisten sind nicht gegen Gott, aber gegen das Konzept von Gott als Person, weil es ihnen einfach albern vorkommt. Überlegt euch, in welche Gewissensqualen ihr Gott stürzt; wenn die Deutschen für ihren Sieg beten und die Engländer für ihren Sieg beten und jeder denkt, dass Gott zu ihm hält, auf seiner Seite steht. Ich habe folgende Geschichte gehört:

Einst träumte Junnaid, ein Sufi-Mystiker, er sei tot, und der größte Sünder der Stadt auch. Beide erreichten die Himmelspforte und klopften an. Der Sünder wurde eingelassen, der Heilige wurde abgewiesen. Er fühlte sich sehr gekränkt. Er hatte immer erwartet, dass er in den Himmel kommen würde, willkommen geheißen würde. Und was war geschehen? Genau das Gegenteil. Er kannte den anderen Mann, der mit so viel Tam-Tam empfangen wurde. Als die Zeremonie vorbei war und der Sünder zu seiner Bleibe geschickt worden war, sagte der Heilige: „Ich möchte Gott nur eine Frage stellen: Warum tust du das? Ich habe ununterbrochen gebetet, vierundzwanzig Stunden lang, Tag und Nacht, deinen Namen gerufen und gebetet. Sogar im Schlaf habe ich deinen Namen gerufen und dir zu Ehren gesungen!" Gott sagte: „Genau deswegen: Du bist mir so auf die Nerven gegangen, dass ich jetzt, wo du hier bist, es wirklich mit der Angst zu tun kriege. Was wirst du erst hier tun? Von der weit entfernten Erde aus hast du mich vierundzwanzig Stunden lang keinen einzigen Augenblick in Frieden gelassen. Dieser Mann dort ist gut und deshalb feiern wir ihn. Er hat mich nie gelangweilt, er hat mich nie genervt, er hat mich niemals angerufen, er hat mir nie irgendwelchen Ärger bereitet."

Gott als Person zu sehen, ist geradezu töricht, das ganze Konzept ist töricht. Er kann keine Person sein, weil er alle Personen sein muss – wie kann er da eine Person sein? Er kann nicht ein Jemand sein, weil er ein Jeder ist; er kann nicht irgendwo sein, weil er überall ist. Man kann ihn nicht definieren, aber mit einer Persönlichkeit definiert man ihn. Man kann ihm keine Grenzen setzen, aber als Person wird er begrenzt. Persönlichkeit ist nur wie eine Welle, die kommt und geht, Gott ist wie das Meer. Gott ist unermesslich, er ist ewig. Persönlichkeiten kommen und gehen, sie sind Formen; sie sind da und dann sind sie nicht mehr da. Formen wechseln; Formen verkehren sich dauernd in ihr Gegenteil, aber Gott ist das Formlose. Er kann nicht definiert werden; es kann nicht gesagt werden, wer er ist. Er ist alles. Aber sobald du sagst: „Er ist alles", taucht das Problem auf: Wie soll man mit ihm in Verbindung treten? Es ist nicht nötig; du kannst nicht mit ihm wie mit einer Person in Verbindung stehen. Du musst mit ihm auf einer vollkommen anderen Ebene kommunizieren: als Energie, als Bewusstsein, nicht als Persönlichkeit.

Gott ist Energie. Gott ist absolutes Bewusstsein. Gott ist Seligkeit, Ekstase; undefinierbar, unbegrenzt, ohne Anfang, ohne Ende, immer und immer, ewig, zeitlos, jenseits von Raum und Zeit, denn Gott ist die Summe von allem.

Das Ganze kann keine Persönlichkeit haben. Das musst du zuerst zu ergründen suchen, nicht nur intellektuell, sondern so tief wie möglich. Wenn du Gott als Totalität ertasten, erfühlen, erfahren kannst, wird sich deine Art zu beten schlagartig ändern. Es wird kein törichtes Gebet mehr sein und er kann dann auch nicht auf deiner Seite sein, er hält zu allem, zu deinem Feind genauso wie zu dir. Er ist im Sünder genauso wie im Heiligen, weil er alles ist. Er ist genauso in der Dunkelheit wie im Licht. Er umfasst alles. Alle Gegensätze treffen und vermischen sich in ihm und werden eins.

Die Vorstellung von Gott als Person hat dazu geführt, dass wir einen Teufel erfinden mussten, für die negative Seite der Welt. Wo soll man sie sonst unterbringen? Es muss jemand her, auf den ihr alles Negative schieben könnt. Und damit werden ‚Gott' und ‚Teufel' beide verfälscht. Was als Negatives und Positives zusammen existiert, wird getrennt, und alles, was euch gefällt, schiebt ihr auf Gottes Konto, und alles, was euch nicht gefällt, schiebt ihr auf das Konto des Teufels. Die Spaltung stammt von euch; Gott kann nicht geteilt werden, er ist unteilbar.

Erstens also: Gott ist keine Person. Und halte dir vor Augen, dass auch du keine Person bist. Es liegt an deiner Unwissenheit, an der Unkenntnis deiner selbst, dass du dir wie eine Person vorkommst. Je tiefer du gehst, desto undeutlicher wird dir deine Persönlichkeit; sehr bald kommst du an einen Punkt, wo du nicht mehr weißt, wer du bist. Manchmal kommt es vor, vielleicht ist dir das schon einmal aufgefallen, dass du auf einmal nicht mehr weißt, wo du bist, wenn dich plötzlich jemand aufweckt; ob es Morgen oder Abend ist, ob es dein Haus oder irgendwo anders ist, in welcher Stadt du bist; für einen kurzen Augenblick ist alles verschwommen, kein Raumsinn, kein Zeitsinn, und du weißt nicht, wer du bist.

Wie kann das geschehen? In tiefem Schlaf bewegst du dich auf dein Zentrum zu, natürlich unbewusst, und im Zentrum gibt es keine Persönlichkeit. Nur eine unpersönliche Energie existiert dort. Und wenn dich plötzlich jemand aufweckt, eilst du so schnell vom Zentrum zur Peripherie, dass keine Zeit bleibt, deine Persönlichkeit zusammenzutrommeln. In der plötzlichen Eile verlierst du einfach deine Identität, und das ist deine Realität; ein solcher Augenblick zeigt dir, wer du tatsächlich bist.

In tiefer Meditation wirst du dir mehr und mehr des Undefinierbaren, des Unbegrenzten bewusst. Zuerst ist es nur etwas sehr Verschwommenes und vielleicht bekommst du sogar Angst oder erschreckst dich: ‚Was ist mit mir los?' Aber keine Angst, sonst verfehlst du es. Mach dir keine Sorgen; die Angst ist natürlich. Du bewegst dich vom Definierbaren zum Undefinierbaren und dazwischen ist ein Gebiet, in dem alles verschwimmt.

Darum sagen die Zen-Meister: „Bevor man sich auf den Weg macht, sind Flüsse Flüsse und Berge Berge. Wenn man auf dem Weg ist, sind Flüsse keine Flüsse mehr und Berge keine Berge. Und wenn man das Ziel erreicht hat, sind Flüsse wieder Flüsse, Berge wieder Berge." Was meinen sie damit? Sie meinen damit, dass ein Augenblick kommt, wo sich alle Grenzen verwischen. Und dann brauchst du einen Ashram, einen Meister; weil du wie ein kleines Kind wirst, wenn alles verschwommen wird, hilflos, unwissend, wer du bist; ohne Identität; unwissend, wohin du gehst; unwissend, was geschieht. Jetzt ist eine Mysterien-Schule notwendig. Das ist der Sinn eines Ashrams, eines Klosters, in dem viele Leute zusammen sind, in den verschiedensten Stadien der spirituellen Entwicklung und sich gegenseitig helfen können. Auf der höchsten Stufe ist ein Meister, du brauchst keine Angst zu haben, du brauchst nur auf ihn zu schauen. Wenn deine Identität verloren geht, ist der Meister deine einzige Quelle geistiger Gesundheit. Viele Menschen arbeiten für sich allein und viele von ihnen werden verrückt. Ganz Asien, der ganze Orient ist voller Leute, die irgendwo festhängen. Sie haben ohne Meister gearbeitet; sie kamen in Bereiche, wo alles verschwimmt, und jetzt wissen sie nicht, wohin sie gehen. Sie haben vergessen, woher sie kamen, und sie wissen nicht, wohin sie gehen. Sie wissen nicht, wer sie sind: Sie sind gänzlich verrückt. Sie sind zwar weiter als ihr, aber verrückt. Und jetzt können sie keinen einzigen Schritt mehr machen. Wer soll denn den Schritt tun und wohin? An diesem Punkt der Entwicklung wird ein Meister gebraucht.

Eine der Großtaten Meher Babas... Er lebte in der Nähe von Pune und war einer der größten Meister und tat etwas, das zuvor noch niemals getan worden war: Er reiste jahrelang in ganz Indien herum und nahm Kontakt mit solchen verrückten Leuten auf. Er tat nichts anderes als das: Er reiste von einem Dorf zum anderen und nahm Verbindung mit solchen Leuten auf, die verrückt geworden waren. Sie sind schon zu höheren Regionen vorgedrungen als ihr, aber sie brauchen noch etwas Hilfe, nur einen Stoß, damit Flüsse wieder zu Flüssen werden, Berge wieder zu Bergen; damit sie zu einer neuen Identität durchfinden können.

Die alte Identität hielt sich an die Form; die neue Identität ist das Formlose. Die alte Identität galt dem Namen, die neue Identität gilt dem Namenlosen. Die alte Identität galt dieser Welt; die neue Identität gilt jener Welt. Aber zwischen diesen beiden kannst du festhängen, wenn du keine Gemeinschaft, keinen Meister hast, der dir helfen und dich weiterbringen kann. Man kann diese Wildnis allein betreten, aber es ist sehr schwer, allein wieder herauszukommen. Ausnahmen bestätigen die Regel, manchmal kommt jemand doch zufällig heraus. Aber das ist die Ausnahme. Normalerweise ist es nahezu unmöglich, allein durchzukommen.

Ich habe viele verrückte Menschen gesehen. Und immer, wenn jemand zu mir kommt und alles selbst machen will, bedaure ich ihn sehr, weil er nicht weiß, wovon er redet. Aber das Problem ist: Ich kann niemanden zwingen, denn je mehr man einen Menschen zu seinem Glück zwingen will, desto mehr schreckt man ihn ab. Ich kann nur sagen: „In Ordnung, tu was du willst."

Aber ich bedaure ihn sehr, weil ich weiß, dass er nicht weiß, wohin er geht. Gott ist Energie und wenn du nicht auf sie vorbereitet bist, kann sie dich zerstören. Und Gott ist eine so vitale, so unermessliche Energie, dass sie ein Gefäß, das nicht vorbereitet wurde, einfach sprengt. Das Problem ist also nicht nur, wie man Gott erkennen kann. Das tiefere ist, wie man sich auf den Augenblick vorbereiten kann, in dem man sagt: „Komm jetzt", in dem man ihn einladen kann. Denn du bist winzig und er ist unermesslich. Es ist, wie wenn ein Tropfen Wasser den Ozean bittet, in ihn einzutreten. Der Ozean kann jeden Augenblick kommen, aber was geschieht mit dem Wassertropfen? Der Tropfen muss eine große Kapazität und Aufnahmebereitschaft erlangen, sodass der Ozean in den Tropfen fallen kann und darin verschwindet und der Tropfen dadurch nicht zerstört wird. Das ist die größte Kunst, die es gibt, und diese Kunst ist Religion, ist Yoga, Tantra, oder wie immer man es nennen will.

Und setze dir keine ideologische Brille auf, wenn du Gott sehen willst; weder eine jüdische, christliche noch hinduistische. Wirf deine Brille fort, sonst bleibst du nur an der Peripherie kleben, am Bücherwissen. Du klammerst dich an das, was man dir beigebracht hat, doch Gott kann nicht gelehrt werden. Niemand kann ihn lehren; er kann zwar angedeutet werden, aber lehren kann ihn niemand. Was auch immer du über Gott weißt, ist falsch, und ich sage: Was auch immer, ausnahmslos. Was auch immer du weißt, ist falsch, weil es aus Ideologien stammt; jemand hat dir eine Vorstellung, eine Theorie beigebracht, und Gott ist keine Idee, keine Theorie; Gott ist keine Hypothese. Er ist nichts dergleichen, er ist etwas absolut anderes.

Lass all deine Vorstellungen fallen, erst dann wirst du bereit sein den ersten Schritt zu tun. Du kannst nur nackt zu ihm gehen, ohne Vorstellungen, ohne Kleider, die dir Deckung geben. Du gehst gedankenleer zu ihm, dein Kopf ist ohne jede Vorstellung von ihm. Du gehst leer zu ihm, weil das die einzige Möglichkeit ist zu ihm zu gehen: Leer bist du ein offenes Tor und er kann eintreten. Nur Empfänglichkeit ist nötig, keine Theorien, Philosophien, Lehrmeinungen. Das will Heraklit hier sagen. Diese Zeilen sind sehr schön. Höre:

Gott ist Tag und Nacht, Winter und Sommer,
Krieg und Frieden, Überfluss und Mangel.

Nie zuvor und nie danach sind so schöne Worte ausgesprochen worden.

Gott ist Tag und Nacht, Winter und Sommer,
Krieg und Frieden, Überfluss und Mangel.

Viele haben schon viele Dinge über Gott gesagt, aber nichts ist mit den Worten Heraklits zu vergleichen. Es gab Leute, die sagten: „Gott ist Licht." Aber was fängst du dann mit der Dunkelheit an? Dann musst du erklären, woher die Dunkelheit kommt. „Gott ist Tag", haben viele gesagt:, „Gott ist die Sonne, das Licht, die Quelle des Lichts!" Aber wo kommt dann die Nacht her? Wo kommt das Dunkle her, der Teufel, die Sünde? Woher? Und warum haben die Menschen von Gott als Licht gesprochen? Man muss das psychologisch verstehen. Die Menschen haben Angst vor der Dunkelheit, aber im Licht fühlen sie sich sehr wohl. Die Vorstellung stammt aus eurer Angst.

Warum nennt ihr Gott ‚Licht'? Der Koran schreibt: „Gott ist Licht", die Upanishaden sagen: „Gott ist Licht", die Bibel sagt „Gott ist Licht". Nur eine kleine esoterische Schule wich davon ab, und in dieser kleinen Schule wurde Jesus gelehrt und aufgezogen, auf das Göttliche vorbereitet; man nannte sie die „Essener". Sie waren die Lehrer und Meister von Jesus. Nur diese Schule sagte: „Gott ist das Dunkle, die Nacht"; auch sie schlossen das Gegenteil aus, sagten nie: „Gott ist Licht". Sie gehen zum anderen Extrem, aber das ist schon beachtlich genug.

Versucht die Symbolik von Licht und Dunkelheit zu verstehen. Ihr habt im Licht keine Angst, weil ihr sehen könnt. Keiner kann bei hellem Tage so leicht angreifen. Du kannst dich verteidigen oder fliehen, du kannst entscheiden, ob du kämpfen oder die Flucht ergreifen willst. Du kannst etwas tun, du kennst dich aus. Licht ist das Symbol des Bekannten. Gegenüber dem Bekannten verspürst du keine Angst. Dunkelheit ist das Unbekannte, Angst schnürt dir dein Herz zu. Du weißt nicht, was um dich herum geschieht. Alles ist möglich; du bist wehrlos. Licht ist Sicherheit, Dunkelheit ist Unsicherheit. Licht ist wie Leben, Dunkelheit wie Tod. Du bist nicht nur psychologisch voller Angst und Schrecken, sondern auch biologisch; denn die Menschheit hat Tausende von Jahren in der Nacht, in der Wildnis des Waldes und in Höhlen gelebt und die Nacht war das größte Problem; man war wilden Tieren ausgeliefert und wehrlos.

Als das Feuer entdeckt wurde, machte man deshalb das Feuer zum ersten Gott; es bedeutete Sicherheit, Schutz. Am Tag ist alles in Ordnung, in der Nacht weißt du nicht, wo du bist, in der Nacht verschwindet alles. Darum neigte die Menschheit überall dazu, Gott mit dem Licht zu identifizieren. Licht hat eine Reihe guter Eigenschaften: Es ist warm, es ist eine Quelle von Energie. Du kannst nicht ohne Sonne leben, nichts kann ohne Sonne existieren. Alles Leben ist im tiefsten Grunde Solar Energie, Energie, die von der Sonne kommt. Du isst sie, du trinkst sie, du lebst durch sie. Würde die Sonne verschwinden, erkalten, dann würde alles Leben innerhalb von zehn Minuten von der Erde verschwinden. Innerhalb von zehn Minuten deshalb, weil die Strahlen zehn Minuten brauchen, um bis zu uns zu gelangen. Wenn die Sonne stirbt, kommen noch zehn Minuten lang die alten Strahlen, aber in der zehnten Minute kommen keine neuen Strahlen mehr an und alles stirbt einfach. Wir würden nicht einmal wissen, was geschieht: Niemand bleibt zurück, keiner wird wissen, dass wir gestorben sind. Der ganze Planet wird sterben: die Bäume, die

Tiere, die Vögel, die Menschheit, alles. Das Leben existiert durch die Sonne, sie ist warm, Leben spendend.

Aber auch die Dunkelheit hat ihre schönen Eigenschaften. Sie ist unendlich. Licht hat immer eine Begrenzung: Dunkelheit ist grenzenlos. Und Licht ist im Grunde genommen aufregend, es regt dich an, regt dich auf, Dunkelheit ist absolut nicht aufregend. Licht ist warm, Dunkelheit ist kühl, kühl wie der Tod und geheimnisvoll. Licht kommt und geht, Dunkelheit bleibt. Darum setzten die Essener Gott mit der Dunkelheit, der Nacht gleich, weil das Licht kommt und geht, die Dunkelheit aber bleibt. Dunkelheit ist ewig. Licht ist ganz offenbar etwas Vergängliches. Man kann Helligkeit herstellen, aber nicht Dunkelheit, das geht über unsere Kapazität. Man kann Licht ein- und ausschalten, aber man kann Dunkelheit nicht ein- oder ausschalten. Sie steht über dir. Sie ist. Licht ist gefügig. Wenn es dunkel ist, kannst du Licht machen, aber du kannst keine Dunkelheit machen; du kannst über Dunkelheit nicht verfügen. Sie liegt einfach außerhalb deiner Kontrolle. Du zündest dein Licht an und weißt, dass dieses Licht zeitgebunden ist. Wenn der Brennstoff aufgebraucht ist, geht das Licht aus; aber die Dunkelheit ist ewig, sie ist immer da. Sie existiert, scheint es, ohne Grund, grundlos. Sie war immer, sie wird immer sein.

Und so haben sich die Essener für die Dunkelheit als Symbol Gottes entschieden. Einzig und allein Heraklit entscheidet sich für beides.

Ein Extrem zu wählen ist immer noch logisch, rational; die Vernunft ist am Werk. Beides zusammen zu wählen ist irrational, das verwirrt den Verstand einfach. Gott ist Tag und Nacht? Beides zusammen, keine Wahl. Winter und Sommer, Krieg und Frieden? Menschen wie Tolstoi, Gandhi, Bertrand Russell kommen in Schwierigkeiten, wenn Gott Krieg und Frieden sein soll. Für sie ist Gott der Frieden; Krieg ist Menschenwerk. Krieg ist hässlich, etwas, das der Teufel ausgeheckt hat; Gott ist Frieden! Kein

Tolstoi kann zugeben, kein Gandhi kann zugeben, dass Gott auch Krieg sein soll. Und ein Hitler kann nicht zugeben, dass Gott auch Frieden ist: Gott ist Krieg! Nietzsche kann genauso wenig zustimmen, dass Gott auch Frieden sein soll: Gott ist Krieg! Die meisten entscheiden sich für eins von beiden. Heraklit jedoch wählt nicht aus: Sein Bewusstsein ist jenseits jeder Wahl. Es gibt für ihn nichts zu wählen, er sagt einfach nur, wie es sich verhält. Er mischt sich nicht mit seiner eigenen Moral ein: Er gibt einfach weiter, was ist, er ist ein Spiegel. Ein Gandhi, ein Tolstoi, ein Russell wählt aus; sie stülpen Gott ihre eigenen Ideen über. Sie folgern aus ihrer Vorstellung vom Frieden, dass Gott ‚Frieden' ist: Der Krieg ist der ‚Teufel'. Aber das entspricht nicht der Wirklichkeit, sie kann nicht so sein.

Was wäre Frieden ohne Krieg? Ist Frieden ohne Krieg überhaupt möglich? Und wäre ein solcher Frieden ohne Krieg nicht einfach nur ein Friedhof? Stellt euch vor: Kein Krieg auf der Erde, nur Frieden; was für eine Art von Frieden wäre das? Es wäre ein kalter Frieden, wie eine schwarze Nacht, tot. Krieg gibt Intensität, Dynamik, Schärfe, Lebendigkeit. Aber wenn es nur Krieg und keinen Frieden gäbe, wäre das genauso tödlich.

Wenn du dich für eine Seite des Gegensatzes entscheidest, wenn du nur einen Pol wählst, stirbt alles ab, weil das Leben nur durch Polarität gedeiht. Krieg und Frieden: beides; Überfluss und Mangel, Zufriedenheit und Unzufriedenheit: beides; Hunger, Mangel, Begierde, Leidenschaft, Frieden, Überfluss, Zufriedenheit; der Weg und das Ziel, beides. Schwer zu verstehen, aber das ist die Wahrheit.

Es ist Gott, der in dir begehrt, und es ist Gott, der in dir gestillt wird. Wer das akzeptieren kann, akzeptiert total. Die Leidenschaft in dir ist Gott und Gott ist es, der in dir erleuchtet wird. Die Wut in dir ist Gott, und wenn aus ihr Mitgefühl geworden ist, dann ist das auch Gott. Da gibt es nichts zu wählen. Aber blicke der Tatsache ins Auge: Wenn es nichts zu wählen gibt und alles Gott ist, verschwindet dein Ego einfach, weil es nur durch die Wahl existiert. Wenn es nichts zu wählen gibt und alles ist einfach so, wie es ist, dann kann man nichts tun, dann ist Gott beides. Wenn der Wählende, wenn die Wahl verschwindet, verschwindet zugleich das Ego. Dann akzeptierst du, akzeptierst du einfach! Ob du hungrig oder satt bist, beides ist gut.

Das ist schwer zu begreifen. Der Verstand kommt ins Schwanken, verliert allen Halt, verliert allen Boden unter den Füßen, ihm schwindelt wie an einem Abgrund. Der Verstand will eine klare Wahl: entweder dies oder das.

Und Heraklit sagt: „Weder dies noch das sondern beides". Fragt Mahavir, fragt Buddha. Sie sagen: „Begierde? Lass alle Begierde hinter dir! Werde wunschlos! Entscheide dich! Sei zufrieden, zutiefst zufrieden; lass ab von aller Unzufriedenheit!" Heraklit dringt tiefer als sie. Er sagt: „Wer ist es denn, der etwas hinter sich lässt? Was wird zurückgelassen? Gott ist beides!" Wenn du fühlen kannst, dass Gott beides ist, wird alles geheiligt, wird alles heilig. Dann ist auch im Hunger Zufriedenheit. Dann ist auch in Begierde Begierdelosigkeit. Dann ist in Aggression auch Mitgefühl. Und wenn du nicht erfahren hast, was Zorn aus Mitgefühl ist, hast du das Leben nicht gekannt. Wenn du nicht erfahren hast, was Dunkelheit ist, die zugleich Licht ist, Kühle, die zugleich Wärme ist, wenn du das nicht erfahren hast, blieb dir die größte Erfüllung vorenthalten. Wo Gegensätze sich treffen, kommt es zur Ekstase, kommt es zum endgültigen Orgasmus mit dem Universum – Gott ist Mann und Frau zugleich, Krieg und Frieden zugleich. Die Welt ist nur deshalb so aus dem Gleichgewicht, weil sie sich immer nur für eine Seite entscheidet. Die Menschheit war bisher immer nur einseitig; alle Gesellschaften und Zivilisationen bleiben immer einseitig, weil sie von einseitigen Entscheidungen ausgehen.

Wir haben eine Gesellschaft geschaffen, die männlich orientiert, kriegsorientiert ist.

Die Frau wurde ferngehalten, sie hat keinen Beitrag leisten durfen, sie ist dunkel, sie ist Frieden, sie ist Stille, sie ist Passivität, Mitgefühl: nicht Krieg; die Frau ist Überfluss, nicht Begierde. Der Mann ist Begierde, Aufregung, Abenteuer, Krieg; er ist immer irgendwo unterwegs, will irgendetwas erreichen, findet etwas, sucht und forscht. Der Mann ist der Vagabund, die Frau ist das Heim. Aber wenn sie sich treffen, wenn der Vagabund auf das Heim trifft, wenn Verlangen und Überfluss sich treffen, wenn Aktivität und Passivität sich treffen, entspringt die größte Harmonie: die verborgene Harmonie.

Die Gesellschaft hat sich männlich orientiert, darum gibt es Krieg und selbst der Frieden ist nicht ehrlich. Unser „Frieden" ist nichts als eine Lücke zwischen zwei Kriegen; es ist kein ehrlicher Frieden, er ist nur eine Vorbereitung für den nächsten Krieg. Schaut zurück und seht euch die Geschichte an: Der Erste, der Zweite Weltkrieg – die Zeitlücke dazwischen ist kein Frieden, sondern nur eine Vorbereitung für einen neuen Krieg. Er ist kein wirklicher Frieden, er ist nur eine Vorbereitung für einen neuen Krieg. Und wenn der Frieden unehrlich ist, wird auch der Krieg unehrlich. In der Vergangenheit war der Krieg schön; jetzt ist er hässlich, weil er kein Gegenteil mehr hat. In der Vergangenheit waren Krieger wunderbare Menschen; jetzt sind Krieger nur hässlich. Der Krieg gibt keinem etwa. Früher war er ein Abenteuer, er brachte den Mann zu einem Höhepunkt von Lebensgefühl, er ging ganz darin auf. Krieger waren stolze Menschen, sie sahen dem Tod ins Auge, sie stellten sich ihm direkt.

Heute trifft man nirgendwo mehr wahre Krieger; der Soldat versteckt sich im Panzerwagen, wirft Bomben und weiß nicht, wen er damit zerstört. Oder wollt ihr den Mann, der die Atombombe auf Hiroshima abgeworfen hat, einen Krieger nennen? Was für ein Krieger ist das? Er wirft die Atombombe, tötet Tausende von Menschen auf der Stelle, weiß nicht, wen er tötet, wer der Feind ist – kleine Kinder…

Ich habe vor kurzem ein Foto gesehen, das mir jemand aus Japan geschickt hat. Ein kleines Kind ging die Treppe zu seinem Zimmer hinauf, um dort seine Hausaufgaben zu machen und dann schlafen zu gehen. Ein ganz kleines Kind. Es trägt seine Schultasche mit Büchern und denkt an seine Hausaufgaben, es will schnell noch seine Hausaufgaben machen und dann ins Bett gehen. Es war gerade auf der Treppe, als die Bombe fiel. Es wurde total verbrannt, aber ein Schattenriss blieb an der Wand: ein Kind mit Büchern, mit der Tasche. Es verbrannte, während der kleine Geist sich noch daran klammerte, die Hausaufgaben zu machen, für den nächsten Tag, für morgen... Alles war auf der Stelle verbrannt. Und der Mann, der die Bombe warf, wusste noch nicht einmal, wer starb; er kehrte nach Hause zurück und hatte einen gesunden Schlaf. Er hatte seine Pflicht getan, aus seinem Versteck heraus. Was für eine Art von Krieg ist das? Krieg ist heute etwas Abstoßendes. In früheren Zeiten war das Kriegserlebnis für den Mann die beste Gelegenheit seine Fähigkeiten bis zum Äußersten zu entwickeln. Heute bedeutet es nichts mehr; es ist nichts als eine gewöhnliche mechanische Pflicht: Du drückst den Knopf und die Bombe fällt und tötet. Du wirst nicht persönlich mit den Konsequenzen konfrontiert. Ohne wirklichen Frieden wird auch der Krieg unwahr. Und wenn der Krieg unwahr ist, wie kann dann der Frieden wahr sein?

Wir haben uns entschieden: Wir haben die Gesellschaft nach dem männlichen Modell geschaffen. Der Mann ernannte sich zum Mittelpunkt der Welt, die Frau wurde daraus verstoßen. Das ist einseitig. Jetzt gibt es Frauen, die eine Gesellschaft nach einem weiblichen Modell schaffen wollen, in der die Männer aus dem Mittelpunkt verstoßen werden. Auch das wird einseitig sein.

Gott ist zugleich männlich und weiblich; es gibt keine Wahl. Und männlich und weiblich sind Gegensätze: Dunkelheit und Licht, Leben und Tod. Die Gegensätze sind gegeben. Eine verborgene Harmonie muss gefunden werden.

Wer die verborgene Harmonie erkennt, hat die Wahrheit erkannt.

Gott ist Tag und Nacht, Winter und Sommer,
Krieg und Frieden, Überfluss und Mangel.
Das Wasser des Meeres ist zugleich rein und ungenießbar:
Es ist genießbar und gesund für die Fische,
Aber ungenießbar und tödlich für Menschen.

Und alles ist gut und alles ist schlecht, es kommt ganz darauf an. Krieg ist manchmal gut. Frieden ist manchmal schlecht, es kommt darauf an. Manchmal ist Frieden nichts als Unfähigkeit; dann ist er nicht gut. Es ist zwar ein Frieden, aber ein fauler. Manchmal ist Krieg nichts anderes als Wahnsinn; dann ist er nicht gut. Man muss alles ohne Vorurteile betrachten und prüfen. Nicht jeder Krieg ist schlecht und nicht jeder Frieden ist gut; und man darf sich nicht festlegen. Für Nietzsche ist jeder Krieg gut; für Gandhi ist jeder Frieden gut, beide legen sich fest. Aber Gott ist beides.

Heraklit sagt:

Das Wasser des Meeres ist zugleich rein und ungenießbar.

Für Fische bedeutet es Leben; für dich kann es den Tod bedeuten. Bildet euch also keine absoluten Meinungen, bleibt flexibel. Und denkt daran, dass heute für euch etwas gut sein kann und morgen schon nicht mehr; denn das Leben ändert sich fortwährend und man kann nicht zweimal in denselben Fluss steigen. Und selbst wenn du ein zweites Mal hineinsteigst, bist du derselbe und doch nicht derselbe. Alles bewegt sich, ändert sich ständig; leg dich also nicht fest. Das ist eine der Krankheiten des menschlichen Verstandes: Du fixierst dich, du verlierst deine Beweglichkeit, und Beweglichkeit ist Leben. Schau dir ein Kind an, es ist flexibel. Schau dir einen alten Mann an, er ist starr. Je flexibler du bist, desto lebendiger, frischer, jünger bist du. Je unbeweglicher du wirst, desto näher bist du dem Tod.

Und was ist Anpassungsfähigkeit? Anpassungsfähig ist der, der ohne jede feste Vorstellung auf jeden Augenblick eingehen kann; der sich jedem Augenblick ohne feste Vorstellung stellt – direkt, unmittelbar. Anpassungsfähigkeit ist Unmittelbarkeit. Du schaust dir die Situation an, du wirst dir der Situation bewusst, du öffnest dich der Situation und dann handelst du. Deine Handlung entsteht aus der Auseinandersetzung zwischen der Situation und dir, nicht aus deinen alten Vorstellungen.

Tag und Nacht sind ihrem Wesen nach eins.

Und Krieg und Frieden sind eins; und Begierde und Begierdelosigkeit sind eins. Das Phänomen ist dasselbe: Frieden ist Krieg, aber passiver Krieg; und Krieg ist Frieden, aber aktiver Frieden. Das Wesen von Mann und Frau ist dasselbe: Die Frau ist ein passiver Mann, der Mann ist eine aktive Frau. Darum ziehen sie sich gegenseitig an. Wenn du sie einzeln nimmst, bilden sie zwei Hälften. Wenn sie eins werden, entsteht das Ganze; beide treffen sich und werden eins. Diese Einheit ist das Ziel der Suche.

Wenn du Mann und Frau auseinanderhältst, so wie es alle Religionen in der Vergangenheit getan haben... Katholiken, Jainas, Buddhisten, sie alle haben eine totale Trennung zwischen Mann und Frau gezogen. Damit blieben alle diese Religionen halb, sie konnten nie ganz sein, sie konnten nie die Ganzheit akzeptieren. Ihr Kreis blieb halb und ein halber Kreis ist überhaupt kein Kreis, weil ein Kreis, um Kreis zu sein, vollständig sein muss. Ein halber Kreis ist kein Kreis. Und so wurde das gesamte Christentum zu einer abstoßenden Sache, so wurde der Jainismus abstoßend. Man darf die Dinge nicht spalten. Man muss das Gesamte akzeptieren.

Schönheit ist ein Aspekt der Ganzheit und Hässlichkeit ist eine Folge von Spaltung. Alles Ganzheitliche ist schön, weil es erfüllt ist – ein vollendeter Kreis.

Tag und Nacht sind ihrem Wesen nach eins.

Der Tag selbst wird zur Nacht; die Nacht selbst verkehrt sich zum Tag. Kannst du zwischen Tag und Nacht eine genaue Trennlinie ziehen? Kannst du sie voneinander abgrenzen? Es gibt keine Abgrenzung – der Tag wird nach und nach zur Nacht; die Nacht wird nach und nach zum Tag. Es ist ein Rad. Und wenn du alle Gegensätze als Rad sehen kannst, lässt du sie hinter dir. Dann bist du weder Mann noch Frau, weil du als Mann zur Frau werden kannst, und als Frau oft zum Mann wirst. Wenn du dich vierundzwanzig Stunden lang beobachtest, kannst du die Augenblicke unterscheiden, in denen du Frau und in denen du Mann bist; du wirst herausfinden, wann du aktiv und wann du passiv bist. Wenn du passiv bist, bist du Frau, wenn du aktiv bist, bist du Mann. Und beides ist in dir angelegt.

Heute haben die Psychologen das akzeptiert: Der Mensch ist bisexuell; jeder Mann ist auch eine Frau und jede Frau ist auch ein Mann. Der Unterschied ist quantitativ, nicht qualitativ. Bist du ein Mann, dann vielleicht nur zu einundfünfzig Prozent; die andern neunundvierzig Prozent bist du weiblich – das ist der ganze Unterschied. Darum auch kann man sein Geschlecht ändern. Es ist ein Unterschied von Prozenten. Nur eine kleine hormonelle Änderung und das Geschlecht wechselt. Du brauchst noch nicht einmal die Hormone zu ändern; es genügt, deine Psyche zu ändern, dann folgt die physische Wandlung nach.

Das geschah mit Ramakrishna. Er versuchte viele Wege, um das Göttliche zu erreichen. Sogar nachdem er es erreicht hatte, experimentierte er mit anderen Möglichkeiten weiter, um zu sehen, ob jeder Weg dorthin führt.

In Indien gibt es einen spirituellen Weg, der besonders tief geht, und der ist: Sieh Gott als das einzig Männliche an und werde selbst zum Weiblichen, zur Geliebten Gottes. Es kommt nicht darauf an, ob du Mann oder Frau bist, sondern dass Gott männlich ist, und du weiblich bist. Gott ist Krishna und jeder ist seine Geliebte. Darum benehmen sich alle, die diesem Weg folgen, wie Frauen: Statt männlicher Kleidung tragen sie weibliche; sie schlafen mit einer Statue von Krishna. Sie vergessen vollkommen, ob sie Mann oder Frau sind; was auch immer sie sind, sie werden zum Weiblichen. Alle vier Wochen benehmen sie sich fünf Tage lang so, als ob sie ihre Periode hätten. Anfangs spielen sie es nur, aber nach und nach geschieht die Umwandlung wirklich.

Bei Ramakrishna war das der Fall: Er wurde vollkommen zur Frau. Es blieb bis heute ein Rätsel. Wie war es möglich? Die Menstruation fing wirklich an! Er blutete jeden Monat drei bis vier Tage lang. Seine Brüste wurden weiblich; er fing an, wie eine Frau zu gehen. Nach sechs Monaten wurde er vollkommen zur Frau. Es ist bis heute ungeklärt. Ärzte haben bezeugt, dass er zu bluten anfing – dass die Periode einsetzte. Durch reine Autosuggestion wurde der ganze Körper verändert. Und nachdem er diesen Weg zu Ende gegangen war und ihn wieder verließ, um etwas anderes zu versuchen, blieb sein Körper noch ein Jahr lang weiblich – er brauchte ein Jahr, um zurückzukommen, um wieder zum Mann zu werden.

Du trägst beides in dir; es ist nur eine Frage der Betonung. Und Heraklit sah dies deutlich:

Der Weg nach oben und der Weg nach unten
Ist ein und derselbe.

Himmel und Hölle sind eins; Gott und Teufel sind eins – und es muss so sein: Es sind zwei Pole desselben Phänomens.

Selbst Schlafende arbeiten und helfen mit
Bei dem, was im Universum vor sich geht.

Sogar Schlafende sind verantwortlich. Was will Heraklit damit sagen? Er meint, dass Verantwortlichkeit nicht individuell ist; das Karma, die angesammelte Schuld, ist nicht individuell, sondern universell. Das ist eine ungeheure Einsicht. Ich stimme ihm vollkommen zu. Es ist eine seltene Einsicht, denn in Indien gilt traditionsgemäß, dass Karma individuell sei, aber das ist auch nur eine Spielart des alten Tricks, sich am Ego festzuklammern. Wenn es kein Ego gibt, wenn man darauf besteht, dass es kein Ego gibt, warum sollte das Karma dann individuell sein? Wenn das Karma individuell ist, kannst du das Ego nie hinter dir lassen. Auf subtile Weise kann es sich so nur umso besser behaupten: Ich muss mein Karma erfüllen und du musst dein Karma erfüllen. Wo treffen wir uns dann? Ich werde erleuchtet, du bleibst im Finstern – und wo treffen wir uns?

Richtig verstanden bedeutet Heraklits Einsicht: Es gibt keine Individuen, es gibt keine Inseln. Der Mensch ist keine Insel. Wir gehören alle zu einer Gesamtheit. Somit gibt es aber auch kein persönliches Karma. Und daraus wiederum lässt sich vieles folgern, damit eröffnet sich eine ungeheure Dimension. Das heißt nämlich: Wenn irgendwo irgendjemand mordet, dann trage ich auch die Verantwortung dafür. Sogar im Schlaf: Während ich schlafe – ich kenne den Mann gar nicht, ich werde nie etwas von ihm hören –, wird irgendjemand irgendwo zum Mörder; und ich habe Anteil daran, bin mitverantwortlich. Denn wenn wir keine Individuen sind, können wir nicht so leicht die Verantwortung von uns weisen: „Ich habe keinen Mord begangen, ich bin ein Heiliger."

Kein Heiliger ist ein Heiliger, denn alle Sünder stecken mit in ihm. Es ist dumm, zu behaupten: „Ich bin ein Heiliger, denn ich habe keinen Mord, keine Schweinerei, keine Sünde begangen."

Aber Sünder gibt es auf der Welt, und wenn es richtig ist, dass wir alle nur Teile eines ungeheuren Kontinents sind, keine Inseln, sondern miteinander verbunden, wie kannst du dann ohne mich eine Sünde begehen? Es ist nicht möglich. Es bedeutet, dass bei jeder Sünde, die irgendwo begangen wird, die Gesamtheit mitmacht. Und ebenso, dass jedes Mal, wenn einer irgendwo zur Erleuchtung gelangt, die Gesamtheit daran teilhat.

Und daher kommt es, dass jedes Mal, wenn ein Mensch erleuchtet wird, sofort viele andere seinem Erwachen folgen und auch erleuchtet werden; denn er schlägt damit eine Bresche für die Gesamtheit. Vergleicht es einmal mit Migräne: Es ist dann nicht nur der Kopf, der leidet, der ganze Organismus leidet mit; ich fühle es in den Beinen, ich fühle es im Herzen oder auch in den Händen; denn ich bin eine organische Einheit. Es mag vielleicht vom Kopf ausgehen, aber der ganze Körper fühlt sich krank. Ein Buddha wird erleuchtet; die Erleuchtung hat zwar ihren Sitz in ihm, aber das ist alles; es ist nämlich kein Einzel-Ich mehr da. Es gibt da nur noch einen Brennpunkt, aber der versetzt alles um sich herum in Schwingung.

Die Schöpfung ist wie das Netz einer Spinne: Du berührst das Netz irgendwo und es beginnt überall mitzuschwingen. Von irgendwo geht die Berührung aus, das ist richtig, aber das Ganze vibriert. Das ist der Sinn dieser Zeile. Und den müsst ihr verstehen. Immer, wenn du etwas tust, bist nicht nur du davon betroffen, die Ganzheit ist betroffen. Deine Verantwortlichkeit ist groß. Du musst nicht nur dein eigenes Karma abschließen; die ganze Geschichte der Welt ist deine Biografie. Sogar wenn man schläft, arbeitet man mit, hilft man mit. Darum muss jeder Schritt sehr verantwortlich und bewusst getan werden. Wenn du sündigst, zerrst du die Gesamtheit in Sünde, nicht nur dich, weil du nicht von ihr abgetrennt bist.

Wenn du in Meditation bist, wenn du bewusst wirst, wenn du dich glückselig fühlst, ist es die Gesamtheit, die du zu einem

Höhepunkt mitführst. Du bist zwar der Brennpunkt, aber die Gesamtheit ist davon betroffen.

Denke daran: Alles, was du tust, tut Gott; alles, was du bist, ist Gott; alles, was du wirst, wird Gott. Du bist nicht allein, du bist das Schicksal des Ganzen.

Selbst Schlafende arbeiten und helfen mit
Bei dem, was im Universum vor sich geht.
In einem Kreis
Sind Anfang und Ende eins.

Wenn du einen Kreis ziehst, treffen sich Anfang und Ende, erst dann ist der Kreis vollendet: Wenn du zum Kreis wirst, ganz, vollkommen, treffen sich in dir der Anfang und das Ende. In dir fällt der tiefste Ursprung mit der höchsten Vollkommenheit zusammen. In dir sind Alpha und Omega eins.

Und solange du das nicht bist, bleibt etwas unvollendet, und solange etwas unvollendet bleibt, lebst du im Unglück. Das einzige Unglück, das ich kenne, ist, unvollendet zu sein. Dein ganzes Wesen möchte sich vollenden, dürstet nach Vollendung, und deine Unvollendetheit wird dir zur Qual. Dass du unvollendet bist, ist das einzige Problem. Wenn du vollendet bist, treffen sich Anfang und Ende in dir. Gott als Wurzel und Gott als letztes Aufblühen treffen in dir zusammen.

Denkt über diese kleinen Fragmente nach. Jedes Fragment kann euch zu tiefer Meditation führen und jedes Fragment kann zur Erkenntnis deiner selbst und der Wirklichkeit verhelfen. Denn das hier sind keine philosophischen Behauptungen; es sind Heraklits Erkenntnisse – er weiß es, er hat es gesehen, er theoretisiert nicht. Er ist mit der Wirklichkeit in Berührung gekommen und hat sie durchschaut.

Jedes Fragment steht für sich selbst, ohne Zusammenhang, sie bilden kein gemeinsames System. Diese Fragmente sind wie

Edelsteine, einzeln geschliffen: Jeder Edelstein ist in sich selbst vollendet. Dringe tief in irgendeines dieser Fragmente ein, und dieses eine Fragment kann dich vollkommen verändern. Dieses eine Fragment kann dir das Tor zum Unendlichen werden. Meditiere und vertiefe dich in Heraklit, in das, was er sagt. Er kann eine ungeheure Wirkung in dir auslösen. Er kann dich von Grund auf erneuern.

5

SO TIEF IST DER SINN DER SEELE

Lasst uns keine beliebigen Vermutungen anstellen
Über die höchsten Dinge.
Vielwisserei führt nicht zum Erkennen.
Wer nach Gold gräbt, wirft viele Steine auf
Und findet wenig.
Die Grenzen der Seele wirst du nie entdecken,
Und folgtest du auch allen Straßen der Welt –
So tief ist ihr Sinn.

DIE GESAMTE PHILOSOPHIE BESTEHT NUR aus beliebigen Vermutungen. Wenn du wirkliche Erkenntnis meiden willst, wenn du existenzielles Wissen meiden willst, dann eignet sich dafür nichts besser als Philosophie.

Wer sich in die Philosophie flüchtet, kann allem aus dem Wege gehen, was zu Problemen führt. Philosophie ist eine billige Lösung. Ohne dich überhaupt auf die Wirklichkeit einzulassen, ohne ihr jemals zu begegnen, theoretisierst du einfach drauf los. Und Theorien sind nichts als Worte, Argumente, Begründungen, Erklärungen, alles nur Täuschungsmanöver. Sie bringen keine Lösungen, denn du bleibst, der du bist.

Philosoph sein heißt, betrogen sein wie kein anderer; denn er glaubt viel zu wissen, ohne das Geringste zu wissen. Heraklit hat über Pythagoras gelacht, einen der größten Philosophen, die die Welt je gesehen hat. Mehrmals sagt Heraklit: „Wenn man durch Philosophieren zur letzten Erkenntnis gelangen könnte, dann wäre Pythagoras der größte Weltweise überhaupt." Phythagoras hatte nämlich die ganze damals bekannte Welt bereist, er war sogar bis nach Indien gelangt. Er lebte in Ägypten und reiste von da aus durch die ganze Welt und sammelte Wissen.

Die beiden waren Zeitgenossen, aber Pythagoras ist bekannter als Heraklit. Pythagoras ist für die Geschichte der Philosophie ein Meilenstein. Er trug viel zusammen und wusste viel, aber ohne irgendetwas zu wissen. Worin bestand seine Leistung? Von Lehrern, aus Schriften, aus Schulen, Klöstern, Geheimbünden trug er Wissen zusammen. Wenn man Wissen anhäuft, wird dies Wissen Teil des Gedächtnisses, man selbst bleibt unberührt. Das eigene Herz wird nicht davon bewegt, die Seele weiß nicht das Geringste von dem, was man in sein Gedächtnis aufgenommen hat. Solange dein wirkliches Wesen nicht berührt und umgeformt wird, ist Wissen gleich Unwissenheit. Ja, sogar noch gefährlicher als gewöhnliche Unwissenheit, denn der gewöhnliche Unwissende weiß, dass er unwissend ist, aber ein Philosoph denkt, dass er alles weiß. Wenn du erst einmal süchtig nach Wissen bist, hältst du dein Wissen für Erkenntnis.

Sicher, du weißt viel, viel zu viel, aber tief im Innern deines Seins ist es dunkel geblieben, hat sich nichts geändert. Du bist durch dein Wissen zu keiner höheren Stufe deines Seins aufgestiegen.

Wirkliches Wissen führt dich zu höheren Seinsstufen, höheren Seinsebenen; es ist kein Zuwachs an Wissen, sondern ein Zuwachs an Sein. Mehr und mehr zu sein, statt mehr zu wissen, das ist der richtige Weg. Mehr zu wissen, statt mehr zu sein, das ist der falsche Weg. Die Philosophen reden über die Dinge. Sie haben nicht einmal die leiseste Ahnung von Gott, von *Moksha* (der letzten Befreiung), von anderen Welten, von Himmel oder Hölle. Aber sie reden darüber, ja reden nicht nur: Sie beanspruchen sogar, vor allem in diesen Fragen zuständig und kompetent zu sein. Aber sie können niemanden zum Narren halten. Niemanden außer sich selbst.

Es heißt, dass Mulla Nasrudin eines Tages über den Friedhof ging und zu dem Grab kam, wo der Philosoph seiner Stadt lag, der erst vor wenigen Tagen gestorben war. Auf dem Grabstein stand: „Ich schlafe nur und bin nicht tot." Mulla lachte laut und sagte: „Das kannst du dir selbst erzählen, aber nicht mir!" Aber ein Philosoph erzählt sich laufend etwas. Statt auf Erfahrung, baut er auf Informationen. Nur Wissen, das existenziell erworben wird, ist authentisch. Zum Beispiel kann man sich eine Menge Wissen über die Liebe aneignen, ohne je selber zu lieben. Die Bibliotheken sind mit Wissen vollgestopft, man kann dort alles finden, was je über die Liebe gesagt worden ist. Aber *über* Liebe ist nicht dasselbe wie Liebe selbst: Über Gott ist nicht Gott. Über Liebe etwas wissen heißt, immer darüber wegzugehen, immer daran vorbeizugehen, immer drum herum zu gehen, ohne je zum Zentrum vorzudringen. Lieben selbst ist etwas völlig anderes. Du kannst darüber theoretisieren, was Lieben ist, du kannst dir eine Meinung über die wahre Natur der Liebe bilden, aber wenn du selbst nie geliebt hast, was soll dann all dies Wissen? Was hast du davon? Was bringt es dir ein? Wohl nichts als Selbstbetrug. Denn da du über die Liebe Bescheid weißt, kannst du leicht glauben, dass du die Liebe auch kennst; und wenn du so weit bist, dann schließt sich die Tür zur wirklichen Liebe erst recht.

Es ist gefährlich, sich auf Liebe einzulassen. Es ist ein kluger Schachzug, über Liebe nur Bescheid zu wissen. Wer sich auf Liebe einlässt, muss sich verändern; sich auf Liebe einzulassen heißt, tausend Schwierigkeiten durchzustehen. Denn man kommt in unbefahrene Gewässer, wenn man sich mit einem lebendigen Menschen auseinandersetzen muss. Keiner weiß, was im nächsten Augenblick geschehen wird. Du wirst aus deinem Schutzbereich herauskatapultiert unter den offenen Himmel und alle Augenblicke musst du neue Situationen durchstehen, mit neuen Ängsten fertigwerden. Und das ist auch gut so, weil Probleme und Ängste nichts als Wachstumswehen sind. Wenn du diese Hürden nehmen kannst, wächst du. Wenn du es mit der Angst bekommst und davonläufst, bleibst du stecken.

Liebe ist eine Gelegenheit innerlich zu wachsen. Aber Wachstum ist immer schmerzhaft, denn bevor etwas Neues entstehen kann, muss das Alte zerstört werden; man muss die Vergangenheit vernichten, wenn die Zukunft geboren werden soll.

Alles Wachsen ist wie Geburtswehen, die jede Mutter erleidet, wenn sie einem Kind das Leben schenkt. Wachstum heißt, dass du dir selber ständig das Leben schenkst; jeden Augenblick wird das Kind geboren. Es ist ein Vorgang ohne Ende, immerwährend; es kommt kein Punkt. Du kannst dich ab und zu mal ausruhen, aber die Reise geht unendlich weiter. Unentwegt musst du dich selber gebären und unentwegt wird es wehtun. Aber wenn du siehst, dass aus diesen Wehen ein neues Leben entsteht, wenn du das akzeptieren kannst, nicht nur akzeptieren, auch willkommen heißen kannst, dann ist es etwas Wunderbares, denn es gibt keine andere Möglichkeit zu wachsen. Liebe fügt dir Schmerzen zu, Liebe lässt dich leiden, denn nur durch Liebe kannst du wachsen. Es hat noch nie ein Wachstum ohne Leiden gegeben.

Und das ist die Bedeutung des Kreuzes: Jesus leidet, er leidet total. Und indem er total leidet, wird er wiedergeboren, kann er völlig neu auferstehen. Er ist nun nicht mehr Mensch, er ist zum Gott geworden. Er liebte alle Menschen so sehr, dass seine Menschenliebe zu einem Kreuz wurde. Aber ihr habt Angst, auch nur einen einzigen Menschen zu lieben. Wie wollt ihr da wachsen? Ihr könnt euch selbst etwas vormachen: Ihr könnt in die Bibliotheken gehen und alles über die Liebe und die großen Liebenden nachlesen und könnt dann alles wissen, ohne selbst die geringste Erfahrung machen zu müssen. Und das Gleiche gilt für alle Bereiche des Lebens; sobald es um die großen Dinge geht, kann man sich auf diese Art selbst betrügen.

Beten ist schwer. Aber Priesterwerden ist leicht. Priester ist einer, der alles über das Beten weiß, aber Beten selbst ist schwer. Beten ist wie der Tod, denn erst wenn du stirbst, kannst du Gott einladen, in dich einzutreten. Denn wenn du dich nicht leer machst, wie kann er dich dann erfüllen?

Sören Kierkegaard sagt: „Als ich klein war und zu beten anfing, redete ich viel zu Gott. Nach und nach aber verstand ich, was für eine Dummheit ich da beging. Ich redete, und wie konnte Reden Beten sein? Beten kann nur ein tiefes Hinhören sein, kein Reden. Du musst still sein, damit du Gott hören kannst – du musst so vollkommen schweigen, so still sein, dass das lautlose und stille Wort Gottes zu dir dringen kann. In solchem Schweigen enthüllt sich Gott."

Beten ist nicht Reden, es ist Hören: aufmerksam, passiv, offen, bereit – bereit wie ein Schoß. Beten ist weiblich, aber Priestertum ist etwas Männliches. Ein Priester ist aggressiv: Er will etwas erreichen. Beten will überhaupt nichts erreichen, es ist eine

Verfassung, in der man einfach empfänglich und offen ist: Du hast deine Tür aufgemacht und wartest. Mit unendlicher Geduld wartest du. Priestertum ist aggressiv. Es lässt sich erlernen: Es ist eine Kunst, die man einstudieren kann. Beten ist keine Kunst, es lässt sich nirgendwo erlernen. Du kannst es nur aus dem Leben lernen. Es gibt keine Schule, keine Universität, die dir das Beten beibringen könnte, außer dem Leben.

Du gehst durch das Leben, du leidest viel, du beginnst zu wachsen und mit der Zeit erfährst du deine vollkommene Hilflosigkeit. Nach und nach fühlst du, dass alle deine egoistischen Ansprüche töricht sind – denn wer bist du schon? Du wirst von hier nach da geworfen und von da nach hier; du bist wie Treibholz auf dem Meer. Wer bist du? Wenn du fühlst: ‚Ich bin niemand', dann ist der erste Keim zum Beten in dir aufgegangen. Wenn du fühlst: ‚Ich bin hilflos, ich kann nichts tun, denn was ich auch getan und gemacht habe die ganze Zeit über, meine Anstrengungen haben mir nichts als Elend eingebracht, meine Anstrengungen sind alle umsonst.' Wenn du das fühlst, fällt alle Anstrengung von dir ab. In diesem Augenblick der Hilflosigkeit geht das Beten einen Schritt weiter. Jetzt fängst du nicht etwa an, aus deiner Hilflosigkeit heraus von Gott zu fordern: „Tu es für mich, denn ich kann es nicht." Nein! Wenn du dich wirklich hilflos fühlst, kannst du nicht einmal fordern und wünschen, denn du siehst jetzt ein: ‚Was ich auch sage, ist falsch, was ich auch fordere, ist falsch. Ich selbst bin verkehrt, was kann also Richtiges aus mir kommen?' Und also sagst du: „Dein Wille geschehe. Hör nicht auf mich, tu einfach, was du mit mir tun möchtest, ich bin bereit dir zu folgen." Das ist Beten, aber damit haben Priester nichts zu tun.

Du kannst dich als Priester ausbilden lassen. Es gibt Priester-Seminare dafür. Jede Geste des Betens wird einstudiert: Wie du dich setzt, wie du dich verbeugst, welche Worte sich wann eignen und welche nicht.

Von Leo Tolstoi stammt diese kleine Parabel:

Es kam einmal ein reicher Mann zum obersten Priester in Russland und sagte: „Ich kenne drei Heilige. Sie leben auf einer Insel und haben zu Gott gefunden.“ Der Pope entgegnete: „Wie ist das möglich? Ich bin der höchste Priester in diesem Land, wie sollten drei Männer ohne mein Wissen zu Gott gefunden haben?! Ich will mich aufmachen und sie suchen.“ Er nahm ein Schiff und erreichte die Insel. Diese drei einfachen Männer aus dem Volk saßen unter einem Baum und beteten. Er hörte ihnen zu und musste laut lachen: „Ihr Dummköpfe! Wer hat euch denn dies Gebet beigebracht? Solchen Unsinn hab ich im Leben noch nicht gehört und ich bin der oberste Priester dieses Landes. Was ist das für ein komisches Gebet?“

Die drei zitterten vor Furcht und sagten: „Vergib uns! Wir sind unwissend, wir haben nichts gelernt. Wir haben uns dies Gebet selber ausgedacht.“ Das Gebet war denkbar einfach. Es ging so: „Wir sind zu dritt...“ und weil Christen an die Dreifaltigkeit glauben, ging es weiter: „...und du bist auch zu dritt, erbarme dich unser. Das haben wir uns selber ausgedacht: Wir sind zu dritt – du bist zu dritt: Erbarme dich unser. Wir wiederholen unser Gebet ständig, aber ob es ein richtiges oder falsches Gebet ist, wissen wir nicht.“ Der Oberpriester sagte: „Das ist ein völlig falsches Gebet, aber ich werde euch das richtige Beten beibringen, das autorisierte Gebet unserer Kirche.“ Es war eine endlose Litanei. Die drei hörten zitternd zu. Der Priester war sehr glücklich. Er fuhr heim in dem Glauben, eine tugendhafte Tat vollbracht zu haben, ein wirklich gutes Werk: Er hatte drei Heiden zum Christentum bekehrt. „Und solche Narren macht man zu Heiligen. Die Leute strömen hin, um in ihrer Gegenwart sein zu dürfen, berühren ihre Füße und beten sie an.“

Er war auf dem Heimweg und plötzlich drohte ein Gewitter. Er bekam es mit der Angst zu tun. Plötzlich riss er die Augen auf: Die drei Heiligen kamen eilig übers Wasser gerannt. Er traute seinen Augen nicht. Als sie sein Boot erreicht hatten, sagten sie: „Bitte sag uns das Gebet noch einmal vor – wir haben es schon wieder vergessen. Es ist zu lang und wir sind einfache, ungebildete Leute. Bitte, nur ein Mal noch?"

Tolstoi schreibt: Da fiel der Priester ihnen vor die Füße und sagte: „Vergebt mir! Ich habe gesündigt. Folgt ihr nur eurem Weg. Euer Gebet ist gut, es kommt aus dem Herzen. Mein Gebet taugt nichts, es kommt aus dem Kopf. Hört nicht auf mich. Geht nur zurück und betet weiter so".

Beten kann man nicht lernen. Wenn du mit offenen Augen durchs Leben gehst, mit einem verständnisvollen Herzen, entsteht Andacht ganz von selbst in dir. Und dein Gebet kommt dann aus dir. Es kommt aus deinem Herzen, es sprudelt hervor. Auf die Worte kommt es nicht so sehr an, sondern auf das Herz, aus dem sie stammen.

Aber mit dem Kopf lässt sich vieles lernen; man kann das Herz dabei völlig vergessen. Das Herz wächst nur durch Erfahrung, der Verstand wächst durch Denken. Und Denken ist etwas Lebloses. Durch Denken kannst du nicht innerlich wachsen und wenn du dich noch so sehr im Kreise deines Denkens drehst. Der Verstand ist nichts als ein Computer, ein biologischer Computer; er speichert Informationen. Das kann ein Computer auch – und besser. Aber das Herz ist kein Computer. Das Herz hat mit dem Verstand nicht das Geringste gemein: Es sammelt nicht, es hat kein Gedächtnis, es lebt einfach von Augenblick zu Augenblick. Es reagiert lebendig auf den lebendigen Augenblick.

Ich hatte einmal einen Bekannten – einer meiner Universitätskollegen. Er war krank, immerzu fehlte ihm irgendwas. Schließlich sagte ich zu ihm: „Warum gehst du nicht endlich zum Arzt? Warum lässt du dich nicht einmal gründlich untersuchen? Immerzu klagst du über irgendwelche Beschwerden!" Und er ging zum Arzt. Am nächsten Tag kam er zu mir und berichtete: „Der Arzt sagt, ich muss mein Sexualleben um die Hälfte reduzieren." Das überraschte mich und ich fragte: „Und was willst du tun?" Er sagte: „Ich werde dem Rat des Arztes folgen." Daraufhin fragte ich ihn: „Welche Hälfte willst du reduzieren – das Reden oder das Träumen?" Denn ich kannte ihn gut: Er hatte kein Sexualleben, sondern redete nur darüber oder träumte davon.

Es gibt Menschen, die kein religiöses Leben haben. Aber sie reden darüber und träumen davon; wenn man ihnen zuhört, möchte man glauben, sie seien religiös. Religion hat nichts mit Träumen oder Reden zu tun. Religion hat nur etwas mit Leben zu tun. Entweder du lebst sie oder du lebst sie nicht. Religion ist eine Lebensweise, keine Philosophie. Keine Theorie über tiefe Dinge, sondern eine große Verbundenheit mit allem, was Leben ist. Beobachte einmal, wie dein Verstand Situationen verdreht, in denen dir eine religiöse Erfahrung möglich gewesen wäre. Du siehst eine Blüte und fängst an darüber zu reden, darüber nachzudenken, aber den Augenblick selbst lebst du nicht. Die Blüte ist da, vor dir, und öffnet ihren Kelch, ein Geschehen von ungeheurer Schönheit, ein Wunder.

Die Wissenschaftler sagen, dass das Leben ein Wunder ist, dass sich nicht erklären lässt, warum es da ist. Unter Millionen und Abermillionen von Planeten und Sternen gibt es nur auf dieser winzig kleinen Erde Leben, und das auch erst seit ein paar Tausend Jahren. Keiner weiß warum; keiner weiß wie lange; keiner weiß das Ziel, die Bestimmung des Lebens, seinen Ursprung. Die Wissenschaftler zucken die Achseln und sagen, es ist einfach ein Wunder, es scheint sich um einen Unfall zu handeln. Eine Blume ist ein Wunder, denn eine Blume ist lebendig. In diesem toten Universum, Millionen von Planeten, Millionen von Sternen, nichts als Felsbrocken, in dieser Unendlichkeit aus Stein ist aus einem kleinen Samenkorn eine Pflanze entstanden. Und diese Pflanze feiert ihr Dasein: Eine Blüte hat sich geöffnet – und du? Du fängst an zu reden und zu meinen.

Du sagst: „Wie schön!" und gehst an der Schönheit vorbei,

denn wenn sie für dich wirklich schön wäre, würdest du nichts mehr sagen. Sobald dir etwas ungeheuer Großes begegnet, überkommt dich ein geheimnisvolles Staunen, bist du fassungslos. Wie kannst du da reden? Durch Reden entweihst du es. In so einem Augenblick ist es töricht, zu reden; dann entgeht es dir. Nein: Verharre im Schweigen, trinke, genieße den Augenblick; gestatte der Blume, sich in dir zu entfalten. Auf unmerkliche Weise fällt die Grenze zwischen dir und ihr, wird die Dualität von Subjekt und Objekt aufgehoben. Du bist nicht mehr das Subjekt, die Blüte ist nicht mehr das Objekt; alle Grenzen verschwimmen und werden eins. Plötzlich ist die Blüte in dir und du bist in der Blüte, denn das Leben ist eins.

Auch du bist eine Blüte: Bewusstwerdung ist ein Aufblühen. Darum gebrauchen die Hindus seit Urzeiten dafür das Symbol des Lotus: das Aufblühen einer Blume. Und eine Blüte ist ebenfalls ein Bewusstsein: lebendig. Gib dich der Blüte hin, rede nicht und denke nicht über sie nach. Dann weißt du, was eine Blüte ist. Du vermagst vielleicht nicht auszudrücken, was du weißt. Du vermagst vielleicht keine Theorie über deine Erfahrung zu bilden. Das ist schwer – wenn du eine solche Erfahrung gemacht hast, ist es sehr schwer, eine Theorie darüber zu bilden. Sie ist so unendlich, diese Erfahrung, und Theorien sind daneben so begrenzt. Du wirst also nicht darüber philosophieren können, aber darum geht es auch nicht. Du hast es erfahren, darum geht es. Auf diesen einen Punkt kommt es an.

Und das ist der Punkt, wo der Weg des Philosophen und der des religiösen Menschen sich trennen, das ist der Scheideweg. Die Philosophen gehen weiter auf dem Weg des Redens und Denkens, und die religiösen Menschen lassen sich immer tiefer auf den Weg der eigenen Erfahrung ein, und es kommt für sie der Augenblick, wo sie sich völlig verlieren. Ein Philosoph endet als kristallklares Ego, und ein religiöser Mensch verschwindet am Ende einfach. Er geht unauffindbar verloren. Wenn ihr das verstehen könnt, können diese Fragmente eine sehr, sehr tiefe Bedeutung gewinnen, und die haben sie auch.

Lasst uns keine beliebigen Vermutungen anstellen
Über die höchsten Dinge.

Was kann der Verstand schon anrichten? So winzig klein, wie er ist! Es heißt, dass Aristoteles einmal am Rand des Meeres spazieren ging und einen Mann sah, der das Wasser aus dem Meer schöpfte, mit einem kleinen Löffel. Er schüttete das Wasser jedes Mal in ein kleines Loch, das er nicht weit entfernt in den Sand gegraben hatte. Aristoteles war in Gedanken. Ihm fiel nichts auf. Er ging ein, zwei Mal ganz dicht an dieser Szene vorbei; erst als ihm auffiel, wie vertieft der Mann war, wurde er neugierig.

Was tat der Mann da eigentlich? Es reizte seine Neugier, wie vertieft der Mann war. Immer wieder ging er zum Meer, schöpfte Wasser mit dem Löffel, brachte das Wasser zurück, schüttete es ins Loch, ging zurück zum Wasser.

Endlich sagte Aristoteles: „Warte! Ich will dich nicht stören, aber was machst du da? Das macht mich ungeheuer neugierig". Der Mann antwortete: „Ich werde den ganzen Ozean in dies Loch füllen."

Aristoteles, der große Aristoteles, lachte. Er sagte: „Du bist ein Narr. Das ist unmöglich. Du bist einfach verrückt und du verschwendest dein Leben. Sieh dir doch bloß die Unendlichkeit des Meeres an und die Winzigkeit deines Loches, und mit einem Löffelchen willst du den Ozean auslöffeln und in dieses Loch hineinfüllen? Du bist ganz einfach verrückt. Geh heim und ruh dich aus."

Der Mann lachte, er lachte noch lauter als Aristoteles und sagte: „Ja, das will ich tun, denn ich habe erreicht, was ich wollte."

Aristoteles wunderte sich: „Was soll das heißen?" Der Mann antwortete: „Genau das machst du. Nur bist du noch dümmer.

Sieh dir doch deinen Kopf an: Er ist noch kleiner als mein Loch hier. Und dann sieh dich um: Das Göttliche, das Dasein – ist noch weiter und unendlicher als dieser Ozean. Und dann sieh dir deine Gedanken an: Sind sie etwa größer als mein Löffelchen?" Der Mann trollte sich, laut lachend. Aristoteles war tief getroffen.

Niemand weiß, ob das wirklich geschah oder nicht, jedenfalls hat sich Aristoteles nicht geändert. Die Geschichte mag eine Erfindung Heraklits sein, ich habe fast den Verdacht. Oder aber, diese Vermutung liegt noch näher, dieser Mann war Heraklit.

Was kann der Verstand schon tun? Wenn du einmal wirklich genau hinsiehst, kommt es dir einfach absurd vor. Wie kann man diese ganze Unendlichkeit mit dem Kopf begreifen wollen? Die ganze Anstrengung scheint von vornherein umsonst. Lass den Kopf fallen und schau ohne ihn hin! Schau nicht mit den Augen des Verstandes, dann bist auch du unendlich.

Nur weil du mit den Augen des Verstandes blickst, bist du so klein geworden. Nur weil dein Kopf so begrenzt ist, bist auch du begrenzt. Wirf deinen Kopf weg! Und blicke auf die Schöpfung ohne Kopf. Mit anderen Worten: ohne Denken; bei vollem Bewusstsein, aber ohne den leisesten Gedanken im Kopf, nicht Theorie, sondern Leben.

Lasst uns keine beliebigen Vermutungen anstellen…

Und unsere Vermutungen sind allesamt beliebig. Was kann man schon mit Gewissheit sagen? Jemand fragt „Gibt es einen Gott?" Was kannst du antworten? Sagst du „Ja", ist das eine vage Vermutung, woher willst du das wissen? Sagst du „Nein", dann ist das auch eine vage Vermutung, woher weißt du das? Wie lässt sich überhaupt etwas sagen? Ja oder Nein, es stimmt beides nicht. Darum bewahren die Buddhas Stillschweigen.

Fragst du Buddha, ob Gott existiert, gibt er dir keine Antwort. Er bleibt einfach still, als ob du gar nicht gefragt hättest. Über Gott äußert er kein Sterbenswort. Er sieht die Dummheit der Frage und weiß, wenn er auf eine dumme Frage eingeht, dann ist er selber dumm. Er bewahrt völliges Stillschweigen, ohne Ja oder Nein zu sagen, weil alles nur Vermutung ist. Was lässt sich schon sagen? Gemessen an Buddha sehen die christlichen Theologen wie dumme Jungen aus. Sie gehen so weit zu beweisen, dass Gott ist, sie liefern regelrechte Gottesbeweise, logische Gründe für die Existenz Gottes. Als ob Gott es nötig hätte, dass ihr ihn logisch untermauert!

Benötigt das All irgendwelche Beweise deinerseits? Bist du der Weltenrichter? Was kannst du beweisen? Und was du auch beweisen kannst, die gleiche Logik kann den Gegenbeweis erbringen, denn Logik ist ein zweischneidiges Schwert: Wenn du etwas beweisen kannst, dann kannst du auch das genaue Gegenteil beweisen. Die Logik ist keine Geliebte, sondern eine Hure. Wer am meisten zahlt, mit dem geht sie.

Ich kenne einen Rechtsanwalt, eine große, weltberühmte Autorität in Rechtsfragen; aber auch ein sehr vergesslicher Mann, sehr geistesabwesend. Einmal verteidigte er in London in einem Zivilprozess einen indischen Maharadsha. Es ging um große Dinge. Er vergaß, für wen er sprach, und argumentierte eine Stunde lang gegen die Ansprüche seines eigenen Klienten. Selbst der Richter wurde unruhig. Der Anwalt der Gegenpartei traute seinen Ohren nicht, was blieb ihm nun noch zu sagen übrig? Alle seine Argumente waren bereits vorgetragen. Die ganze Sache stand auf dem Kopf und das Gericht war ratlos. Und der Mann war so berühmt, dass niemand wagte ihn zu unterbrechen. Sein Assistent hatte mehrmals versucht ihn am Ärmel zu zupfen, aber umsonst. Als er fertig war und sich setzte, flüsterte ihm der Assistent ins Ohr: „Was haben Sie bloß angerichtet, wir sind doch für den Maharadsha, nicht gegen ihn." Der Anwalt stand wieder auf und sagte: „Mylord – dies sind die Argumente, die sich gegen meinen Klienten vorbringen lassen; ich werde sie jetzt widerlegen."

Und er fing an alles zu widerlegen und gewann den Fall.

Die Logik ist eine Hure. Was immer du als Argument für Gott gebrauchst, kann auch gegen ihn angeführt werden. Zum Beispiel: In allen Religionen der Erde haben die Priester, Bischöfe, Päpste und Theologen als Grundbeweis, als obersten Beweis für die Existenz Gottes das Argument benutzt, dass alles, was ist, einen Schöpfer haben muss: Wenn du ein Möbelstück siehst, weißt du, dass ein Tischler es angefertigt haben muss. Siehst du ein Gemälde, kannst du auf einen Maler schließen. Wie kann es ein Gemälde ohne Maler geben? Und ein so unendliches Universum, das zudem so geregelt funktioniert, das einem so disziplinierten Plan folgt, muss notwendig einen Schöpfer haben. Eine Schöpfung setzt einen Schöpfer voraus.

Und nun hört euch den Atheisten an. Er sagt: „Wenn das wahr ist, wer erschuf dann den Schöpfer? Denn wenn nichts ohne Schöpfer existieren kann, wenn das Gemälde einen Maler voraussetzt, wer erschuf dann den Maler? Und wenn du behauptest, der Maler sei unerschaffen, machst du dich nur lächerlich, denn wenn das Gemälde schon einen Schöpfer braucht, ein so begrenztes Ding wie ein Gemälde, wie kann es dann den Maler ohne Schöpfer geben?“ Deine Logik wendet sich jetzt gegen dich. Und wenn du entgegnest, „Ja, Gott wurde von einem anderen Gott erschaffen“, dann geht es unendlich so weiter nach rückwärts, dann muss immer ein neuer Gott herhalten: Gott A wurde von Gott B erschaffen, Gott B von Gott C, es geht unendlich weiter so und am Ende bleibt die Frage, die gleiche, unbeantwortet. Sie ist noch nie beantwortet worden. Denn wer erschuf Gott? Die Frage bleibt die gleiche.

Logik gibt keine Antworten. Und das gleiche Argument kann einmal für, einmal gegen etwas benutzt werden.

Heraklit sagt:

Lasst uns keine beliebigen Vermutungen anstellen …

Stellt keine Vermutungen an. Alle Theorien sind Vermutungen.

... Über die höchsten Dinge.

Es ist besser, keinerlei Vermutungen anzustellen.

Vielwisserei führt nicht zum Erkennen.

Und du kannst dir eine Menge solcher theoretischer Vermutungen aneignen, die alle beliebig sind, und dann wirst du ein großer Gelehrter, ein sehr belesener Mensch. Es sind von vornherein schon nichts als Vermutungen, aber du raffst all den Unsinn auch noch zusammen und wirst damit ein großer Gelehrter. Die Leute werden dir Hochachtung bezeugen und glauben, dass du etwas weißt. Aber was weißt du? Wenn du dich über Gott auslässt, ob für oder gegen ihn, kommst du dann zu irgendeinem Ende? Theisten und Atheisten sitzen alle im gleichen Boot.

Mulla Nasrudin soll einmal Fährmann gewesen sein. Eines Tages wollte ein Priester übergesetzt werden. Mitten auf dem Fluss fragte der Priester: „Hast du je etwas gelernt, Nasrudin?"

Er sagte: „Ich bin unwissend, ich weiß nichts, ich bin nie zur Schule gegangen."

Der Priester sagte: „Dann hast du dein halbes Leben vertan, denn was ist ein Mensch ohne Bildung?"

Nasrudin antwortete nicht. Es war ein Sturm aufgekommen, und das Fährboot begann zu sinken.

Er sagte: „Großer Gelehrter, haben Sie auch das Schwimmen gelernt?" Der Mann sagte: „Nein, nicht, dass ich wüsste."

Mulla sagte: „Dann hast du dein ganzes Leben vertan, denn ich gehe jetzt."

Wissen ist nicht Schwimmen und die Existenz muss erfahren werden. Wissen kann nicht Erfahrung sein. Erfahrung ist etwas, das du selbst kennengelernt hast. Erfahrung ist immer ursprünglich, Wissen immer aus zweiter Hand. Ob die anderen aus eigener Erfahrung sprechen oder nicht, kannst du nicht entscheiden, du glaubst es einfach. Aber vergiss nicht, Glauben führt nicht weiter; Glauben ist die Kehrseite des Wissens.

Etwas ganz anderes ist innerste Überzeugung, Vertrauen. Erst hast du einen Vorgeschmack von der Sache, jetzt bist du dir allmählich sicher: Du vertraust. Aber wenn das nicht geschehen ist, kann es auch kein Vertrauen geben, dann kommt es nur zu einem oberflächlich aufgezwungenen Glauben.

Wer glaubt, dessen Glaube ist geborgt, tot. Und je mehr du glaubst, desto mehr siechst du dahin. Vertrauen ist etwas völlig anderes. Es hat nicht mit Glauben oder Unglauben zu tun und nichts mit Denken. Die einen sagen: „Wir glauben an Gott", die anderen: „Wir glauben nicht an ihn."

Jemand kam zu Sri Aurobindo und fragte ihn: „Glaubst du an Gott?" Aurobindo sagte: „Nein".

Der Mann erschrak: „Was sagst du da? Ich kann es ganz einfach nicht glauben, ich bin weit gereist, weil ich einen Mann hören wollte, der Gott selbst erfahren hat."

Aurobindo erwiderte: „Aber ich habe ja nichts über meine Erfahrung gesagt: Ich glaube nicht an Gott – ich kenne ihn."

Glaube ist ein schwacher Ersatz für Erfahrung, vielmehr überhaupt kein Ersatz. Ihr glaubt auch nicht an die Sonne, ihr wisst, dass sie da ist. Ich bin hier, ihr glaubt es nicht, ihr wisst es. Ihr sitzt hier, glaubt ihr oder wisst ihr das? Aber an Gott glaubt ihr nur, wissen tut ihr es nicht.

Unwissenheit kann entweder als Glaube oder als Unglaube auftreten, aber Unwissenheit bleibt Unwissenheit. Was nottut, ist Erfahrung. Ich mache eine sehr feine Unterscheidung zwischen „Erkennen" und „Erkenntnis", denn Erkennen ist ein Vorgang, Erkenntnis etwas Abgeschlossenes. Erkenntnis ist wie ein Ding, fertig; du kannst sie besitzen, sie in der geschlossenen Faust festhalten; du kannst damit umgehen, wie du willst, sie ist abgeschlossen. Erkennen ist ein Vorgang, ein Fluss. Es geht immer weiter. Du kannst es nie besitzen; du kannst es nicht für abgeschlossen erklären. Die Schöpfung geht ewig weiter, wie kann da das Erkennen je aufhören? Wie kannst du da je an einen Punkt kommen, wo du sagen kannst: „Jetzt weiß ich alles?" Ein solcher Punkt kommt nie. Je mehr du weißt, desto mehr Türen öffnen sich. Je mehr du mit dem Strom schwimmst, desto mehr Geheimnisse werden dir offenbar. Je mehr du erkannt hast, desto empfänglicher wirst du für die Wahrheit. Und das hört nie auf.

Darum spreche ich von Erkennen, nicht von Erkenntnis.

Erkenntnis ist ein totes Ding, gestorben und begraben. Das Erkennen ist immer gegenwartig, es geschieht hier und jetzt, es ist wie ein Fluss. Heraklit würde mit mir übereinstimmen: Erkennen – ja; Erkenntnis – nein.

Erkanntes Wissen ist ein fertiges Produkt; Erkennen ist unverarbeitet. Erkennen geschieht immer erst gerade, entsteht immer erst gerade. Es ändert sich ständig, fließt, nimmt neue Gestalt an, formt sich um, und du kannst es nicht zu Ende bringen, weil du Teil des Vorgangs bist. Wer also sollte den beenden?

Du kannst ein Mensch sein, der erkennt, aber du kannst nie ein Mensch sein, der weiß. Und das Gleiche gilt für die Liebe, das Gleiche gilt für das Beten, für die Meditation, für all die größten Dinge. Genau genommen ist es nicht richtig, von Liebe zu sprechen – Lieben gibt viel besser das Veränderliche daran wieder. Das Wort Gebet eignet sich nicht so gut wie Beten. Gebet ist tot, Beten vermittelt das Fließende, die Bewegung, das Lebendige. Erfahrung ist nicht so gut wie Erfahren. Meditation nicht so gut wie …

Sprache gibt immer den Eindruck, von toten Dingen zu sprechen, aber das Leben ist nicht tot. Selbst wenn du am Fluss stehst, sagst du: „Der Fluss ist …" sogar vom Fluss sagt ihr, er ist! Der Fluss ist nie und nimmer „ist". Der Fluss bewegt sich immerzu, er wird. Nichts ist; alles fließt. Und alles nimmt neue Gestalt an, neue Formen und neue Namen an; alles fließt ineinander über. ‚Erfahren', ‚Erkennen', ‚Lieben', ‚Beten', ‚Meditieren' – denkt daran, das Leben ist ein Vorgang, keine abgeschlossene Sache. Es ist Bewegung, von einer Ewigkeit zur anderen. Es ist immer gerade in der Mitte von etwas, immer: Ihr seid mittendrin. Es ist ein nie enden wollendes, lebendiges Fließen.

Gelehrsamkeit kann euch nur tote Produkte liefern, das Leben dagegen produziert nur Veränderliches. Du kannst im Leben nichts besitzen, du kannst nicht einmal dich selbst besitzen. Und wenn dir der Sinn nach Besitz steht, wirst du zu einem Vielwisser. Daher ist es so wichtig, nicht besitzen zu wollen, nicht an Besitz zu denken. Besitze nicht. Besitze nicht einmal dein Kind, es ist keine Sache. Besitze nichts, du kannst es nicht. Und wenn du besitzen willst, tötest du, zerstörst du.

Mit Wissen ist es dasselbe: Wir wollen es besitzen. Es kommen Leute zu mir und sagen: „Wir möchten Gott erkennen." Aber warum, warum wollt ihr Gott erkennen? Ihr wollt Wissende werden. Ihr wollt sogar Gott besitzen. Ihr wollt euch sogar mit Gott brüsten, ihr wollt zeigen, dass ihr nicht nur schöne Möbel, einen Wagen und ein Haus habt, sondern auch Gott: „Hier hab ich ihn: Kommt und seht ihn euch an. Ich hab ihn in meiner Gewalt." Ihr möchtet selbst Gott zur Ware machen und habt es auch schon getan.

Nein, ihr könnt nichts besitzen. Erkennen kann kein Besitz sein; Wissen kann kein Besitz sein. Erkennen kann nicht gelehrt werden, man muss langsam hineinwachsen. Und nichts ist vorhersagbar, denn wer kann gewiss sein, was der Lauf der Dinge mit sich bringt? Ein Vorgang ist nie gewiss; wie könnte ein Vorgang gewiss sein? Nur bei toten Dingen gibt es Gewissheit. Sonst aber droht überall Gefahr, weil die Reise vom Bekannten ins Unbekannte geht, vom Hellen ins Dunkle, vom Tag in die Nacht. Ihr bewegt euch vom Leben fort, auf den Tod zu.

Und wenn du die verborgene, heimliche Harmonie finden

kannst, die über beides hinaus geht, die aus beidem entsteht und beides übersteigt, dann hast du begonnen die Wahrheit zu erkennen. Und das ist es, was Heraklit mit den „höchsten Dingen" meint:

Vielwisserei führt nicht zum Erkennen.

Habt ihr nie Menschen beobachtet, die sehr viel wissen, aber sich wie Dummköpfe benehmen? Es ist fast immer so: Ein Mensch, der zu viel weiß, wird umso unbewusster, je mehr er weiß. Er handelt immer aus seinem Wissen, nicht aus der gegebenen Situation. Er wird kindisch, er benimmt sich kindisch; denn man muss lebendig reagieren können, um weise zu handeln; er aber lässt sich jeden Schritt von der toten Vergangenheit vorschreiben. Er ist überaus vorsichtig, er ist immer auf alles Mögliche gefasst. Er ist nie unvorbereitet.

Ich habe Folgendes über einen großen Philosophieprofessor gehört: Er saß in seinem Arbeitszimmer, als seine Frau völlig aufgeregt hereinstürzte und sagte: „Hast du die Zeitung gelesen? Sie schreiben, du bist gestorben!" Der Professor, ohne einen Blick auf seine Frau zu werfen, antwortete: „Vergiss nicht, Blumen zu schicken." Weil sich das nun mal so gehört. Sobald jemand stirbt, muss man Blumen schicken. Was sonst? Er hatte nicht hingehört.

Einen gelehrten Mann kann man nicht aus der Fassung bringen, nein. Er weiß immer schon Bescheid. Man kann ihn nicht zum Staunen bringen. Die Fähigkeit, sich zu wundern, ist ihm abhanden gekommen. Er ist kein Kind mehr. Er weiß Bescheid; er weiß alles.

Ich habe gehört – ich kann nicht garantieren, dass es wirklich wahr ist, denn ich hab' es nur gehört –, dass Mulla Nasrudin einmal mit einem Freund für ein paar fröhliche Stunden zusammensaß, als plötzlich Mullas Hund hereinkam und fragte: „Weiß jemand, wo die Zeitung von heute ist?" Natürlich war der Freund schockiert, er konnte es einfach nicht fassen. Mulla gab dem Hund die Zeitung, und als der Hund draußen war, fasste sich der Freund wieder und sagte: „Es ist ein Wunder, dieser Hund kann lesen?“ Mulla sagte: „Lass dir nichts vormachen, er guckt sich nur die Comics an.“

Es gibt Leute, denen jeder Sinn für das Unfassbare und Geheimnisvolle abgeht. Nichts kann sie verwundern, nichts kann sie überraschen. Wie kommt das? Sie wissen immer schon Bescheid. Ihnen brauchst du nichts mehr zu erzählen – nichts kann sie mehr in Erstaunen versetzen. Ein Kind kann staunen, und genau das meint Jesus, wenn er sagt: „Werdet wie die kleinen Kinder, dann könnt ihr in mein Himmelreich eingehen.“ Warum? Weil Staunen die Tür ist und weil nur ein unschuldiges Herz staunen kann. Und wenn du ein unschuldiges Herz wiedergewinnen kannst, wirst du staunen, alles wird dich überraschen. Ein Schmetterling: Wie geheimnisvoll er ist!

Tschuangtse saß unter einem Baum und sah zu, wie sich zwei oder drei Schmetterlinge gegenseitig umflatterten. Er schrieb ein kleines Gedicht. Es geht:

Mir ist, als wären diese Schmetterlinge Blüten:
Die Blüten, die zu Boden fielen,
sind jetzt zum Baum zurückgekehrt.

Ein solcher Mensch wird in das Reich Gottes eingehen, nicht ihr. Wenn jemand einen Schmetterling erwähnt, schlägst du sofort in einem Buch nach und zitierst alles, was man darüber sagen kann – aber glaubt ihr, dass alles, was man über einen Schmetterling sagen kann, wirklich alles ist? Ist mit allem, was man sagen kann, alles gesagt? Gibt es nicht etwas, das ungesagt bleibt? Etwas, das für niemanden je sagbar sein wird? Sobald du glaubst, dass alles schon gesagt ist, wie kannst du dann noch staunen? Dann hast du allen Sinn für das Wunderbare verloren.

Dieses Jahrhundert weiß mehr als jedes andere Jahrhundert und dieses Jahrhundert ist weiter von Gott entfernt als je ein Jahrhundert zuvor: aufgehäuftes Wissen, explosionsartig anwachsende Bibliotheken und alle Welt weiß so viel. Selbst kleinen Kindern zwingen wir Wissen auf, wir bringen sie nicht zum Erkennen, bringen sie nicht dazu, dass ihr Staunen wächst, dass sie immer offener für das Geheimnisvolle werden; dass sie innen wie außen das Geheimnisvolle spüren; dass sie von Blumen und Schmetterlingen und Steinen berührt werden. Nein: Wir füllen ihren Kopf mit Wissen an. Dazu sagt Heraklit:

Wer nach Gold gräbt, wirft viel Erde auf
Und findet wenig.

Diese Wisser und Gelehrten, sie wühlen viel Erde auf, aber finden wenig. Sie bringen den Berg zum Kreißen und heraus schlüpft eine Maus. Was haben sie davon? Sie sind wie Goldgräber: Zu viel Aufwand, und was immer sie ausgraben, scheint nur wertvoll. Warum benützt er das Wort „Gold"? Welchen Wert hat Gold? Wirklich – was ist Gold wert? Der Wert, den ihr ihm zumesst, ist nichts als Konvention. Wir sind es, die dem Gold den Wert beimessen, das Gold an sich hat keinerlei Wert. Glaubt ihr, das Gold hätte irgendeinen Wert, wenn es den Menschen nicht gäbe? Den Tieren ist es gleichgültig und die Vögel interessieren sich nicht dafür. Wenn du einem Hund Gold vorlegst und daneben einen Knochen, zieht er den Knochen vor. Dein Gold kümmert ihn nicht. Was ist Gold wert? Hat es irgendeinen innewohnenden Wert? Es hat keinen. Es ist lediglich eine gesellschaftliche Projektion: Weil alle es für wertvoll halten, wird es wertvoll. Was du für wertvoll hältst, wird wertvoll.

Wer nach Gold gräbt, wirft viel Erde auf
Und findet wenig.

Und so ergeht es allen, die nach Wissen graben. Denen es nicht ums Erkennen geht; die nach Wahrheit suchen, nicht nach Leben. Und dabei ist Leben Wahrheit! Und alle Wahrheit, die man aus theoretischen Schriften ausgraben kann, ist nur toter Kram.

Die Grenzen der Seele wirst du nie entdecken,
Und folgtest du auch allen Straßen der Welt –
So tief ist ihr Sinn.

Versucht, folgende drei Worte genau zu unterscheiden: Das erste Wort ist „das Bekannte“, das, was wir schon kennen. Dann das zweite Wort, „das Unbekannte“, das, was wir noch nicht kennen, aber aller Wahrscheinlichkeit nach eines Tages kennenlernen werden. Die Wissenschaft unterteilt die Existenz mit diesen beiden Wörtern: das Bekannte und das Unbekannte. Das Bekannte liegt hinter uns, das Unbekannte liegt vor uns; es ist nur eine Frage der Zeit. Die Religion unterteilt unsere Welt dagegen mit drei Wörtern, nicht mit zweien: das Bekannte, das Unbekannte und das Unkennbare. Das Unkennbare ist unerschöpflich.

Das Unbekannte wird früher oder später bekannt und das Bekannte kann wieder unbekannt werden. Das ist schon häufig vorgekommen. Viele Dinge waren früher schon einmal bekannt, aber dann versanken sie in Vergessenheit, weil die Gesellschaft das Interesse an ihnen verlor. Das ist schon oft so gewesen. Wenn ihr tief in die Vergangenheit eintaucht oder die Leute fragt, die sich intensiv mit den Zivilisationen der Vergangenheit beschäftigt haben, dann werdet ihr von ihnen hören, dass fast alles, was wir wissen, schon einmal zu früheren Zeiten bekannt gewesen und dann wieder vergessen worden ist. Kolumbus zum Beispiel war nicht der erste Entdecker Amerikas. Vor ihm hatten es schon viele entdeckt, aber dann ging Amerika wieder verloren. Im *Mahabharata*, einem der ältesten indischen Texte, mindestens fünftausend

Jahre alt, wenn nicht mehr, wird Mexiko erwähnt: Arjuna hatte viele Frauen, eine davon war Mexikanerin.

In vielen anderen Schriften der Welt wird Amerika erwähnt. Kolumbus war nicht der Erste, der es entdeckte. Flugzeuge werden in vielen Überlieferungen der Welt erwähnt; es ist nicht das erste Mal, dass wir das Flugzeug erfunden haben; es wurde erfunden und dann wieder verloren, weil das Interesse daran verloren ging; es wurde vergessen. Mir ist noch nichts begegnet, das nicht schon einmal entdeckt worden wäre. Alles ist schon einmal entdeckt worden und ging wieder verloren. Es kommt auf die Gesellschaft an: Wenn die Gesellschaft Interesse zeigt, wird es bekannt; wenn nicht, geht es verloren. Das Bekannte kann wieder unbekannt werden, das Unbekannte wird bekannt werden. Aber es gibt eine dritte Dimension: das Unkennbare.

Die Wissenschaft glaubt nicht, dass es das Unkennbare gibt. Sie behauptet, dass das Unkennbare und das Unbekannte das Gleiche seien. Für die Religion dagegen handelt es sich um eine ganz und gar andere Dimension: Um das, was ewig unbekannt bleiben wird, weil seine innerste Natur so beschaffen ist, dass der Verstand damit nicht fertigwerden kann. Das Unendliche, das Grenzenlose, das Anfangs- und Endlose, das Ganze. Das Ganze kann unmöglich von einem seiner Teile begriffen werden; wie sollte es auch, es ist im Ganzen enthalten!

Wie kann der Verstand das Prinzip begreifen können, das ihn überhaupt erst in Gang gesetzt hat? Wie kann der Verstand das erkennen, worauf er sich zurückführen lässt? Das ist nicht möglich, es ist einfach unmöglich. Wie können wir das kennen, woraus wir entstanden sind? Wir sind den Wellen gleich, wie kann die Welle den ganzen Ozean begreifen? Die Welle mag das noch so laut behaupten – der Ozean kümmert sich überhaupt nicht darum, es zu widerlegen. Er lacht nur. Es ist, wie wenn ein Kind seinen Eltern gegenüber behauptet, dies oder das zu sein, und sie lachen.

Das Unverstehbare existiert, das Unkennbare ist.

Die Grenzen der Seele wirst du nie entdecken,
Und folgtest du auch allen Straßen der Welt –
So tief ist ihr Sinn.

Wie kannst du dich selber kennen? Jede Religion sagt: „Erkenne dich selbst!" Aber wie soll man es nur anstellen? Wer ist dann der Erkennende und wer das Erkannte? Denn alles Wissen beruht auf dieser Unterscheidung, dieser Trennung. Ich kann dich kennen, du kannst mich kennen, aber wie kannst du dich selber kennen? Und wenn du es versuchst, wird das, was du erkennst, nicht du selber sein. Der Erkennende wird sich immer nur weiter zurückziehen; das Erkannte kommt – als das Objekt – immer in die eine Klammer der Gleichung, und du, der Erkennende, kommst als das Subjekt in die andere Klammer.

Zum Beispiel: Deinen Körper kannst du kennen. Darum haben alle Erleuchteten gesagt, dass du nicht der Körper bist, denn du kannst ihn kennen. Den Verstand kannst du auch kennen. Darum haben alle Erleuchteten gesagt, dass du nicht der Verstand bist, denn dein Verstand wird dabei zum Objekt und du bist der Erkennende.

Du weichst zurück, immer weiter zurück, ein nicht zu greifender Grenzübergänger. Was immer du erkennst, im selben Augenblick bist du schon darüber hinausgegangen. Im Augenblick, wo du es erkennst, bist du bereits jenseits davon. Was bedeutet es, wenn du sagst: „Ich habe mich selbst erkannt?" Wer hat da wen erkannt? Wer bist du: das Erkannte? – oder der Erkennende? Wenn du der Erkennende bist, dann bleibst du auch weiterhin unerkannt. Selbst-Kenntnis ist also unmöglich.

Aber warum hat es immer geheißen: ‚Erkenne dich selbst'? Weil du nur, indem du dich abmühst dich selbst zu erkennen, die Dimension des Unkennbaren erreichst. Das Gebot „Erkenne dich selbst" bedeutet nicht, dass es wirklich möglich ist – lasst euch nicht hinters Licht führen! Niemand hat sich je gekannt, niemand wird sich je kennen. Und alle, die wahrhaft gewusst haben, haben dieses eine gewusst: dass das Große, dass das Unendliche, dass das Allerletzte unkennbar bleibt. Aber das tut dem Gebot keinen Abbruch, dass du dich selbst erkennen sollst. Ich bestehe ebenfalls auf dem „Erkenne dich selbst!", nur um dich an einen Punkt zu führen, wo dir plötzlich bewusst wird, dass dies das Tor zum Unkennbaren ist. Nur indem du dich abmühst dich selbst zu erkennen, wirst du das Unkennbare kennenlernen. Und wenn ich sage, du wirst das Unkennbare kennenlernen, dann meine ich damit nicht, dass du es erkennen wirst. Nein! Du wirst darin aufgehen. Es ist nie ein Begreifen, sondern ein Sprung. Du springst ins Meer und bist verloren. Du kennst es nicht, sondern bist darin. Du bist zum Meer geworden. Auf eine ganz und gar ungreifbare Weise wirst du es freilich auch wissen – und dennoch nicht wissen.

Und darum sieht Heraklit paradox aus, nicht ganz richtig im Kopf, ein bisschen verrückt. Das geht aber nun nicht anders: Die Dinge sind nun einmal so, so tief sind die Dinge, so steht es um ihre tiefere Bedeutung. Daran lässt sich nichts ändern. Und deshalb kann es wohl vorkommen, wenn du unvorbereitet das Unkennbare betrittst, dass es über deine Kräfte geht und du wahnsinnig wirst.

Es ist ein so großes Paradox, dass du nicht mehr weißt, was Hinten und was Vorn ist. Es ist von so abgründiger Tiefe, dass du nie auf den Grund der Sache stoßen kannst. Es ist eine solche Grenzenlosigkeit, dass du dich umso mehr verlierst, je tiefer du eindringst. Nie wirst du „es" besitzen können, sondern kannst immer nur von „ihm" besessen werden. Gott kann nicht besessen werden, du kannst ihm allenfalls erlauben dich zu besitzen. Mehr kannst du nicht tun. Darum ist es eine Selbstaufgabe. Du erlaubst ihm dich zu besitzen, du bist bereit, besessen zu werden.

Und aus dieser Bereitschaft heraus bist du auch bereit, deine Rationalität aufzugeben, deine Vernunft, denn sie ist der reine Wahnsinn. Jetzt ist nichts mehr klar, alles verwirrt und verwischt sich. Alles sieht verworren und dunkel aus, weil du umsonst versucht hast gedankliche Klarheit hineinzubringen. Aber das ist nicht möglich. Das Leben umfasst alle Gegensätze.

Die Grenzen der Seele wirst du nie entdecken,
Und folgtest du auch allen Straßen der Welt –
So tief ist ihr Sinn.

Du kannst alle Wege absuchen, aber das Ziel wirst du nie erreichen. Alle Straßen zusammengenommen führen nicht ans Ziel. Warum nicht? Weil das Leben kein Ziel hat. Das Leben ist ein Fest. Es ist absichtslos, es bewegt sich ohne Zielrichtung. Es ist nichts als die Lust am Weitermachen, ohne jeden Zweck. Es ist ein Spiel, eine Maskerade.

Und nehmt das Leben nicht ernst, sonst lebt ihr daran vorbei. Seid ehrlich, aber nicht ernst. Ehrlichkeit ist eine Sache für sich und nicht dasselbe wie Ernsthaftigkeit. Wenn du ernsthaft bist, denkst du in Begriffen von Zweck und Ziel, von Mitteln und Wegen, von Methode und Erfolg; du bist ehrgeizig. Ernst ist Ehrgeiz; es ist eine Krankheit.

Du magst an dieser Welt kein Interesse mehr haben, aber jetzt richtet sich dein Ehrgeiz auf das Jenseits. Ernsthaftigkeit hat nichts mit Religiosität zu tun. Ein ernster Mensch wird automatisch zum Philosophen: Er fängt zu denken an. Ernst ist eine Eigenschaft des Kopfes. Darum haben alle ernsten Leute, alle Denker so lange Gesichter. Nicht einmal lachen können sie, nicht einmal lächeln, geschweige denn spielen, denn unentwegt denken sie: „Was bringt es? Was ist damit geleistet?“ Sie machen aus dem Leben ein Mittel zum Zweck, und dabei ist das Leben selbst der Zweck.

Ein aufrichtiger Mensch ist etwas völlig anderes. Seine Ehrlichkeit kommt aus dem Herzen. Er ist wahr, aber nicht ernst. Er sucht, aber nicht nach einem Ziel. Er sucht so, wie ein Kind sucht: Wenn es findet, was es sucht, gut; wenn nicht, auch gut. Ein Kind rennt hinter einem Hund her und mittendrin sieht es einen Schmetterling und ändert seinen Sinn. Es fängt an, dem Schmetterling nachzulaufen und dabei sieht es am Wegrand eine Blume und schon ist der Schmetterling vergessen und die Blume ist das Wichtigste auf der Welt. Das Kind ist völlig unernst, aber ganz und gar ehrlich, unverfälscht. Sobald es seine Aufmerksamkeit auf etwas richtet, geht es völlig darin auf; das ist Ehrlichkeit, unverstellte Offenheit. Jetzt hat es den Schmetterling vergessen, den Hund ebenfalls und die Blume ist ihm Ein und Alles.

Wenn du deine Aufmerksamkeit restlos in einer Sache aufgehen lassen kannst, dann bist du wahr. Und wenn du deine Aufmerksamkeit nur als Mittel einsetzt, dann bist du hinterhältig, listig. In Wirklichkeit bist du hinter einem Ziel her und was vor dir ist, dient dir nur als ein Mittel dazu. Du beutest die Situation aus; du beutest den Weg aus um ans Ziel zu gelangen. Für das Kind ist der Weg selbst das Ziel. Und für den religiösen Menschen auch: Sein Weg ist sein Ziel.

Wo auch immer ich bin, ist das Ziel.
Was immer ich bin, ist das Ziel.

In diesem Augenblick strömt mein gesamtes Leben in mir zusammen. Es gibt keine andere Richtung. Man braucht nichts anderes zu tun, als diesen Augenblick in seiner Ganzheit zu feiern. Das und nichts anderes macht den religiösen Menschen aus: Er ist sorglos, ohne Ziel, wie auf einem Morgenspaziergang. Der gleiche Weg, den du morgens ins Büro gehst, sieht als Spaziergang vollkommen anders aus. Der Weg ist der Gleiche, das Haus ist das Gleiche, alles ist genau wie sonst, du bist derselbe, deine

Beine sind die alten, aber wenn es ein Morgenspaziergang ist, ändert sich alles. Ein religiöser Mensch ist nur unterwegs, um spazieren zu gehen, und ein nichtreligiöser Mensch hat ein Ziel vor Augen: das Büro, den Laden, irgendein Ziel. Der weltliche Mensch ist zielorientiert; ganz gleich, was das Ziel ist, selbst Gott: Der weltliche Mensch ist zielorientiert. Ein Mensch, der nicht weltlich ist, lebt hier und jetzt, alles kommt im Hier und Jetzt zusammen. Und dieses Hier und Jetzt wird zum Unendlichen.

Auf allen Wegen geht ihr ihm entgegen, aber es bleibt unerreichbar. Das ist aber auch das Schöne. Wenn wir es erreichen könnten, wäre alles verloren. Wenn wir uns selbst erkennen könnten, was dann? Dann würdest du dich mit dir selber einfach langweilen. Nein, zu dieser Langeweile kommt es nie, denn das ist eine Reise, die immer weitergeht: unendlich, von einer Ewigkeit zur anderen.

Behaltet diese Worte nicht im Gedächtnis, sondern lasst sie tiefer sinken, bis sie sich im Herzen festsetzen:

Lasst uns keine beliebigen Vermutungen anstellen
Über die höchsten Dinge.
Vielwisserei führt nicht zum Erkennen.
Wer nach Gold gräbt, wirft viel Erde auf
Und findet wenig.
Die Grenzen der Seele wirst du nie entdecken,
Und folgtest du auch allen Straßen der Welt –
So tief ist ihr Sinn.

6

AUCH HIER SIND DIE GÖTTER ZU HAUSE

Einmal kamen Besucher zu Heraklit
Und waren überrascht ihn am Herdfeuer zu finden,
Wo er sich wärmte.
Er sagte zu ihnen:
Auch hier sind die Götter zu Hause.
Ich habe mich selbst durchforscht.
Die Zeit ist ein Kind,
Das in einem Brettspiel Steine hin und her schiebt:
Königliche Macht eines Kindes!
Fanatismus ist die heilige Seuche.

MAN KANN DIE WAHRHEIT AUF ZWEI WEISEN suchen: Die eine ist, sich Wissen zu borgen, die andere, selbst auf die Suche zu gehen. Natürlich ist das Borgen einfacher, aber geborgte Wahrheit gehört niemals dir, und wenn sie nicht dir gehört, kann sie niemals wahr sein. Eine Bedingung ist daher unerlässlich: Die Wahrheit muss deine eigene sein.

Ich selbst mag die Wahrheit erkannt haben, aber ich kann sie nicht auf euch übertragen. Indem ich sie übertrage, wird sie zur Lüge. Das ist die Natur der Wahrheit. Niemand kann sie dir also geben; du kannst sie nicht borgen, du kannst sie nicht stehlen, du kannst sie nicht kaufen – du musst sie erkennen. Und solange du sie nicht erkennst, sind alle deine Kenntnisse keine Erkenntnis, sondern das Versteck deiner Unkenntnis. Du machst dir etwas vor, du bist völlig auf dem Holzweg.

Als Erstes macht euch klar: Wahrheit will gelebt sein. Und wer könnte für dich leben? Du musst dein eigenes Leben leben, niemand kann für dich einspringen. Wer kann für dich lieben? Diener können es dir nicht abnehmen, Freunde können da nicht aushelfen ... lieben musst du selbst. Jean-Paul Sartre hat irgendwo gesagt, dass früher oder später die Menschen ihr Liebesleben von Dienern besorgen lassen werden. Die Reichen sind heute ja schon fast so weit. Früher oder später werden sich alle, die es sich leisten können, nicht mehr selber die Mühe machen. Warum auch, wenn es ein Diener besorgen kann? Man sucht sich einen gut aussehenden und zuverlässigen Diener und der liebt dann für einen selbst. Man selbst hat Wichtigeres zu tun – die Liebe kann den Dienern überlassen werden.

Mulla Nasrudin hat mir einmal anvertraut, dass er sich sehr für das Glück seiner Frau interessiere. Überrascht fragte ich ihn: „Inwiefern?“ Er antwortete: „Ich habe einen Privatdetektiv angestellt, der ihrem Glück auf den Grund gehen soll.“

Aber kann irgendein anderer für dich lieben? Nein, das geht einfach nicht. Du kannst nicht stellvertretend leben, du kannst nicht stellvertretend lieben – und zur Wahrheit kannst du auch nicht stellvertretend gelangen. Das ist Naturgesetz und durch keine Tricks zu umgehen. Die Menschen haben es trotzdem immer wieder versucht: „Da ist einer, der weiß alles aus erster Hand. Von dem können wir es bekommen, an den kann man sich halten." Aber Wahrheit muss gelebt werden. Sie ist nicht etwas Äußerliches; sie wächst innen heran. Sie ist kein Ding, kein Gegenstand, sie ist deine Subjektivität.

Wahrheit ist Subjektivität; wie kann man sie also von anderen empfangen, aus heiligen Schriften, aus den Veden, aus Koran oder Bibel? Nein, Jesus hilft nicht viel weiter und Buddha auch nicht. Du musst die Wahrheit selbst erfahren, es gibt keine Abkürzung; du musst die Reise selbst machen, musst selbst leiden. Du wirst oft genug hinfallen; oft genug wirst du dich irren, oft vom Weg abkommen – es geht nicht anders. Komm immer wieder auf den Weg zurück, fang die Suche immer wieder von vorne an. Immer wieder verlierst du die Richtung, immer wieder gehst du im Kreise herum, immer wieder kommst du an den gleichen Punkt zurück. Es wird dir vorkommen, als gäbe es keinen Fortschritt – aber mach trotzdem weiter. Mach weiter mit der Suche, fühl dich nicht hoffnungslos und niedergeschlagen. Gib die Hoffnung nicht auf: Aus solchem Stoff sind Wahrheitssucher gemacht.

Ein Suchender hat Vertrauen; er hofft, er kann warten, er hat unendliche Geduld. Er kann warten und sucht währenddessen weiter. Nicht, dass ihn jeder Schritt zum Ziel führen muss. Manchmal geht er sogar in die entgegengesetzte Richtung. Aber sogar daraus, dass man in die Gegenrichtung geht, lernt man. Selbst Irren gehört zum Lernprozess. Einer, der aus Angst keinen Irrtum begehen kann, wird nie dazulernen. Wer allzu viel Angst hat in die Irre zu gehen, ist gar nicht erst fähig sich auf den Weg zu machen.

Da kommt nun der Verstand mit einem schlauen Trick: „Geh hin", empfiehlt er, „und befrage die Erleuchteten, die müssen es ja wissen: Du kannst von ihnen profitieren." Aber das ist Wissen aus zweiter Hand; und es gibt keine Wahrheit aus zweiter Hand; sie wird sofort zur Lüge. Wahrheit aus zweiter Hand ist Lüge. Wahrheit muss, um Wahrheit zu sein, aus erster Hand kommen, muss original sein. Taufrisch muss sie sein, just im Moment von dir erlangt. Wahrheit ist immer jungfräulich.

Heraklit sagt:

Ich habe mich selbst durchforscht.

Damit sagt er: „Ich weiß es nicht vom Hörensagen – ich habe in mir selbst nachgeforscht. Ich habe es nicht von irgendwoher, es ist auf meinem Mist gewachsen – es ist meine ureigene Erfahrung." Und wenn es deine Erfahrung ist, verwandelt sie dich.

Jesus sagt: „Die Wahrheit befreit." Aber ihr kennt so manche Wahrheiten und sie haben euch nicht befreit. Im Gegenteil: Das sind heute eure Fesseln, sie binden euch wie Stricke. Wahrheit ist Freiheit, Lüge Gefangenschaft.

Das meint Heraklit, wenn er sagt: „Fanatismus ist die heilige Seuche." Einer, der die Wahrheit selbst erkannt hat, ist nie bigott, ist nie fanatisch, er hängt keiner Sekte an, er ist nie von einer Ideologie besessen. Er behauptet niemals, als einziger recht zu haben; denn wer die Wahrheit kennt, weiß auch, dass die Wahrheit viele Gesichter hat, dass es tausend Wege gibt, von denen aus sie erkannt werden kann. Und jeder, der ihr nahekommt, sieht sie auf seine Weise. So wie er sie sieht, ist sie nie zuvor gesehen worden und wird auch nie wieder so gesehen werden: Denn diesen Menschen gab es nie zuvor, dieser Mensch ist unwiederholbar. Jedes Mal also, wenn die Wahrheit ausgesprochen wird, wenn es zur Begegnung mit ihr kommt, ist das etwas Einmaliges – über jeden Vergleich erhaben.

Einer, der die Wahrheit selbst erkannt hat, weiß auch um die tausendfachen Wege dahin, weiß, dass die Wahrheit tausendfältige Gesichter hat. Wie kann er da noch engstirnig sein? Wie kann er sagen: „Nur meine Wahrheit ist wahr und nur mein Gott ist Gott; euer Gott ist ein Götze!“ So spricht nur einer, dessen Wahrheit geborgt ist. Es gibt Millionen Menschen auf der ganzen Welt, die von sich behaupten die Wahrheit zu besitzen. Sie haben sie nie selbst erkannt, sie haben sich nicht selbst um sie bemüht – wie könnten sie sie sonst so verkennen? Wie könnten sie sonst verkennen, wie vielgesichtig die Wahrheit ist? Wie könnten sie sonst sagen: „Nur meine Wahrheit gilt!“ Denn wie kann man, wenn man einmal erkannt hat, dass es kein Ich gibt, noch Besitzansprüche haben? Wie ist Fanatismus dann noch möglich?

Ein wirklich religiöser Mensch beansprucht nichts. Er lässt gelten. Er toleriert nicht – denn wenn man sagt: „Ich toleriere“, dann liegt darin Intoleranz. Er sagt nicht: „Ich bin Christ und du bist Hindu. Und ich bin wirklich ein toleranter Mensch, ich toleriere dich. Mag sein, dass du auch im Besitz der Wahrheit bist. Ich toleriere dich.“

Hinter Toleranz verbirgt sich Intoleranz. Ihr siedelt euch irgendwo höher an und toleriert die da unten, die euch leid tun. Und allenfalls räumt der tolerante Christ ein: „Ja, es mag viele Wege geben, aber meiner ist immer noch der Beste. Sicher, auch auf anderen Straßen sind Menschen zur Wahrheit gelangt, aber meine ist die Super-Schnellstraße.“ Auch das ist Intoleranz. Was soll dieser Anspruch? Was soll dies Ich? Was soll dies Ego?

Das ist der Grund, warum alle Religionen so streitsüchtig sind, warum sie gemordet und getötet und alle erdenklichen Verbrechen begangen haben. Sie sind dazu da, den Menschen zu befreien, sie sind dazu da, den Menschen jenseits aller Sünden zu führen, aber sie haben alle diese Sünden selbst begangen. Im Namen der Religion sind mehr Morde begangen worden als aus irgendwelchen anderen Gründen. Nichts sonst hat so viel Elend und Zwietracht und Streit und Krieg verursacht. Dass diese Erde so hässlich ist, liegt nur an den vielen Kirchen, den Moscheen und

Tempeln. Sie haben die Menschheit nicht zusammengeführt, sondern gespalten. Sie haben kein Ganzes aus der Menschheit gemacht. Sie reden von Liebe und haben Hass entfacht. Sie reden von Frieden und leisten jeder Gewalt Vorschub.

Gewalt verbreitend, führen sie immerzu den Frieden auf den Lippen. Warum? Schuld daran ist nicht Religiosität, schuld daran ist Fanatismus.

Und Heraklit sagt:

Fanatismus ist die heilige Seuche.

Seuche ist schlimm genug, aber wenn sie auch noch heilig ist, kann es nicht schlimmer kommen. Denn wenn eine Seuche heilig erscheint, hält man sie für das Gesündeste, was es geben kann. Sobald jemand behauptet: „Ich vertrete die einzige Wahrheit" – und das kann natürlich auf sehr versteckte Weise behauptet werden –, wird die Sache hässlich. Diese Wahnsinnigen haben ihren Göttern die absurdesten Dinge in den Mund gelegt. Die Moslems behaupten, Allah hätte gesagt: „Ich bin der einzige Gott und Mohammed ist mein einziger Prophet!" Was wollen sie damit sagen? Hat sich Gott in Mohammed erschöpft? Das wäre ein Armutszeugnis Gottes. Was ist dann mit Mahavir? Mit Buddha? Und mit Jesus, Krishna, Laotse, Heraklit? Und was ist mit euch allen, die ihr über kurz oder lang zu Propheten werdet? Was ist mit dem Ganzen? Mohammed ist groß, aber die Moslems beanspruchen, dass er der einzige Prophet ist, und damit wird alles hässlich. Jesus ist großartig – aber dann kommen die Christen und erklären ihn zum einzigen, zum eingeborenen Sohn Gottes. Warum soll er der einzige von Gott gezeugte Sohn sein? Was seid ihr dann alle? Bastarde? Wenn er als Einziger von Gott gezeugt wurde, was ist dann mit dieser ganzen Schöpfung? Wo kommt ihr her, wenn nur er von Gott kommt? Wer ist dann euer Vater?

Nein, Gottes Vermögen erschöpft sich nie. Millionen von Jesuskindern kann er zeugen und doch der Gleiche bleiben; er ist nie am Ende. Das ist auch die Wortbedeutung von omnipotent – immer und ewig potent. Er erschafft immer weiter und seine Schaffenskraft hört nie auf – das ist mit seiner Unendlichkeit gemeint. Aber für die Christen ist Jesus der einzige Sohn Gottes. Warum dieser Anspruch? Damit sie behaupten können, ihr Buch sei das einzige. Das Wort Bibel bedeutet ‚Das Buch'. Sie haben ihm keinen Titel gegeben, weil es für sie das einzige Buch ist – alles andere ist Lüge. Und was ist dann mit den Upanishaden? Und den Sprüchen Buddhas? Und dem Tao Te King des Laotse? Warum sollte die Bibel das einzige Buch sein? Es ist ein großes Buch, aber wenn es zum einzigen wird, wird es zur Seuche.

Das ist die heilige Seuche: Wenn du von deiner Wahrheit behauptest, sie sei die ganze Wahrheit, dann hat sich das Ego eingemischt. Die Wahrheit braucht nicht aufzutrumpfen. Sie ist einfach da, in ihrer ganzen Schönheit; du kannst sie sehen, aber sie will nichts von dir. Ja, die Wahrheit hat noch nie jemanden zu bekehren versucht. Sie hilft dir und liebt dich, sie möchte dir helfen ein anderer zu werden, aber sie gibt sich keine Mühe dich zu bekehren.

Aber die Hindus versuchen Christen zum Hinduismus zu bekehren, die Christen versuchen, aus Hindus Christen zu machen – wozu diese Anstrengung? Weil sie glauben, dass sie den einzigen Schlüssel besitzen und dass die übrige Menschheit zur Hölle fahren muss. Wenn die Leute anfangen andere zu bekehren, dann machen sie aus der Wahrheit eine enge Tür. Unendlich ist der Weg, denn er führt zur Unendlichkeit. Wenn das Ziel unendlich ist, wie kann das Tor so eng sein?

In Wirklichkeit ist ein religiöser Mensch weder Christ noch Hindu noch Moslem. Das ist es genau, wozu ich euch verhelfen möchte: weder Hindus zu sein noch Christen noch Moslems. Warum könnt ihr nicht einfach sein? Wozu das Etikett einer

Sekte tragen? Wenn du Buddha liebst – gut; aber warum ein engstirniger Anhänger werden? Warum sich mit Vorurteilen verbarrikadieren? Deine Liebe zu Buddha ist schön und wenn sie dir weiterhilft, ist alles gut – dann folge dieser Richtung. Aber dann gibt es Millionen von Menschen, die in andere Richtungen gehen. Lass sie gehen, hilf ihnen dabei; hilf ihnen in ihrer Richtung weiter. Hilf ihnen ihrem eigenen Weg zu folgen, lass sie ihre Sache machen. Zwinge sie nicht und versuche nicht sie zu bekehren. Wenn du ein Echo in ihnen auslöst, das sie veranlasst ihren Weg zu ändern, so ist das ihre Sache.

Genau deswegen ist Heraklit so in Vergessenheit geraten: Weil er nie eine Gefolgschaft um sich geschart hat. Es gab zwar Menschen, die ihm folgten, aber er stiftete keine Sekte und schuf keine Dogmen. Er hat nie behauptet: „Das ist die einzige Wahrheit."

Was ist das Anziehende daran, wenn jemand erklärt: „Dies ist die einzige Wahrheit!" Worin liegt die Faszination? Ihr seid verwirrt und unsicher; wenn also jemand behauptet die einzige Wahrheit zu besitzen, dann denkt ihr: „Er muss recht haben, wie sonst könnte er sich seiner Sache so sicher sein?" Sein Anspruch verführt euch, weil er so selbstsicher wirkt, weil es mit Autorität vorgebracht wird. Aber merkt euch: Einer, der die Wahrheit erkannt hat, einer, der die Dinge versteht, drückt sich nur zögernd aus.

Er tritt nicht mit solcher Autorität auf, weil er die Wahrheit sieht und weiß, dass er sie nicht ausdrücken kann – und so zögert er. Man wird Poesie in seinen Worten finden, aber keine Behauptungen. Ihn umgibt ein unmerkliches Etwas, das Sicherheit ausstrahlt, aber diese Sicherheit kommt nicht aus Behauptungen. Was er sagt, kommt immer zögernd. Bevor er etwas sagt, zögert er – weil er weiß, dass alles, was er sagen könnte, gefährlich ist. Es ist heikel, weil Worte zerstören können, und weil ihr beim Zuhören den Worten eure eigene Bedeutung aufdrückt.

Ein Weiser zögert. Er weiß nicht, was aus seinen Worten gemacht wird. Was ihr aus seinen Worten machen werdet, ist ungewiss und jedes einzelne seiner Worte kann sehr, sehr bedeutsam für euch werden, kann euch zu entscheidenden Konsequenzen veranlassen. Er zögert, er beobachtet euch, er ist umsichtig, er sucht euer Zentrum ausfindig zu machen – und dann sagt er etwas, sagt es so, dass es nicht zum Missverständnis werden kann, dass es euch nicht in die Irre leiten kann; damit er, insofern überhaupt durch Worte geholfen werden kann, euch wirklich hilft, anstatt zu schaden. Also zögert er.

Ein Mensch aber, dessen Wissen geborgt ist, zögert nie. Er ist sich seiner Sache sehr sicher. Geht nur und hört euch christliche Missionare an: Sie treten so sicher auf, dass ihre Sicherheit ihre Dummheit entlarvt. Woher diese Sicherheit? Sie haben keine Ahnung; sie sind abgerichtet, nichts als abgerichtet.

Ich bin öfters in einem theologischen College zu Besuch gewesen – einem christlichen College. Und ich beobachtete regelmäßig, wie sie ihre Priester vorbereiteten; ich kam aus dem Staunen nicht heraus. Es ging zu wie in einer Hilfsschule. Selbst die Gebärden wurden eingeübt: wie man richtig auf der Kanzel steht, was man sagen soll, wie man es sagen soll, wann man die Stimme hebt und wann man sie zu einem Flüstern senken muss, wie man seine Hand erhebt, und wann genau – alles wurde genau einstudiert. Sie sahen aus wie die Schauspieler. Und dabei wissen sie nichts; aber sie zögern nie, eben weil sie abgerichtet sind. Durch Schulung kann man nicht religiös werden. Du kannst Schauspieler werden, ein sehr geschickter Schauspieler. Du kannst so geschickt werden, dass du nicht nur andere täuschst, sondern auch dich selbst.

Die Psychoanalytiker wissen dafür eine Erklärung: Ein Mensch, der sich seiner nicht sicher ist, gibt sich nach außen umso selbstsicherer. Er fürchtet seine innere Unsicherheit, daher klammert er sich an sichere Behauptungen. Ein Mensch, der innerlich sicher ist, macht sich keine Sorgen: Er kann zögern, er kann es sich leisten, er kennt keine Angst. Er kann „vielleicht" sagen, er braucht sich nicht sicher zu fühlen. Er kann sagen: „Gott ist Sommer und Winter; Gott ist Tag und Nacht; Gott ist Sattheit und Hunger; Gott ist Ruhe und Unruhe." Er kann widersprüchlich sein. Das Paradox benutzt er nur, um zu zeigen, dass er nichts Feststehendes behauptet; er nennt die Dinge einfach beim Namen. Und wenn die Dinge komplex sind, dann belässt er sie so. Wenn die Dinge widersprüchlich sind, dann lässt er diesen Widerspruch auch in seiner Feststellung zu. Er macht seine Aussage zu einem wahren Spiegel. Man kann keinem Gelehrten zumuten sich so widersprüchlich zu äußern. Wie? Gott ist Sommer und Winter? Nein! Er ist absolut sicher, was Gott ist: Gott ist Tag, niemals Nacht. Gott ist Licht, niemals Dunkelheit. Gott ist gut, niemals schlecht. Gott ist Frieden, niemals Krieg. Wenn Gott sowohl Frieden als auch Krieg ist – wo kommen wir dann hin? Dann verlören wir jede Sicherheit, dann müssten wir ja zögern.

Heraklit sagt: „Ich habe mich selbst durchforscht", und darum ist er so paradox.

Haltet immer nach dem Paradoxen Ausschau. Ihr stoßt immer dann darauf, wenn ein Mensch wirklich selbst nachgeforscht hat, denn dann kann er nicht anders: Wenn die Existenz selber paradox ist, was soll er machen? Er muss das ausdrücken, was ist. Aber geht und fragt den Missionar – er hat nie selbst gesucht. Er hat viel gelernt, er kann Schriften zitieren. Und das ist auch alles, was er kann. Schließlich ist bekannt, dass der Teufel absolut bibelfest ist – er ist der geborene Missionar.

Einmal kamen Besucher zu Heraklit
Und waren überrascht, ihn am Herdfeuer zu finden,
Wo er sich wärmte.
Er sagte zu ihnen:
Auch hier sind die Götter zu Hause.

Er ging nie in irgendeinen Tempel – denn wenn du aufgeschlossen bist, wenn deine Augen offen sind, wenn du hören und fühlen kannst, was sollte dich dann in den Tempel ziehen? „Auch hier sind die Götter zu Hause."

Gott ist keine Person. Gott ist alles, was ist. Gott ist die Schöpfung selbst. Stellt euch nur das Bild vor: Heraklit sitzt am Herdfeuer und wärmt sich. Das Holz knistert, die Flammen züngeln zum Himmel, ein Umkreis von Wärme… Es muss ein kalter Winterabend gewesen sein. Unerwartet kommen Besucher und fragen: „Was machst du hier?" und er antwortet: „Auch hier sind die Götter zu Hause." Mit anderen Worten: „Es ist ein Gebet; wenn ich mich wärme, bete ich – denn für mich ist das Feuer eine göttliche Erscheinung."

Das erinnert mich an den Zen-Meister Ikkyu. Er war auf Reisen und übernachtete in einem Tempel. Es war eine sehr kalte Nacht und so machte er ein Feuer. Da er aber kein Holz in der Umgebung finden konnte, nahm er eine Buddha-Statue – eine Holzstatue aus dem Tempel – und verheizte sie. Der Tempelpriester schlief fest… Geräusche, das Feuer und dieser Ikkyu, der hin und her ging: Er wachte auf, rieb sich die Augen und sah … und war entsetzt! Er konnte es nicht glauben, denn der Frevler war ein buddhistischer Mönch, nicht nur ein Mönch, sondern ein berühmter Meister.

Er sprang aus dem Bett und kam angerannt. „Was machst du da?", rief er. „Du hast einen Buddha verbrannt!" Ikkyu nahm ein Holzstückchen aus dem Feuer und tat so, als stochere er in der Asche nach dem Buddha herum. Die Statue war fast ganz verbrannt, es war fast nichts mehr von ihr übrig. Der Priester protestierte: „Wonach suchst du? Er ist doch nicht mehr da!"

Ikkyu antwortete: „Ich suche nach den Knochen. Ein Buddha muss Knochen haben." Der Priester lachte und sagte: „Jetzt bin ich mir endgültig sicher, dass du verrückt bist. Wie kann denn ein Buddha aus Holz Knochen haben?"

Ikkyu sagte: „Dann bring auch noch die beiden andern Buddhas her, denn die Nacht ist noch lang und es ist sehr kalt und der Buddha in mir braucht ein bisschen Wärme. Das da sind nur hölzerne Buddhas, also mach dir nichts draus. Hier drin stecken Knochen und ein richtiger Buddha und dieser Buddha braucht ein wenig Wärme. Diese Buddhas taugen sowieso nichts, sie haben keine Knochen, mach dir also keine Sorgen."

Der Priester warf ihn aus dem Tempel. Die Nacht war sehr kalt, aber es gibt eben Leute, die lieber einen hölzernen Buddha anbeten und einen wirklichen Buddha vor die Tür setzen.

Am Morgen sah der Priester nach, was wohl inzwischen aus Ikkyu geworden war: Er saß genau vor dem Tempel neben einem Meilenstein – und betete ihn an! Die Sonne ging eben auf, es war ein strahlender Morgen und er hatte irgendwo ein paar Blumen gepflückt. Die Blumen hatte er auf den Meilenstein gelegt und jetzt betete er ihn an. Der Priester kam angerannt und sagte: „Was machst du? Du bist ja wirklich völlig verrückt! Heute Nacht hast du einen Buddha verbrannt und jetzt betest du einen Meilenstein an!"

Woraufhin Ikkyu sagte: „Hier ist auch ein Gott." Und Heraklit sagt: „Hier sind auch Götter."

Wenn du es spüren kannst, ist jeder Augenblick göttlich, ist alles göttlich. Alles, was ist, ist heilig. Wenn du es nicht spüren kannst, dann geh in die Moscheen und Kirchen, aber da findest du es auch nicht – weil du es nämlich bist, der sich erst ändern muss, nicht die Situation. Die Situation bleibt gleich: Im Tempel, außerhalb des Tempels – überall ist Gott. An dir liegt es, dass du es nicht sehen kannst, und so gehst du von einem Ort zum anderen; du gehst von zu Haus weg und hin zum Tempel, weil du Gott suchst.

Was du brauchst, ist eine innere Verwandlung. Ein Tapetenwechsel nützt dir nichts. Du brauchst eine psychologische Richtungsänderung. Du brauchst eine völlig neue Sehweise und dann plötzlich wird die ganze Welt zum Tempel, dann gibt es gar nichts anderes mehr. Und für Heraklit war das Feuer das Symbol für diese Verwandlung – und Feuer ist wirklich ein großartiges Symbol.

Heraklit sagt, dass das Feuer der Grundstoff des Lebens ist. Und er hat recht! Heute stimmen die Physiker mit Heraklit überein. Sie sind sich einig, dass Elektrizität die Grundlage allen Seins ist, dass alles nur eine Erscheinungsform von Elektrizität ist. Heraklit nennt es Feuer. Worin liegt der Unterschied? Feuer ist lebendiger als Elektrizität, es ist ungezähmter. Wenn man sagt, Elektrizität sei die Grundlage, dann klingt es irgendwie so, als wäre das Universum mechanisch; denn Elektrizität assoziiert man mit allem Mechanischen – und Gott wäre dann der Ingenieur. Aber in Wirklichkeit ist Elektrizität Feuer.

Die Hindus haben das Grundelement *Prana* genannt – Vitalität. Aber Vitalität ist Feuer. Wenn du lebendig, vital bist, dann bist du feurig, entflammt. Henri Bergson hat die Grundlage der Existenz *elan vital* genannt – das ist das Gleiche wie *Prana.* Alle, die auf der Suche nach dem Grundstoff sind, kommen irgendwie in die Nachbarschaft von Feuer. Tief im Innersten ist diese Existenz Feuer. Feuer ist Leben. Und Zarathustra hat recht: er erklärte Feuer zum obersten Gott. Er muss mit Heraklit einer Meinung gewesen sein – sie waren Zeitgenossen. Für die Anhänger Zarathustras wurde das Feuer zum obersten Gott.

Viele Dinge sind tief im Feuer verborgen. Ihr müsst das Phänomen Feuer besser verstehen, damit ihr das Symbol versteht – es bezeichnet etwas Tieferes, es wird als Metapher gebraucht. Heraklit will auf etwas sehr Tiefes hinweisen, wenn er sagt, dass alles auf Feuer beruht. Beobachtet einmal an einem Winterabend das Feuer; setzt euch daneben und beobachtet bloß; fühlt es einfach – die Wärme! Kälte ist Tod, Wärme ist Leben. Ein toter Körper ist kalt, ein lebender Körper ist warm – und ihr müsst unentwegt einen bestimmten Wärmegrad aufrechterhalten.

Menschen haben einen inneren Mechanismus, der die Körpertemperatur stabil hält, in ganz bestimmten Grenzen, denn nur zwischen diesen ganz bestimmten Wärmegraden ist Leben möglich. Das menschliche Leben existiert nur zwischen 35 Grad und 43,5 Grad; zwischen genau diesen 8,5 Grad. Andere Lebensformen können mit anderen Temperaturen leben, aber das menschliche Leben hat genau diese Spanne von Wärmegraden.

Mulla Nasrudin war krank, sehr krank. Er lag mit hohem Fieber im Bett und der Doktor sagte, nachdem er die Temperatur gemessen hatte: „40,5 Grad."

Da machte Mulla die Augen auf und fragte: „Was ist der Weltrekord?"

Denn das Ego misst sich immer an Rekorden. Er dachte sich: „Wenn ich schon auf anderem Gebiet niemanden schlagen kann, breche ich ja vielleicht den Weltrekord im Fieber." Aber über 44 Grad kann es im Fieber keinen Rekord geben, weil der Mensch dann einfach verschwindet, weil er so viel Feuer einfach nicht absorbieren kann; unter 35 Grad verschwindet er ebenfalls; bei so viel Kälte kommt der Tod.

Wir sprechen darum von einem warmen Empfang, nicht von einem kalten; von heißer Liebe, nicht von kalter – weil Kälte den Tod symbolisiert und Wärme das Leben. Die Sonne ist die Quelle, Sonnenenergie ist Feuer. Beobachtet die Abende – alles wird traurig. Sogar die Bäume, die Vögel werden völlig still, kein Zwitschern mehr, aller Gesang verstummt. Die Blumen schließen sich und die ganze Erde wartet auf den nächsten Morgen. Und dann, wenn es Morgen wird, kurz bevor die Sonne aufgeht, macht sich die Erde bereit, sie zu empfangen. Die Vögel fangen zu singen an, sogar noch bevor sich die Sonne zeigt, zum Zeichen des Willkommens. Die Blumen öffnen sich wieder, alles belebt sich, Bewegung kommt in die Erde.

Feuer ist auch noch in anderer Hinsicht ein sehr, sehr bedeutsames Symbol. Seht euch das Feuer an: eine ständige Aufwärtsbewegung. Wasser fließt abwärts, Feuer fließt aufwärts – darum sprechen die Hindus vom Feuer der Kundalini. Wenn du auf steigst, dann bist du nicht wie Wasser, sondern wie Feuer. Wenn sich dein inneres Wesen vergeistigt, dann spürst du, wie eine Flamme in dir aufsteigt. Und Wasser – sogar Wasser – verdunstet und steigt nach oben, wenn es mit Feuer in Berührung kommt.

In einer uralten tibetanischen Schrift heißt es, dass ein Meister wie Feuer ist und der Jünger wie Wasser. Wenn der Jünger mit dem Meister in tiefe Berührung kommt, verändert sich seine Essenz – er wird feuerähnlich, so wie Wasser, wenn es in der Hitze verdunstet. Wasser ohne Hitze bewegt sich abwärts. Sobald Feuer dazukommt, ändert sich das sofort. Wenn die Temperatur hundert Grad erreicht hat, hat das Feuer das Wasser an den Punkt gebracht, wo es sich nach oben wendet; die Dimension verwandelt sich.

Feuer bewegt sich immer nach oben. Selbst wenn du eine Lampe auf den Kopf stellst, wendet sich die Flamme nach oben, sie kann sich nicht nach unten kehren. Feuer stürmt den letzten Gipfel, den Omega-Punkt. Und noch etwas: Wenn du eine Flamme genau beobachtest, dann siehst du sie nur ein paar Sekunden lang – nur für den Bruchteil einer Sekunde –, danach verschwindet sie. Je höher du steigst, desto unsichtbarer wirst du. Je tiefer du sinkst, desto fester wirst du. Schau das Wasser an: Wenn es tiefer und tiefer sinkt und kälter und kälter wird, dann gefriert es, dann wird es zu Eis. Dann wird es wie Stein, dann hört alle Bewegung auf – dann ist es tot. Wenn Wasser gefriert, stirbt es, es lebt nicht mehr. Du musst es erst in der Hitze des Feuers schmelzen, dann kehrt das Leben zurück; und wenn du es bis auf hundert Grad erhitzt, dann steigt es auf.

Es gibt also drei Stufen innerer Bewegung: Keine Bewegung, wenn ihr gefroren seid; Abwärtsbewegung, wenn ihr wie Wasser seid... Die erste Phase ist wie Eis, die Zweite ist wie Wasser – und bei der Dritten verdunstet ihr: Das ist eure Aufwärtsbewegung. Es ist eigentlich so, dass alle drei Phasen zugleich in euch existieren. Ein Teil von euch ist wie Feuer und bewegt sich aufwärts – zwar nur ein sehr geringer Teil, winzig, aber dazu seid ihr ja hierher zu mir gekommen; sonst wäre es nicht nötig.

Warum seid ihr zu mir gekommen? Es muss in euch einen kleinen Teil geben, der aufsteigt, und dieser kleine Teil fühlt sich heruntergezogen von eurem ganzen übrigen Wesen – und das quält euch. Ihr wisst, dass etwas in euch dem Göttlichen entgegenstrebt. Es gibt Augenblicke, wo ihr euch wie ein Vogel fühlt, wo ihr ganz einfach fliegen könnt – aber das sind seltene Momente. Und selbst in diesen wenigen Augenblicken ist der größte Teil von euch schwer wie Stein.

Der eine Teil hängt wie ein Stein an euch. Fast zu neunzig Prozent seid ihr wie Eis. Neun Prozent bewegt sich wie Wasser – nach unten. Im Sex, in Wut und Ärger, im Hassen bewegt ihr euch nach unten. Aber immerhin ist es besser, sich nach unten zu bewegen, als überhaupt nicht. Deshalb sage ich, wenn ich in dir einen Eisberg spüre, dass du dich verlieben sollst, in den Sex gehen sollst, weil dich das erst einmal zum Auftauen bringt. Natürlich fliegst du dann noch nicht gleich aufwärts, du bewegst dich erst einmal nach unten. Aber wenigstens ist Bewegung da. Und wenn überhaupt erst einmal Bewegung in dich gekommen ist, dann kann ihre Richtung geändert werden. Die Dimension kann umgepolt werden. Aber solange du vereist bist...

Geht in die Klöster, wenn ihr besonders schöne Exemplare vereister Menschen sehen wollt. Geht in die katholischen oder die Jain-Klöster. Dort findet ihr die perfekten Eiswürfel, keine Menschen – denn sie sind gegen Sex, gegen Essen, sie sind gegen alles. Sie sind rein negativ, sie haben nichts anderes getan als verneint. Und wenn du verneinst, dann verliert dein Leben nach und nach alles Feuer... denn Feuer ist eine positive Kraft. Wenn du verneinst, wirst du kalt. Negativität ist eine Methode, Selbstmord zu begehen. Nach und nach stirbt man ab. Man bringt sich in Raten um und am Ende ist man ganz erfroren. Aber das ist keine Leistung; es ist in Wirklichkeit ein ständiges Fallen.

Ich sage den Leuten: „Wenn du erfroren bist, dann gehe in den Sex, das wird dir helfen." Natürlich führt dich das nicht zur Erleuchtung, aber etwas wird geschehen: Du setzt dich in Bewegung. Wenn du einen anderen liebst, wenn du für einen anderen Menschen etwas empfindest, dann fängt deine Bioenergie an sich zu bewegen. Darum fühlst du dich beim Sex so erregt – das Feuer hat angefangen zu brennen; und wenn ihr euch liebt, dann steigt eure Körpertemperatur. Es ist wie ein Fieber, ein zeitweiliges Fieber, das von eurer Psyche entfacht wird. Daher entspannt ihr euch nach dem Sex so völlig und tief – eure natürliche Energie strömt.

Wenn ihr einen wirklichen sexuellen Orgasmus erleben könnt, kommt alles in Fluss, eure Bioenergie bewegt sich. Menschen, die keinen tiefen Orgasmus erleben können, sind schwierige Menschen, auch was Meditation betrifft. Denn wenn sie gefroren sind, wenn sie sich nicht bewegen können, wie können sie sich dann aufwärts bewegen?

Die erste Voraussetzung ist Bewegung. Der zweite Schritt ist, die Bewegung aufwärts zu wenden. Und sehr viele Menschen können sich nicht in Bewegung bringen, sie haben Angst, sie sind gefroren. Ihre Körper bringen deutlich zum Ausdruck, wie gefroren sie sind. Wenn man sie berührt, spürt man die Kälte ihres Körpers. Man gibt ihnen die Hand und man hat dabei das Gefühl einem toten Ast die Hand zu schütteln, nichts rührt sich, man nimmt sie bei den Händen und spürt keine Energieübertragung. Die Hand berührt dich wie ein toter Ast. Sie gibt nichts, sie nimmt nichts, sie ist ohne Mitteilung. Und wenn ihr diese Leute beobachtet, könnt ihr schon an der Art, wie sie gehen, an ihren Bewegungen, an ihren Gesichtern erkennen, ob sie orgastisch sind oder nicht.

Das ist das Erste, was ein Meister an dir feststellt: ob du orgastisch bist oder nicht. Wenn du orgastisch bist, wenn dein ganzer Körper im Orgasmus erbebt und die Erschütterung so tief geht, dass du aufhörst zu sein – natürlich nur für eine einzige Sekunde, dann bist du zu einem einzigen Energiestrom geworden. Die Energie geht wie eine Flutwelle vom Kopf bis zu den Füßen durch dich hindurch und es bleiben keine Eisblöcke zurück, alles taut. Und nach einem solchen Orgasmus fällst du in einen tiefen Schlaf, wie ein Kind, weil dich Energie durchströmt hat. Du hast ausgiebig gespielt, du bist erschöpft, aber diese Erschöpfung ist sehr angenehm. Die Müdigkeit ist Entspannung, jetzt kannst du dich entspannen – und der Körper ist voller Leben.

Darum fühlt ihr euch zum Sex so hingezogen: Der Körper sucht sich einen Weg zu dem Punkt, wo er so orgastisch wie ein Bergbach sein darf: geschmolzenes Eis. Solange du gefroren bist, kannst du keine Beziehung eingehen. Wenn du gefroren bist, bist du in dir verschlossen, du umgibst dich mit einem Gefängnis – und von diesem Gefängnis führt kein Weg zu Gott. Erst musst du schmelzen. Und bevor du zu Gott gelangst, bevor du mit dem Göttlichen eine Beziehung aufnehmen kannst, musst du mit anderen Menschen in dieser Welt Beziehungen gehabt haben. Denn wenn du mit anderen Menschen Beziehungen hast – wenn du liebst, wenn dir jemand am Herzen liegt –, dann schmilzt dein Körper, dann ist er im Fluss. Und wenn er strömt, dann wird ein zweiter Schritt möglich. Bei strömender Körperenergie ist es sehr leicht, den Körper auf inneren Wegen zu erwärmen. Alle Meditationen dienen dazu, in euch Hitze zu erzeugen, mehr Hitze, als der Sex auslösen kann. Die Meditationen, vor allem die, die wir hier machen, sind alle dazu da, Feuer in euch zu entfachen.

Durch Atmen, schnelles, chaotisches Atmen, wird Feuer entzündet, weil mehr Atem mehr Sauerstoff erzeugt, und mit mehr Sauerstoff wird mehr Feuer möglich. Ohne Sauerstoff kann es kein Feuer geben. Auch die offene Flamme brennt nur aufgrund von Sauerstoff. Ohne Sauerstoff ginge sie sofort aus.

Euer Körper braucht eine größere Zufuhr an Sauerstoff, weil ihr so voller Eis seid. Ihr seid nicht lebendig genug, ihr seid nicht warm genug. Es gibt bestimmte Leute, vor allem die Eingefrorenen, die zu mir kommen und sagen: „Diese dynamische Meditation gefällt uns nicht." Sie mögen sie nicht, weil sie vereist sind und sich zu sehr mit ihrer Vereisung abgefunden haben. Sie können nicht lieben, aber sie halten sich für keusch, für zölibatär. Dabei sind sie schlechthin gefroren, Eisklumpen. Es gibt in ihrem Leben keine Bewegung, aber sie halten sich für über den Dingen stehend. Natürlich gibt es das auch, wenn eure Energie aufwärts steigt, dass man dann über den Dingen steht, aber das ist dann etwas absolut anderes.

Es gibt jedoch eine Art von Losgelöstheit, die eintritt, wenn man überhaupt nicht im Fluss ist. Ein Toter ist freilich losgelöst, ein Toter ist keusch – ein Toter ist vollkommen tot. Und man kann Abstand haben wie ein Toter. Das ist in allen Klöstern der Welt geschehen. Aber man kann auch auf völlig andere Weise Abstand gewinnen, auf die genau entgegengesetzte Weise. Und zwar dann, wenn du so lebendig wirst, dass dein Feuer einen Hitzegrad erreicht, wo das Wasser nicht mehr abwärts fließt, sondern anfängt nach oben zu strömen.

Ein größeres Feuer muss in euch entfacht werden, ihr müsst zu einem Schmelzofen werden. Nimm noch mehr Sauerstoff in dich auf, streng dich noch mehr an, gestatte dem Körper so viel Bewegung wie möglich, bringe Energie hinein, pulsierende Energie. Sie ist vorhanden – du musst sie nur zum Pulsieren bringen. Du musst leben wie eine Kerze, die von beiden Enden her brennt! Nur dann wirst du eines Tages plötzlich finden, dass deine Energie aufwärts strömt, dass du zu einer Flamme geworden bist. Dann kannst du dich anfangs noch bis zu einem bestimmten Grad selbst erkennen – und dann bist du nicht mehr.

Dann verschwindest du plötzlich in den Kosmos, dann bist du eins mit dem Göttlichen geworden. Das ist das Symbol des Feuers: Dass du es nur ein paar Sekunden lang sehen kannst, und dann verschwindet es.

Ein Buddha löst sich ununterbrochen auf. Seht mich an: Wenn ihr sehen könnt, werdet ihr erkennen, dass ich mich ununterbrochen auflöse; ich bin nur bis zu einem bestimmten Punkt sichtbar für euch. Darum sieht man die Erleuchteten von einer Aura umgeben: Diese Aura ist nichts als vergehendes Feuer, ein ständig sich auflösendes Feuer. Bis zu einem gewissen Grad könnt ihr es sehen – daher die Aura. Jenseits dieser Aura ist nichts da, nur völlige Auflösung.

Heraklit hat absolut recht mit der Wahl dieses Symbols. Es handelt sich aber nicht etwa um eine philosophische Feststellung. Zwar hat man Heraklit in die Geschichte der griechischen Philosophie einordnen wollen; man ging davon aus, dass er ebenso wie die anderen Vorsokratiker Thales, Anaxagoras und Anaximenes eines der vier Elemente – Erde, Wasser, Feuer, Luft – als Grundstoff des Seins angenommen habe. Es gab also entsprechende philosophische Schulen: Die eine sah Erde als Grundelement an, eine andere Luft, wieder eine andere Feuer, usw...

Heraklit nimmt demzufolge Feuer als Grundelement an – aber man hüte sich das so zu verstehen, wie man etwa Thales versteht mit seiner Wasser-Theorie. Es ist keine theoretische Annahme. Es ist absolut keine philosophische Theorie; er verkündet keine Doktrin. Er ist ein Seher, alles andere als ein Philosoph. Er gibt uns ein poetisches Symbol und das Symbol steht für weit mehr als das Wort Feuer.

Beobachte das äußere Feuer, dann beobachte das innere Feuer, und dann werde selbst zur Flamme, so sehr du kannst. Das meint Heraklit mit seiner Antwort:

Einmal kamen Besucher zu Heraklit

Und waren überrascht ihn am Herdfeuer zu finden,
Wo er sich wärmte.
Er sagte zu ihnen:
Auch hier sind die Götter zu Hause.

Und „Ich sage es nicht nur, weil andere es gesagt haben, sondern“:

Ich habe mich selbst durchforscht.
Die Zeit ist ein Kind,
Das in einem Brettspiel Steine hin und her schiebt;
Königliche Macht eines Kindes!

Königliche Macht eines Kindes! und: Die Zeit ist ein Kind, das in einem Brettspiel Steine hin und her schiebt. Das gesamte Konzept des *Leela* – die hinduistische Vorstellung vom Leben als Spiel – drückt Heraklit in diesen wenigen Worten aus. Das Leben ist wie ein Spiel – macht kein Geschäft daraus, sonst geht ihr daran vorbei. Ihr geht daran vorbei, weil ihr ein Geschäft daraus macht, während es sich am Ende doch als Spiel herausstellt... Spielt es mit Geschick, aber nicht so, als ob ihr etwas dabei gewinnen könntet. Seid wie die Kinder, nichts weiter. Spielt wie sie, ohne euch zu kümmern, was dabei herauskommt.

Kleine Kinder, selbst wenn sie im Spiel den Kürzeren ziehen, springen herum und freuen sich. Eine Niederlage ist keine Niederlage, wenn es Spiel ist. Versagen ist kein Versagen, wenn es Spiel ist. Und andersherum wird sogar der Sieg zur Niederlage, wenn alles nur ums Gewinnen geht. Fragt die Napoleons, die Alexander – selbst Sieg ist Niederlage. Was finden sie am Ende? Sie waren siegreich und haben nichts damit erreicht. Ihre ganze Sehnsucht hatte sich auf dieses Ziel gerichtet; nun haben sie es erreicht – und halten nichts in Händen als Enttäuschung und ein verlorenes Leben.

Vergesst es nicht: Wenn ihr hinter irgendwelchen Zielen herjagt, vergeudet ihr euer Leben; das Leben hat kein Ziel. Es ist zweckfreies Spiel. Es will nirgendwohin. Es genießt nur sich selber. Und das ist am allerschwersten zu verstehen, denn unser Verstand arbeitet mathematisch. Er fragt: „Was ist dann aber der Sinn des Lebens, worauf läuft es hinaus?"

Aber es gibt keinen Sinn und keinen Zweck. Daraufhin kontert der Verstand sofort: „Ja und warum dann überhaupt leben? Warum sich nicht gleich umbringen?" Aber schau: Wenn es einen Sinn gäbe, würde die ganze Sache hässlich, dann würde ein Geschäft daraus. Wenn es wirklich einen Zweck gäbe, dann, und erst dann, verlöre das Leben alle Poesie. Die Poesie ist da, weil kein Zweck da ist. Warum blüht diese Rose? Frag die Rose – sie wird antworten: „Ich weiß es nicht, aber es ist so herrlich, zu blühen, wozu soll ich wissen warum, das Blühen an sich ist so schön!" Frag einen Vogel: „Warum singst du?" und er wird einfach verblüfft dreinschauen über deine dumme Frage. Singen ist so großartig, es ist ein solches Glück – wozu noch fragen?!

Aber der Verstand fragt nach dem Ziel, der Verstand ist ein Karrieremacher – er kann sich nicht einfach freuen. Etwas muss es geben, das in der Zukunft liegt und erreicht werden muss, irgendein Ziel muss da sein – dann fühlt sich der Verstand wohl. Wenn es nichts zu erreichen gibt, hängt er durch – und genau darum geht es hier: Lass ihn durchhängen!

Es gibt keine Absicht, es gibt kein Ziel. In diesem Augenblick jubelt die ganze Schöpfung – außer dir. Warum stimmst du nicht mit ein? Warum nicht wie eine Blume sein, die ohne Absicht blüht? Warum nicht wie ein Fluss sein, der ohne Absicht strömt? Warum nicht wie das Meer sein, das sich vor Freude überschlägt?

Das bedeuten die Zeilen Heraklits:

Die Zeit ist ein Kind,
Das in einem Brettspiel Steine hin und her schiebt;

Königliche Macht eines Kindes!

Und jedes Kind ist ein König. Beobachtet einmal ein Kind: Jedes Kind ist einfach ein König, ein Kaiser. Seht, wie es sich bewegt; selbst wenn es nackt ist, kann sich kein Kaiser mit ihm messen. Warum ist ein Kind so schön? Jedes Kind, ohne Ausnahme, ist schön. Was ist die Schönheit des Kindes? Es ist noch unverdorben, der Verstand hat es noch nicht angesteckt mit seiner Zielstrebigkeit, seiner Absichtlichkeit, seiner Suche nach Sinn und Zweck. Das Kind spielt nur, es kümmert sich nicht darum, was morgen ist.

Der kleine Junge kam nach Hause. Seine Mutter war sehr böse mit ihm und sagte: „Die Nachbarskinder haben mir gesagt, dass du einem kleinen Mädchen Matsch in den Mund gestopft hast und du deine Strafe dafür bekommen hast. Den ganzen Tag bist du aus deiner Klasse gesperrt worden!" Er sagte: „Stimmt." Die Mutter war entsetzt: „Aber warum! Warum nur hast du das getan?" Der kleine Junge zuckte mit den Schultern und sagte: „Das kleine Mädchen hatte doch den Mund offen!" Die Frage nach dem Sinn ist sinnlos. Er hatte den Matsch in der Hand und der Mund stand offen; da ist es eben passiert.

Aber wir fragen nach dem Warum. Das Warum ist belanglos für das Kind. Die Dinge passieren so, wie sie eben passieren. Der Junge hatte die Hand voll Dreck und das Mädchen hatte den Mund offen. Wir bestrafen ihn zu Unrecht; er hat es nicht wirklich getan – es passierte, einfach so. Es war ein Zufall, dass das Mädchen dastand mit offenem Mund. Er hatte keine Absichten, er wollte ihm nichts antun, er wollte es nicht beleidigen; er nahm lediglich die Gelegenheit wahr und hatte seinen Spaß dabei. Aber wir fragen nach dem Warum. Abgründe trennen das Kind vom Erwachsenen; sie sind entgegengesetzte Pole. Das Kind kann nicht verstehen, was die Erwachsenen sagen, weil es in einer vollkommen anderen Dimension lebt – in der Dimension des Spiels.

Und die Erwachsenen können nicht verstehen, was das Kind tut, weil der Erwachsene ein Geschäftsmensch ist; er lebt in der Welt des Warum, der Gründe, der Ursachen. Sie kommen nie zusammen, sie können nicht zusammenkommen, es gibt keine Brücke des Verstehens – es sei denn, der Erwachsene wird wieder zum Kind. Nur ein Heiliger, ein wirklich Weiser, kann ein Kind verstehen; denn er ist selbst ein Kind. Er kann verstehen.

Ich las kürzlich das Tagebuch eines Kindes.

Am 25. Dezember heißt es: „Onkel Jo hat mir ein Luftgewehr geschenkt. Onkel Jo ist der tollste Onkel der Welt. So einen Onkel gab es noch nie und wird es nie wieder geben… Aber es regnet und ich kann nicht nach draußen. Ich will unbedingt jagen gehen."

26. Dezember: „Es regnet immer noch, ich kann es nicht mehr erwarten."

27. Dezember: „Es regnet und regnet. Ich kann es nicht mehr aushalten, ich platze vor Wut und will was kaputtmachen."

28. Dezember: „Es regnet immer noch. Habe Onkel Jo erschossen."

Das ist die Welt des Kindes. Es verfolgt keine Absichten und spielt nur. Es genügt ihm, wenn es spielen kann.

Wenn du wieder zum Kind werden kannst, hast du alles erlangt, was es zu erlangen gibt. Wenn du nicht wieder zum Kind werden kannst, hast du alles versäumt. Ein Weiser ist einer, der ein zweites Mal als Kind zur Welt kommt. Wenn Kinder zum ersten Mal geboren werden, sind sie keine wirklichen Kinder, denn sie müssen aufwachsen. Erst die zweite Geburt ist die wirkliche Geburt, denn wenn einer ein zweites Mal zur Welt kommt, dann hat er sich selbst das Leben geschenkt – es ist eine Verwandlung, er ist wieder zum Kind geworden. Er fragt nicht mehr Warum und Wieso, er lebt einfach nur. Was immer der Augenblick bringt, er lebt damit. Er plant nicht, er hat nichts vor. Er lebt ohne jede Erwartung – und das ist auch die einzige Art zu leben.

Sonst scheint es nur, dass du lebst, aber in Wirklichkeit lebst du nicht.

Für ein Kind ist nichts böse und nichts gut, da gibt es keinen Gott und keinen Teufel; ein Kind nimmt alles an. Und der Weise auch, und so kann er sagen: „Gott ist gut und böse – beides." Für einen Weisen verschwindet wieder alle Moral, alle Unterschiede fallen; alles ist heilig und jeder Ort geweiht.

Ich war einmal bei einer christlichen Familie zu Gast. Die Mutter sprach mit ihrem Kind und sagte: „Das ist nicht gut, du brauchst nicht so laut zu beten! Du brüllst ja fast; Gebete dürfen nicht herausgebrüllt werden. Gott kann dich hören, auch wenn du nicht so laut brüllst."

Aber das Kind sagte: „Es heißt aber doch in dem Gebet: Wir rufen zu dir, oh Gott..." Ein Kind lebt in einer anderen Welt.

Die Mutter war nun erst recht ärgerlich. Ich sagte zu ihr: „Lass ihn, misch dich nicht in seine Kindheit ein, es ist zu früh dazu. Lass ihm seine eigene Art zu beten, er hat doch seinen Spaß dabei. Und darauf kommt es wirklich an, nicht auf die Form. Er springt auf und ab und brüllt den Namen Gottes – und es ist schön so. Warum willst du es ändern? Genauso sollte es doch sein: Wenn es einem Spaß macht, wird ein Gebet daraus. Wenn es einem keinen Spaß macht, wenn es zur Pflicht wird, die jemand anders dir aufzwingt, dann fühlst du dich eingesperrt. Lass ihn brüllen, lass ihn springen – und ich bin sein Zeuge. Gott hört ihn. Es kommt nicht darauf an, ob er brüllt oder nicht, sondern ob es ihm Freude macht."

Ein Mensch, der sich glücklich und selig fühlt, braucht nicht zu beten. Gebete sind ein armseliger Ersatz. Ein glücklicher Mensch braucht nicht zu meditieren. Ein glücklicher Mensch, der jeden Augenblick leben kann, hat alles getan, was zu tun war. Alles ist ihm heilig und göttlich: Er kann sein Essen so zu sich nehmen, dass es zum Gebet wird; er kann einen anderen Menschen so lieben, dass es zum Gebet wird; er kann im Garten ein Loch graben und es wird ein Gebet daraus. Gebet ist keine Formsache. Es kommt auf die Andacht an, die man einer Sache entgegenbringt.

Königliche Macht eines Kindes! Warum? Weil „königliche Macht“ Unschuld bedeutet. Gott kommt zu dir, wenn du unschuldig bist. Wenn du berechnend bist, bleibt die Tür verschlossen. Zerstört niemals die Unschuld eines Menschen, sät niemals den Zweifel in einen Unschuldigen, denn Unschuld ist die königliche Macht. Stiftet andere nie zum Zweifel an, denn wenn das Vertrauen erst einmal zerstört ist und die Unschuld gebrochen, dann wird es sehr, sehr schwierig, sie wieder herzustellen – es ist wie ein zerbrochener Spiegel.

Diesem Problem sieht sich jeder Meister gegenüber: Ihr alle seid wie zerbrochene Spiegel, denn irgendwann auf eurem Lebensweg ist euer Vertrauen gebrochen worden. Ihr könnt niemandem trauen, ihr seid zum Zweifeln erzogen worden, ihr habt einen sehr fein entwickelten, zweifelnden Verstand. Und da liegt das Problem. Und nichts kann in dich eindringen – und schon gar nicht Gott! –, bevor du nicht dein Vertrauen wiedergewinnst. Du bist wie ein zerbrochener Spiegel und du bestehst auch noch darauf, ein zerbrochener Spiegel zu sein. Du hältst deinen Zweifel für eine große Fähigkeit – und genau das ist deine Armut. Das Herz des Kindes ist die königliche Macht. Mit dieser Unschuld kommt auch die Macht zu dir. Und wenn ich sage: „Vertraue!“ – und wenn alle Meister der Welt sagen: „Vertraut!“, dann meinen sie: Werdet unschuldig! Aber du bestehst auf deinem Zweifel und argumentierst lieber und rationalisierst. Du pochst darauf, dass man dich erst überzeugen muss, bevor du einen Schritt tust – da liegt das Problem, genau da! Wenn du nur einen Schritt in das Dunkel hinein tust, dann wird Vertrauen, dann wird alles möglich. Aber diesen einen Schritt kannst du nicht tun. Und sieh dir an, was du mit deinem Zweifel fertiggebracht hast, wohin dich dein zerbrochener Spiegel geführt hat! Du bist von ihm abhängig geworden, weil er dich so lange begleitet hat.

Mulla Nasrudin gab seinem Sohn eine Lektion in Lebenserfahrung. Es war ein kleiner, lebendiger Junge. Nasrudin ließ ihn auf eine Leiter klettern. Der Junge gehorchte; er war ein begeisterter Kletterer und er war überrascht, weil Mulla sonst immer sagte: „Du sollst nicht auf Bäume klettern, du darfst nicht auf die Leiter!“ Warum also jetzt? Aber er freute sich, kletterte hinauf und als er oben war, sagte Mulla: „Jetzt spring!“ Der Junge zögerte etwas, aber Mulla sagte: „Ich bin doch dein Vater, warum hast du Angst? Spring!“

Der Junge sprang… und Mulla trat zurück. Das Kind fiel zu Boden und fing bitterlich zu weinen an; schließlich schluchzte er: „Warum hast du das mit mir getan?“

Mulla sagte: „Und jetzt präg es dir ein: Vertraue keinem – nicht einmal deinem eigenen Vater! So geht es in der Welt zu und ich bereite dich vor. Glaub niemandem, nicht einmal deinem eigenen Vater. Du hast eine wichtige Lektion gelernt: Vertraue keinem!“ Das ist genau die Art von Vorbereitung, die euch jeder Vater, jede Mutter, jeder Lehrer, alle Schulen und Universitäten angedeihen lassen: Vertraue keinem, denn jemand könnte dich betrügen. Richtig – es kann einer kommen und dich hereinlegen, dich übervorteilen; und das ist der Grundpfeiler dieser Erziehung. Aber selbst wenn die ganze Welt dich betrügen würde – du kannst in Wirklichkeit nichts verlieren, solange du vertraust. Wenn du aber zweifelst, verlierst du alles.

Der Zweifel selbst ist der wahre Betrüger, denn am Ende wirst du um Gott betrogen. Gott kommt nur durch die Tür unschuldigen Vertrauens. Und du – hast du in irgendetwas Vertrauen in diesem Leben? Wenn du genau hinsiehst, wirst du niemanden finden, nichts, dem du vertraust.

Es geschah, dass ein Mann zu einem großen Mystiker namens Nagarjuna kam.

Nagarjuna fragte: „Liebst du irgendjemanden, kannst du irgendjemandem vertrauen?“

Der Mann antwortete: „Nein, ich liebe niemand, ich vertraue auch keinem – außer meiner Kuh."

Nagarjuna sagte: „Das reicht schon. Glaube fest daran, dass deine Kuh Gott ist – liebe sie, vertraue auf sie, füttere sie, kümmere dich um sie und dann komm nach drei Monaten wieder zu mir." Aber der Mann sagte: „Wie soll denn etwas dabei herauskommen – einfach eine Kuh lieben? Ihr zu vertrauen?"

Nagarjuna antwortete: „Mach dir keine Sorgen. Komm nach drei Monaten wieder." Als der Mann zurückkam, war er völlig verwandelt. Er sagte: „Was für ein Wunder hast du an mir vollbracht? Ich kann es immer noch nicht glauben, aber es ist geschehen! Ich habe nichts getan, als die Kuh geliebt und ihr vertraut und mich um sie gekümmert, aber dabei habe ich etwas erlebt, das mich zu einem völlig anderen Menschen gemacht hat. Ich bin neugeboren! Wie kann das sein – nur die Liebe zu einer Kuh?"

Nagarjuna sagte: „Es geht nicht darum, dass du einer Kuh vertraut hast, sondern dass du überhaupt vertraut hast."

Wenn du Vertrauen haben kannst und ist der Anlass auch noch so gering, dann kann sich von da aus das Tor erweitern. Und wenn du erst einmal Vertrauen gekostet hast, dann wirst du immer mehr bereit dazu. Je mehr du davon kostest, desto mehr kannst du vertrauen, und schließlich machst du den letzten Sprung.

Die Zeit ist ein Kind,
Das in einem Brettspiel Steine hin und her schiebt…

Und auch über die Zeit hat Heraklit keine arithmetischen Vorstellungen. Auch über die Zeit sagt er, dass sie wie ein Kind sei, das Spielfiguren hin und her bewegt: Die hellen sind die Tage und die dunklen die Nächte. Heraklit glaubt nicht daran, dass die Zeit vorwärts geht, auf einen Punkt zu. Bewegen tut sie sich zwar, aber im Kreis. Sie ist nicht linear, sie ist wie ein Rad.

Und das muss unbedingt verstanden werden. Denn alle Wissenschaftler denken, dass die Zeit linear verläuft, und alle Seher der inneren Wahrheit sagen, dass die Zeit wie ein Rad ist, dass sie nicht linear, sondern kreisförmig ist. Und dafür scheint es einen Grund zu geben. Die Wissenschaftler sehen nie das Ganze, sondern immer nur einen Ausschnitt. Der wissenschaftliche Verstand ist ein spezialisierter Verstand, auf das Einzelne gerichtet. Der Wissenschaftler kann nur einen Teil erkennen, und diesen Teil schneidet er sogar noch in kleinere Teile, um immer winzigere Einheiten zu erkennen. Die wissenschaftliche Sehweise kann nie das Ganze erfassen. Die wissenschaftliche Schulung zielt im Gegenteil darauf ab, den Teil noch deutlicher zu erkennen. So sieht er immer klarer, aber immer weniger. Sein Auge wird scharf und durchdringend, aber sein Gegenstand wird immer kleiner. Er kommt schließlich zum Atom, zum kleinsten Partikel. Und bei der Zeit ist es dasselbe; er kommt zum kleinsten Element, dem Augenblick.

Wenn du nur einen kleinen Kreisausschnitt siehst, dann sieht er aus wie eine Linie, aber der Kreis ist unendlich groß. Es verhält sich so wie bei der Erde: Wenn wir hier, wo wir sitzen, eine Linie ziehen und ihr glaubt, es sei eine gerade Linie, dann irrt ihr! Wie kann man auf einem kreisförmigen Stern eine gerade Linie ziehen? Wenn ihr diese Linie immer weiter zieht, immer weiter, dann wird sie zum Kreis, dann geht sie rund um die Erde. Alle geraden Linien sind also nur Teile, Segmente eines großen, unendlich großen Kreises.

Die Wissenschaft kann das Ganze nicht erkennen, darum erscheint ihr die Zeit als linear. Die Religion sieht das Ganze. Die Wissenschaft sieht den Wald vor lauter Bäumen nicht. Die Religion geht am Baum vorbei und schaut auf den Wald. Und wenn du auf das Ganze blickst, dann ist alles kreisförmig. Alle Bewegung ist kreisförmig und die Zeit ist eine Bewegung, also auch kreisförmig. Sie hat kein Ziel, sie bewegt sich spielerisch. Und wenn du siehst, dass die Zeit nirgendwohin geht, sondern im Kreis herum geht, dann fällt die ganze angestrengte Vorstellung von dir ab, dass du irgendein Ziel erreichen musst. Dann wird es sinnlos, bedeutungslos, irgendwann in der Zukunft etwas erreichen zu wollen, dann fängst du an, den Augenblick zu genießen.

Das Leben ist keine Leistung, die es zu vollbringen gilt – es ist ein Fest.

Fanatismus ist die heilige Seuche.

Aber auch das dürft ihr nun nicht zu einer Theorie erheben, denn im Augenblick, wo du hergehst und eine Theorie daraus machst, wo du sagst: „So ist es und nicht anders!", fängst du an, andere bekehren zu wollen. Sowie du sagst: „So ist es!", hat sich dein Ego darüber hergemacht. Jetzt geht es nicht mehr darum, dass es stimmt, sondern dass du Recht hast. Wie kannst du dich irren? So bricht die heilige Seuche aus. Auch hier bei mir müsst ihr euch das merken: Was auch immer ich sage – macht keine Behauptung daraus! Was ich auch sage, macht keinen blinden Glauben daraus, legt keine Scheuklappen an. Denn was ich auch sage – auch das Gegenteil davon ist wahr. Denkt daran, denn wenn ihr das Gegenteil ausschließt, werdet ihr engstirnig und fanatisch. So fängt jede Bigotterie an. Wenn ich sage: Gott ist Winter, dann ist Gott auch Sommer. Und es gibt Augenblicke, wo ich sage, dass Gott Winter ist, weil ich das im Augenblick für hilfreich halte. Und außerdem sage ich zu den einen: Gott ist Winter und zu den anderen: Gott ist Sommer – aber macht keine Theorie daraus! Ich bin auch ein Dichter. Ihr sollt nicht glauben, was ich sage, sondern einfach werden, was ich sage. Lasst es euch verwandeln, macht es nicht zur Theorie. Macht keinen Sektenwahn daraus, macht gelebtes Leben daraus – lebt es! Und wenn ihr es lebt, dann verhelft ihr auch anderen dazu, es zu leben. Nur indem ihr es lebt, helft ihr andern – nicht durch Reden, nicht durch Bekehrung, nicht, indem ihr herumgeht und den Leuten das Licht bringt! Nein! Das ist ein sehr feines Gift. Seid selber voller Licht und euer Licht wird die Leute anziehen und sie werden davon trinken – ihr braucht ihnen nicht hinterherzulaufen. Und wenn jemand seinen eigenen Weg verfolgt, dann versucht nicht ihn davon abzubringen. Wer weiß? – das mag genau der richtige Weg für ihn sein. Dir mag er falsch vorkommen, aber wer bist du, dass du darüber entscheiden kannst? Entscheide nichts und urteile nicht; denn blinder Glaube ist die heilige Seuche. Jedes Mal, wenn ein Mensch erleuchtet wird, bietet sich eine neue Möglichkeit für dieses Übel. Sobald man religiös wird, wird man für diesen Bazillus empfänglich: Frömmelei, blinder Glaube. Ein religiöser Mensch, der nicht bigott wäre, ist nicht zu finden.

Ich traf einmal Mulla Nasrudin in einer Bar. Ich fragte ihn: „Mulla, was tust du da? Grad gestern hast du mir noch erzählt, dass du mit dem Trinken Schluss gemacht hättest und zum strikten Anti-Alkoholiker geworden bist. Also, was soll das?“

Nasrudin sagte: „Sicher, ich bin wirklich ein Anti-Alkoholiker, aber doch nicht fanatisch!“

Ganz gleich, was du bist, bleib flexibel. Zwänge dich in kein Korsett, bleib in Bewegung und in Fluss. Manchmal muss man auch die Disziplin hinter sich lassen können. Das Leben ist größer als deine Disziplin und manchmal muss man völlig gegen seine eigenen Regeln gehen können – denn Gott ist sowohl Sommer als auch Winter.

Falle keinem blinden Glauben zum Opfer. Sei religiös, aber sei kein Hindu, kein Moslem, kein Christ. Lass die ganze Erde deine Kirche sein, lass die ganze Existenz dein Tempel sein. Und wenn der ganze Gott zur Verfügung steht, warum sich dann mit einem Bruchteil zufriedengeben? Warum sich einen Christen nennen, warum einen Hindu? Wenn du ein ganzer Mensch sein kannst, warum dir dann ein Etikett aufkleben?

Lass alle Aufschriften fallen, lass alle Glaubenssätze fallen.

Vertraue – und Vertrauen ist etwas ganz und gar anderes als Glauben. Vertraue dem Leben; ganz egal, wohin es dich trägt – geh mit ihm; und hilf anderen, auf ihrem Weg weiterzukommen. Folge deiner Spur und überlasse den andern ihre eigene. Bleib offen. Wenn du offen bleiben kannst und andere gern magst und unterstützt, ohne ihnen irgendetwas aufzuzwingen, dann wirst du sehen, dass die Menschen anfangen von deinem Reichtum zu trinken, dass anderen tatsächlich durch dich geholfen wird.

Geh nicht auf sie zu, um ihnen zu dienen, denn Hilfe, Mitgefühl, Liebe, Hingabe – all das geschieht nur indirekt. Springe anderen Leuten nicht auf den Rücken, peitsche sie nicht in den Himmel hinein, denn diese Art von Gewalttätigkeit geht als Blutspur durch die ganze Geschichte. Diese Art von Gewalttätigkeit hat dazu geführt, dass sich Christen, Hindus und Moslems gegenseitig bekämpft und umgebracht haben – Schluss damit, das ist heute nicht mehr nötig!

Heute ist die Erde zusammengewachsen. Der gesamte Erdball ist zusammengeschrumpft wie zu einem kleinen Dorf. Lasst diese Menschheit endlich auch eins werden – eins im Suchen, nicht in den Antworten; eins – weil alles göttlich ist.

Bewahrt die Worte Heraklits!

Auch hier sind die Götter zu Hause.
Ich habe mich selbst durchforscht.
Königliche Macht eines Kindes!
Fanatismus ist die heilige Seuche.

EINE TROCKENE SEELE IST DIE WEISESTE

Ein betrunkener Mann
Muss sich von einem Knaben führen lassen.
Er folgt ihm strauchelnd,
Ohne zu wissen, wohin.
Denn seine Seele ist feucht.
Seelen werden gerne feucht.
Eine trockene Seele ist die weiseste und beste.

WIE ICH SCHON GESTERN SAGTE: Das menschliche Bewusstsein kann zwei Richtungen einschlagen. In der einen Richtung geht es abwärts, wie fließendes Wasser; in der anderen aufwärts – steigend, wie das Feuer. Feuer und Wasser sind nur Symbole – aber sie deuten auf Vieles hin.

Je weiter du nach unten fließt, desto unbewusster wirst du. Je weiter du aufsteigst, desto bewusster wirst du. Die Aufwärtsbewegung ist Bewusstheit, die Abwärtsbewegung ist Unbewusstheit. Wenn das Bewusstsein nach unten strömt, spricht Heraklit von „feucht werden". Und das Aufsteigen nennt er „trocken werden". Feuchtigkeit und Trockenheit hängen mit Feuer und Wasser zusammen. Und er sagt, dass das Gemüt, das Bewusstsein des Menschen, gern feucht wird. Genuss zieht nach unten.

Wann immer du den Genuss suchst, gehst du dabei abwärts – denn im Genuss bist du unbewusst. Genuss ist ein Zustand, in dem du keine Angst mehr hast, nicht weil die Angst wirklich verschwunden ist, sondern weil du unbewusst bist.

Die Welt bleibt so, wie sie ist: Deine Ängste warten, dass du zurückkommst, sie nehmen sogar zu, nicht etwa ab, denn die Zeit arbeitet für sie. Deine Probleme bleiben die gleichen, sie werden nur noch komplizierter. Während du unbewusst bist, wachsen sie weiter – sie machen keine Pause, bis du wieder bewusst wirst. Dein Elend nimmt zu, deine Qual wächst und erwartet dich. Da du aber unbewusst bist, merkst du es nicht. Sobald du wieder zu Bewusstsein kommst, wirst du dich all den Problemen stellen müssen, vor denen du weggelaufen warst.

Genuss ist Flucht. Darum lohnt sich Genuss nicht. In Wirklichkeit ist es überhaupt kein Genuss, sondern eine Art Selbstmord. Du läufst vor deinen Problemen davon, du kehrst ihnen den Rücken zu, aber damit löst du sie nicht. Früher oder später musst du dich ihnen stellen; denn wenn du nur ein Mal bewusst warst, kannst du nicht mehr ständig unbewusst bleiben. Ab und zu kannst du ins Unbewusste abtauchen, aber wie lange hält man es schon unter Wasser aus? Ein paar Sekunden und dann bist du wieder an der Oberfläche. Lange kannst du nicht unbewusst bleiben. Ob du dir durch Alkohol oder Drogen oder Sex oder Ähnliches das Bewusstsein raubst, für ein paar Momente alle Sorgen vergisst – es ist und bleibt ein Zustand des Vergessens, und der hält nicht lange an. So kommst du nicht weiter: Genuss bringt nichts.

Du musst doch wieder zurückkommen – und schließlich wird daraus ein Teufelskreis. Du kommst zurück und siehst dich deinem Elend gegenüber; es wartet schon auf dich: All die Probleme und Sorgen, sogar noch mehr als vorher – und die Angst packt dich, du wirst nervös; vor lauter Angst und Grauen ergreifst du sofort wieder die Flucht. Und je mehr du fliehst, desto größer werden die Probleme, desto mehr Alkohol brauchst du. Du brauchst eine immer größere Dosis an Betäubungsmitteln, weil die Wirkung abnimmt. Eine bestimmte Dosis erlöst dich am ersten Tag von deinem Bewusstsein; aber ein paar Tage später schon nicht mehr. Du bleibst trotzdem bei Bewusstsein, die Sorgen klopfen laut an deine Tür, du kannst sie nicht mehr überhören... also musst du eine größere Dosis nehmen; und auch die lässt dann wieder nach.

Schließlich kommst du an einen Punkt... In Indien hat man ausgiebig damit experimentiert: Es gibt Sekten, die zur Bewusstseinserweiterung mit Alkohol gearbeitet haben oder mit Drogen wie Marihuana, Meskalin und Ähnlichem. Für den Westen ist das neu; deshalb die Hysterie. Im Osten hat das Tradition. Eine der tantrischen Sekten hat Drogen verwendet, um einen Weg zu höherer Bewusstheit zu finden. Aber sie haben bald gemerkt, dass man sich mit der Zeit so daran gewöhnt, dass einen nichts mehr unbewusst machen kann. Daraufhin nahmen sie Giftschlangen – ein Biss – und der gewöhnliche Mensch stirbt davon. Wenn keine Droge mehr wirkt, lassen sie sich von einer solchen Schlange in die Zunge beißen; davon würde man normalerweise sofort sterben. Mithilfe des Allergiftigsten, was es gibt, suchen sie

Unbewusstheit – aber selbst das wirkt nicht. Eines Tages hat der Tantriker endgültig alle Drogen hinter sich: Nichts kann ihn mehr bewusstlos machen, nichts hilft. Aber wenn dieser Mensch dich beißt, stirbst du auf der Stelle. Sein ganzer Körper ist vergiftet.

Die ältesten historischen Quellen Indiens erwähnen eine bestimmte Art von weiblichen Geheimagenten. Jeder König ließ schöne Mädchen von frühester Jugend an dazu abrichten, mit vergiftetem Körper zu leben. Man nannte sie *Vishkanya* – die giftigen Mädchen – ungewöhnlich schöne Mädchen. So ein Mädchen konnte der König zum Feind schicken, zum feindlichen König, und die Frau war so schön, dass der sich unweigerlich angezogen fühlte. Sobald sie ihn küsste, starb er. Sie war durch und durch giftig. Schon ihr Kuss genügte – sie brauchte nicht mal zu beißen. Es kommt also der Punkt, wo keine Droge mehr hilft.

Diese Tantriker haben Drogen zur Bewusstmachung benutzt: Wenn dir keine Droge mehr etwas anhaben kann, dann hast du ein so feines Gleichgewicht gewonnen, dass du auf die höchsten Gipfel steigen kannst, ohne Angst vor dem Abgrund zu bekommen – denn nichts kann dir dein Bewusstsein rauben: Es hat sich kristallisiert.

Gewöhnlich nimmt man Drogen allerdings nicht, um Bewusstheit zu erlangen; dieser Weg ist ohnehin sehr gefährlich. Im Allgemeinen suchen die Leute Bewusstlosigkeit, ein wenig Vergessen, ein bisschen Urlaub von dieser Welt, von den Sorgen und Problemen, von der Hektik, der höllischen Unruhe. Man möchte vergessen. Alle Vergnügungen sind nichts als Mittel zum Vergessen.

Heraklit nennt das den feuchten Zustand der Seele. Das Wort ist sehr gut gewählt... er spricht von feuchten Seelen. Und er sagt damit, die Seelen der Menschen lieben den Genuss. Warum? Weil Genuss nach unten zieht. Ohne jede Anstrengung: Du brauchst nichts zu tun, du lässt dich einfach fallen. Es geht bergab, es läuft von selbst. Keine Anstrengung ist nötig: Die Schwerkraft zieht dich hinunter. Aufsteigen ist mühselig; darum sucht ihr den Genuss und nie das Glück der Höhe. Zum wahren Glück geht es aufwärts, zum Genuss abwärts. Genuss ist Vergessen, Glückseligkeit ist Erinnern.

Gurdjieff sagt, die einzige Methode zur völligen Harmonisierung aller Kräfte im Menschen sei die Selbst-Erinnerung, und alle erleuchteten Meister der Welt haben darauf bestanden, dass das Bewusstsein ständig wachsen muss: Je bewusster du wirst, desto mehr breitet sich in dir eine Art Trockenheit aus; du wirst buchstäblich immer trockener, immer bewusster, immer wacher und aufmerksamer: weil Bewusstheit Feuer ist. Kein Wunder also, wenn du trockener wirst. Hört auf diese Worte und versucht sie zu verstehen. Sie können euch eine große Hilfe sein.

Ein betrunkener Mann
Muss sich von einem Knaben führen lassen.
Er folgt ihm strauchelnd,
Ohne zu wissen, wohin.
Denn seine Seele ist feucht.

Stellt euch das Bild genau vor, führt es euch vor Augen: Ein betrunkener Mann muss sich von einem Knaben führen lassen; er folgt ihm strauchelnd, ohne zu wissen wohin. Denn seine Seele ist feucht. Das ist symbolisch zu verstehen. Wenn du betrunken bist, fällst du zurück; du regredierst, wirst wieder zu einem kleinen Jungen. Aber durch Regression kannst du nicht wachsen. Ihr müsst zwar wieder wie die Kinder werden, aber nicht durch Regression, sondern indem ihr weiter wachst, vorwärts geht, nach oben dringt. Man muss wieder zum kleinen Kind werden, aber nicht indem man zurückfällt, sondern indem man vorwärts geht. Wenn ihr zurückgeht, werdet ihr kindisch; wenn ihr zurückgeht, verliert ihr nur, ihr gewinnt nichts. Wenn ihr zurückgeht, verkrüppelt ihr damit euer ganzes Inneres. Dann seht ihr nach außen hin zwar wie Erwachsene aus, aber im Innern seid ihr nur wie kleine Kinder, nicht einmal Kinder, sondern kindisch. Nicht unschuldig, sondern sehr, sehr verschlagen. Und die Verschlagenheit steckt so tief, da ihr nicht nur anderen, sondern euch selber, eurem eigenen Bewusstsein, eurer eigenen Bestimmung ein Schnippchen schlagen wollt. Ihr spielt mit eurem eigenen Potenzial verschlagene Spielchen. Ihr lasst euch einfach zurückfallen, ihr regrediert.

Du trägst alle deine früheren Stadien in dir. Einst warst du im Mutterleib. Etwas von diesem Stadium lebt in dir fort, weil nichts endgültig abgeworfen werden kann. Du wächst heran, aber auf der Basis von allem, was dir in der Vergangenheit zugestoßen ist. In dir ist alles enthalten: nicht nur Dinge aus diesem, sondern auch aus früheren Leben; nicht nur aus deinen vielen Leben als Mensch, sondern auch aus tierischen und pflanzlichen Leben. Alles bleibt erhalten, nichts geht verloren. Du trägst die ganze Vergangenheit in dir – du bist deine Vergangenheit. Die ganze Vergangenheit steckt in dir und du kannst in sie zurückfallen. Jeden Augenblick. Es ist wie mit einer Leiter, du kannst auf ihr aufwärts- oder abwärtssteigen. Und wenn du berauscht bist, steigst du abwärts. Dabei brauchst du nicht beim Kind Halt zu machen; du kannst bis zum Pflanzlichen absteigen: Dann vegetierst du.

Seht euch einen Betrunkenen im Straßengraben an – er sieht nicht mehr wie ein Mensch aus, er ist regrediert, er vegetiert. Man kann nicht einmal sagen, dass er lebt. Wie kann man ihn Mensch nennen? Was für eine Menschlichkeit hat er noch? Was unterscheidet ihn von einem Baum? Der einzige Unterschied ist, dass es dem Baum besser geht, denn er ist wenigstens nicht betrunken. Dieser Mensch ist zurückgefallen, er ist wieder zum Baum geworden.

Man kann sich so sehr mit Drogen vollstopfen … Im Westen sagt man *stoned* für den Drogenrausch: versteinert. Das Wort trifft genau den Zustand: Man wird zu Stein. Das ist die letzte Stufe – man ist nicht einmal mehr pflanzlich. Man ist wie ein Stein, nichts ist mehr möglich. Du bist auf der letzten Sprosse der Leiter angelangt, ganz am Boden. Millionen Jahre bist du zurückgefallen – und das geht blitzschnell. Plötzlich bist du hilflos, in einem negativen Sinn hilflos – schwachsinnig.

Du benimmst dich wie ein Idiot, du weißt nicht, was du tust. In Wirklichkeit bist du nicht mehr. Du bist abwesend, du bist verschollen. Du hast deine innere Mitte verloren. Das ist der feuchte Zustand: Ohne Mitte, das Wasser fließt überall hin – ohne Richtung, ohne inneren Zusammenhalt. Wenn du in diesem Zustand stirbst, wird dir noch nicht einmal bewusst, dass du tot bist. Es kann passieren, was will, du merkst es nicht. Es gibt dich nicht. Das ist der Zustand völliger Geistesabwesenheit. Du bist vollkommen herunter gefallen, du bist ganz am Boden. Das geht sehr leicht. Und es gefällt der Seele, weil alles, was leicht geht, Spaß macht. Man braucht sich nicht anzustrengen. Man muss keinem bestimmten Weg folgen. Man braucht nichts dazu beitragen. Man braucht sich nicht zu sorgen, man braucht nicht nachzudenken, man lässt sich einfach fallen. Genau das ist Aussteigen – *dropping out* – die ganze Anstrengung der Evolution einfach fallen zu lassen, alles hinzuschmeißen. Dann nimmst du nicht mehr Teil am Wachstum der Schöpfung, du bist nicht mehr Teil des Göttlichen, das sich ständig weiterentwickelt. Du hast alles verloren.

Dieser Zustand ist am allerschlimmsten. Und er entsteht nicht nur durch Rauschmittel, sondern auch anders. Vergesst das nicht: Selbst wenn ihr keine Rauschmittel nehmt, auch ohne Droge könnt ihr euch auf subtile Art berauschen – jeder „Trip", jede fixe Idee kann zur Droge werden. Schon wenn du ununterbrochen ein Mantra wiederholst, eine „heilige Silbe" – stumpfsinnig, einfach als stereotype Wiederholung, dann wirkt das wie Alkohol und macht dich unbewusst. Du genießt es, du fühlst dich wohl, aber es ist nicht das Glück der Bewusstheit. Du fällst zurück. Auch damit wird in Indien seit Jahrtausenden experimentiert und Tausende von Menschen singen dauernd Mantras vor sich hin. Wenn du sie dir anschaust, merkst du, dass auch sie stoned, versteinert sind. Ihr Mantra hat sie unbewusst gemacht. Natürlich leben sie sorglos, denn um sich Sorgen zu machen, braucht man Bewusstheit. Sie sind glücklich, aber ihr Glück ist wie der Tod, schal und steinhart. Es ist nicht das Glück der Blume beim Aufblühen; dies Glück ist wie ein abgestandener Tümpel, nicht wie ein fließender Strom. Diese Leute regen sich nicht mehr, die innere Bewegung hat aufgehört.

Ich habe schon die beiden Dimensionen von Bewegung erwähnt: die vertikale und die horizontale. Diese Leute haben zwar die horizontale Bewegung zum Stehen gebracht, aber mit der vertikalen nicht einmal angefangen. Sie sind einfach wie tot, lebendig in ihren eigenen Körpern begraben. Ihre Körper sind zu Gräbern geworden. Ihr könnt in den Himalaja, an die Grenze Tibets fahren und sie euch anschauen: Viele sitzen einfach da und singen Mantras. Ihr ewiges Singen hat eine solche Verheerung in ihnen angerichtet, hat sie so abgestumpft, dass sie jegliche Empfindsamkeit eingebüßt haben. Es hat sie nicht lebendiger, sondern lahm gemacht. Sie stumpfen so ab, dass sie auf Nagelbrettern liegen können – weil ihr Körper nichts mehr empfindet. Ihr Inneres ist völlig zusammengeschrumpft. Dieses Rauschgift geht tiefer als alle Arten Alkohol – weil es ihr eigener Alkohol ist, sie können ihn sich selber destillieren.

Ununterbrochen ein Wort stumpfsinnig vor sich hin zu singen, führt zur Regression. Soll das Singen einer Silbe zu etwas führen, muss es mit Bewusstsein geschehen: Du musst wach bleiben. Wenn du „Aum, Aum, Aum" singst, musst du völlig wach dabei sein. Der Körper muss das Singen besorgen, aber du bleibst Zeuge. Sobald der Zeuge verloren geht, wird das Singen alkoholisch – zum Rauschgift. Es gibt aber noch ganz andere Möglichkeiten. Politiker sind auch im Drogenrausch: Die Macht, das öffentliche

Ansehen berauscht sie; sie sind Alkoholiker. Sobald jemand an die Macht kommt, ist er nicht mehr bei Sinnen. Macht verdirbt, und zwar absolut – weil Macht eine Droge ist. Wenn du Macht besitzt, lebst du nicht mehr in deinem Bewusstsein. Dann fängst du an Dinge zu tun, die du dir nie hast träumen lassen. Du hättest nie geglaubt, dass du solche Dinge tun kannst.

Lest über Adolf Hitler und sein Leben nach! Was hat er alles getan! Und er hat nie eine Zigarette angerührt, er war Antialkoholiker! Er war der perfekte Mönch. Früh am Morgen stand er auf, früh ging er schlafen; er rauchte nicht, trank nicht, aß kein Fleisch. Und was tat er? Einen perfekteren Jaina-Mönch kann man nicht finden – aber was hat er getan? Er nahm die allerstärkste Droge. Deshalb brauchte er nicht zu rauchen – was sind schon Zigaretten! –, brauchte nicht zu trinken: Er war besoffen vor Macht. Leute, die Adolf Hitler aus der Nähe beobachtet haben, sagen, dass er sich völlig veränderte, sobald er zu reden begann. Wenn er anfing, war er noch Adolf Hitler, aber allmählich verfiel er in Trance, wie hypnotisiert von seiner eigenen Stimme: Sein Blick wurde starr, er wirkte geistesabwesend, als hätte ein anderer von ihm Besitz ergriffen – er war wie besessen. Und dann steckte seine Besessenheit, seine Trunkenheit, seine Feuchtigkeit augenblicklich alle anderen an. Es fiel ihm leicht, Wahnsinn um sich zu verbreiten. Er war ein Neurotiker von so charismatischem Kaliber, dass er damit seine ganze Umgebung ansteckte – er wirkte magnetisch. Sein eigener Alkohol floss über und berauschte die Leute – und so konnte er das gesamte deutsche Volk in den Selbstmord führen.

Macht ist eine Droge – die stärkste der Welt. Und der Witz ist, dass die Politiker immer gegen Drogen sind; dabei nehmen sie die stärkste Droge, schwelgen im gewaltigsten Drogenrausch. Jeder kann seine eigenen Privatdrogen erzeugen. Reichtum zum Beispiel: Schaut genau hin. Wird jemand reich, gibt es ihn nicht mehr, er ist vollkommen weggetreten! Er lebt, arbeitet hart, aber er weiß nicht, was er tut, er ist vollkommen unbewusst. Oder andere Privatdrogen: Der eine wird Maler, der andere Dichter, auch das können Drogen sein. Alles ist Droge, wenn du dich dabei vergisst; alles, was dir dein Bewusstsein raubt; alles, womit du dich total identifizierst, egal, was es ist; alles, was deine innere Beobachtung ausschaltet, ist Droge. Und das nennt Heraklit den feuchten Zustand.

Seelen werden gerne feucht.

Es geht so leicht – keine Anstrengung, keine Konfrontation mit der Wirklichkeit. Man versteckt sich einfach. Man versteckt sich, man läuft davon, man schließt die Augen wie der Vogel Strauß. Und erst mit geschlossenen Augen, wenn du nichts mehr sehen kannst, bist du glücklich. Das nennt ihr Glück. Aber es ist kein dauerhaftes Glück, es währt nicht lange. Es dauert nur einen Augenblick.

Wenn du dich in jemanden verliebst, bist du ungeheuer glücklich. Es ist eine Droge, eine Droge, die von deinen Hormondrüsen erzeugt wird, eine biologische Droge. Die Natur muss sich dieser Mittel bedienen, weil sie sich auf dich nicht verlassen kann. Überlegt mal: Ohne diese Droge der Verliebtheit würde die Welt stillstehen – denn Sex an sich ist so lächerlich! Ohne Liebe ist Sex bloß noch komisch. Wer würde sich mit dem Sex abgeben, wenn er nicht von einem Rausch umnebelt wäre?

Liebe ist der Köder. Der Natur geht es dabei nur um Reproduktion. Aber ihr seid unzuverlässig: Ohne Liebeslust gäbe es keine Nachkommen. Ihr verliebt euch: Die Natur spielt ihr Spielchen mit euch. Die Natur gibt euch eine Droge, setzt eine Droge in eurem Körper frei. Sie hat euch mit Drogendrüsen versorgt, mit Hormonen, die sie im richtigen Moment einsetzt. Es sind natürliche, biologische Drogen. Seht hin, wenn jemand verliebt ist: Er bewegt sich anders. Es gibt ihn nicht mehr, er ist völlig weggetreten. Er lebt in seinem Wahn, seinem Verlangen, seinem Traum, aber nicht mehr in der Wirklichkeit. Er hat sich, ohne es zu wissen, unter Drogeneinfluss gesetzt. Und nach ein paar Tagen ist es aus mit der Liebe; denn keine Droge kann ewig wirken ... Jetzt sind die Flitterwochen vorbei und die Liebe auch. Du siehst dich wieder der nackten Wirklichkeit gegenüber und damit fangen die Schwierigkeiten an: All deine Versprechungen hast du in einem unbewussten, im feuchten Zustand gegeben und jetzt sollst du sie einlösen. Sie bedrücken und belasten dich.

Jede Liebesaffäre endet hässlich. Warum? Jede Ehe führt dich in die Wüste. Warum? Weil es keine bewusste Sache ist. Wenn du bewusst liebst, kann Liebe ewig dauern... denn durch Bewusstheit wird alles ewig. Bei Unbewusstheit ist alles nur für den Augenblick. Wenn du bewusst leben kannst – nicht als Opfer biologischer Tricks, nicht als Opfer der Natur –, sondern bewusst zu Liebe wirst, dann verliebst du dich nicht mehr – dann verfällst du nicht mehr der Liebe, sondern gehst in ihr auf, steigst zur Liebe auf. Dann wird aus der Liebe Heilkraft und nicht Zerstörung. Dann wird die Liebe selbst zu Bewusstsein. Deine Beziehungen werden dann immer bewusster.

Du liebst den andern, ohne ihn zu benutzen. Liebevoll umsorgst du ihn und teilst alles mit ihm. Aber du besitzt ihn nicht. Du befreist den andern und dadurch dich selbst. Ihr werdet Partner auf der allerletzten Reise. Ihr helft euch gegenseitig; es gibt genug Klippen zu überwinden. Der Weg ist lang, die Reise hat kein Ende. Und es ist gut, gemeinsam mit jemandem zu gehen, der jeden Tiefpunkt, jeden Schmerz und alle Leiden teilen kann; der an deinem Glück und an deiner Seligkeit teilhat, und mit dem man auch schweigen kann. Es ist gut, jemanden zu haben, dem du dich mitteilen kannst, dem du anvertrauen kannst, wie dir zu Mute ist, von dem du weißt, dass er dir helfen wird, ganz gleich, was dir zustößt; der dich liebt, ganz egal, wie es dir geht, ob gut oder schlecht, ob wütend oder glücklich, traurig oder selig.

Vor einem Menschen, den du liebst, brauchst du nichts zu verbergen, du kannst offen und verwundbar sein, in welcher Situation ihr euch auch befinden mögt: Eure Liebe ist bedingungslos, ohne Wenn und Aber. Eine bewusste Liebe ist etwas völlig anderes als die gewöhnliche Liebe. Sie ist selten, aber wenn sie entsteht, gibt es nichts Schöneres auf der Welt.

Doch normalerweise ist eure Liebe nichts als eine Droge. Ich sehe es jeden Tag: Ein Paar kommt zu mir, redet von seiner tiefen Liebe, aber noch ehe eine Woche um ist, kommen sie wieder und klagen, dass alles zerfällt. Eine knappe Woche später! Und noch vor einer Woche hätte das keiner gedacht – ihre Gesichter, ihre Augen leuchteten voller Liebe; ihre Körper waren von einem unbekannten Rhythmus erfüllt, sie waren im siebenten Himmel. Und kaum eine Woche und alles ist vorüber! Was ist das für eine Liebe? Sie hat überhaupt nichts mit Liebe zu tun. Die Natur hat dich berauscht; sie hat dir einen Streich gespielt. Die Natur will, dass du in den Sex gehst. Also webt sie eine Traumwelt um den Sex – denn der nackte Sex ist hässlich. Er ist lächerlich. Stellt euch nur eine sexuelle Beziehung ohne jede Liebe vor – einfach abstoßend. Das macht eine Prostituierte so hässlich. Wie schön ihr Körper auch sein mag, sie selbst kann nicht schön sein, weil der Akt einer Sexualität ohne Liebe ihr ganzes Leben hässlich und schmutzig macht. Ihr könnt den Sex nur der Liebe wegen ertragen. Nur die Liebe macht den Sex schön; alles andere – die Stellungen, die Bewegungen beim Sex – ist lächerlich. Aber wenn du berauscht bist, merkst du nicht, was passiert. Wenn du berauscht bist, kannst du dich selber nicht sehen. Die ganze Welt kommt dir komisch vor, nur du selbst nicht.

Mulla Nasrudin fing eine Psychoanalyse an. Beim ersten Besuch stellte ihm der Therapeut einige Fragen, um zu sehen, was für einen Patienten er da vor sich hatte. Er zeichnete eine gerade Linie auf ein Papier und fragte Nasrudin: „Woran erinnert Sie das?“

Nasrudin antwortete: „Eine schöne Frau natürlich!" Es war nur eine Linie! Der Psychoanalytiker war ein wenig erstaunt. Er zeichnete einen Kreis und fragte wieder, was das sei. Nasrudin antwortete: „Natürlich eine schöne Frau, und zwar nackt."

Schließlich zeichnete der Therapeut ein Dreieck und Nasrudin schloss sofort die Augen und protestierte: „Nein, bitte, bitte nicht das! Nicht das!" – „Aber was sehen sie denn?"

Nasrudin antwortete: „Diese Frau tut etwas sehr, sehr Unanständiges!" – Der Therapeut wunderte sich: „Sie scheinen ja nur Frauen im Kopf zu haben."

Nasrudin: „Wie bitte? Bin ich vom Sex besessen oder Sie? Wer hat denn diese Schweinereien gezeichnet?"

Du siehst die ganze Welt – nur dich selber nicht. Das ist der Zustand von Feuchtigkeit, völliger Unbewusstheit, völliger Selbstvergessenheit: Man weiß weder, was man tut, noch, warum man es tut.

Wer zu meditieren beginnt, wird erst einmal ungeheuer verwirrt, weil er sich zum ersten Mal im Leben bewusst wird, was er tut! Warum er es tut! Aus welchen Antrieben! Du hast das nie zuvor gewusst. Wenn sich deine Augen zum ersten Mal für die Wirklichkeit öffnen, bist du völlig verwirrt. Und wenn du dann nicht davonläufst, hast du das Gefühl, dass du Stück für Stück auseinanderbrichst – du bist nicht nur verwirrt, sondern wahnsinnig; nur hast du es zuvor nicht bemerkt. Jetzt wird es dir bewusst und du musst dich deinem Wahnsinn stellen. Stellst du dich nicht, kannst du nicht innerlich wachsen. Flucht verhindert Wachstum – und jede Spielart von Rausch ist eine Form von Flucht. Und solange du unbewusst bist, kannst du dich in dem Glauben wiegen etwas Sinnvolles zu tun, aber das ist reine Einbildung, völlig unbegründet. Erst wenn du erwachst, wird dir klar, welchen Unsinn du gemacht hast. Es hat zu nichts geführt; mit allem, woran du geglaubt hast, hast du dich bloß zum Narren gehalten.

Am frühen Morgen gegen drei Uhr klopft Mulla Nasrudin an

die Tür seiner Stammkneipe. Der Wirt steckt seinen Kopf aus dem Fenster und fährt ihn wütend an: „Mach, dass du fortkommst! Es gibt um diese Zeit nichts zu trinken!“ Nasrudin antwortet: „Wer redet denn von Trinken? Ich hab meine Krücken vergessen, als du die Kneipe geschlossen hast. Du weißt so gut wie jeder andere, dass ich ohne Krücken nicht laufen kann, und ich muss jetzt nach Hause gehen. Gib also meine Krücken raus!“

Er war immer auf Krücken gegangen, ohne zu merken, dass er auch ohne sie laufen konnte – so sehr glaubte er daran. Und ohne es zu merken, ließ er sie in der Kneipe stehen, ging die ganze Nacht in der Stadt spazieren und jetzt, wo er wieder zu sich kommt, will er seine Krücken wiederhaben, „weil alle wissen, dass ich ohne Krücken nicht laufen kann.“

Eure Überzeugungen sind eure Krücken. Ohne sie könnt ihr nicht leben, ihr könnt nicht ohne sie laufen. Ihr könnt euch nicht vorstellen, wie ihr ohne eure Überzeugungen leben könnt. Sie sind eure Krücken. Seid ihr erst einmal erwacht, ist es euch unbegreiflich, wie ihr es so lange aushalten konntet. Im feuchten Zustand lässt du alles laufen; du hast nichts unter Kontrolle. Die Dinge geschehen einfach und du reagierst immer nur.

Eine Frau lacht dich an, du verliebst dich in sie. Du plauderst mit ihr, machst ihr Komplimente, und weil du ihr Komplimente machst, verliebt sie sich in dich. Jetzt haben die Hormone ihr Spiel begonnen. Jetzt bist du im Drogenrausch. Früher oder später musst du wieder aufwachen und aus dem Traum aussteigen. Das ist immer schmerzhaft. Es tut so weh, dass du es nicht aushältst. Früher oder später suchst du Trost in einem neuen Rausch: Die nächste Frau kommt dran. Und der alte Kreislauf fängt von vorne an... Und wer im Rausch lebt, der kann alles Mögliche glauben und für richtig halten...

Ich habe Mulla Nasrudin einmal gefragt: „Machst du gute Fortschritte mit der Tochter des Bankiers?“ – weil ich den Bankier kenne und seine Tochter auch, und das Ganze erschien mir sehr unwahrscheinlich. Aber Nasrudin strahlte glücklich: „Ja, in letzter Zeit bekomme ich immer deutlichere Hinweise, die Sache ist bald unter Dach und Fach."

Neugierig fragte ich: „Was für Winke denn? Hat sie dir etwa zugelacht? Oder was sonst?"

Er darauf: „Nein, das nun gerade nicht, aber gestern Abend hat sie zu mir gesagt: Zum letzten Mal: Nein!"

Im Rausch deutet man alles, wie es einem passt – „Zum letzten Mal: Nein!"

Wenn du nicht bei dir bist, weißt du nicht einmal mehr, was Ja und was Nein ist. Du begreifst nichts, überhaupt nichts, du treibst vor dich hin. Dieses Treibenlassen ist der Zustand der Feuchtigkeit.

Ein betrunkener Mann
Muss sich von einem Knaben führen lassen.
Er folgt ihm strauchelnd,
Ohne zu wissen, wohin:
Denn seine Seele ist feucht.
Seelen werden gerne feucht.

Ihr alle werdet gerne feucht, weil das das Einfachste ist. Und darin liegt das ganze Vergnügen – dass es so leicht ist. Man braucht nichts zu tun. Du gibst dich einfach auf und lässt dich treiben. Du lässt dich zur Erde fallen, von der Schwerkraft nach unten ziehen. Und fühlst dich pudelwohl dabei – keine Anstrengung, keine Mühe, nichts!

Es kommen Leute zu mir und sagen, dass sie morgens zur Meditation nicht aus dem Bett kommen. Sogar das bisschen Anstrengung ist euch schon zu viel. Und wenn ihr es nicht einmal schafft, morgens zur Meditation aufzustehen, was könnt ihr dann? Was glaubt ihr sonst zu können? Anstrengen wollt ihr euch nicht – aber hohe Ansprüche habt ihr. Selbst wer morgens nicht zur Meditation aus dem Bett kommt, fragt, wie er geistigen Frieden erlangen kann, fragt: „Wie kann ich zu Gott gelangen?", er bittet: „Hilf mir! Ich möchte nicht noch einmal auf diese Welt kommen!" – aber niemand kommt auf diese Welt...

Wenn du dich ständig treiben lässt, wenn dein Leben nur ein ständiges Fallen ist – du suchst immer den leichtesten Weg, den Weg des geringsten Widerstandes, den Weg ohne Herausforderung, ohne Kampf, du fällst und fällst und verlässt dich auf die Schwerkraft –, dann brauchst du dich nicht anzustrengen, um auf diese Welt zu kommen. Dann kommst du nämlich von ganz allein, denn das ist der Weg in die Welt: Ein feuchter Geist kommt von dieser Erde nicht los. Nur eine trockene Seele kann zum Himmel fliegen, weil die Schwerkraft keiner trockenen Seele etwas anhaben kann. Der Sog nach unten gilt nicht für sie.

Was genau heißt es, trocken zu sein? Trocken sein heißt wach sein, heißt, dass du alles, absolut alles, was du tust, bewusst tust! Ich sage nicht: „Tu dies nicht und tu das nicht." Sei ganz einfach wacher in allem, was du tust, und du wirst immer trockener. Du gewinnst von allem Abstand. Deine Wachheit lässt dich automatisch über den Dingen stehen. Du bleibst unabhängig, auch wenn du einen Menschen liebst. Du liebst einen Menschen, sorgst für ihn aus ganzem Herzen, teilst dein ganzes Sein mit ihm, gibst ihm alles, was du hast, und doch bleibst du völlig unabhängig, absolut ungebunden. Und eine ungebundene Liebe ist mit nichts zu vergleichen: Es ist die schönste Blüte, die sich im Menschen entfalten kann – zu lieben und dennoch ungebunden zu sein. Das heißt nämlich, dass zwei Gegensätze verschmelzen. Es ist ein Paradox: Denn entweder bist du ungebunden, ohne zu lieben, oder du liebst und wirst dadurch unfrei. Es ist leicht, das eine Extrem zu wählen, sich für einen der beiden Pole zu entscheiden. Aber was heißt es dann, sich für beide Pole zugleich zu entscheiden, für die Liebe und für die Ungebundenheit – was heißt das? Nichts anderes, als dass du hellwach bist und tust, was die jeweilige Situation erfordert; dann verstrickst du dich nicht, sondern bleibst losgelöst. Du lebst in der Welt, ohne weltlich zu sein. Du kannst in der Welt sein, aber die Welt wird nicht in dir sein.

Diese innere Trockenheit breitet sich in dem Maße aus, wie du dir alle Möglichkeiten abschneidest, wieder einzuschlafen, und alle Falltüren versperrst, die nach unten führen: Du schließt die Pforten des Vergnügens und suchst keinen Genuss mehr. Vergesst das nicht; Glück ist nicht dasselbe wie Genuss. Glück ist etwas völlig anderes: ein Seinszustand. Genuss ist Vergessen; Glück ist Erinnerung. Und wenn die Erinnerung unauslöschlich wird, so absolut, dass du nicht mehr von ihr abfallen kannst, dann entsteht Seligkeit. Glück liegt zwischen Genuss und Seligkeit. Sucht nicht den Genuss, denn dann werdet ihr nach unten gezogen, von der Schwerkraft erfasst.

Schaut euch zum Beispiel einen Menschen an, der ständig zu viel isst. Beobachtet ihn beim Essen. Ihr merkt gleich, dass er dabei völlig unbewusst ist – er hat sich schon oft, wohl tausendmal geschworen nicht zu viel zu essen! Doch sobald das Essen auf den Tisch kommt, vergisst er es oder findet Ausreden wie: „Einmal ist keinmal, nur noch dieses eine Mal ... nächstes Mal ist Schluss."

Mulla Nasrudin machte eine Diät. Der Arzt hatte gesagt: „Das ist endgültig das letzte Mal. Wenn du nicht auf mich hörst, dann ist dein Körper hinüber. Du musst sterben, wenn dein Herz weiter solche Massen herumschleppen muss." Zwei Herzanfälle hatte Mulla schon hinter sich.

Doch schon am nächsten Tag aß er wieder, mehr als vier Männer verdauen können. Dann sah er plötzlich seine Frau an und sagte: „Was sitzt du dumm rum und rührst dich nicht? Hast du so wenig Willenskraft, dass du mich nicht mal dran hindern kannst meine Diät zu brechen?" Die Frau! – Selbst dafür ist die Frau verantwortlich, sie hat einfach nicht genug Willenskraft, ihn abzuhalten... Niemand kann dich abhalten. Der Wille keines anderen kann dir helfen. Im Gegenteil, der Wille eines anderen wird dir eher schaden. Hindert dich jemand zu sehr, dann sträubst du dich erst recht, dann widersetzt du dich. Niemand kann dich zwingen dich nach oben zu wenden. Das ist eine sehr verzwickte und heikle Angelegenheit, das könnt ihr mir glauben! Wenn sich andere zu sehr bemühen dich zum „Guten" zu bekehren, stoßen sie dich weiter hinunter, weil sich dein Ich dagegen wehrt.

Das ist etwas sehr Heikles und alle, die dir wirklich helfen wollen aufzusteigen, dürfen dich nur vorsichtig dazu überreden, aber nicht zwingen. Mehr tue ich auch nicht. Manchmal sehe ich, dass eine Dummheit verhindert werden könnte, und kann trotzdem nichts machen. Ich sehe dich abgleiten und könnte es dir sagen, es dir klarmachen. Ich könnte sagen: „Hör auf damit, dann ist vieles möglich." Aber das geht nicht; denn sage ich zu viel, fördere ich nur deinen Abstieg, helfe ich dir nur dabei, noch weiter abzurutschen.

Du machst den Schritt dann noch schneller, weil dein Ego sich jetzt einmischt. Ich kann euch nur sanft verführen. Ich kann euch auf andere Gedanken bringen. Ich kann euch etwas zum Spielen geben, sodass ihr vergesst, den Schritt in die falsche Richtung zu tun. Der Kopf wird abgelenkt. Aber ich kann nicht sagen: „Nein! Das darfst du nicht tun." Sage ich Nein, dann steht es so gut wie fest, dass du genau diesen Schritt tun wirst.

Das ist das Problem. Ein Meister muss euch sanft lenken. Und das ist heute schwieriger als früher. Früher war das einfach, weil die Menschen zum Gehorsam erzogen wurden. Jetzt werden sie zur Auflehnung erzogen. Früher musste man diszipliniert sein, heute muss man undiszipliniert sein. Heute ist es wichtig, undiszipliniert zu sein – denn Gehorsam macht einen sofort zum Parteigänger der herrschenden Verhältnisse. Diszipliniert sind nur noch Spießer. Wer sich auflehnt, zeigt, dass er ein Revolutionär ist.

In alten Zeiten war es leicht; der Meister sagte Nein und konnte sicher sein, dass es befolgt wurde. Ein einfaches Nein kann viele Leben unnötigen Kampfes ersparen. Heute geht das nicht mehr. Heute ist es schwierig: Ihr müsst auf Umwegen verführt werden, so vorsichtig, dass ihr nicht mitbekommt, wohin und wie ich euch führe. Sobald ihr merkt, dass euch jemand führt, wehrt ihr euch – und macht genau das Gegenteil.

So ist eine ganz neue Situation in der heutigen Welt entstanden. Und deshalb ist es für den modernen Menschen so schwierig geworden, zur letzten Wahrheit vorzudringen. Was für eine unnötige Energieverschwendung: Ich kann sehen, ja, ich sehe dauernd, dass jemand einen Schritt ins Dunkel tut, dass er fallen wird, dass er zum Krüppel wird, und trotzdem darf ich nicht sagen: „Mach das nicht!“, weil er nicht auf mich hören würde. Wenn ich Nein sage, wird es ihn nur noch mehr reizen. Das ist genau das, was Adam passiert ist. Gott sagte: „Adam, von diesem Baum sollst du nicht essen!“ – und damit hatte Adam keine andere Wahl, er musste es tun. Er fiel durch Gottes Nein. Sollte Gott noch einmal einen Garten Eden erschaffen, würde er diesen Fehler nicht mehr machen. Er würde vielmehr das Gegenteil sagen: „Nur die Früchte dieses Baumes dürft ihr essen, alle anderen sind verboten.“ Dann fühlt sich Adam nicht versucht, er kümmert sich erst gar nicht um diesen Baum.

Der moderne Adam ist besonders chaotisch. Vollgesogen mit Feuchtigkeit, schwer wie ein Sack, fällt er immer schneller zu Tal, dem Abgrund zu; seine ganze Richtung ist abwärts. Umso anstrengender ist es, ihn nach oben zu ziehen.

Seelen werden gerne feucht.
Eine trockene Seele ist die weiseste und beste.

Die ganze Weisheit besteht darin, eine trockene Seele zu werden. Aber versteht das richtig: Trocken hat nichts mit unempfindlich zu tun; trocken hat nichts mit lieblos zu tun. Trocken ist nicht dasselbe wie gleichgültig und gefühlskalt. Keineswegs. Trocken heißt, wach und bewusst sein. Dein Herz ist offen und voller Mitgefühl, aber dieses Mitgefühl wird nie zu ängstlicher Sorge. Du liebst die Menschen: Du tust alles, was du für andere tun kannst; für deine Frau, für deine Freunde, deine Tochter, deinen Sohn, deinen Mann, deine Mutter, deinen Vater – tust, was in deinen Kräften steht, rückhaltlos. Das ist alles. Was immer dann geschieht, ist in Ordnung. Du wirst nie enttäuscht. Wenn du alles Menschenmögliche getan hast, was kann dich dann noch enttäuschen? Du machst dir keine Gedanken darüber, ob du nicht dies und jenes hättest tun sollen. Nein – du hast alles getan, fertig! Du gehst aus jeder Beziehung klar und rein hervor. Aber wenn, wie üblich, die Seele feucht ist, kommst du aus jeder Beziehung schmutzig hervor. Die Beziehung führt nicht zur Reinheit, sondern in den Schmutz. Das liegt aber in Wirklichkeit nicht an der Beziehung, sondern an deiner Feuchtigkeit. Es ist genauso, wie wenn du mit feuchten Kleidern spazieren gehst – du kommst verdreckt nach Hause, weil der Schmutz an dir hängen bleibt: Es liegt nicht an der schmutzigen Straße, sondern an deinen nassen Kleidern.

Nichts anderes geschieht auch innen: Ist deine Seele feucht, wirst du durch alles schmutzig, egal was du tust – weil aller Schmutz an dir haften bleibt. Ist deine Seele trocken, kann nichts hängen bleiben. Der Staub wirbelt, aber er kann nicht an dir haften. Buddha lebt in derselben Welt wie ihr, aber ihr werdet jeden Tag schmutzig. Buddha bleibt frisch, als käme er gerade aus dem Bad, rein und frisch. Reinheit hängt von Trockenheit ab und Trockenheit stellt sich ein, wenn du bewusster wirst. Und wenn du bewusst wirst, wird dein Inneres zur Flamme. Die Flamme brennt pausenlos, selbst im Schlaf. Gewöhnlich seid ihr sogar im Wachzustand Schlafwandler. Aber wenn die Flamme brennt und du hellwach bist, hellwach in jedem Augenblick, hellwach und aufmerksam für alles, was geschieht – nicht konzentriert, denn damit wäre deine Aufmerksamkeit auf einen ganz bestimmten Punkt gerichtet und du verlörest das Ganze aus den Augen –, du bist ganz einfach aufmerksam, völlig offen, alle Pforten stehen offen, nach allen Dimensionen hin offen: Wenn du so aufmerksam bist, dann bleiben deine Pforten auch im Schlaf noch offen und der frische Wind weht durch dich hindurch. Tief innen brennt die Flamme und diese Flamme trocknet alles Feuchte aus, alles Unbewusste. Das ist es, was wir Erleuchtung nennen. Es bedeutet nicht etwa, zu irgendeinem Gott zu gelangen – es gibt keinen; niemand wartet auf dich. Vielmehr wirst du selbst Gott, denn wenn du völlig bewusst bist, bist du Gott; wenn du vollkommen bewusst wirst, bist du ein vollkommener Gott. Gott ist der absolut trockene Seinszustand. Und wenn du auch nur ein wenig trockener wirst – „Eine trockene Seele ist die weiseste und beste" –, wirst du auch weiser, denn alle Dummheit ist nichts als Unbewusstheit.

Mulla Nasrudin war angeklagt. Der Richter sagte: „Was! Sie schon wieder? Damit hab ich so schnell nicht gerechnet. Erst falsch geparkt, dann zu schnell gefahren, dann kaputte Bremsen, dann nachts ohne Licht gefahren, dann Trunkenheit am Steuer, und was darf es jetzt sein? Ich hab Ihnen doch letztes Mal den Führerschein entzogen!" Nasrudin blickte beschämt zu Boden: „Nächtliches Urinieren auf einer Kreuzung, euer Gnaden."

Du brauchst kein Auto, um den Verkehr zu gefährden. Es nützt nichts, dir alles wegzunehmen, worauf du sonst die Schuld für deine Unaufmerksamkeit geschoben hast. Es findet sich immer etwas Neues. Dann pinkelst du eben auf einer Kreuzung.

Es findet sich immer etwas, weil du der Gleiche bist. Viele Ehemänner schieben die Schuld für ihre „weltliche Verstrickung" auf ihre Frauen. Sie verlassen ihre Frauen und flüchten in die Einsamkeit – aber das ist nichts als Führerscheinentzug; das bringt nichts, weil man vor sich selbst nicht davonlaufen kann. Auch im Himalaja wirst du der Alte bleiben und deine alte Situation wiederherstellen. Die Ehefrau hast du deshalb, weil du sie wolltest. Du wirst eine neue Frau finden oder etwas anderes und behältst doch das gleiche Problem. Was du brauchst, ist eine trockene Seele – das ist es eigentlich, wofür der Himalaja steht: für Trockenheit, Wachheit.

Was du auch tust, sieh zu, dass du es nicht wie ein Schlafwandler tust. Beobachte jede deiner Handlungen, jeden Gedanken, jedes Gefühl. Beobachte und gehe weiter. Jeder Moment ist unendlich wertvoll; vertu' ihn nicht mit Schlafen! Und wenn du jeden Augenblick als Gelegenheit nimmst wacher zu werden, nimmt dein Bewusstsein langsam zu. Eines Tages findest du plötzlich das brennende Licht in dir. Wenn du hart darauf hinarbeitest, wirst du eines Morgens plötzlich als neuer Mensch aufstehen: trocken, unabhängig, liebevoll, aber in nichts verstrickt; voll in der Welt und doch über den Dingen. Das ist der Widerspruch, der gelebt werden muss: in der Welt zu bleiben und doch über den Dingen zu stehen; in der Welt, aber nicht weltlich zu sein. So entsteht die weiseste, die beste Seele. Das Potenzial dazu habt ihr. Wie jedes Samenkorn zum Baum werden kann, so kann aus dir ein Buddha werden, ein Heraklit, ein Jesus. Aber ihr müsst hart dafür arbeiten. Lauwarme Anstrengungen führen zu nichts. Ihr müsst euch ganz zum Sieden bringen. Erst bei hundert Grad Hitze setzt die Verdampfung ein.

Wasser ist feucht und fließt abwärts. Hitze ist trocken; Hitze bringt sogar Wasser zum Aufsteigen. Durch die Flamme der Bewusstheit wird selbst das richtig, was ihr bisher für falsch gehalten habt.

Liebe mag euch wie Verstrickung und Gefangenschaft vorkommen – durch Bewusstheit wird daraus Freiheit. Wut ohne Bewusstheit zerstört, ist selbstmörderisch; sie verletzt euch, sie bringt euch nach und nach um, sie ist Gift – mit Bewusstheit wird sie zu Mitgefühl. Die gleiche Energie lässt dein Gesicht leuchten, aber nicht mehr vor Wut, sondern aus Mitgefühl. Das Blut schießt genauso hoch, der Körper reagiert biochemisch gleich, aber ein neues, bisher fremdes Element tritt hinzu und wandelt alles um.

So entsteht aus unedlen Metallen Gold. Im unbewussten Zustand seid ihr unedles Metall, durch Bewusstheit werdet ihr zu Gold, werdet ihr alchemistisch verwandelt. Alles, was ihr braucht, ist das Feuer der Bewusstheit. Sonst fehlt euch nichts, alles andere ist da. Das Feuer der Bewusstheit lässt in euch eine neue innere Ordnung entstehen. Euch fehlt nichts, denkt daran! Ihr habt alles, was ein Buddha braucht. Nur eines fehlt – und selbst das ist schon da, obwohl es fest schläft. Ihr müsst es nur wachrütteln; nur die kleine Mühe, es wachzurütteln, nur eine kleine Anstrengung – und ihr wacht auf.

Und macht euch klar: Genau jetzt müsst ihr euch anstrengen. Heraklit hält Mühe für notwendig. Zen-Meister halten Anstrengung für falsch, Heraklit hält sie für richtig. Aber die Mühelosigkeit des Zen ist in Wirklichkeit eine tief liegende, versteckte Anstrengung, denn diesen Zustand der Mühelosigkeit muss man erst mal erreicht haben...

Im Westen hat man die Zen-Meister häufig missverstanden, weil sie von Mühelosigkeit sprechen. Man muss auch sehen, dass man bei einem Zen-Meister zwanzig Jahre lang hart arbeiten muss, bevor der Zustand der Mühelosigkeit erreicht wird. Heraklit geht von Anstrengung aus, und wenn man sich wirklich Mühe gibt, kommt die Mühelosigkeit automatisch. Wenn du dich tatsächlich anstrengst, wird es dir so geläufig, dass du es nicht mehr absichtlich zu tun brauchst, es geschieht von allein. Wenn du dich mit aller Kraft um Wachheit bemühst, brauchst du mit der Zeit nichts mehr zu tun – deine Wachheit ist dann so automatisch wie dein Atmen.

So, wie ihr jetzt seid, kann euch Heraklit mehr helfen als die Zen-Meister. Die Zen-Meister sind die höchste Blüte der buddhistischen Schule. Nach tausend Jahren härtester Arbeit kam die Blütezeit der Zen-Meister. Sie stehen am Ende langer Bemühungen, einer langen Reise. Erst die vollreife Pflanze blüht auf. Die Blüte kommt mühelos. Was gibt es da zu tun? Nichts – der Baum ist so weit und nun blüht er von selbst. Aber um den Baum so weit zu bringen, dazu gehört viel Mühe. Fragt den Gärtner, wie viel Mühe es gekostet hat. Ihr seht nur die Blüten und denkt: „Wie mühelos – sie kommen von selbst!"

Zen ist der Höhepunkt langer Anstrengungen, die mit Buddha anfingen. Heraklit ist genauso ein Anfang. Und das Unglück ist, dass der griechische Geist Heraklit völlig missverstand, ihn überhaupt nicht verstehen konnte, und dass es daher nie zu einem Höhepunkt kam. Die Blüte aus der Saat des Heraklit ging nicht auf. Der griechische Geist folgte einem ganz und gar anderen Weg. Er hat nie auf Heraklit gehört, und so kam es nie zur Blüte dieses Samenkorns. Der Same fiel auf unfruchtbare Erde und ging nicht auf. Das ist mein Grund, warum ich über Heraklit spreche: um den Kreis zu schließen. Ich habe viel über die Zen-Meister gesprochen; das kann euch irreführen, weil sie Schlusspunkte sind. Ich muss über Heraklit sprechen, damit ihr durch ihn verstehen lernt, wie es anfängt; denn auch in euch muss das Wachstum vorn anfangen, nicht vom Ende her. Und der Weg führt von Heraklit zu Basho, vom Samenkorn zur Blüte.

Werdet trockene Seelen – ohne euer Feingefühl einzubüßen. Wenn ihr gefühllos werdet, geht ihr am Wesentlichen vorbei. Dann seid ihr bloß trocken, aber nicht bewusst. Das Feuer wurde nicht zu Bewusstsein, sondern hat euch nur ausgetrocknet. Damit ist nichts gewonnen. Das Leben trocknet viele Menschen automatisch aus. Seht euch alte Menschen an: Sie sind vertrocknet. Seht euch dagegen ein Kind an: Ein Kind ist feucht, taufrisch. Ein alter Mensch ist ausgetrocknet; das Leben trocknet alles Frische und Feuchte aus; das normale Leben stumpft ab: Aus reinem Selbstschutz legt ihr euch ein dickes Fell zu. Aber von dieser Art Trockenheit spreche ich nicht.

Seid wie Kinder, lebendig, anmutig, liebenswert, beweglich – und dabei trocken wie ein alter Mensch.

Genau das sagt man von Laotse – eine herrliche Geschichte –, dass er schon als alter Mann auf die Welt kam. Er war 82, als er geboren wurde; 82 Jahre verbrachte er im Mutterleib! Was für eine Fantasie! Es heißt, sein Haar war weiß, als er geboren wurde; kein Wunder, bei dem Alter! Ein Kind und doch kein Kind: sehr, sehr alt, völlig trocken. Von seiner frühesten Kindheit an war er vollkommen erwacht.

Und von Buddha heißt es: Als er aus dem Mutterleib kam, machte er als Erstes sieben Schritte. Als Allererstes! Er muss sehr alt gewesen sein – sofort, als er aus dem Mutterleib kam! Er wurde stehend geboren und ging dann sieben Schritte, vollkommen bewusst. Die Mutter konnte es nicht glauben. Das war so unfassbar, dass sie an Schock starb. Seitdem heißt es, dass bei der Geburt eines jeden Buddhas die Mutter sterben muss. Ein Buddha ist einfach zu viel für einen Sterblichen! Es ist nicht zu fassen, er übersteigt alle Begriffe.

Diese Geschichten enthalten einen Kern von Wahrheit. Natürlich sind sie nicht wörtlich zu nehmen. Sie sind symbolisch, sind Gleichnisse. Vom Osten dürft ihr nie historische Wahrheiten verlangen. Die Menschen des Ostens haben nie etwas von Geschichte gehalten. Sie glauben an Märchen und finden Geschichte überflüssig. Was ist schon Geschichte? Ein Haufen Zeitungen, reiner Abfall. Alte Zeitungen – das ist alles. Sie halten nichts von Geschichte, aber viel von Geschichten. Sie halten die Mythen für das Wesentliche. Geschichte klebt an der Peripherie, am äußeren Geschehen. Mythen erfassen das Wesentliche, das, was im Kern, in der Mitte des Daseins ist.

Sei Kind und alter Mann zugleich: trocken, alle Begierden durchschaut, alles hinter dir. Alle Erfahrungen hast du gelebt und hinter dir. Die ganze Welt hast du durchwandert und bist schließlich zu dir gelangt, endlich heimgekommen.

Empfänglich und feinfühlend wie ein Kind und trocken wie ein alter Mann: Das ist Weisheit – nichts anderes. Nur so wird man weise.

8

DER MENSCH IST KEIN VERNUNFTWESEN

Obwohl der Logos ewig gilt,
Kann der Mensch ihn nicht verstehen -
Nicht nur, bevor er ihn vernimmt,
Sondern auch, nachdem er ihn vernommen hat.
Wir sollten uns nach dem richten,
Was für alle gemeinsam gilt.
Obwohl der Logos für alle gilt,
Leben die meisten so, als besäße
Jeder eine Privatintelligenz für sich.
Die menschliche Natur ist nur begrenzt intelligent.
Die göttliche Natur aber versteht alles.
Der Mensch ist kein Vernunftwesen,
Aber er ist von Intelligenz umgeben.
Das Göttliche entgeht dem Menschen,
Weil er es nicht für möglich hält.
Obwohl aufs Innigste mit dem Logos verknüpft,
Widersetzt sich der Mensch ihm ständig.
Wie kann sich jemand vor dem Licht verstecken,
Das niemals untergeht?

DER LOGOS IST DIE LOGIK DES GANZEN, die Logik des Universums selbst. Der Logos ist das oberste Gesetz. Es ist das gleiche, was Laotse das Tao nennt, was die Veden und Upanishaden das Rit nennen: Die kosmische Harmonie, in der die Gegensätze zusammenfallen und sich aufheben, wo aus zwei Eines wird, wo alle Polaritäten aufhören, wo sich alle Paradoxe lösen und alle Widersprüche enden. Das, was Shankara Acharya das *Brahma* nennt, das nennt Heraklit den Logos.

Der menschliche Verstand ist logisch und menschliche Logik basiert auf Polarität. Es ist, als wenn du auf dem einen Ufer des Flusses stehst und das andere Ufer nicht erkennen kannst, und alles, was du über deinen Standort denkst, gehört nur zu diesem Ufer. Aber jeder Fluss fließt zwischen zwei Ufern; mit einem Ufer allein kann es keinen Fluss geben. Das andere mag im Nebel verborgen bleiben, es mag für deine Sicht zu weit entfernt liegen, aber das andere Ufer ist da. Und das andere Ufer ist nicht diesem entgegengesetzt, denn am Boden des Flusses begegnen sie sich. Sie sind ein Land und beide Ufer tragen den Fluss zwischen sich wie auf zwei Händen oder auf zwei Flügeln. Der Fluss fließt zwischen beiden, der Fluss ist die Harmonie zwischen beiden.

Aber du stehst auf dem einen Ufer; das andere kannst du nicht sehen, also gibt es für dich nur dieses. Nun legst du dir ein System zurecht, das auf der Kenntnis des diesseitigen Ufers aufbaut, und wenn jemand über das andere Ufer redet, glaubst du, dass er dir widerspricht; es erscheint dir dann als etwas Irrationales, etwas Undurchschaubares. Und der andere muss vom Gegenteil sprechen, denn nur die Spannung zwischen den Gegensätzen hält den Fluss in Gang. Nur ist diese Gegensätzlichkeit nicht Feindschaft; sie ist vielmehr tiefgründige Freundschaft – die höchste Form der Liebe.

Das ist das Problem, das gelöst werden muss. Wenn du mit diesem Paradox fertigwirst, dann kannst du Heraklit verstehen –

und alle andern auch, die zur Erleuchtung gelangt sind, die zum anderen Ufer gelangt sind. Alles, was sie sagen, muss euch widersprüchlich vorkommen, weil sie in allem, was sie sagen, beide Seiten einschließen. Sie müssen sowohl Winter wie Sommer berücksichtigen, Tag und Nacht, Leben und Tod, Liebe und Hass, den Gipfel und den Abgrund.

Wenn jemand über den Gipfel spricht, ohne sich irgendwie auf den Abgrund zu beziehen, dann sehen seine Feststellungen sehr rational aus; sie sind leicht verständlich, man kann ihrem logischen Zusammenhang ohne Weiteres folgen. Wenn jemand vom Abgrund spricht, ohne sich auf den Gipfel zu beziehen, dann ist das auch rational. Alle Philosophen sind rational. Man kann sie leicht verstehen. Man braucht nur ein wenig Bildung und Schulung dazu, das ist alles; eine gewisse Disziplin genügt. Aber die Mystiker sind schwieriger zu verstehen. Ja, sie werden umso geheimnisvoller, je mehr man sich Mühe gibt sie zu verstehen. Denn sie reden sowohl vom Gipfel als auch vom Abgrund – am liebsten würden sie es sogar gleichzeitig tun.

In den Upanishaden heißt es: „Er ist fern und nah." Was für eine Feststellung! Entweder ist er fern oder er ist nah! Aber der Seher, der sagt: „Er ist fern", fügt im gleichen Atemzug hinzu: „Er ist nah." Er ist das Größte und er ist das Kleinste. Er ist das Atom und er ist das All. Er ist in dir und außer dir.

Heraklit hat gesagt: „Gott ist Sommer und Winter." Sommer? Das lässt sich verstehen, das ist in Ordnung. Winter? Das ist auch in Ordnung, das lässt sich verstehen. Aber Winter *und* Sommer zugleich? Da wird dir schwindlig. Da protestiert der Verstand: „Aber das widerspricht sich doch!"

Die menschliche Logik sucht nach einer nicht-widersprüchlichen Feststellung. Aber der Logos widerspricht sich. Er bedient sich des Widerspruchs so, wie der Architekt einen Torbogen aus Druck und Gegendruck der Steine formt. Das Gegeneinander der Steine schafft die nötige Spannung und Festigkeit, und auf einem solchen Bogen lässt sich ein großes Gebäude errichten. Aber wenn du die Steine nicht schräg gegeneinander setzt, sondern in logischer und einheitlicher Aufeinanderfolge – entweder nach oben oder nach unten, entweder auf diesem Ufer oder auf jenem, aber nicht gegeneinander –, dann wird das Gebäude in sich zusammenstürzen. Dann kann es keinen Bogen geben. Erst aus der Spannung des Gegeneinander entsteht seine Stärke.

Daher gibt es auch Mann und Frau: Sie sind die gegensätzlichen Bausteine des Lebens. Ihre bloße Polarität schafft die Situation, aus der das Leben entstehen kann; zwischen diesen beiden Ufern kann der Strom des Lebens fließen. Und doch wird es unverständlich, wenn man vom Gipfel und vom Abgrund spricht. Denn die menschliche Logik ist folgerichtig. Der göttliche Logos dagegen ist paradox und zugleich folgerichtig.

Die menschliche Logik ist einseitig. Sie versucht, eine der beiden Seiten zu verstehen; und dabei vermeidet sie alles, was jeweils für die andere Seite spricht. Sie will einfach alles Gegensätzliche aus dem Weg schaffen. Das Göttliche aber umfasst alles. Es wählt nicht aus, es schließt alles ein... es ist unendlich weit. Es ist nicht einseitig. Es ist allseitig. Das ist der Unterschied zwischen der religiösen und der philosophischen Einstellung. Eine philosophische Einstellung ist logisch; daher sagt Aristoteles, dass der Mensch ein rationales Wesen ist. Und Heraklit sagt dagegen, dass der Mensch nicht rational ist – weil schon die bloße Art, wie euer Verstand funktioniert, irrational ist. Im Augenblick, wo man sich für eine Seite entscheidet, hat man bereits das Ganze verfälscht. Jetzt beherrscht diese eine Seite dein ganzes Denken. In Wirklichkeit existiert diese eine Seite aber immer mit der anderen, ihrem Gegenteil, zusammen. Die menschliche Logik sagt: Gott ist männlich oder weiblich. Aber der Logos umschließt beides. Die Hindus haben daher eine Vorstellung von Gott als Zwitterwesen, sowohl männlich als auch weiblich: *Ardhanarishwar.* Und diese Vorstellung entspricht der Wirklichkeit, dem Logos – so paradox es aussehen mag. Ihr habt sicher schon Statuen von Shiva als halb Mann und halb Frau gesehen, halb mit weiblichen und halb mit männlichen Geschlechtsmerkmalen. Solche Statuen sehen absurd aus, aber sie zeigen die Wahrheit. Und alle eure Götterbilder, ob männlich oder weiblich, sind einseitig. Sie entsprechen nicht der Wahrheit – denn wie kann Gott männlich sein? Woher kommt dann das Weibliche? Existiert es im luftleeren Raum? Wo hat es seinen Ursprung?

Ihr sprecht von Gott als Er – das ist ein Irrtum. Oder es gibt Leute, die von Gott als Sie sprechen; das ist genauso verkehrt. Er ist Er *plus* Sie – aber das kann der Verstand nicht fassen. Nun, verstandesmäßiges Verstehen ist eben überhaupt kein Verstehen. Dies Verständnis öffnet sich erst dann, wenn du mit der Totalität deines ganzen Wesens verstehst, nicht nur von deinem Verstand her, denn die Pole dieses Gegensatzes treffen sich in deinem Inneren. Auch du bist ein *Ardhanarishwar*, auch du bist sowohl Mann als Frau. Du bist weder Mann noch Frau.

Wenn du die Totalität deines ganzen Wesens begreifen kannst und sie dem ganzen Universum entgegenbringst, dich so dem Universum stellst, dann wirst du verstehen können. Denn wer mit solchen Augen sieht, sieht auf mystische Weise. Das ist mystische Vision; dann vernimmst du den Logos. Was also könnt ihr tun? Normalerweise versteht ihr euch als Mann oder Frau. Von Anfang an bringen wir den Kindern bei: „Du bist doch ein Junge, benimm dich also wie ein Junge“ oder: „Du bist ein Mädchen, benimm dich wie ein Mädchen.“ Und die Spaltung geht tiefer und tiefer, die Pole entfernen sich mehr und mehr…

In einer besseren Welt wird jedem Kind beigebracht werden, dass es beides ist, dass der Unterschied nur in der Betonung liegt. „Du bist weder Junge noch Mädchen. Du bist beides.“ Nur die Akzente liegen verschieden. Das gesamte Konzept der Zivilisation wird sich damit ändern. Dann gibt es den Krieg zwischen den Geschlechtern nicht mehr. Dann geht es nicht mehr darum, wer wen beherrscht. Und jeder ist in der Lage, die Gesamtheit seines Wesens zu sehen – die Schönheit seiner Ungeteiltheit.

Das Einseitige ist immer hässlich. Einseitigkeit ist es zum Beispiel, wenn man den Baum aufhören lässt, wo die Wurzeln anfangen. Wie lange könnte so ein Baum ohne Wurzeln leben? Du hast dich für den sichtbaren Teil entschieden – der Stamm ist sichtbar, die Wurzeln dagegen sind unsichtbar – und hast damit die Wurzeln abgeschnitten. Der Baumstamm geht nach oben und die Wurzeln gehen nach unten – du bist also folgerichtig und sagst: „Nein, wie können diese beiden entgegengesetzten Richtungen etwas miteinander zu tun haben? Der Baumstamm muss nach oben wachsen, und wenn die Wurzeln nach unten wachsen, dann gehören sie nicht dazu; sie gehören abgeschnitten!" Und genau das ist geschehen.

Der Mann ist wie der sichtbare Baum, die Frau ist wie die Wurzeln. Darum wird in allen alten Schriften die Frau der Erde gleichgesetzt und der Mann dem Himmel. Aber sie gehören zusammen: Der Mann ist durch die Frau in der Erde verwurzelt und die Frau reicht durch den Mann höher und höher in den Himmel – sie sind eins. Himmel und Hölle sind nicht zweierlei, sie gehören zur gleichen Leiter. Heraklit drückt es so aus: „Der Weg, der nach oben führt, führt auch nach unten."

Und so sind Himmel und Hölle gar nicht zu trennen. Das ist Logos: die ganze Leiter erkennen. Dann sind Gott und Teufel nicht zweierlei. Natürlich werden mir die Theologen nicht zustimmen; sie werden sagen, dass man nur Verwirrung anstiftet, dass man die Leute durcheinanderbringt, dass sie dann nicht mehr wissen, wer was ist. Aber die Menschen sind sowieso schon durcheinander, und zwar gerade wegen der falschen Logik, der rationalen Einseitigkeit. In Wahrheit ist alles mit allem identisch.

Mulla Nasrudin musste einmal auf einer Hundeschau die Preise verteilen; dabei machte ihm die Kleidung der Leute Probleme. Er sagte zum Beisitzer: „Sehen sie nur den Mann da mit den kurzen Haaren, rosa Hosen, der sich gerade die Zigarette ansteckt! Jetzt weiß ich wirklich nicht – ist das nun Männlein oder Weiblein? Junge oder Mädchen?" Jemand sagte: „Das ist ein Mädchen, es ist nämlich meine Tochter." Mulla antwortete: „Wenn ich gewusst hätte, dass Sie die Mutter sind, dann hätte ich den Mund gehalten." Die Frau antwortete: „Ich bin nicht die Mutter – ich bin der Vater!"

Heute verschwindet der Unterschied zwischen den Geschlechtern – in Kleidung und Lebensstil nähern sie sich gegenseitig immer mehr an. Das ist ein sehr gutes Zeichen. In der Kleidung kommt jetzt der Uni-Sex-Look auf – ein wirklich gutes Zeichen! Man braucht keine äußerlichen Unterscheidungen. Die Wirklichkeit ist ein ununterscheidbares Ganzes.

Der Verstand trifft Unterscheidungen und schafft damit nur Schwierigkeiten – weil ihr beides seid. Wenn du als Mann auf deine Männlichkeitsrolle fixiert bist, was wirst du dann mit deiner inneren Frau anfangen? Und sie lebt wirklich in dir! Manchmal möchte die Frau in dir weinen und weich sein, aber das darfst du dir nicht gestatten – du bist schließlich ein Mann und musst dich wie ein Mann benehmen. Auf die Natur hörst du nicht; du hörst auf künstlich geschaffene Unterschiede, die dich ausschließlich zum Mann machen wollen. Aber die Natur hat dir auch Tränendrüsen mitgegeben. Wenn die Natur gewollt hätte, dass ein Mann keine Gefühle haben soll, hätte sie ihm auch kein Herz gegeben. Aber ein Mann fühlt so stark wie die Frau. Nur muss er seine Weiblichkeit unterdrücken; er unterdrückt sie unentwegt und dadurch entsteht ein innerer Konflikt. Statt beide Pole zu nutzen, statt zwischen beiden Polen eine Spannung herzustellen und zwischen ihnen zu fließen, voller Lebendigkeit, unterdrückt er diese Polarität, tötet sich ab, stumpft seine Sinne ab. Ein Mann, der nicht zugleich auch eine Frau ist, ist nur ein halber Mensch, ist verkrüppelt, hat die Hälfte seines Wesens unterdrückt. Und dieser unterdrückte Teil wird sich rächen. Man wird früher oder später verrückt. Politik existiert nicht nur in der Außenwelt; die Politiker machen auch in eurem Innern Politik. Sie haben euch gespalten, sie stiften euch zum Kampf mit euch selbst an.

Und nicht nur der Mann, auch die Frau unterdrückt den Gegenpart in sich. Und der rebelliert. Er bricht immer wieder durch – er ist nun einmal da! Statt eine Harmonie herzustellen zwischen diesen beiden gegensätzlichen Tonarten, habt ihr euch mit euch selbst zerstritten, mit euch selbst gekämpft und gerungen. Wie schön hätte es sein können, wenn euch die Harmonie gelungen wäre; eine höhere Seinsqualität wäre in euch entstanden! Vergesst nicht: Alles Wachstum ist dialektisch. Dieses Wort dialektisch ist wichtig; es bezeichnet das Gegenteil von rational. Der Verstand – die Ratio – geht linear vor: ein Schritt nach dem andern, immer auf der gleichen Ebene, von A nach B, immer horizontal. Darum ist der Verstand so unendlich langweilig. Ihm fehlt jeder Kontrast und das macht ihn so fade.

Achtet einmal darauf: Zwanzig Männer sitzen zusammen und plötzlich kommt eine Frau herein – sofort ändert sich die ganze Atmosphäre. Die zwanzig Männer hatten sich miteinander gelangweilt; nur Männer: Das bedeutet nichts als Langeweile, es sei denn, sie sind homosexuell. Wenn sie gesunde Männer sind, dann langweilen sie sich unweigerlich. Eine Frau kommt herein und die Atmosphäre schlägt sofort um. Ihr könnt den Wandel an den Gesichtern ablesen: Sie fangen zu lächeln an, sie werden höflicher, sie fluchen nicht mehr und benehmen sich anständig. Nur, weil eine Frau auftritt. Es ist eine subtile innere Verwandlung eingetreten: Das Erscheinen der Frau führt sie tiefer nach innen, näher an ihre innere Frau heran. Sie werden voller. Einen Augenblick lang sind sie nicht mehr einseitig. Und schaut euch zwanzig Frauen an, die schwatzend beieinander sitzen: Ein Mann kommt herein und sofort ändert sich das Bild.

Solange nur eine Seite vorherrscht, ist die Situation monoton, wird es langweilig. Dialektik heißt Bewegung durch Gegensatz: These, Antithese, Synthese – das ist Dialektik. Das eine steht gegen das andere, es kommt zu einer Spannung, einer gegenseitigen Herausforderung, und durch diese Spannung und Herausforderung entsteht eine dritte Wirklichkeit: die Synthese. Und die Synthese ist qualitativ immer besser, sie hebt das Ganze auf eine höhere Ebene.

Ratio bewegt sich horizontal, Dialektik vertikal.

Wenn du keinen Feind hast und so lebst, dass du gegen nichts bist, verschwindet alles Salz aus deinem Leben. Wenn du keine Gegnerschaft kennst, bist du fade, bist du ein toter Stein, keine lebendige Blüte; denn aus Gegensatz entsteht Bewegung, Energiesteigerung… nur so wächst du. Wenn ein Mann einer Frau begegnet, beginnt ein dialektischer Prozess. Das macht Liebe so schön und das ist auch der Grund, warum Liebe eine so einmalige Gelegenheit für inneres Wachstum bietet. Wer sich auf einen anderen bezieht, lebt in ständiger Herausforderung. Auf sich selbst bezogen zu leben, ist dagegen langweilig – ohne Kontrast; nur wer den Gegensatz in sich selber findet, kann auch allein wachsen.

Und das ist gemeint, wenn ich sage: Der Mann, der in sich die Ganzheit verwirklicht, braucht keine Frau. Wenn eine Frau zu innerer Ganzheit gelangt, braucht sie keinen Mann. Von einem bestimmten Moment an geht ein Buddha allein, geht ein Mahavir allein, braucht er keinen Partner mehr. Nicht, weil eine Frau verkehrt für ihn wäre, sondern weil er seine innere Weiblichkeit gefunden hat. Jetzt geht der dialektische Vorgang innen vor sich – er braucht sich nicht mehr außen zu entwickeln. Jetzt spielt sich im Innern ein unentwegter Prozess von These, Antithese und Synthese ab. Jetzt wächst er allein, aber es spielt sich immer noch die gleiche Dialektik ab. Das ganze Leben ist dialektisch. Der Logos des Lebens ist Dialektik; der Verstand dagegen kennt nur die Wiederholung des Immergleichen.

Man kann es mit folgendem Bild sagen: Dialektik ist heterosexuell; Verstand, Rationalität ist homosexuell. Rationalität ist homosexuell. Darum nimmt im Westen die Homosexualität zu: Man folgt dort nämlich der aristotelischen Logik. Heraklit ist heterosexuell: Er schließt das Gegenteil mit ein. Wer nur auf den Verstand hört, wird homosexuell. Wer auf den Verstand hört, verliert die Spannung, die ganze Elektrizität, die aus der Gegensätzlichkeit kommt. Und wenn die fehlt, wird das Leben nur Einöde. Wenn die Spannung fehlt, verliert das Leben alles Prickeln, verliert es alle überschäumende Lust, alle Erwartung, alle Überraschung; kurz – alles, was das Leben lebenswert macht – denn dazu gehört die Spannung des Widerspruchs.

Wenn du dich zum ersten Mal verliebst, lernst du den Gegensatz kennen; plötzlich fühlst du dich wie von Flügeln getragen: Du kannst fliegen! Dein Herz füllt sich mit Poesie. Was geschieht in so einem Augenblick? Das Gegenüber hat etwas in dir ausgelöst. Stille, für sich genommen, ist nichts Schönes; ein Ton, für sich genommen, auch nicht sehr schön. Aber wenn Stille und Ton zusammenkommen, entsteht große Schönheit, entsteht Musik. Wenn sich Stille und Töne vermengen, ist das Musik.

Schaut zu, wie jemand Sitar oder Klavier spielt, oder egal welches Instrument. Was geschieht da genau? Was tut der Spieler? Er führt ein dialektisches Spiel durch: Er erzeugt einen Ton und vor dem zweiten Ton ist ein Tal aus Stille.

Je höher der Gipfel des Tons, desto tiefer das Tal der Stille. Er erzeugt einen Gipfel, er steigt höher und höher, bis zum Höhepunkt und dann, abrupt – die Leere, die Stille. Wer nur die Töne hört, wem die Stille zwischen den Tönen entgeht, der hat kein Ohr für Musik. Aber wenn du beides hören kannst, den Ton und die Stille, den Gipfel und das Tal, und zwar zugleich, dann geht dir eine neue Einsicht auf: dass jeder Gipfel sein Tal erzeugt, dass jedes Tal seinen Gipfel erzeugt, dass sie sich zueinander verhalten wie Yin und Yang, dass sie zusammen einen Kreis bilden, dass zwischen ihnen harmonische Musik entsteht – die verborgene Harmonie.

Der Logos ist dialektisch, er ist heterosexuell. Gott erschuf die Welt, weil das Andere notwendig war. Gott für sich allein kann nicht existieren; die Welt für sich allein kann auch nicht existieren. Und wer nur auf den Lärm der Welt hört, der wird nie die innere Musik der Schöpfung hören. Und umgekehrt, wer der Welt den Rücken zukehrt und nur auf Gott allein hören will – auch dem entgeht die Harmonie. Wenn man die Welt und Gott zugleich hören kann, wenn die Welt zum Gegenpol Gottes wird, wenn die Welt zum einen und Gott zum anderen Ufer wird, dann kann der Fluss strömen – dann reißt dich seine herrliche Strömung mit, dann kannst du die Harmonie hören.

Und derjenige, der die Harmonie zwischen dieser Welt und Gott hören kann, ist ein Sannyasin. Wer aber das Ufer dieser Welt verlassen und nur zum anderen Ufer hinüber will, ist ein Extremist. Er ist logisch, rational, aber nicht dialektisch. Und ebenso ist es mit den Menschen, die man in den Geschäften, auf den Märkten sieht: Stumpf sind sie, denn sie leben nur in dieser Welt. Irgendwie machen sie weiter, arbeiten, schleppen sich fort, weil sie nun mal hier sind. Was bleibt einem denn auch anderes übrig? Also beschäftigt man sich. Aber du kannst in ihnen keine Musik vernehmen: Die Spannung des Gegensatzes fehlt, die Andacht Gottes, die Meditation, das Schweigen fehlt. Darum sind Märkte zum Inbegriff von Lärm geworden – reines Chaos.

Und dann geht in den Himalaja in die Klöster und schaut euch die Leute dort an: Da sitzen die gleichen Kleinkrämer, die die Welt verlassen haben. Und sie haben genauso wenig Leben. Sie sind genauso stumpfsinnig, abgestorben: Der Staub sammelt sich auf ihnen. Auf den Marktplätzen und in den Klöstern und Tempeln findet ihr die gleichen Scheintoten. Und es sind die gleichen: Nur sind sie ins jeweils andere Extrem gegangen. Weder auf dem Markt noch im Kloster ist Harmonie zu finden.

Ein harmonischer Mensch ist äußerst selten anzutreffen; er ist selbst Logos geworden. Laotse, Krishna, Buddha, Jesus und Heraklit sind solche Menschen: Sie leben im Logos, sie sind Logos im Kleinen. Ihr Dasein ist von denselben Gesetzen wie das Dasein im Großen bestimmt. Die Schöpfung spiegelt sich in ihrer Existenz wider. Sie unterschlagen nichts, sie enthalten alles.

Ein Mensch, der irgendeinen Aspekt ablehnt, weiß nicht, was er tut. Wer den Ton ablehnt, der lehnt auch die Stille ab. Denn beide existieren zusammen. Ist Stille ohne Ton denkbar? Sogar die Stille selber enthält einen Ton! Wenn die Nacht ihren stillsten Punkt erreicht hat, aller Verkehr, alle Bewegung hat aufgehört und alles schläft –, dann höre scharf hin und du wirst entdecken, dass die Nacht ihren eigenen Ton hat. Ungeheuer fein, aber unüberhörbar. Und wenn du in deine innere Nacht hineinhorchst, dorthin, wo aller Lärm des Tages aufhört, kannst du, je tiefer du gehst, desto klarer einen Ton hören. Die Hindus nennen ihn *Aumkar* – den Ton des letzten Urgrunds: Aum. Er ist zu hören. Es gibt ihn. Wenn sich das letzte Schweigen über dich breitet, entsteht im selben Augenblick auch dieser Ton in dir. Beides gehört zusammen, das eine ist nicht vom andern zu trennen. Wie die beiden Seiten einer Münze: die Stille und der Ton. Ja wirklich, Gott ist Stille und Ton zugleich. Das ist der Logos.

Und jetzt versucht zu verstehen; es ist ausgesprochen bedeutsam:

Obwohl der Logos ewig gilt,
Kann der Mensch ihn nicht verstehen –
Nicht nur, bevor er ihn vernimmt,
Sondern auch, nachdem er ihn vernommen hat.

Denn es handelt sich nicht ums Vernehmen oder Nicht-Vernehmen. Es ist eine Frage der inneren Reife. Ich kann zu euch über den Logos sprechen, ich kann versuchen ihn euch zu erklären und ihr mögt einen intellektuellen Einblick gewinnen. Aber ihr habt ihn deswegen noch nicht begriffen.

Es ist, wie wenn man zu einem kleinen Kind über Sex spricht. Sicher, du kannst reden und reden und alle Sigmund Freuds und Wilhelm Reichs zitieren und das Kind mag auch zuhören – aber wird es dich verstehen können? Wenn das Kind sehr intelligent ist, wird es intellektuell alles verstehen, aber um den Sex zu begreifen, ist ein biologischer Reifungsprozess nötig, ein gewisser Entwicklungsstand der Drüsen und Hormone. Um Sex verstehen zu können, muss das Kind selber an den Punkt gelangt sein, wo es sexuelles Verlangen verspürt; erst dann und nicht eher, kann es den Sex begreifen.

Ich ging einmal eine Straße entlang und zwei kleine Jungen gingen direkt vor mir her. Der eine war etwa sieben und der andere vielleicht acht Jahre alt; und der Jüngere fragte den Älteren: „Was meinst du? Ich geh immer mit einem Mädchen zusammen in die Schule und sieben Mal hab ich schon ihre Schultasche getragen und dreimal hab ich ihr Eis geholt. Muss ich sie nun das nächste Mal küssen oder noch nicht?"

Der andere Junge dachte nach und sagte schließlich: „Ich finde, du hast genug für sie getan. Du brauchst jetzt überhaupt nichts mehr zu tun."

Darum geht es Kindern! Über Sex kann man mit ihnen nicht reden. Dazu muss erst einmal sexuelles Verlangen aufkommen. Und mit Religion ist es nicht anders. Es hat keinen Zweck, mit jemandem darüber zu reden, der das Verlangen danach nicht kennt. Religion ist wie Sex: Sie ist das Verlangen nach der Verbindung mit dem Gegensatz – auf der existenziellen Ebene. Es ist ein Verlangen. Es ist ein Durst. Erst wenn er gefühlt wird, kann man darüber reden. Man mag intellektuelle Fragen darüber aufwerfen, aber das führt zu nichts. Man kann fragen, ob es Gott gibt oder nicht, aber darum geht es gar nicht. Hast du Durst? Hast du das Verlangen deinen Gegensatz auf der existenziellen Ebene kennenzulernen, also weder körperlich noch geistig, sondern auf der Ebene deines Seins, deiner Gesamtheit? Bist du bereit den Sprung zu wagen? Erst dann wird Verständnis möglich.

Darum sagt Heraklit:

Obwohl der Logos ewig gilt…

Der Logos ist allgegenwärtig, in den Bäumen, in den Steinen, im Himmel, überall! – In dir, in deiner Umgebung ist der Logos gegenwärtig, denn das gesamte Leben funktioniert durch die Dialektik der Gegensätze. Es gewinnt seinen Reichtum aus dem Spiel der Gegensätze. Es entfaltet sich in Gegensätzen, die sich auf höherer Ebene in der Synthese aufheben, und aus Synthese wird erneut eine These, die sich ihre Antithese schafft, und beides wiederum wird zu einer neuen Synthese. Und wieder die Antithese und wieder die Synthese. Und so bewegt sich das Leben immerzu fort. Überall genau so.

Das gilt grundsätzlich; das ist nicht Ansichtssache: So ist die Existenz beschaffen. Vergesst das nicht; Heraklit trägt keine Meinung vor, er stellt einfach Tatsachen fest. Bei mir ist es genauso: Ich will nichts beweisen, sondern nenne lediglich die Dinge beim Namen. So sind die Dinge nun einmal. Darum sagt er: „Ich habe mich selbst durchforscht …" Und was er gefunden hat, ist diese Dialektik, dieser dialektische Vorgang der Schöpfung. Das ist seine tiefste Erkenntnis. Und sie gilt! Da gibt es kein Für und Wider. Es ist die Lebensform unserer gesamten Existenz.

… Kann der Mensch ihn nicht verstehen –
Nicht nur, bevor er ihn vernimmt,
Sondern auch, nachdem er ihn vernommen hat.

Denn bloßes Hören bringt nichts ein. Nur wenn du dich änderst, wenn du dich dem Innern öffnest, wenn du aufhörst, nur intellektuell verstehen zu wollen und anfängst es zu fühlen, anfängst darin zu leben, es in dich aufzunehmen wie Nahrung und es zu verdauen, sodass es dir in Fleisch und Blut übergeht, dich bis ins Mark erfüllt, nur dann … Das sind keine Theorien. Und innere Reife ist die Voraussetzung – erst dann verstehst du.

Wir sollten uns nach dem richten,
Was für alle gemeinsam gilt.

Was ist also zu tun? Wo du es doch weder dann begreifen kannst, wenn du noch nicht davon gehört hast, noch dann, wenn du davon gehört hast… Was kannst du dann noch tun? Heraklit macht einen wirklich schönen Vorschlag und der kann euch tatsächlich weiterhelfen. Er sagt:

Wir sollten uns nach dem richten,
Was für alle gemeinsam gilt.
Aber obwohl der Logos für alle gilt,
Leben die meisten so, als besäße
Jeder eine Privat-Intelligenz für sich.

Der Logos gilt für alle gemeinsam, Logos ist der Boden, auf dem wir alle stehen, Logos ist unser gemeinsames Festland. Ihr aber haltet euch für getrennte Inseln, getrennt von allen andern, und darum folgt ihr eurer eigenen Intelligenz. Das ist eure einzige Dummheit; der Irrtum, dass Intelligenz Privatsache sei; das ist die größte Dummheit. Die Schöpfung ist allumfassend und Intelligenz ist es auch, sie gehört zum Ganzen; richte dich also nach dem Allgemeinen.

Das sagen auch die Zen-Meister: „Werde gewöhnlich! Werde einfach! Versuche nicht etwas Besonderes zu sein!“ Je gewöhnlicher du wirst, je unscheinbarer du wirst, desto fähiger wirst du, den Logos zu begreifen. Versuche nicht, außergewöhnlich zu werden, hervorzustechen, denn je mehr du das versuchst, desto mehr machst du dich zur Insel, verschließt du dich, verkriechst du dich in deiner Höhle. Dann verlierst du deine Verbindung mit dem Dasein. Du schneidest dir selbst die Wurzeln ab, du wirst wurzellos. Genau das ist im Westen passiert: ein allgemeines Gefühl der Wurzellosigkeit! Keiner weiß mehr, wo die Wurzeln sind. Und wenn du erst einmal wurzellos bist, wirst du zum Egoisten, dann wirst du zu einer selbstgenügsamen Einheit… nur ist das gar nicht möglich!

Das Dasein ist ein Beziehungsgeflecht. Wir gehen ineinander über. Wenn ich zu euch spreche, was mache ich dann? Damit dringe ich in euch ein. Und indem ihr mir zuhört, lasst ihr das zu, erlaubt ihr mir den Zugang. Ihr atmet und das Dasein dringt in euch ein… jeden Augenblick, vierundzwanzig Stunden lang, seid ihr eine Kreuzung: Tausende von Linien schneiden sich in einem Punkt – der Punkt bist du. Ihr seid nicht getrennt voneinander! Denkt doch nur einmal nach: Könnt ihr getrennt existieren? Könnt ihr in totaler Isolation existieren? Binnen Sekunden würdet ihr sterben. Ihr seid durchlässige Wesen; die Existenz dringt in euch ein und durch euch hindurch. Du bist wie ein Zimmer: Luft und Sonne kommen herein und gehen durch dich hindurch, ununterbrochen. Und daher bleibt das Zimmer immer sauber und frisch. Verschließt du dich, dann stirbst du. Je offener du bist, desto mehr fließt das Dasein durch dich hindurch. Und je mehr das Dasein fließt, desto besser wirst du begreifen, was der Logos ist.

Du existierst nicht. Der Logos existiert. Du bist eine Täuschung, eine eingebildete separate Einheit. Und damit ist es zu erklären, warum alle Erleuchteten darauf bestanden haben, dass man sich selber aufgibt. Kämpfe nicht mit dem Dasein, denn du weißt nicht, was du da tust, mit wem du da kämpfst. Wie kannst du dir einbilden, es mit dem Ganzen aufnehmen zu können? Es ist, als ob die Welle gegen den Ozean kämpfen wollte, oder das Blatt gegen den Baum. Es ist einfach töricht! Und versuche nicht, stromaufwärts zu schwimmen; es wird dich nur erschöpfen. Am Ende bist du müde und enttäuscht, denn gewinnen kannst du nicht. Gegen das Dasein ist kein Sieg möglich.

Darum bist du, seid ihr alle solche Verlierer. Fragt nach bei den Erfolgreichen, was für Versager sie sind. Tief drinnen haben sie ihr Leben verfehlt. All die Hitlers, die Napoleons, die Rothschilds, fragt sie nur – sie sind Verlierer, sie haben versagt. Was haben sie erreicht? Sie haben gekämpft, sie haben versucht gegen den Strom zu schwimmen, sie wollten auf Biegen und Brechen etwas Besonderes darstellen und haben sich nur selber zerstört. Zu versuchen, etwas Besonderes zu sein, ist selbstmörderisch. Das ist schleichender Selbstmord, eine allmähliche Vergiftung des gesamten Lebensgefühls. Ergebt euch dem Dasein, überlasst euch seinem Strom, wohin es auch geht, hierhin und dahin, es ist gleich.

Wohin es auch geht, *nolens volens,* ganz gleich wohin. *Nolens – volens*: Das trifft es sehr gut: *Nolens* bedeutet, dass es gegen deinen Willen geht, und *volens* heißt, dass es nach deinem Willen geht. *Volens* heißt willig und *nolens* heißt unwillig. *Nolens volens*, gleich ob es nach dir geht oder nicht, ergibst du dich dem Strom, schwimmst du mit ihm. Dann ist nicht einmal mehr Schwimmen nötig.

Warum ein privates Ziel für sich haben? Warum sich gegen das Schicksal des Ganzen sträuben? Warum sich große Sorgen um ein selbst gestecktes Ziel machen? Und wie willst du es erreichen? Es geht nicht, es wird dir einfach nicht gelingen. Nur das Ganze hat ein Schicksal, nicht du. Nur das Ganze bewegt sich auf etwas zu, aber nicht du. Wenn du dich dem Ganzen hingeben kannst, ist alles getan. Denn nun wirst du mit dem Ganzen eins und das Schicksal des Ganzen wird zu deinem Schicksal. Das Ziel des Ganzen wird zu deinem Ziel. Und das Ziel ist nirgendwo anders zu finden als hier. Das Ganze ist glücklich hier und jetzt, das Ganze ist in diesem Augenblick selig.

Nur du machst dir Sorgen. Du machst dir Sorgen, weil du nicht mit dem Strom fließt. Du möchtest die Krümmungen des Flusses auf deine Weise abkürzen. Aber wer bist du? Und wie kannst du dir einbilden, dass das geht? Du bist zum Scheitern verurteilt.

Der Mensch muss scheitern und Gott allein gewinnt. Hört euch dies an:

Wir sollten uns nach dem richten,
Was für alle gemeinsam gilt.

Achte auf das, was für alle gemeinsam gilt, finde das Gemeinsame heraus. Je allgemeiner, desto wahrer. Je ungewöhnlicher, desto falscher. Sei gewöhnlich, dann bist du dem Boden näher, dann bist du der Wahrheit näher. Wenn du vollkommen gewöhnlich bist, was brauchst du dann noch? Denn dann ist jeder Augenblick ein einziger Segen. Was kann es noch für Probleme geben, wenn du durch und durch gewöhnlich bist? Du isst und dein Essen wird zum Sakrament. Du schläfst und dein Schlaf wird zum Sakrament. Du gehst in der Sonne spazieren und was willst du mehr? Du atmest – was fehlt dir noch zu deinem Glück? Du liebst – was fragst du mehr?

Alles ist dir schon gegeben worden; doch du versuchst außergewöhnlich zu sein. Folge dem Naturgesetz, dem Allgemeinen, und versuche keine Ausnahme zu sein; sonst stürzt du dich selbst ins Unglück. Die Hölle ist für alle außergewöhnlichen Menschen da. Ob sie aus der Politik kommen oder aus der Kunst, der Literatur oder woher sonst, die Hölle wurde für alle Sorten von Genies geschaffen, für alle möglichen Egoisten. Ego ist die Hölle, ist die Wurzel deines Leidens, denn ohne allen Grund störst du dich an allem, was ist. Nie bist du gelassen; Verspanntheit ist dein Lebensstil. Mit dem Ego kannst du immer nur verkrampft leben. Das Ego ist eine ständige Reibung; es ist ein Nagel im Schuh, es zwickt immerzu – aber du willst außergewöhnlich sein. Dann…

Ich saß einmal mit Mulla Nasrudin in seinem Wohnzimmer und seine Frau ging durchs Zimmer und verschwand durch die Tür. „Schau, da geht eine heroische Frau!" – Ich fragte: „Was meinst du mit heroisch?" – Er sagte: „Sie versucht Schuhgröße 37 zu tragen, aber sie hat Schuhgröße 39. Eine außergewöhnliche Frau!" Dafür leidet sie gern – das macht sie eben außergewöhnlich …

In China ging es Millionen von Frauen ebenso. Nur um die Füße klein zu halten, was außergewöhnlich aussah, mussten sie eiserne Schuhe tragen. Die chinesischen Frauen mussten fast ihr ganzes Leben lang darunter leiden, denn sie waren so gut wie verkrüppelt. Große Füße waren eben ein Zeichen von niederer Geburt, etwas für Arbeiter und Arme, nichts für Reiche. Es scheint, das Leben gehört den Armen, nicht den Reichen.

Und je höher der Status einer Frau war … wenn man Kaiserin war … die Kaiserinnen Chinas waren über Jahrtausende hin nicht einmal in der Lage zu laufen, weil ihre Füße zu klein dafür waren. Laufen war unmöglich; denn die Fußgröße entspricht immer der Körpergröße. Mit zu kleinen Füßen kann man nicht laufen – die Natur weiß es besser als ihr. Aber sie versuchten es trotzdem; sie haben versucht die Natur zu verbessern, es besser zu machen als die Natur. Und sie mussten lange leiden. Ja, das ganze Elend der Menschen besteht allein darin – es lässt sich auf dies eine Gesetz zurückführen: Wer ungewöhnlich sein will, muss leiden. Wenn einem nichts gut genug ist, findet man überall nur Unzufriedenheit.

Mulla Nasrudin wurde ins Krankenhaus eingeliefert; er war krank. Und er machte einen Höllenwirbel, denn Mulla Nasrudin ist der größte Quengler aller Zeiten; er ist einfach nur aus Klagen gemacht. Das ganze Krankenhaus war in Aufruhr – die Schwestern, die Ärzte, alle. Um ihn so schnell wie möglich loszuwerden, behandelten sie ihn so sorgfältig wie möglich. Als es schließlich so weit war und der Tag kam, an dem er entlassen werden sollte, fing er wieder an sich zu beschweren. Der Arzt hörte den Lärm und fragte bei der Schwester nach: „Was hat er denn nun schon wieder? Jetzt ist doch wirklich alles in Ordnung und er kann raus!“ Die Schwester sagte: „Jetzt meckert er, dass seine Medizin ja noch nicht aufgebraucht ist, er könne also noch gar nicht gesund sein! Er glaubt, dass da irgendetwas nicht stimmt.“

So denkt der Egoist. Er ist immer auf der Lauer danach, etwas auszusetzen. Und wer sucht, der findet auch – er findet sogar mehr, als ihm lieb ist. Das ist das Dumme – wonach man sucht, das findet man auch. Wer nach Fehlern stöbert … Und das Ego stöbert immerzu nach Fehlern, denn das Ego ist ständig auf schlechte Laune angewiesen, es lebt von der Unzufriedenheit. Wenn alles in Ordnung ist, verschwindet das Ego.

Tschuangtse sagt: „Wenn der Schuh passt, ist der Körper vergessen, sind die Füße vergessen.“ Und wenn alles vergessen ist, wie kannst du dich noch ans Ego klammern? Das Ego hängt davon ab, dass der Schuh weiter drückt, damit du nicht vergisst, wer du bist. Darum kann ein Egoist nicht lieben, nicht meditieren, nicht beten, denn wenn er wirklich betet, ist alles sofort in Ordnung – und das Ego verschwindet. Ego bedeutet Ich-Gefangenheit. Nur solange einem etwas nicht passt, kann Ich-Befangenheit bestehen. Wenn alles in Ordnung ist, gibt es keine Ich-Befangenheit.

Richte dich nach dem allgemein Gültigen, halte dich ans Gewöhnliche – und versuche nicht, etwas Besonderes darzustellen. Aber wir wollen gern etwas Besonderes sein.

Wenn ich zu bestimmten Leuten sage: „Setz dich einfach hin und sei still, kümmere dich nicht zu sehr um Meditation und Andacht, es wächst mit der Zeit von alleine“, dann antworten sie: „Was? Nur einfach dasitzen?“ Sie wollen etwas ganz Besonderes. Hätte ich gesagt: „Stell dich auf den Kopf“, dann wären sie zufrieden gewesen. Darum können sich auch so viele Lehrer auf der

Welt behaupten, Leute, die anderen Leuten beibringen, auf dem Kopf zu stehen… Denn sie haben es gern schwierig, unbequem. Im Namen von Yoga quälen sich die Menschen mit den lächerlichsten Verrenkungen ab. Einfach lächerlich! Je lächerlicher, desto besser. Je schwieriger sie sind, je weniger man sie ausführen kann, desto mehr fühlt sich das Ego herausgefordert. Bitte sehr, macht eure Verrenkungen! Macht sie so absurd wie möglich, und ihr könnt euch einbilden etwas Großartiges zu tun.

Das Leben ist einfach großartig, so wie es ist. Es ist nicht nötig es zu verbessern. Wenn die Natur gewollt hätte, dass ihr auf dem Kopf sitzt oder steht, dann hätte sie euch dementsprechend geschaffen. Hört auf die Natur und folgt der Natur und schafft keinen Konflikt mit der Natur; folgt ihr einfach, und bald werdet ihr zu einem tiefen Schweigen gelangen – wenn ihr gewöhnlich geworden seid.

Erst vor ein paar Tagen kam ein junger Mann zu mir und fragte – denn in Indien ist das ein ständiges Problem: „Soll ich heiraten oder nicht?“ Ich sagte ihm: „Sei wie alle anderen – warum nicht heiraten?“ Aber er wollte nicht. Nicht zu heiraten ist etwas Ungewöhnliches. Heiraten ist gewöhnlich und Kinderhaben ist so gewöhnlich und Familienvater sein ist so gewöhnlich. Er sagte: „Aber alle Großen waren unverheiratet.“ Ich habe ihm geantwortet: „Wenn du ein großer Mann werden willst, dann geh woanders hin. In meinen Augen ist das eine Krankheit. Nur wenn du gewöhnlich sein willst, kannst du zu mir kommen. Was immer dein inneres Gefühl und deine innere Natur will …“ und ich sagte ihm: „Schließe die Augen und blick nach innen. Sag mir, was du tun möchtest.“ Er antwortete: „Natürlich möchte ich heiraten, aber das sieht so gewöhnlich aus. Soll ich etwa mein ganzes Leben mit gewöhnlichen Dingen vergeuden?“

Aber das ganze Leben besteht aus gewöhnlichen Dingen. Und Größe kommt nicht von Dingen – Größe ist die Qualität, die du deinem Leben verleihst, die du den gewöhnlichen Dingen gibst.

Schaut euch nur Jesus an, wie er mit seinen Freunden beim Abendessen sitzt: Er sieht gewöhnlicher aus als ein Buddha unter dem Bodhi-Baum. Aber gerade darin liegt die Schönheit, dass alles so gewöhnlich zugeht; er trinkt und isst mit ihnen und ist dabei so schön, dass selbst jemand, der unter dem Bodhi-Baum sitzt, nicht schöner sein kann. Jesus hat nichts Hervorstechendes an sich. Buddha war selbst unter dem Bodhi-Baum noch ein König. Er war von Geburt an außergewöhnlich, eine Ausnahme; er lebte wie ein Prinz, er wurde dazu erzogen, Prinz zu sein; es ging ihm in Fleisch und Blut über… selbst unter dem Bodhi-Baum ist er kein Bettler.

Wenn du näher an ihn herantrittst, spürst du es. An einem Jesus kannst du auf der Straße vorbeigehen, ohne es zu merken – an einem Buddha nicht. Aber ich sage euch: Jesus ist dem Logos näher. Buddha konnte nichts für seine Art, er war so erzogen worden; seine ganze Vergangenheit war so gewesen. Aber wie viele Menschen werden als Prinzen geboren und wie viele können als Prinzen erzogen werden? Jesus ist menschlicher, aber in seiner Menschlichkeit ist er göttlich, denn in seiner Gewöhnlichkeit folgt er dem, was für alle gemeinsam gilt.

Jains und Buddhisten kommen zu mir und beschweren sich: „Dieser Jesus, also wirklich! – Er trinkt und isst genau wie die gewöhnlichen Leute; lebt mit einfachen Leuten. Wie kannst du behaupten, er sei von der Statur eines Buddha oder Mahavir?" Aber ich sage euch, er ist genau so, wie man sein muss. Mahavir und Buddha mögen außergewöhnlich gewesen sein, aber nicht jeder kann außergewöhnlich sein, und darauf kommt es auch nicht an. Für sie mag es das Natürliche gewesen sein, und es ist in Ordnung, dass sie ihrer Natur gefolgt sind. Aber Millionen von Menschen, Millionen und Abermillionen können sich nicht unter einen Bodhi-Baum hinsetzen und nichts tun.

Sie müssen sich in der Welt behaupten und arbeiten und dies und jenes tun, lauter gewöhnliche Dinge. Und wenn es keinen gewöhnlichen Weg zum Logos gäbe, dann wäre er ja nur für eine Handvoll Auserwählter da.

Und das wäre sehr ungerecht: Dann würde die gesamte Schöpfung nur einige Wenige begünstigen. Aber vergesst nicht, wenn die Schöpfung nur Wenige begünstigen würde, wenn sie parteiisch wäre, wozu würde sie euch dann überhaupt das Leben schenken? Nein, die Natur begünstigt keinen – sie ist für alle da, für alle, die an ihr teilhaben wollen. Der Segen, die Seligkeit wird an alle ausgeteilt, die bereit sind, teilzuhaben.

Jesus ist der Sohn eines Zimmermanns, eines armen Mannes. Und so sollte es für Millionen von Menschen sein; der eine ist der Sohn eines Zimmermanns, der andere Sohn eines Goldschmieds und der dritte ist Sohn eines Schusters – so ist es im Leben. Und wir haben uns viel zu sehr nach den außergewöhnlichen Menschen gerichtet und viel unnötiges Elend ist daraus entstanden.

Lebe gewöhnlich, finde heraus, was für alle gilt, und versuche nicht, herauszuragen; sonst wirst du dir dabei alle Wurzeln abschneiden, die du im Logos hast.

Aber obwohl der Logos für alle gilt,
Leben die meisten so, als besäße
Jeder eine Privatintelligenz für sich.

Und wenn du nach dem Gesetz lebst, das für alle gilt, wenn du dich nach dem Allgemeinen richtest und nicht versuchst, individuell davon abzuweichen, wirst du dem Logos näherstehen und ihn besser verstehen können.

Dies ist das Paradox: dass alle, die außergewöhnliche Individuen sein wollen, in die Irre gehen – sie verfehlen jegliche Individualität und sie verfehlen jegliche Größe. Und alle, die sich an das Gewöhnliche halten – und zwar so selbstverständlich, dass es nicht wieder ein Stolz wird –, alle, die nicht nach der eigenen

Individualität streben, erlangen die größte Individualität, die das Leben zu bieten hat. Wer wirklich gewöhnlich lebt, wird höchst ungewöhnlich. Aber diese Ungewöhnlichkeit kommt als Geschenk, sie kommt nicht aus dir, du hast dich nie darum bemüht.

Die menschliche Natur ist nur begrenzt intelligent.
Die göttliche Natur aber versteht alles.

Ja, so muss es auch sein. Wir stammen aus dem Ganzen und wir gehen in das Ganze zurück. Unbekannt kommen wir, unbekannt gehen wir. Ohne zu wissen, woher wir kommen, ohne zu wissen, was uns erwartet. Das ganze Geschehen ist ein einziges Geheimnis. Wie kann man da eine private Intelligenz für sich beanspruchen!

Dieser Punkt ist etwas schwierig; aber er muss in seiner vollen Tiefe verstanden werden. Er ist nämlich einer der wichtigsten Schlüssel, die uns Heraklit gegeben hat. Das Bewusstsein ist ebenfalls gewöhnlich – es gehört allen. So, wie die Fische im Ozean leben, der allen gemein ist, so existieren wir im allgemeinen Bewusstsein. Euer Bewusstsein und meines sind nicht zweierlei, sondern nur zwei Zentren in ein und demselben Bewusstsein. Wir haben alle verschiedene Formen, aber innerhalb der Formen fließt das Gleiche, das Eine. Daher fühlt ihr manchmal auch den gemeinsamen Boden zwischen euch.

Jemand ist zum Beispiel traurig. Er hat kein Wort darüber zu dir gesagt. Du sitzt neben ihm – plötzlich fühlst du, wie sich Trauer in dir ausbreitet. Oder ein anderer ist glücklich, einfach glücklich, und ohne dass er es dir erst sagen muss, spürst du plötzlich, wie ein Glücksgefühl in dich eindringt. Wenn zwanzig glückliche Menschen beisammen sind und du schickst einen Traurigen dazwischen, wird sich seine Stimmung binnen weniger Minuten ändern; seine Gefühlslage wandelt sich. Unter traurigen Menschen wirst du traurig. Unter Langgesichtern wirst du zum Langgesicht. Unter glücklichen Menschen wirst du glücklich. Darum wird zum Beispiel einer, der gern mit Kindern spielt, wieder zum Kind. Im Spiel mit dem Kind vergisst du plötzlich alle Sorgen und die ganze Welt dazu – du bist wieder ein Kind. Und das erfrischt enorm. – Wie ist es möglich? Das ist möglich, weil das Bewusstsein eine Erscheinung ist, an der alle teilhaben. Wenn du mit einem Kind spielst, musst du zum Kind werden, und dann trefft ihr euch auf gemeinsamem Boden.

Aus diesem Grund hat man im Osten betont, dass es von ungeheurem Wert ist, einfach nur in der Nähe eines Erleuchteten zu sein, einfach in der Nähe eines Meisters zu leben – dass es auf die Nähe, die Gegenwart ankommt. Im Westen kann man das nicht begreifen: „Was soll das heißen – in der Gegenwart eines Meisters?" Im Osten sagt man: „Wir gehen zum *Darshan* – *Darshan* heißt nichts anderes als den Meister sehen; ohne ihn irgendetwas zu fragen, einfach nur in seiner Gegenwart zu sein. Der Osten hat sogar ein Wort dafür, zu den Füßen des Meisters zu sitzen: *Satsang* nennen sie es – der Wahrheit nahe sein. Wenn du schweigend bei einem Meister sitzt, gehst du früher oder später in ihm auf, ihr verschmelzt ineinander. Das Bewusstsein beider trifft zusammen.

Der Meister tritt in dich ein und du trittst in den Meister ein. Selbst wenn du überhaupt nichts tust und nur neben einem Meister sitzt, kannst du eines Tages erleuchtet werden – wohlgemerkt: ohne die geringste Anstrengung deinerseits. Das ist möglich, aber dazu muss man sehr, sehr empfänglich sein. Wenn du nur still dasitzt und nichts tust und keinerlei Schranken aufrichtest, dich einfach nur entspannst, kannst du zur Erleuchtung kommen. Viele haben so zur Erleuchtung gefunden, denn Bewusstsein ist das Meer und wir sind die Fische darin. Und alles berührt alles andere.

Was auch immer in der Schöpfung geschieht, berührt alles und jeden. Nicht nur jetzt. Auch was in der Vergangenheit geschehen ist, wirkt sich so aus. Und nicht nur das – auch alles, was die Zukunft bringen wird, wirkt sich schon jetzt aus, weil in diesem Augenblick die ganze Schöpfung kulminiert – Vergangenheit, Zukunft, Gegenwart: Sie alle kommen zusammen, treffen sich im Hier und Jetzt. Eine private Intelligenz kann es nicht geben. Selbst diejenigen, die wir hoch talentiert nennen, die wir für Genies halten, auch sie spüren es. Einstein hat gesagt, dass alle seine Entdeckungen in Augenblicken passierten, in denen er nicht da war, in denen er sich besessen fühlte von etwas anderem – vom absoluten Bewusstsein. Oder fragt die Dichter: Auch sie sind nicht sie selbst in den Augenblicken der Eingebung. Sie werden zum Werkzeug – das allgemeine Bewusstsein hat sich ihrer bemächtigt.

Madame Curie wurde der Nobelpreis zugesprochen – in Wirklichkeit hätte der Nobelpreis dem allgemeinen Bewusstsein zuerkannt werden müssen. Sie hatte sich unermüdlich um die Lösung eines ganz bestimmten mathematischen Problems bemüht, aber hatte keinen Ausweg finden können. Zwei Jahre lang kämpfte sie sich ab und dann, eines Abends, hatte sie sich erschöpft schlafen gelegt.

Und im Schlaf geschah etwas. Denn im Schlaf seid ihr niemand. Im Schlaf klammert ihr euch an keine Identität. Das ist auch der Grund, warum ihr euch am Morgen frisch fühlt, verjüngt und vital. Ihr wart zum allgemeinen Quellgrund abgestiegen. Ihr habt euch im absoluten Bewusstsein aufgehalten, im Ozean. Ihr habt euch freigemacht von eurer privaten Intelligenz. Für ein paar Sekunden seid ihr in das Ganze eingetaucht und das Ganze hat euch wiederbelebt und erfrischt.

In jener Nacht also geschah etwas. Madame Curie stand auf, sie ging an ihren Tisch und schrieb die Lösung nieder, nach der sie jahrelang gesucht hatte. Dann legte sie sich wieder schlafen und als sie am Morgen aufwachte, hatte sie den Vorfall vollkommen vergessen. Sie wusch sich, aß ihr Frühstück, richtete sich auf den Arbeitstag ein und ging an ihren Schreibtisch... und war von Staunen überwältigt: Da lag die Lösung! „Aber wer hat das getan? Hier ist doch sonst niemand!" Sie lebte allein in diesem Raum. Nur die Bedienstete war am Morgen gekommen, aber die konnte es nicht gewesen sein; sie hatte gründlich sauber gemacht, das war alles. „Was geht hier vor?!" – Dann sah sie genau hin und erkannte ihre eigenen Schriftzeichen, leicht verändert, etwas fremd – schließlich hatte sie im Schlaf geschrieben. Dann schloss sie die Augen und versuchte sich zu erinnern. Und alles tauchte noch einmal vor ihrem inneren Auge auf: Wie sie aufstand, wie sie zum Tisch ging mit dem Gefühl, dass da etwas in ihr war, dass sie es niederschrieb...

Allgemeines Bewusstsein – ihr versucht umsonst, es als euer eigenes auszugeben. Es hat euch nie gehört. Es fließt immer und überall. Es umgibt euch. Werdet durchlässiger, werdet offener, lasst euch los im tiefsten Innern – denn nur das Ganze kann das Ganze verstehen. Wie kann der Teil das Ganze verstehen? Wie kann das Atom das Ganze verstehen? Aber das Ganze kann das Atom durchströmen – vorausgesetzt, das Atom lässt es zu... Und Meditation ist nichts anderes als das: dem Ganzen zu erlauben einzuströmen; du selbst verschwindest völlig von der Bühne... und plötzlich bist du das Ganze.

Die menschliche Natur ist nur begrenzt intelligent.
Die göttliche Natur aber versteht alles.
Der Mensch ist kein Vernunftwesen,
Aber er ist von Intelligenz umgeben.

Nicht du bist intelligent, sondern nur der Ozean, der dich umgibt, der dich von allen Seiten umschließt – aber nicht du; alles, was in dir ist und was außer dir ist, aber nicht du, denn du bist nur eine Sinnestäuschung.

Der Mensch ist kein Vernunftwesen,
Aber er ist von Intelligenz umgeben.
Das Göttliche entgeht dem Menschen,
Weil er es nicht für möglich hält.

Weil du zweifelst, weil du es nicht glauben kannst, weil du kein Vertrauen hast, darum nimmt der Mensch das Göttliche nicht wahr; denn er hält es gar nicht für möglich. Es gibt nur ein Tor, und das ist Vertrauen. Wenn du der Natur vertraust, fällt alles wie von selbst an seinen richtigen Platz. Wenn du der Natur misstraust, stimmt nichts mehr. Aber warum ist es so schwierig, natürlich zu sein? Da gibt's nur eine Schwierigkeit: Wenn du natürlich bist, kannst du nicht jemand Besonderes sein. Eine andere Schwierigkeit gibt es nicht. Wenn du sexuell bist, lebst du es aus. Wenn du dich zur Enthaltsamkeit zwingst, dann kämpfst du gegen die Natur an. Du isst, wenn du hungrig bist; wenn du fastest, kämpfst du gegen die Natur. Wenn du keinen Hunger hast und doch zwanghaft weiter isst, kämpfst du auch gegen die Natur. Wenn dir nicht danach ist mit deiner Frau zu schlafen und du schläfst doch mit ihr – weil die Frau es braucht, weil es sich so gehört, aus diesem oder jenem Grund –, dann gehst du gegen die Natur. Natürlichkeit heißt nichts anderes, als dem inneren Wesen folgen, gleich wonach ihm zu Mute ist, ohne dass dein Ego ihm etwas aufzwingt. Lässt du es zu, dann wird dein Ego zerstört und in Stücke geschlagen. Lebe wie ein Tier – mit dem einzigen Unterschied, dass du bewusst lebst. Das ist alles. Lebe wie ein Tier – nur bewusst.

Kämpfe nicht gegen die Natur an; beobachte sie lediglich und lass sie zu. Und wo sie dich auch hinführt, es ist gut so. Alle Zielvorstellungen deines Kopfes sind falsch. Und was du auch tust, du wirst keinen Erfolg damit haben. Schließlich gewinnt die Natur doch, denn am Ende der Rechnung kann nur das Ganze gewinnen.

Warum sich dann überhaupt erst auf einen Kampf einlassen? Aber ich sehe die Leute kämpfen, auf tausenderlei Weisen kämpfen, von einem Extrem zum andern, aber Kampf muss sein.

Im Osten kämpfen die Menschen – wie früher im Westen – gegen die Sexualität an. Sie behaupten, dass irgendetwas am Sex nicht stimmt – weil man im Sex so natürlich wird wie ein Tier, und alle Priester haben gepredigt, dass der Mensch nicht wie ein Tier sein soll. Aber was ist daran verkehrt, wie ein Tier zu sein? Schaut euch die Vögel an, geht in den Wald und schaut euch die Tiere an! Geht nicht in den Zoo, denn da findet ihr keine echten Tiere, der Mensch hat sie zu sehr verdorben. Geht in die Wildnis. Was ist an Tieren verkehrt? Sie sehen so unendlich schön aus, nichts Hässliches ist an ihnen zu sehen, aber alle Moralisten, alle sogenannten religiösen Menschen haben euch gelehrt: „Seid keine Tiere!"

Und euer Ego glaubt, dass sich ein solches Ziel lohnt. Wer will schon wie ein Tier sein? Und der Sex macht dich völlig zum Tier! Im Sex kommt man sich ganz und gar tierisch vor. Nirgendwo sonst ist es so, denn alle anderen Lebensbereiche sind aufpoliert und umgeändert worden. Ihr habt alles angemalt, ausgefeilt, kultiviert – alles! Ihr esst, aber ihr habt ein solches Ritual ums Essen gewoben, dass es euch nicht mehr an den Hungertrieb erinnert – als hätte es nicht das Geringste mit Hunger zu tun! Es geht euch beim Essen nicht mehr um Nahrungsaufnahme, sondern um ein Schauspiel, um eine Fassade. Nichts ist echt, überall nur Plastikblumen. Aber wenn du in den Sex gehst, wenn du einen Mann oder eine Frau körperlich liebst, dann wirst du völlig tierhaft.

Ihr habt auch das zu verbergen versucht. Darum lieben sich die Menschen bei Nacht. Nur der Mensch paart sich nachts. Tiere paaren sich bei Tage. Und wenn ihr euch tagsüber liebt, geht die Erfahrung tiefer, denn solange die Sonne in der Atmosphäre ist, habt ihr mehr Vitalität. Die Nacht ist zum Ruhen da, aber der

Mensch paart sich nachts, weil die Tiere sich am Tag paaren, und irgendwo muss man sich schließlich unterscheiden. Was für ein merkwürdiger Zwang, sich hervorzutun! Und außerdem kann man sich im Dunkeln, wo noch nicht einmal das Licht brennt, die Tatsache verheimlichen, dass man sich wie ein Tier benimmt. Außerdem gebt ihr auch keinen Laut von euch, während ihr euch liebt. Kurz, ihr liebt euch, als ginge es darum, so schnell wie möglich etwas hinter euch zu bringen – möglichst in Sekundenschnelle. Ihr seid dazu erzogen worden, es abzulehnen – und euer Ego hat seinen Gewinn dabei.

Im Westen hat sich das Rad heute um 180 Grad gedreht. Seit Freud und Reich wird mehr und mehr Sexualität zugelassen und gelehrt. Und jetzt gibt es ein neues Phänomen im Westen: Wenn man einmal einen Tag lang ohne Sex bleibt, fühlt man sich schuldig. Es scheint, ihr müsst euch schuldig fühlen, ganz gleich weswegen. Früher habt ihr euch schuldig gefühlt, wenn ihr euch sexuell geliebt habt: „Warum machst du das? Warum diese Animalität? Wann wirst du darüber hinauswachsen? Wann kommt endlich der Tag, an dem du es nicht mehr brauchst?" Wer sich heute im Westen einen Tag mal nicht fit fühlt, zu müde für den Sex, der fühlt sich schuldig, als hätte er eine Sünde begangen – man hat fit zu sein!

Immer müsst ihr etwas machen, nie könnt ihr es dem Lauf der Natur überlassen. So oder so, es kommt auf das Gleiche hinaus; für mich gibt es da keinen Unterschied.

In der Vergangenheit durften die Frauen keinen Orgasmus haben, denn: Wie darf ein so reines Wesen wie die Frau den Orgasmus kennen? Eine Frau ist eine Göttin; sie sollte sich geben wie eine Göttin. Und so ließen die Frauen der Vergangenheit den Sex einfach über sich ergehen, unbeweglich wie Leichen. Selbst beim Sex mit einer Leiche würde sich die Leiche ein bisschen bewegen – aber nicht die Frauen, sie sind Göttinnen! Von so reinem Wesen, so unschuldig – sie wissen gar nicht, was vor sich geht; es ist der Mann, der sie da hineinzieht. Also war es üblich, sich einfach mit geschlossenen Augen hinzulegen – denn hätte die Frau die Augen geöffnet, dann hätte das ihre Neugier und ihr Interesse verraten –, also mit geschlossenen Augen! Und jetzt ist es im Westen umgekehrt: Jetzt ist es im Westen ein Problem, wenn eine Frau nicht zum Orgasmus kommt, jetzt stimmt da etwas nicht. Heute ist es eine Sünde, keinen Orgasmus zu haben. Früher war es Sünde, einen Orgasmus zu haben.

Die Frauen des Ostens haben – wie früher die Frauen im Westen – völlig vergessen, dass sie zum Orgasmus fähig sind. Sie haben völlig vergessen, dass durch den Sex eine herrliche Ekstase möglich ist. Aber wenn man sich nicht einmal bewegt... Lässt man der Natur freien Lauf, dann verlieren die Liebenden während des Liebesakts jede Kontrolle, sie werden wild, sie schreien, sie geben Laute von sich, sie werden verrückt – ganz wie Tiere – und genauso ekstatisch. Und wer in der Liebe ekstatisch sein kann, dem öffnet sich bald eine Tür zu höherer Ekstase. Dann geht man über den Sex hinaus, und nur dann geschieht das wahre *Brahmacharya* – die Freiheit vom Sex. Aber diese Freiheit lässt sich nicht erzwingen; sie stellt sich nur auf dem Wege der Natur ein, von selbst. Wer der Natur folgt, gelangt dorthin.

Es besteht keinerlei Grund irgendwelche Anstrengungen zu unternehmen, um das letzte Ziel zu erreichen. Die Natur hat schon alles bereitgestellt. Du bist ein Samenkorn und der gesamte Ablauf ist als Plan in dir enthalten – wenn du der Natur die Führung überlässt. Es ist genauso wie mit dem Samen, der im Erdboden liegt; er trägt das gesamte Gebäude als Plan in sich. Im Samenkorn ist der ganze Bauplan des Baumes enthalten, jedes Blatt und jede Blüte, die er in Zukunft treiben wird; das Samenkorn enthält alles – nur muss es der Natur überlassen bleiben. Du musst zwar die Pflanze begießen, musst dich um sie kümmern, für guten Boden sorgen, ein bisschen Dünger – fertig! Mehr kannst du nicht tun.

Du brauchst das Samenkorn nicht zu erziehen: „Benimm dich, tu dies und das und dies und das darfst du nicht tun – sonst wird nie ein Baum aus dir.“ Wenn ihr die Samenkörner erziehen wolltet, würde es keine Bäume auf der Welt geben, denn die Keimlinge würden den Verstand verlieren und nicht mehr wissen, was sie tun sollen. Samenkörner verlassen sich auf das allgemeine Bewusstsein, nicht auf ihre eigene private Intelligenz.

Der Mensch trägt den Bauplan zu einem Gott in sich, nichts weniger als das: ganz einfach ein Gott zu sein. Der Mensch ist der Same Gottes, denn das menschliche Bewusstsein ist erst der Anfang von Bewusstsein. Es muss wachsen und wachsen und den Punkt erreichen, wo es universell wird. Nichts brauchst du deinerseits zu tun, damit es geschieht – keinerlei Disziplin, kein Glaubensbekenntnis, kein Dogma, keine Religion wird benötigt. Die Natur ist genug. Du brauchst dich nur ihr zu überlassen. Du musst dich ihr öffnen und im Vertrauen auf sie weitergehen, denn ohne Vertrauen kannst du nicht einen Fuß vor den anderen setzen. Wenn das Samenkorn fragt: „Was ist die Garantie, dass aus mir ein Baum wird, wenn ich meine Schale durchbreche, die mich bedeckt und schützt? Was ist die Garantie? Und wenn mir keine Garantie geboten wird, dann klammere ich mich lieber an meine Schale“ –, was passiert dann?

Wenn der Vogel im Ei sagt: „Wie soll ich denn hier herauskommen? Wer kann mir denn die Garantie geben, dass da draußen eine bessere Welt ist als hier drinnen?“ –, was geschieht dann? Die Schale ist ein Schutz, eine Sicherheit. Der Vogel ist herrlich geschützt in seiner Eierschale – aber das ist nicht das Leben. Es ist wie der Tod – zwar völlig geschützt, aber ein Grab. Und wer kann die Garantie geben? Niemand kann das. Es gibt niemanden, der euch eine Garantie geben kann. Ihr müsst Vertrauen haben. Das Samenkorn vertraut und löst sich in die Erde auf, sprießt auf und wird zu einem großen Baum, der blüht und sich ekstatisch an der Schöpfung freut.

Der Vogel kriecht aus dem Ei, vertauscht das Bekannte gegen das Unbekannte, fliegt auf und verliert sich im unendlichen Himmel. Niemand weiß, was passieren wird; ohne ein Ziel vor Augen, ohne Absicht und Plan schwingt der Vogel sich einfach in den Himmel, wiegt sich ekstatisch im Wind, zieht weiter, geht zu den fernsten Horizonten, dem Unbekannten entgegen.

Und genauso wird es auch dir geschehen. Du bist ein Samenkorn, du bist ein Ei, eine Möglichkeit. Und Heraklit trifft es genau, er zielt genau auf den Punkt, den ihr immer überseht:

Das Göttliche entgeht dem Menschen,
Weil er es nicht fur moglich halt.

Weil ihr zweifelt, entgeht euch das Göttliche. Vertraut und ihr könnt ihm begegnen. Nichts anderes ist nötig. Vertraue einfach, damit die Natur sich entfalten kann.

Obwohl aufs Innigste mit dem Logos verknüpft,
Widersetzt sich der Mensch ihm ständig.
Wie kann sich irgendjemand vor dem Licht verstecken,
Das niemals untergeht?

Der Logos ist immer, ewig. Er geht nie unter. Wie kannst du dich vor ihm verstecken? Er gilt und gilt ewig. Wie kannst du mit ihm kämpfen? Was du tust, ist einfach lächerlich und absurd. Es ist so dumm, zu kämpfen! Die einzige Weisheit besteht darin, den Kampf aufzugeben und sich auszuliefern. Und dann tun sich alle Schönheiten auf. Das geschieht von allein; du kannst es nicht herbeiführen.

Du kannst Schranken aufrichten, aber du kannst es nicht herbeiführen. Du kannst davor flüchten, du kannst die Augen davor verschließen, aber du kannst es nicht hervorbringen – denn es ist schon da, es ist bereits so! Nur: Es entgeht dir, weil du mit geschlossenen Augen dasitzt. Der Zweifel verklebt dir die Augen, der Zweifel verschließt dir das Herz – Zweifel überall, du bist benommen und betäubt vom Zweifel.

Karl Marx hat gesagt: „Religion ist Opium für das Volk." Genau das Gegenteil ist wahr: Der Zweifel ist das Opium, nicht die Religion. Durch Zweifel verfehlst du die Wahrheit. Durch Vertrauen erlaubst du ihr dich zu erreichen, erlaubst du dir selbst, sie zu erreichen.

Meditiert mehr und mehr über Vertrauen. Saugt euch voll vom Gefühl des Vertrauens. Lasst euer Herz voll Vertrauen schlagen. Singt, tanzt, betet mit zuversichtlichem Herzen und ihr werdet sehen, dass sich am Ende nur Vertrauen auszahlt. Zweifel tötet. Er ist zerstörerisch, er kann dir kein Leben geben. Zweifel ist Tod.

Vertrauen ist Leben. Und in dem Maße, wie dein Vertrauen wächst, öffnet sich dir das Leben immer mehr, bis es am Ende unerschöpflich und ewig wird.

9

DIE SONNE IST JEDEN TAG NEU

Diese Weltordnung,
Die für alle Wesen gilt:
Weder Gott noch Mensch hat sie geschaffen.
Sie war schon immer da, ist und wird sein:
Ein ewig lebendiges Feuer,
Das regelmäßig auflodert
Und regelmäßig erlischt.
Die Gezeiten des Feuers sind Hunger und Sättigung.
Die Sonne ist jeden Tag neu.

EINEN GOTT ÜBER DEN WOLKEN, DER DIE Welt von außen geschaffen hat – den gibt es nicht und es kann ihn auch nicht geben, denn Schöpfung, Schöpfer und Schöpferkraft sind ein und dasselbe, sie sind nicht voneinander zu trennen. Die Existenz ist eins – wie können dann Schöpfer und Schöpfung zweierlei sein? Die Existenz selber ist göttlich. Es gibt keinen Schöpfer, der sie erschafft. Die Schöpfung selber ist der Schöpfer. Sie erschafft sich selbst.

Heraklit ist ein Nicht-Dualist. Alle, die die höchste Wahrheit erkannt haben, kommen zu der Erkenntnis, dass Dualität eine Täuschung des Verstandes ist; denn der Verstand ist unfähig das Eine zu erkennen: Er sieht alles getrennt. Sobald er etwas wahrnimmt, teilt er es. Für den Verstand ist das Andere unentbehrlich. Er kann die Schöpfung nicht ungeteilt sehen, sondern muss sich sofort einen Schöpfer dazudenken – „denn wie kann es eine Schöpfung ohne einen Schöpfer geben?“ Sollte dieser Verstand jedoch dem Schöpfer selbst begegnen, dann würde er sofort wieder einwenden: „Tja, es muss also noch einen anderen Schöpfer geben, der diesen Schöpfer geschaffen hat – wo soll er sonst herkommen?“

Der Verstand ist ein endloser Spaltpilz. Er kann einfach nicht aufhören die Dinge immer feiner aufzusplittern. So kommt er auch nie zu einem endgültigen Ergebnis. Alle Philosophie stützt sich auf den Verstand, deswegen kommt sie nie auf einen grünen Zweig. Man muss auf das Ganze schauen und den Verstand außer Acht lassen. Sobald der Verstand dazwischenfunkt, entsteht sofort Dualität: Er spaltet alles. Spaltung ist das Wesen des Intellekts. Wenn du Tag sagst, setzt der Verstand automatisch Nacht dagegen, „denn wie kann der Tag ohne die Nacht existieren?“ Wenn du Liebe sagst, kommt der Verstand mit Hass – denn wie kann Liebe ohne Hass existieren? Wenn du von Leben sprichst, kommt der Verstand mit dem Tod: „Wie kann es Leben ohne Tod geben?“

Leben ist die Entfaltung dieser Energie und Tod ist ihr Zurücksinken. Leben ist Formwerdung und Tod ist Zurückbildung ins Formlose. Anfang und Ende begegnen sich.

Das Leben ist nicht vom Tod und der Tod nicht vom Leben zu trennen; sie mischen sich und gehen ineinander über. Schon zu sagen, dass sie sich mischen, ist nicht richtig, denn der Verstand folgert sofort: „Wo etwas gemischt wird, muss es zwei Dinge geben!" Da mischt sich nichts – es ist von vornherein nur eine Erscheinung.

Heraklit spricht von Hunger und Sättigung – scheinbar zweierlei. Du fühlst dich hungrig und isst und dann fühlst du dich satt. Ist euch aber jemals aufgefallen, dass Hunger und Sättigung ein und dasselbe sind? Sie müssen eins sein, denn durch eines – nämlich Nahrung – schlägt das eine ins andere um. Nahrung ist die Brücke zwischen Hunger und Sättigung, zwischen Trieb und Zufriedenheit. Wenn sie wirklich getrennt wären, dann könnte es auch keine Brücke geben. Wenn sie wirklich zweierlei sind, dann besteht keine Chance jemals eine Brücke zu finden. Dann ist und bleibt Hunger immer Hunger und Sättigung ist und bleibt Sättigung. Wo sollten sie zusammentreffen? Und wie? Aber sie treffen zusammen.

Der Verstand spielt Hunger gegen Sättigung aus. Versucht einmal wirklich zu verstehen, wie er arbeitet. Nehmt ihn unter die Lupe. Der Verstand sagt, dass Hunger etwas anderes sei als Sättigung, aber wenn du gesättigt bist, hat der Kreislauf schon wieder begonnen, der den Hunger herbeiführt; und sobald sich der Hunger meldet, setzt der Kreislauf ein, der zur Sättigung führt. Sind sie zweierlei oder nur ein einziges Phänomen? Wenn du isst, verschwindet der Hunger, aber sobald der Hunger verschwindet, beginnt ein neuer Kreislauf. Ein neuer Morgen ist der Anfang eines Abends. Eine neue Geburt ist der Anfang eines Todes. Aber ihr könnt nicht so weit blicken. Jeden Morgen wacht ihr hungrig auf, dann esst ihr und seid gesättigt... Abends seid ihr wieder hungrig und ihr esst bis zur Sättigung, aber ihr erkennt nie, dass beides eins ist. Das eine hilft dem anderen zu erscheinen. Wenn du nie hungrig bist, kannst du dann je gesättigt sein? Kann es Sättigung überhaupt geben, wenn du nie hungrig bist? Von Sättigung kann man nur sprechen, wo Hunger vorausgeht. Wenn es keinen Morgen gibt, bedeutet das nicht, dass es dann immer und ewig Abend ist. Dann kann es überhaupt keinen Abend geben. Und wenn es keinen Tod gäbe, dann glaubt nicht, dass damit ewiges Leben gegeben wäre; es würde überhaupt kein Leben geben. Weil der Tod nämlich erst die Voraussetzung für das Leben schafft; er setzt die Energie in Bewegung, damit es sich wieder entfalten kann. Jedes Leben bringt Tod und jeder Tod bringt wieder Leben.

Nur dem Verstand erscheinen diese beiden als zwei getrennte Dinge, denn er kann einfach kein Paradox durchschauen. Wer die Welt nicht vom Verstand her sieht, nicht vom logischen Standpunkt aus, wer einfach in die Erscheinung selber schaut, in ihre Gesamtheit, für den verschwindet die Zweiteilung und es bleibt nur Eines.

Und so ist es auch mit Gott als dem Schöpfer und der Welt als der Schöpfung. Nicht nur die gewöhnlichen Leute lassen sich so vom Verstand täuschen – selbst großen Theologen ergeht es so. Auch sie sagen: „Gott erschuf die Welt.“ Eine solche Behauptung ist kindisch, unreif. Niemand hat die Existenz erschaffen – sie ist. Sie ist einfach da! Sobald ihr aber anfangt von der Erschaffung der Welt zu reden, habt ihr tausend Probleme am Hals.

Genau deswegen werden die Theologen immer konfuser und finden keinen Ausweg mehr. Erst stellen sie eine Theorie, eine Hypothese auf, mit der sie alles Mögliche erklären wollen und die nichts klärt. Im Gegenteil, solche Hypothesen führen immer nur zu neuen Fragen. So haben sie versucht das „Problem der Existenz“ damit zu erklären, dass sie Gott erfanden: „Gott erschuf die Welt.“ Daraus ergaben sich dann tausend neue Probleme.

Und daran tüfteln sie noch heute herum. Wenn man erst einmal auf die falsche Spur geraten ist, geht man immer weiter in die Irre; eins ergibt sich aus dem anderen, und zwar mit einer gewissen Folgerichtigkeit, denn wenn man von einem Irrtum ausgeht, muss das zu neuen Irrtümern führen. Nur wenn man sich vom ersten Schritt an auf die Wahrheit zubewegt, kann man überhaupt bei ihr ankommen – denn der Anfang ist das Ende…

Die Theologie denkt sich einen Gott, um ein paar Probleme aus der Welt zu schaffen; denn es gibt da gewisse Probleme. Wer erschuf die Welt? Diese Neugier ist ganz natürlich. Etwas so Schönes! Wer hat es bloß gemacht? Und der Intellekt fühlt sich herausgefordert: Es muss eine Antwort geben! Wer hat die Welt erschaffen?

Aber die allererste Frage, die man sich überhaupt stellen muss, lautet: Ist die Frage richtig gestellt? Stell nie eine Frage, ohne zuerst zu fragen, ob die Frage relevant ist. Und woran kann man das erkennen? Das Kriterium ist dies: Wenn eine Frage nicht so zu beantworten ist, dass sie nicht von neuem gestellt werden kann, dann ist sie irrelevant, dann ist sie keine echte Frage.

Auf die Frage „Wer erschuf die Welt?", sagt der eine: „Gott." Du kannst dieselbe Frage aber von neuem stellen: „Wer erschuf Gott?" – die Frage hat sich nicht geändert, nicht um ein i-Tüpfelchen. Die Frage bleibt nach wie vor gültig. Also antwortet ein anderer: „Gott A hat die Welt erschaffen" und wenn du nachfragst: „Wer erschuf Gott A?", bekommst du zur Antwort: „Gott B erschuf Gott A." Danach kannst du fragen: „Wer erschuf Gott B?" und er sagt: „Gott C…" – die Frage bleibt also gleich, und damit sind alle Antworten falsch.

Wenn die Frage nicht im Geringsten weiterführt, dann kommst du der Wahrheit um keinen Schritt näher. Wenn alle Antworten auf eine Frage falsch sein müssen, dann seid so nett und versenkt euch noch einmal in die Frage selbst. Die Frage muss von Grund auf verkehrt gestellt worden sein; wie sonst können alle Antworten falsch sein? Wenigstens eine Antwort müsste richtig sein; aber es hat sich herausgestellt, dass keine Antwort richtig ist. Hindus, Moslems, Christen – sie alle haben Antworten angeboten, aber die Frage ist geblieben. Tausende von Jahren hat man sich mit der Frage abgegeben, wer die Welt erschaffen hat, und nicht eine einzige befriedigende Antwort ist gefunden worden. Das bedeutet nichts anderes, als dass ihr von Anfang an, ganz grundsätzlich, einer falschen Spur gefolgt seid, dass eure Einstellung von Anfang an falsch war.

Vor jeder Frage müsst ihr also als Allererstes die Frage selbst infrage stellen: ob sie nämlich überhaupt zu beantworten ist.

Und diese Frage – „Wer hat die Welt erschaffen?" – ist sinnlos, und zwar aus mehreren Gründen. Erstens, weil man dann fragen kann, warum Gott die Welt überhaupt geschaffen hat. War sie nötig? Konnte der Schöpfer nicht leben, ohne die Welt zu erschaffen? Was trieb ihn dazu? Und wenn Gott diese Welt erschaffen hat, warum gibt es dann so viel Elend und Leiden? Warum werden Kinder geboren, die blind, verkrüppelt oder krank sind? – Warum? Wenn Gott euer Schöpfer ist, warum kann er dann nicht den Bauplan der Welt korrigieren? Oder ist euer Gott ein bisschen neurotisch? Hat er seinen Spaß daran, andere leiden zu sehen? Ist er ein Sadist… geilt sich an Folterungen auf? Daran, wie Millionen in einem Krieg krepieren? Wie sie abgeschlachtet werden, ins Feuer geworfen werden, in Gaskammern getrieben werden? Er hat das doch alles erschaffen und kümmert sich nicht die Bohne? Wie? Kann er nicht einmal einen Hitler davon abhalten Millionen von Juden umzubringen, ohne jeden Grund, völlig sinnlos? Was für ein Schöpfer ist denn das? Wenn Gott die Welt erschaffen hat, dann muss er ein Teufel sein, denn die Welt erinnert eher an das Machwerk eines Teufels. Und Gott soll Inbegriff alles Guten sein?! Er zeigt, weiß Gott, keine Güte. Nichts als Ausbeutung, Gewalt, Krieg, Mord, Elend, Folter, Unterdrückung, Wahnsinn.

Zu welchem Zweck ist diese Schöpfung geschaffen worden? Und wenn wirklich Gott verantwortlich ist, dann ist er der größte Verbrecher aller Zeiten.

Fragen über Fragen, und die Theologen wissen keine Antwort. So sehen sie sich gezwungen noch mehr falsche Theorien zu entwickeln: Sie erfinden also einen Teufel und der Teufel hat an allem Schuld. Aber damit gehen sie sich selber in die Falle. Erst erschaffen sie Gott und sagen, dass Gott die Welt erschaffen hat, dann müssen sie einen Teufel erschaffen, denn sie können die Welt nicht aus der Güte Gottes herleiten. Die Welt sieht so übel aus, dass sie einen Teufel erschaffen müssen. Und sofort stellt sich die Frage: Wer erschuf den Teufel? Und dann geht es immer so weiter.

Und sie schleppen sich durch ihre Bemühungen immer tiefer in die Wüste, ins Niemandsland. Niemand liest ihre dicken Wälzer über Theologie, kein Mensch. Denn wenn man sich erst einmal darauf einlässt, hört es nicht mehr auf; immerzu die gleiche Leier… wie eine Schallplatte, die einen Sprung hat, dauernd dieselbe Rille. Ihr stellt immer die gleichen stereotypen Fragen und trefft nie den Kern der Sache. Die Theologie kann nichts anderes, als wie die Katze um den heißen Brei zu schleichen – das ist alles. Sie hat kein einziges Problem gelöst. Theologie ist die sinnloseste Mühe, die sich die Menschheit je gemacht hat. Und es fängt an mit: „Gott erschuf die Welt."

Männer wie Heraklit, Gautama Buddha, Laotse, Zarathustra – sie verlieren kein Wort darüber. Sie sagen einfach: „Die Schöpfung ist Gott. Niemand hat sie erschaffen. Es gibt keinen Schöpfer, der dafür verantwortlich ist." Stellt also keine überflüssigen Fragen und vergeudet nicht eure Zeit mit überflüssigen Antworten. Das Dasein ist da und Gott ist nicht davon zu trennen. Gott ist das Dasein, die gesamte Existenz, kein losgelöstes Wesen, keine Person. Er ist alles … das All. Und es kommt aus sich heraus und verschwindet in sich…

Heraklit nennt es Feuer. Ein herrliches Symbol!

Es drückt eine äußerst dynamische Energie aus, es zeigt an, dass die Schöpfung eine dynamische, eine dialektische Energie ist, dass sie sich von selbst bewegt. Spricht man von Energie, dann kann man sich darunter etwas vorstellen. Spricht man von Gott, dann kann man damit nichts anfangen.

Energie ist Wahrheit. Ihr könnt es hier und jetzt spüren; ihr seid Energie; die Vögel, die in den Bäumen zwitschern, sind Energie; die Bäume, die in den Himmel wachsen, sind Energie; die Sterne in ihren Bahnen, die Sonne, die jeden Tag neu aufgeht, alles ist Energie. Und Energie ist weder gut noch böse. Energie ist immer neutral. Man braucht also nicht erst einen Teufel zu erfinden; nichts braucht erklärt zu werden: Energie ist neutral.

Wenn du unglücklich bist, liegt es an dir, also weder an Gott noch am Teufel. Wenn es dir schlecht geht, dann gehst du mit deiner Energie falsch um. Wenn du deiner Energie folgst, wirst du unweigerlich selig vor Glück. Wenn du gegen sie angehst, bist du selbst daran schuld. Merk es dir: Wenn es keinen Gott gibt, dann bist du für alles verantwortlich, was geschieht, egal was es ist. Und wenn du verantwortlich bist, dann kannst du dich auch verwandeln. Wenn dagegen Gott verantwortlich ist, wie will man sich dann selbst verändern? Gott scheint nichts als ein Trick des Verstandes zu sein, durch den er die Verantwortung auf jemanden abschieben kann; und nichts kann dein Verstand so gut, wie die Verantwortung auf andere zu schieben.

Egal was geschieht, du schiebst es immer auf andere. Wenn du wütend bist, dann hat dich ein anderer beleidigt: Der ist daran schuld! Und wenn du traurig bist, liegt es ebenfalls an den anderen. Wenn du frustriert bist, dann nur deshalb, weil dir ein anderer im Weg steht. Immer ist jemand anders verantwortlich, niemals du selbst. Das ist der Grundsatz des Verstandes: die Schuld auf andere schieben. Das entlastet dich von der Verantwortung. Aber eben darum fühlst du dich machtlos. Wenn es dagegen deine Verantwortung ist, wenn du sie als deine eigene akzeptierst, dann kannst du etwas tun. Wenn jemand anders verantwortlich ist, was kannst du dann tun? Wenn es andere sind, die dich traurig machen, wirst du ewig traurig bleiben, denn was kannst du schon daran ändern? Du bist von Millionen von anderen umringt. Wenn es von andern abhängt, ob du frustriert bist, dann bist du machtlos, musst du frustriert bleiben; es ist eben Schicksal – denn andere ändern kannst du nicht. Sobald du deine Verantwortung erkennst, bist du sofort dein eigener Herr.

Jetzt kannst du etwas tun. Du kannst dich ändern, du kannst deine Einstellungen ändern. Du kannst dir neue Brillen aufsetzen und die Welt neu sehen, kannst begreifen, dass dein Unglück daran liegt, dass du dich nicht ins Energiefeld des Ganzen eingefügt, eingepasst hast, dass du nicht harmonisch mit dem Fluss gegangen bist, dass du nicht gewusst hast, wie du dich im Orchester der Energie des Ganzen bewegen musst. Der Organismus der Energie ist für sich genommen neutral; wenn du mitgehst, bist du glücklich; wenn du nicht mitgehst, bist du unglücklich.

Das ist der Logos, das *Rit*, das Tao.

Zum Beispiel: Wenn du Durst hast und nicht trinkst, dann geht es dir schlecht, weil in unserem Energiesystem Wasser den Durst löscht. Wenn du frierst, gehst du in die Nähe des Feuers, weil in unserem Energiesystem das Feuer die Quelle aller Wärme ist. Aber wenn du frierst und vom Feuer weggehst, dann wirst du dich unglücklich fühlen. Niemand ist verantwortlich dafür. Wenn du erhitzt bist und Durst hast und dich ans Feuer stellst, ist das die Hölle für dich.

Ich hörte, dass ein großer Sünder gestorben war. Jedermann wusste, dass er in die Hölle kommen würde. Das war todsicher. Es lag auf der Hand. Die Beerdigungsprozession war eindrucksvoll – es war nämlich ein großer Sünder, ein bedeutender Politiker und steinreich dazu, denn Laster machen sich bekanntlich bezahlt und bringen Erfolg. Also folgten Tausende seinem Sarg, obwohl allen klar war, dass er in der Hölle landen würde; es war eben ein Großer… Die Prozession war unterwegs zum Friedhof und zufällig kam ein Lastwagen, der mit Kohle beladen war, und tuckerte hinter der Prozession her. Er hatte nichts mit der Beerdigung zu tun.

Mulla Nasrudin war unter den Trauergästen und rief aus: „Es war ja klar, dass er in die Hölle kommen würde – aber ich hätte mir nie träumen lassen, dass er auch noch seine eigene Kohle mitbringen muss!“ Die Hölle ist heiß, höllisch heiß. Aber das sage ich euch: Ihr bringt eure eigene Kohle mit.

So sind die Dinge nun einmal. Wenn du dich gegen die Natur wendest, findest du dich im Unglück wieder. Unglück bedeutet, sich gegen die Natur zu wenden, und Unglück ist ein gutes Zeichen – wenn du es richtig zu deuten verstehst. Es zeigt an, dass du irgendwo schiefliegst, nichts anderes. Bring es in Ordnung! Unglück ist eine Hilfe. Psychische Qualen, Angst, Verspanntheit: Alles das zeigt nur an, dass irgendwo irgendetwas nicht stimmt. Du gehst nicht im Ganzen auf. Irgendwo hast du angefangen, deine eigene private Sache zu betreiben, und damit bist du im Abseits, im Unglück.

Heraklit sagt: Private Intelligenz gibt es nicht. Intelligentsein heißt, mit dem Ganzen zu gehen. Sei also nicht neunmalklug. Du kannst nicht auf deine Weise intelligent sein. Wenn du dich der Existenz anpasst, bist du intelligent, dann hast du ein klares und scharfsichtiges Auge, dann bist du weise. Wenn du dich absonderst, bist du ein Narr.

Ein Idiot ist einer, der sich ganz verschlossen, ganz in seine Höhle zurückgezogen hat. Er ist ohne Anschluss an das allgemeine Energiesystem. Darin besteht seine Idiotie. Und ein Weiser ist der, der sich überhaupt nicht verschlossen hat; die Luft durchströmt ihn, der Kosmos durchströmt ihn. Er hat keine Grenzen, keine verschlossenen Türen. Er lebt nicht in einer Privatwelt. Er ist porös. Und sobald er sich unwohl fühlt, lenkt er sofort ein – sofort versteht er das Zeichen! Es ist ein Symptom. Es ist wie Krankheit: Wenn du nicht natürlich mit deinem Körper umgegangen bist, bricht irgendeine Krankheit aus. Diese Krankheit ist ein Freund. Sie zeigt an: „Verhalte dich anders! Ändere deine Lebensweise – irgendwo gehst du gegen die Natur." Wenn du drei oder vier Tage lang nichts isst, fühlst du dich benommen, hungrig, niedergeschlagen. Dein ganzer Körper mahnt dich: „Nimm etwas zu dir!", denn er braucht Energie.

Denk daran: Die Energie ist neutral; somit hängt die gesamte Qualität deines Lebens von dir ab. Du kannst glücklich sein oder unglücklich; es liegt an dir. Niemand sonst ist verantwortlich.

Wenn du hungrig bist, dann iss. Wenn du Durst hast, trink. Wenn du müde bist, leg dich schlafen. Zwinge die Natur nicht. Eine gewisse Zeit kannst du sie zwingen, so viel Freiheit hast du. Wenn du fasten willst, kannst du das für ein paar Tage tun. Aber mit jedem Tag wirst du schwächer und immer schwächer und mit jedem Tag wächst dein Unwohlsein. Wenn du nicht atmen willst kannst du für ein paar Sekunden aufhören zu atmen, aber nur für ein paar Sekunden. So viel Freiheit hast du. Aber viel ist das nicht und sehr bald wirst du ein würgendes Gefühl in der Kehle haben, als ob du stirbst. Alles Unglück ist nur dazu da, um dir anzuzeigen, dass etwas nicht in Ordnung ist, dass du irgendwo in die Irre gegangen bist. Komm sofort zurück! Wenn du anfängst auf den Körper zu hören, auf die Natur zu hören, auf dein inneres Wesen zu hören, wirst du immer glücklicher werden. Spitze deine Ohren, horche in die Natur. Höre auf den Logos. Höre auf die, die wach sind, die den Logos erkannt haben, und du wirst immer und immer wieder finden, dass sie mit der Natur übereinstimmen. Sie erzwingen nichts, sie treiben nicht den Fluss an, sie fließen einfach mit ihm – und darin besteht ihre Seligkeit.

Es gibt keinen Gott, der verantwortlich ist. Wir erschaffen Gott aus unserer eigenen Furcht und Notwendigkeit und Not. Wir fühlen uns in unserem Elend so hilflos, so machtlos, wir sind so unfähig in unserem Schmerz, dass wir aus unserer Angst einen Gott erschaffen, zu dem wir beten können, zu dem wir sagen können: „Mach es mir nicht so schwer!" Einen Gott, den wir preisen können, den wir glauben manipulieren zu können, damit er uns etwas mehr gewogen ist.

Glaubst du, Gott beeinflussen zu können? Glaubst du, er hält zu dir, wenn du zu ihm betest, und zu den andern, wenn du es nicht tust? Ein kleiner Junge wurde von seinen Eltern ermahnt: „Wenn du nicht lieb bist, wird der liebe Gott dich bestrafen." Damit hatten sie ihn bisher immer einschüchtern können. Sobald er sich nicht artig benahm oder etwas tat, was die Eltern für unartig hielten, hatten sie diesen Trick angewendet und ihm gedroht, dass Gott „dich bestrafen wird, er wird böse auf dich sein!" und das hatte immer gezogen. Aber diesmal lachte der Kleine. Er sagte: „Das macht mir gar nichts aus, denn der liebe Gott kennt mich überhaupt nicht!"

Sie wunderten sich: „Das ist uns neu! Das hast du noch nie gesagt! Woher willst du denn wissen, dass er dich nicht kennt?"

Das Kind antwortete: „Zwei Wochen lang habe ich nicht gebetet und nichts ist passiert. Also entweder denken die da oben, dass ich tot bin, oder sie haben mich vergessen. Ich brauch' mir jetzt jedenfalls keine Gedanken mehr darüber zu machen. Jetzt bin ich frei! Zwei Wochen und kein Zeichen!"

Wir haben uns Gott nach unseren Bedürfnissen zurechtgeschneidert. Gott hat nicht euch erschaffen, sondern ihr habt Gott erschaffen. Ihr braucht ihn, weil ihr hilflos seid. Und nun könnt ihr alles, was euch fehlt, auf ihn projizieren.

Wenn ihr ohnmächtig seid, sagt ihr, er ist allmächtig. Wenn ihr unwissend seid, sagt ihr, er ist allwissend. Wenn ihr blind seid und im Dunkeln herumtappt und sucht, sagt ihr, er sieht alles. Das ist ein Trick des Verstandes. Was du in dir selbst vermisst, projizierst du auf Gott, und damit glaubst du, das Gleichgewicht sei wiederhergestellt. „Jetzt kann ich zu diesem allmächtigen, allwissenden, allgegenwärtigen Wesen beten und er wird mir helfen." Alles nur Tricks. Du kannst dir nur selber helfen. Natürlich, auch die Natur wird dir helfen, wenn du nur der Natur folgst. Kein anderes Gebet wird taugen. Dies ist das einzige Gebet.

Für mich ist Beten nichts weiter als ein Fließen mit der Natur. Wenn du dabei Worte machen willst, rede, aber vergiss nicht – dein Reden hat auf die Existenz keine Einwirkung. Es berührt dich selber, und das mag auch gut sein, aber durch lautes Beten änderst du nichts am Willen des Göttlichen. Es mag dich auf eine neue Spur bringen, aber wenn das nicht passiert, dann war es nur ein Trick. Du magst jahrelang beten, aber wenn es dich nicht verändert, lass es sein, wirf es weg, es ist nutzloses Zeug. Schlepp dich nicht weiter damit ab.

Gebete können Gott nicht beeinflussen. Ihr glaubt immer, Gott mit euren Gebeten umstimmen zu können, ihn für euch einnehmen zu können, Gott ein klein wenig geneigter zu machen. Es gibt aber niemanden, der euch zuhört. Dieser unendliche Himmel hat keine Ohren. Dieser weite Himmel ist mit euch, wenn ihr mit ihm seid; eine andere Möglichkeit zu beten gibt es nicht. Ich empfehle euch zwar auch zu beten, aber dieses Beten darf nichts anderes als ein Energiephänomen sein. Du wirst einfach still, du öffnest dich nur. Du streckst beide Arme dem Himmel entgegen, die Handfläche nach oben, schaust zum Himmel und fühlst dabei einfach nur, wie dich das Dasein durchflutet. Keine Beziehung zwischen Gläubigem und Gott; es muss aus reiner Freude an der Energie geschehen.

Wenn die Energie oder das *Prana* in deine Arme niederströmt, wirst du ein sanftes Zittern spüren. Sei wie ein Blatt im Wind, zitternd. Lass es gewähren, hilf ihm. Lass deinen ganzen Körper mit Energie vibrieren, lass alles geschehen, was geschieht.

Dann fühlst du dich wieder im Fluss, in Harmonie mit der Erde. Erde und Himmel, Oben und Unten, Yin und Yang,

Männlich und Weiblich – du treibst dahin, du vermengst dich, du lässt dich vollkommen fallen. Es gibt dich nicht. Du wirst eins, du tauchst ein. Beuge dich nach zwei oder drei Minuten – oder sobald du randvoll von Energie bist – zur Erde nieder und küsse sie. Du wirst einfach zu einem Vehikel, durch das sich die göttliche Energie wieder mit der Energie der Erde vereinigen kann. Diese beiden Phasen müssen noch sechs Mal wiederholt werden, damit jedes der Energiezentren von Blocks befreit wird. Du kannst es auch noch öfter tun, aber wenn du es weniger als sieben Mal tust, dann fühlst du dich danach ruhelos und findest keinen Schlaf.

Dieses Gebet machst du am besten abends in einem verdunkelten Raum und legst dich gleich danach schlafen. Oder du kannst es auch morgens tun, aber in jedem Fall musst du dich danach fünf bis zehn Minuten ausruhen. Die Ruhe ist notwendig, sonst fühlst du dich wie betrunken, wie vor den Kopf geschlagen. Dies Verschmelzen mit der Energie ist Beten. Das verändert dich. Und wenn du dich veränderst, ändert sich die gesamte Existenz, denn indem sich deine Einstellung ändert, wird alles neu für dich. Nicht, dass das Dasein sich wirklich ändert – es bleibt so, wie es ist –, aber jetzt, wo du mit ihm im Einklang bist, gibt es nichts mehr zu erobern. Aller Kampf, alle Anstrengung fällt weg; du hast dich dem Dasein überlassen. Alle anderen Arten von Beten sind Tricks, und die Menschen erfinden immerzu neue.

Einst kam ein Rabbi zu Pferd in ein Dorf geritten. Er wollte in eine nahegelegene Stadt, war aber sehr müde und wollte sich ausruhen; und so ging er in einen Gasthof und ließ sein Pferd mit etwas Heu unter einem Baum zurück, wo es fressen und ebenfalls ausruhen konnte. Mulla Nasrudin saß betrunken unter einem andern Baum. Das Pferd war prächtig. Mulla ging hin um es in Augenschein zu nehmen. Wie er so neben dem Pferd stand, kam ein Mann vorbei, ein Pferdehändler. Er sah das Prachttier und fragte Mulla, ob es sein Pferd sei. Betrunken wie er war und geschmeichelt, dass ein solches Pferd ihm gehören sollte, bejahte er. Aber aus einer Lüge ergibt sich die nächste. Der Mann sagte: „Ich möchte es gern kaufen. Wie viel möchten Sie dafür haben?" Jetzt war Nasrudin in der Falle. Also verlangte er einen viel zu hohen Preis, damit es nicht gefährlich werden konnte. Er verlangte zweitausend Rupien. Das Pferd war nicht mehr als fünfhundert wert, kein Mensch würde zweitausend dafür zahlen, also fühlte er sich in Sicherheit.

Aber nun sagte der Mann tatsächlich: „Okay, hier haben Sie ihre zweitausend Rupien." – Jetzt war Mulla wirklich in der Klemme... aber zweitausend Rupien? Und er dachte: „Der Rabbi ist drinnen und weiß von nichts. Warum diese zweitausend Rupien nicht mitgehen lassen? Niemand sieht mich, also wird's schon gut gehen." Er willigte ein, bekam sein Geld und der Händler nahm das Pferd mit.

Einen Augenblick später kam der Rabbi nach draußen. Nasrudin wusste nicht, was er tun sollte mit seinen zweitausend Rupien in der Tasche, und war zu betrunken, um wegzulaufen. Dann überlegte er blitzschnell und fand einen Ausweg. Er ließ sich auf alle Viere fallen, mimte ein Pferd und nahm etwas Heu in den Mund. Der Rabbi traute seinen Augen nicht. Er sagte: „Was ist passiert? Sind Sie verrückt?" Nasrudin sagte: „Hören Sie sich meine Geschichte an!"

Jetzt arbeitete sein Hirn auf Hochtouren, jetzt wurde er zum Theologen: von Frage zu Antwort zu Frage und so weiter. Er saß in der eigenen Falle. Er sagte: „Vor zwanzig Jahren, als junger Mann, verging ich mich an einer Frau. Und was tat Gott? Er wurde so zornig, dass er mich in ein Pferd verwandelte – in dein Pferd, Rabbi! Und zwanzig Jahre lang diente ich dir, aber es scheint, jetzt ist die Zeit der Sühne vorbei und Gott hat mich zurückverwandelt."

Der Rabbi fing angesichts dieses Beispiels göttlichen Zorns zu zittern an; denn wer ist kein Sünder? Er zitterte bei dem Gedanken, an wie vielen Frauen er sich vergangen hatte. Er fiel auf die Knie und betete. Aber er hatte auch ein praktisches Problem: Er musste irgendwie in die nächste Stadt kommen. Nasrudin schlug ihm vor, ein Pferd auf dem nächsten Markt zu kaufen. Also ging der Rabbi zum nächsten Pferdemarkt, wo er sein eigenes Pferd beim Pferdehändler stehen sah. Er trat heran und flüsterte dem Pferd ins Ohr: „Was, Nasrudin! So schnell schon wieder?"

Der Verstand ist unerschöpflich, er geht im Zick-Zack, er erfindet sich Götter, die er dann anbeten kann, dann Strafen und Höllenqualen und himmlische Glückseligkeit, und der ganze Zauber ist pure Fantasie. Es gibt keinen Gott, keinen Himmel und keine Hölle. Es gibt nur dich und das Dasein: Energie, unerschöpfliche Energie. Solange du mit ihr bist, ist sie mit dir.

Das ist der Zustand eines Buddhas, eines Heraklits: ganz und gar mit dem Ganzen eins zu sein. Dann gibt es keine Probleme. Dann gibt es den Himmel. Denn wenn es dich nicht gibt, ist alles Glückseligkeit.

Andernfalls, wenn du dich gegen das Ganze stellst, dich von ihm entfernst und deine eigenen Geschäfte betreibst, deine eigene Privat-Intelligenz züchtest, dich für eine Insel hältst, dann bist du in Schwierigkeiten. Und was immer du dir auch an Erklärungen und Rationalisierungen ausdenkst, es ist alles umsonst, nichts als Hirngespinste. Alle eure Kirchen, Tempel und Moscheen stehen auf dem fruchtbaren Boden der menschlichen Fantasie. Alle eure Götter und Statuen und Gebete sind nichts als Ausgeburten eurer Vorstellungskraft. Und ihr habt sie erschaffen, weil ihr in Schwierigkeiten steckt. Aber helfen kann euch das alles nichts, weder Kirchen, Tempel noch Moscheen – nichts! Keine Päpste und Popen, keine Priester und Rabbiner. Sie können nichts für euch tun. Sie beuten nur eure Fantasie aus. Und machen dabei ein gutes Geschäft.

Ihr müsst alles Fantasieren fallen lassen.

Ihr müsst fühlen lernen, dass euer Elend daher kommt, dass ihr nicht mit der Natur im Einklang seid, und euer Glück daher, dass ihr mit der Natur im Einklang seid.

Hölle ist, nicht mit dem Logos in Einklang zu sein. Himmel ist, mit dem Logos in Einklang zu sein. Und das ist die verborgene Harmonie. Wenn du sie finden kannst, wirst du glückselig. Wenn du sie nicht finden kannst, bist du unglücklich – und niemand anders ist verantwortlich als du.

Du musst suchen und finden. Es gibt keinen Gott, aber jeder ist göttlich. Die ganze Schöpfung ist göttlich, gottgleich, aber einen Gott gibt es nicht. Vergeude also nicht deine Zeit damit, Ausschau zu halten nach jemandem, der im Himmel ist und dir hilft. Hilfe gibt es zwar, aber keinen, der sie dir geben kann. Du musst sie dir selber nehmen. Aber das erscheint zu mühselig, zu schwierig; denn das heißt, dass du dich ändern musst. Um mit der Natur im Gleichklang zu sein, musst du dich von Grund auf verwandeln. Und um diese radikale Umformung zu vermeiden, erfindest du alle möglichen Ausreden.

Jetzt lasst uns näher auf diese schönen Zeilen eingehen:

Diese Weltordnung,
Die für alle Wesen gilt:
Weder Gott noch Mensch hat sie geschaffen.
Sie war schon immer da, ist und wird sein:
Ein ewig lebendiges Feuer,
Das regelmäßig auflodert,
Und regelmäßig erlischt.

Evolution und Involution: Die Dinge kommen zu einem Höhepunkt, zum Gipfel, und dann verschwinden sie wieder im Abgrund, erreichen einen Tiefpunkt. Die Wellen türmen sich zum Himmel und dann fallen sie wieder zur Tiefe des Ozeans herab … in regelmäßigen Abständen.

Heraklit sagt: Die Welt ist Energie, die Existenz ist Feuer. In regelmäßigen Abständen tritt es in die Welt und verschwindet dann wieder. Genau wie Tag und Nacht: Tagsüber bist du wach und arbeitest und nachts ruhst du dich aus. Und ebenso hat auch die Existenz ihre Phasen, hat sie ihre Tage und ihre Nächte … Schöpfung und Vernichtung, Evolution und Involution, Tag und Nacht, Sommer und Winter, Leben und Tod.

Im Augenblick herrscht eine Phase der Schöpfung. Bald wird eine Phase der Erschöpfung kommen. Die Hindus nennen die Phase, in der alles verschwindet, *Pralaya.* Die Hindus haben hierfür eine großartige Theorie; Heraklit hätte zustimmend mit dem Kopf genickt. Die Hindus sagen, dass *Brahma*, der Schöpfergott, seinen eigenen Tag hat, einen Vierundzwanzig-Stunden-Tag, einen vierundzwanzigstündigen Zyklus. Sein zwölfstündiger Tag ist unsere Schöpfung: Millionen und Abermillionen von Jahren, Äonen und Äonen der Zeitlichkeit. Dann kommt die Nacht Brahmas, jetzt verschwindet, schläft, ruht alles aus – vor Erschöpfung natürlich. Damit sich alles wieder verjüngen kann, um wieder zurückzukehren, löst sich alles in Nicht-Existenz auf.

Schöpfung ist Tag, Erschöpfung ist Nacht. Regelmäßig, in immer gleichen Zeitabständen, verschwindet die Schöpfung, ruht die Energie. Wenn sie geruht hat, kommt der Tag von neuem herauf, geht die Sonne wieder auf; es kommen wieder Dinge zum Vorschein, alles fängt wieder von vorne an. Es ist ein Kreislauf. Die eine Hälfte des Kreises ist Verkörperung, die andere Hälfte ist Entkörperung.

Genauso wie ein Baum wächst und wächst und dann stirbt. Nur dass er nicht ganz und gar stirbt: Er fasst sich in Samenkörnern zusammen, wird unsichtbar, verschwindet ins Feinkörperliche. Der Same fällt auf den Boden, der Baum stirbt, und wenn die richtige Zeit gekommen ist, sprießt der Same von Neuem und der ganze Baum entsteht aufs Neue.Und das alles geschieht von allein, nicht etwa unter der Kontrolle eines Aufsehers, sei er nun Mensch oder Gott oder was auch immer: Da ist niemand da. Energie an sich ist genug. Sie kommt ohne Kontrolle aus. Sie braucht keine Hilfe von außen. Die Energie hat ihre eigene innewohnende Disziplin. Und alles spricht dafür, dass es so ist; wenn du genau beobachtest, wirst du spüren, dass es sich so abspielt. Du fühlst dich hungrig, du nimmst Nahrung zu dir, der Hunger verschwindet. Wohin hat sich der Hunger verzogen? Ins Formlose, in eine latente Form, ins Feinkörperliche. Er hält sich nicht mehr an der sichtbaren Außenseite auf, sondern ist wieder zum Mittelpunkt zurückgewichen. Wenn du dich nach ein paar Stunden wieder hungrig fühlst, dann ist er wieder zum Vorschein, an die Oberfläche gekommen. Du isst und er verschwindet wieder. Wohin? Verschwände er ganz, wie könnte er dann wiederkommen? Aber er kommt immer und immer wieder. Er verschwindet immer und immer wieder… in regelmäßigen Abständen.

Tagsüber bist du wach. Wo ist der Schlaf geblieben? Er ist jetzt nur im Saatkorn, ist unsichtbar geworden. Irgendwo in dir sitzt er und wartet auf den rechten Zeitpunkt wieder in Erscheinung zu treten, und abends ist es dann so weit. Und wohin verzieht sich dann euer Tag? Habt ihr je darauf geachtet? Wo ist die ganze Tageswelt geblieben, während ihr schlaft? Die Öffentlichkeit, die Politik, die Identität, all das verschwindet, all das ruht wieder in Form einer Saat. Aber morgens geht die Sonne auf und du stehst mit ihr auf. Von woher kommst du? Aus der formlosen Welt gehst du in die Welt der Erscheinung; es ist ein Rhythmus zentrifugaler und zentripetaler Bewegung.

Die Lotusblume öffnet sich und schließt sich… in regelmäßigen Abständen. Und das ist ein Energiephänomen, frei von jeder Persönlichkeit, von allem Persönlichen. Nur als etwas Unpersönliches ist es schön. Wenn man es als etwas Persönliches begreift, wird es hässlich. Alle Religionen sind hässlich geworden, weil sie eine persönliche Angelegenheit daraus machen; sie dichten eine Person hinzu. So eine Person ist nichts als eine frei erfundene Gestalt. Also gibt es Tausende von Göttern, und jeder hat seine eigene Vorstellung von Gott. Und wenn man erst einmal eine feste Vorstellung von Gott hat, dann sehen die Vorstellungen anderer Leute verkehrt aus und alle fangen an sich zu streiten. Aber wie kann deine eigene Vorstellung von Gott stimmen, solange du selbst nicht richtig im Kopf bist? Ein Mensch, der richtig im Kopf ist, braucht keinen Gott.

Seht euch Buddha an oder Heraklit: Sie brauchen keinen Gott. H.G. Wells hat von Buddha gesagt, er sei der gottloseste und zugleich göttlichste aller Menschen gewesen. Wirklich, lässt sich etwa ein göttlicherer Mensch denken als Buddha – oder ein gottloserer? Buddha spricht nie von Gott, denn er projiziert nicht. Es gibt keine Furcht in ihm, aus der sich eine Projektion bilden könnte. Er ist furchtlos, und damit verschwindet Gott; Gott ist das Produkt unserer eigenen Furcht. Und wenn es keinen Gott mehr gibt, dann kannst du dich an der ganzen Schöpfung freuen und sie feiern.

„Energie ist Entzücken". Das Wort stammt von William Blake. Wenn es keinen Gott gibt, bist du frei. Von einem Gott im Himmel, der manipuliert, kannst du nie freikommen, du bleibst seine Marionette und er hält alle Fäden in der Hand. Alle religiösen Menschen werden zu Marionetten, denn für alles, was geschieht, ist jemand anders verantwortlich. Der wahrhaft religiöse Mensch ist total frei. Religiosität heißt Freiheit. Und solange ein Gott da ist, kann es keine Freiheit geben. Wie kann es Freiheit geben, wenn es einen Schöpfer gibt? Jeden Augenblick kann er seine Absichten ändern – und er scheint wirklich nicht ganz bei Trost zu sein –, jederzeit kann er sich's anders überlegen und sagen: „Okay, verschwinde!" Genauso, wie er in der Bibel sagt: „Es werde Licht und siehe da, es ward Licht!", so kann er jederzeit sagen: „Es werde Dunkelheit!" Und was dann? – Dann muss das Licht gehen. Und du wärst also nichts als eine Marionette. Dann spielt er wohl nur Schach und wir sind seine Schachfiguren, und was immer er mit dir anfangen will, das tut er. Die Sache sieht eher abstoßend aus.

Ohne Freiheit kann es auch kein Bewusstsein geben; denn mit dem Bewusstsein wächst die Freiheit. Und die totale Freiheit ist nur möglich, wenn es niemanden gibt, der kontrolliert, der manipuliert, der den Boss der Existenz spielt; nur so ist wahre Freiheit möglich. Aber Freiheit macht euch Angst. Ihr wollt nicht frei sein. Ihr wollt lieber Sklaven sein, und darum erfindet ihr Gott. Gibt es nämlich keinen Gott…

Die Kommunisten zum Beispiel haben es mit einer Religion ohne Gott versucht. Aber der Mensch ist so ängstlich, dass er ohne Gott nicht leben kann; also hat sich der Kommunismus seine eigenen Götter geschaffen. Lenin wurde zum Gott erhoben; jetzt beten sie ihn an. Heute ist Lenin kein gewöhnlicher Sterblicher mehr, er ist ein Gott.

Niemand kann entkommen, solange er Angst hat. Nur jemand, der vollkommen furchtlos ist, frei von aller Angst, jemand, der spielerisch mit der Existenz zurechtkommt, der mit sich im Reinen ist und der verstanden hat, wie selig es ist, einfach nur da zu sein, im Dasein aufzugehen – nur so einer kann ohne Gott leben, kann leben ohne eine Person auf die Schöpfung zu projizieren, kann ohne Einbildung leben … kann mit der Wahrheit leben.

Es ist hart, mit der Wahrheit zu leben. Es ist ein Leichtes, mit Lügen zu leben. Darum verschanzt ihr euch hinter lauter Lügen.

Neunundneunzig Prozent von dem, was euch umgibt, ist Lüge. Aber ihr fühlt euch wohl dabei, behaglich, es sind bequeme Lügen. Die Wahrheit ist unbequem, weil sie nach radikaler Veränderung verlangt. Und ohne Gott zu leben, ist die fundamentalste Veränderung, die einem Menschen passieren kann. Wenn du ohne Gott lebst, dann wirst du zum Gott, wirst du göttlich. Solange du dich an einen eingebildeten Gott hängst, bleibst du Sklave. Mit einem Boss über dir bist du Sklave. Wenn es den Boss nicht mehr gibt, bist du selbst zum Gott geworden.

Ich sage euch: Es gibt keinen Gott – aber jeder ist Gott, alles ist göttlich. Es gibt keinen, der alles überwacht, denn damit würde die gesamte Schöpfung entstellt, zu Sklaverei, zu einem einzigen Konzentrationslager; sie wäre ein Gefängnis. Es gibt keinen Gott: Das Leben ist Freiheit.

Jetzt kannst du frei entscheiden! Wenn du dich elend fühlen willst, kannst du das, du hast die Freiheit der Wahl. Wenn du es dir gutgehen lassen willst, dann freu dich – es ist deine Wahl. Und wenn es dir Spaß macht unglücklich zu sein, in Ordnung.

Es gibt Leute, die sich unendlich wohl dabei fühlen unglücklich zu sein, denn durch Unglück ziehen sie Mitleid auf sich. Durch ihr Unglück betteln sie um Mitgefühl; durch ihr Unglück bitten sie um Liebe; aber wer kann schon einen unglücklichen Menschen lieben? Solange man noch kein Buddha ist, kann man unmöglich einen unglücklichen Menschen lieben. Man ist auf dem Weg zum Selbstmord. Wer dadurch Liebe zu bekommen sucht, dass er unglücklich herumläuft, kann vielleicht ein bisschen Mitleid ernten, aber nicht Liebe. Und das bisschen Mitleid bekommt man auch nur widerwillig, denn wer kann schon einem Unglücklichen Liebe schenken? Jeder ist mit sich beschäftigt, sucht selber Trost, ist selber unglücklich. Darum reden die Leute viel zu viel über ihre Leiden.

Hör, was sie reden: Neunundneunzig Prozent ihres Gesprächsstoffes sind Leidensgeschichten, und sie vergrößern ihr Elend, sie möchten es so groß erscheinen lassen wie möglich. So groß kann es gar nicht sein, denn jeder ist so winzig, dass er so viel Unglück gar nicht ertragen könnte. Aber es geht dabei ja um Mitleid.

Die Menschen haben also Angst vor der Freiheit. Diese Angst vor der Freiheit steckt ihnen tief in den Knochen, weil Freiheit Unsicherheiten mit sich bringt, weil mit der Freiheit das Unbekannte auftaucht, weil du bei der Freiheit nicht mehr im Voraus weißt, was als Nächstes kommt. Solange es noch Gott und Schicksal gibt, steht alles fest. Du kannst den Astrologen fragen oder den Handleser fragen und sie werden dir deine Zukunft voraussagen. Ohne einen Gott gibt es aber kein Schicksal. Und damit sind die Astrologen arbeitslos. Nichts lässt sich über die Zukunft sagen. Die Zukunft ist eine offene Situation – nichts steht fest, alles ist unbestimmt, flüssig, entzieht sich dem Zugriff. Mit der Freiheit wirst du frei, fließend. Wenn Gott dich als Boss unterdrückt, bist du in Sicherheit. Jemand kümmert sich um dich und der weiß es ohnehin besser, was du tun und was du lassen sollst.

In dieser Hinsicht blickt Heraklit tiefer als Jesus. In dieser Hinsicht steht Heraklit besser da als Jesus oder Mohammed – seine Einsicht ist ebenso tief wie die Zarathustras, Buddhas, Mahavirs. Denn Jesus bleibt bei den Begriffen wie Gott, Schöpfung, Vater, Sohn usw. stehen. Vermutlich lag das an den unreifen Vorstellungen der Juden, denn er musste sich dem Auffassungsvermögen seiner Zuhörer anpassen, Begriffe gebrauchen, die sie verstanden. Heraklit dagegen kümmert sich nicht um Zuhörer: Er nennt lediglich die Wahrheit beim Namen. Es kümmert ihn nicht, ob ihr ihn verstehen könnt oder nicht. Er stellt die Wahrheit fest. Wenn ihr ihn verstehen wollt, müsst ihr wachsen. Er lässt sich nicht auf eure Stufe herab, ihr müsst zu ihm aufsteigen.

Und das ist genau auch meine Einstellung. Ich sage immer genau das, was ich meine. Wenn du mich verstehen willst, musst du mir entgegenwachsen. Ich komme nicht zu euch hinunter, um mich euch verständlich zu machen. Das hat noch nie geholfen.

Daran liegt es ja, dass Jesus die große Chance verpasste: Das Christentum, dem er das Leben schenkte, war nichts weiter als eine Neuauflage der jüdischen Religion, also nichts wirklich Neues. Die jüdische Tradition, neu herausgegeben, ein bisschen abgeändert hier und da, aber nichts Neues. Jesus hielt sich nämlich an die alte jüdische Terminologie. Wie lässt sich aus einer alten Welt eine neue schaffen? Er machte einen Kompromiss. Jesus dachte nämlich nicht im Entferntesten daran, dass er eine neue Religion ins Leben rufen würde.

Und er hatte keine Ahnung, dass etwas Neues entstehen würde. Er blieb der Religion seiner Väter treu. Folglich benützte er alte, abgestandene Begriffe, und das ist es, was die christliche Religion so entstellt hat. Heraklit setzt vollkommen frisch an. Darum konnte ihm der griechische Geist nicht folgen; Heraklit hatte nämlich keine Wurzeln in der Vergangenheit.

Wenn ich tot bin, wo wollt ihr mich dann einordnen? In Indien werdet ihr keine Wurzeln für mich finden. Ich wurde als Jain geboren, aber ihr werdet im Jainismus keine Wurzeln für mich finden. Ja, ihr werdet ganz einfach gar keine Wurzeln finden. Wer ganz genau sagt, was er verstanden hat, was er realisiert hat, der kann keine Wurzeln haben, denn die Wahrheit wurzelt in keiner Gesellschaft, in keiner Tradition, sie hat ihre Wurzeln in der Existenz selbst, nicht in einer gesellschaftlichen Situation.

Darum verwirrt ein Mann wie Heraklit, und selbst ein Genie wie Aristoteles konnte behaupten, dass dieser Heraklit absurd sei – „Er schafft Rätsel, statt sie zu lösen – was die eigentliche Aufgabe eines Philosophen ist.“ Heraklit gibt allerdings Rätsel auf. Er erscheint aber nur deshalb so rätselhaft, weil er einem neuen Phänomen Ausdruck gibt, dem er begegnet ist. Er benützt dafür keine alten Begriffe aus zweiter Hand.

Er sagt:

Diese Weltordnung,
Die für alle Wesen gilt:
Weder Gott noch Mensch hat sie geschaffen.
Sie war schon immer da, ist und wird sein:
Ein ewig lebendiges Feuer,
Das regelmäßig auflodert
Und regelmäßig erlischt.

Energie hat ihr eigenes, ihr innewohnendes System. Sie ist ein Kosmos, Chaos. Und ohne Boss. Energie plus Freiheit – und doch herrscht eine innere Ordnung. Aber diese Ordnung ist die innere Harmonie, die verborgene Harmonie. Kein Boss, und doch herrscht kein Chaos! Niemand lenkt das Ganze, und doch ist alles so herrlich geregelt, dass man es nicht besser machen könnte. Das ist die verborgene Harmonie. Wenn es einen Manager gibt, der alles regelt, kann man sich darauf verlassen, dass immer irgendetwas schiefgeht. Der Kosmos ist deshalb so schön, weil es keine Ordnungshüter darin gibt. Das ist nicht leicht zu verstehen. Fromme Menschen sagen: „Wie kann diese Welt ein Kosmos sein, wenn es niemanden gibt, der alles kontrolliert? Ohne jemanden, der alles kontrolliert, fiele alles auseinander!" Aber Heraklit sagt dazu nur: „Ja eben, genau deswegen bricht das Gefüge nicht auseinander: weil es keinen Manager gibt!"

Wo gelenkt wird, geht alles schief. Es gibt keine größeren Fehlplaner als die Planer; sie sind Fehlplaner. Das sagt auch Laotse: Als es noch keine Regeln gab, war alles gut; als es noch keine Gesetze gab, gab es noch keine Narren. Die Dinge bewegten sich in ihrer kosmischen Schönheit… und dann kamen die Herrscher. Sie behaupteten, dass Regeln nötig seien. Mit den Regeln kam die Regellosigkeit, denn der Gegensatz kommt immer mit ins Spiel. Dann kamen weise Leute und meinten, man müsse die Menschen disziplinieren. Und da fing der Mensch an, sich aufzulehnen, und alles ging schief. Dann kamen die Gesetze auf und immer mehr Gesetze, und der Mensch wurde immer gewalttätiger.

Heraklit sagt das Gleiche. Er sagt, dass nichts außer Kontrolle gerät, eben weil es keine Kontrolle gibt. Die Energie hat einen eigenen, ihr innewohnenden Plan. Und achtet auch in eurem eigenen Leben auf diesen Plan. Wenn du von deiner inneren Einsicht gelenkt wirst, wenn du auf dein Herz hören kannst, dann brauchst du keine Disziplin.

Du kannst voller Vertrauen leben. Alles ist dann gut. Aber weil du auf dein eigenes Herz nicht hören kannst, musst du auf alle die Einflüsterer hören, die dich manipulieren wollen, die dir sagen: „Tu dies!" Und sie überschütten dich mit so vielen „Tu dies!", „Tu das nicht!", dass du nicht mehr weißt, wo dir der Kopf steht. Die eine Religion predigt das eine, die andere predigt das Gegenteil. Der eine Moralkodex nennt etwas moralisch und der andere Moralkodex nennt das Gleiche unmoralisch. Ihr seid einfach konfus. Aber dein eigenes Herz, von dem die ihm innewohnende, die natürliche, die spontane Führung ausgeht, kannst du nicht finden. Je mehr Regeln man dir beigebracht hat, desto verwirrter bist du.

Heraklit sagt, dass sich alles durch eine innewohnende Harmonie bewegt. Wer lenkt und überwacht diese Bäume? Wer sagt den Wolken: „Jetzt kommt der Augenblick, wo ihr zu regnen anfangen müsst" – niemand. Merkt euch: Wenn sich jemand einmischt, gehen die Dinge schief; denn wie sollte wohl etwas so Unendliches wie das All durch Management unter Kontrolle gehalten werden? Selbst wenn es einen Gott gäbe, wäre er längst im Irrenhaus: Man stelle sich nur einmal die Ungeheuerlichkeit des Ganzen vor, wie gewaltig und grenzenlos alles ist – selbst ein Gott hätte längst aufgegeben, hätte den Verstand verloren, hätte sich einfach aus der Welt davongemacht. Oder aber die Welt wäre zusammengebrochen. Sie kann nur deshalb als Kosmos bestehen, weil die Harmonie nicht von oben erzwungen ist, weil die Harmonie von innen kommt.

Es gibt zweierlei Arten von Disziplin. Die eine Disziplin wird von außen aufgezwungen, jemand sagt: „Los, mach das!", und die andere Disziplin kommt von innen: Du spürst das Natürliche, du fühlst die Richtung deines Wesens, folgst deinem Gefühl. Damit kommt eine innere Disziplin auf.

Erst vor ein paar Tagen kam ein Mann zu mir und sagte – und alle frommen Leute werden ihm zustimmen: „Ich werde immer wieder Opfer äußerer Einflüsse und vergesse immerzu mein Inneres." Also bat ich ihn um ein konkretes Beispiel.

„Zum Beispiel," antwortete er, „weiß mein Inneres, dass ich meiner Frau treu sein sollte, aber ich verliebe mich ständig in fremde Frauen."

Da musste ich ihn natürlich aufklären, ich sagte: „Du scheinst da was zu verwechseln. Du kannst innere und äußere Disziplin nicht unterscheiden. Die Treue zu deiner Frau ist deine äußere Disziplin, aber du hältst sie für eine innere. Liebst du deine Frau?"

Er sagte: „Natürlich nicht. Wenn ich sie liebte, würde ich mich nicht in andere verlieben!"

Hier ist also die Treue das Äußerliche, sie ist von der Gesellschaft erzwungen, erzwungen vom Ego mit seinen Fassaden, seinem Imponiergehabe in der Gesellschaft, seinem Stolz, als guter Ehemann gelten zu müssen. Das ist alles äußerlich und er hält es für sein Inneres. Und wenn du dich in eine andere Frau verliebst – wozu dich niemand zwingt, wovon dich im Gegenteil jeder abhält –, dann ist das dein Inneres. Aber die Gesellschaft hat dich völlig durcheinander gebracht, sie hat dich desorientiert. Das Äußere, sagt sie, sei dein Inneres. Sie hat dich völlig hinters Licht geführt. Das Innere, sagt sie, sei das Äußere.

Du fastest und glaubst der inneren Stimme zu folgen; es ist aber die Stimme der Schriften, der Moral, der Religion, der Priester. Und wenn deine innere Stimme sagt: „Iss, du bist hungrig!", hältst du das für äußerlich, für eine Verführung des Teufels. Du hältst dich selbst zum Narren. Wer dich verführt, ist der Priester. Seinetwegen fastest du. Es gibt keinen Teufel. Die Priester sind die einzigen teuflischen Kräfte auf dieser Welt. Wenn der Hunger kommt, meldet sich dein Inneres. Der ganze Körper schreit mit jeder Zelle: „Iss!", aber du hältst es für etwas Äußerliches. „Irgendwelche üblen Kräfte versuchen mich." Oder du sagst: „Das ist der Trieb, der Körper – das ist mein Feind. Meine Seele will fasten!" Seele – und fasten?! Die Seele braucht niemals Nahrung, wie kann sie also fasten? Du reitest auf deinem armen Körper herum.

Aber es gibt auch ein natürliches Fasten, bei Tieren zum Beispiel: ohne dass es ihnen gepredigt wird, ohne dass ein Priester es ihnen beibringt. Ja, es kommt vor, dass Tiere fasten; ein Hund, der sich nicht wohlfühlt, isst nichts. Er folgt der inneren Stimme. Wenn ein Hund fastet, kommt es von innen, wie absurd das auch klingen mag! Wenn ein Mensch fastet, ist es in den meisten Fällen äußerlich. Nur ein Hund kann von innen her fasten, denn ein Hund ist noch mit der Natur verbunden, ihr dagegen nicht. Man kann ein krankes Tier zum Fressen zwingen, aber dann erbricht es sich hinterher. Völlig richtig! Der Körper braucht es nicht, er ist krank. Die ganze Energie wird dazu gebraucht, den Körper zu heilen, und sie würde beim Verdauungsvorgang geschwächt. Der Körper ist nicht ganz bei Kräften und alle Energie wird für die Genesung gebraucht. Wenn aber Nahrung in den Körper kommt, wird die Energie gespalten. Dann fließt nicht die ganze Energie in den Heilungsprozess ein, er wird unterbrochen; jetzt muss das Essen verdaut werden.

Wenn du krank bist und einfach auf die innere Stimme hörst und nichts isst, dann entspricht das der inneren Harmonie. Manchmal fühlst du dich nicht hungrig; dann iss auch nicht. Aber mach kein Gelöbnis, ein paar Tage lang zu fasten, denn – wer weiß? – am Abend könntest du wieder hungrig sein. Geh mit der Natur. Wenn die Natur will, dass du fastest, dann faste. Wenn sie will, dass du isst, dann iss.

Du musst die Stimme des Inneren wiederfinden; die Gesellschaft hat euch völlig durcheinander gebracht. Niemand weiß, was Innen und was Außen ist: alles steht auf dem Kopf. Und fast immer ist das, was ihr für das Äußerliche haltet, genau das Innerliche. Und mit Sicherheit ist das, was ihr für das Innerste haltet, rein äußerlich, denn hier haben die Priester volle Arbeit geleistet. Die Priester sind die eigentlichen Zerstörer.

Für mich gibt es nur eine Religion, und diese Religion ist, die innere Stimme zu finden, den inneren Leitstern. Und derjenige, der dir helfen kann den inneren Leitstern zu finden, ist der Meister. Er hilft – nicht, indem er dir eine äußere Disziplin gibt. Er hilft dir einfach jene innere Harmonie zu finden, die dir Disziplin verleiht.

Und diese Art von Disziplin ist voll Anmut, weil sie nicht erzwungen ist. Sie hat ihre eigene Schönheit, denn sie ist immer spontan. Und mit dieser Disziplin kannst du nicht in die Irre gehen, weil du dich gar nicht gegen sie auflehnen kannst. Du bist sie, sie ist dein innerster Wesenskern. Und in einem unendlich viel größeren Ausmaß vollzieht sich der gleiche Prozess im ganzen Kosmos.

Die Gezeiten des Feuers sind Hunger und Sättigung.

Und das Feuer hat zwei Phasen: Hunger, wenn das Verlangen da ist... Die Hindus nennen es Jatharagni, das Feuer des Hungers. Dein Magen fühlt sich wirklich wie Feuer an, wenn du großen Hunger hast. Aber ihr kennt das Gefühl wahren Hungers und wahrer Sättigung gar nicht; eure Körper sind zu abgestumpft. Ihr esst um ein Uhr mittags, also stellt sich Punkt ein Uhr der Hunger ein. Das ist ein psychologischer Hunger. So bekommt man nie das Feuer im Magen zu spüren, man lässt sich von der Uhr leiten. Die Uhr sagt „ein Uhr" und dein Verstand sagt „So, jetzt bin ich hungrig." Und sofort spürst du es auch.

Es ist reine Projektion, ein falscher Hunger. Wenn du eine halbe Stunde länger wartest, verfliegt er von selbst. Wie könnte wahrer Hunger so leicht verschwinden? Wahrer Hunger wächst immer mehr an. Das Feuer lodert immer gieriger im Magen auf. Du wirst Schmerz im Magen spüren, dein ganzer Körper scheint zu brennen. Du fieberst. Der Körper braucht Sättigung, der Körper fordert sein Recht. Er braucht Energie. Aber ist der Hunger nicht echt, so verschwindet er wieder. Um zwei Uhr ist er nicht mehr da. Beobachtet euch! Fühlt erst den wahren

Hunger und dann esst. Beobachtet euch! Geht erst ins Bett, wenn ihr wirklich müde seid. Es wird einige Monate dauern, bevor man sich diese neue Art zu leben angewöhnt hat; denn Zivilisation, Kultur, Gesellschaft und Erziehung haben euch mit vereinten Kräften vom richtigen Weg abgebracht. Der richtige Weg ist immer der natürliche – er ist Logos.

Die Gezeiten des Feuers sind Hunger und Sättigung.

Das sind die beiden Phasen des Feuers, des inneren Biofeuers, der Bioenergie. Du fühlst dich hungrig, du isst, du fühlst dich gesättigt. Die Sättigung ist ebenfalls eine Phase des Feuers. Das Feuer hat sich gelegt, jetzt sind alle Flammen verloschen, das Feuer ist ausgegangen. Jetzt herrscht das *Pralaya*, der Zustand der Erschöpfung, der Involution. Dann kommt wieder die andere Phase.

Der Kreis geht weiter, das Rad dreht sich. Wieder kommt die Hungerphase, dann die Sättigung. Erst kommt sexuelles Verlangen, dann Befriedigung. Erst Liebe, dann Sättigung.

Man kann nicht vierundzwanzig Stunden lang lieben, denn das Feuer hat zwei Phasen. Aber Männer und Frauen versuchen das Unmögliche: Sie wollen sich vierundzwanzig Stunden lang lieben. Und damit machen sie alles kaputt. Es ist einfach unmöglich, vierundzwanzig Stunden lang zu essen. Liebe ist Nahrung. Kannst du vierundzwanzig Stunden lang essen? Du musst Lücken lassen, damit die Nahrung verarbeitet werden kann. Wie kann man vierundzwanzig Stunden lang lieben! Und versuchst du doch das Unmögliche, dann wird es dir schlecht bekommen. Je mehr du dich zwingst, desto mehr wird es zur Farce.

Auf diese Weise geht allen Eheleuten der ganze Reiz der Liebe verloren. Alles wird künstlich und gezwungen. Solange sie noch verliebt waren, war alles gut, denn da trafen sie sich voller Hunger und suchten Sättigung. Und manchmal mussten sie einen ganzen Tag warten, bevor der andere kam – und der Hunger nahm zu. Und wenn der Hunger tief ist, befriedigt die Liebe umso tiefer. Wenn Mann und Frau aneinander kleben, vierundzwanzig Stunden lang, als ob der eine der Schatten des anderen wäre, dann kommt es zu keinem Hunger. Und natürlich auch zu keiner Sättigung. Aller Reiz ist fort. Denkt daran, wenn ihr jemanden liebt: Lasst den andern auch wieder allein mit sich, damit er wieder Hunger entwickelt. Das muss man, sonst geht die Liebe nach der Uhr.

Eines Tages kam Mulla Nasrudin nach Hause und sah, wie sein bester Freund gerade seine Frau küsste. Er rief aus: „Was? Ich kann es nicht fassen! Ich muss das ja, aber du?“ Als Ehemann kann er es einfach nicht glauben; für ihn ist es ja eine Pflicht. Wenn Liebe zur Pflicht geworden ist, dann ist sie schon tot. Dann ist sie etwas von außen Aufgezwungenes, dann geht das Eigentliche verloren. Die Liebe ist ein Hunger, keine Pflicht. Nur so gibt es auch Erfüllung. Wenn die Liebe befriedigt ist, fühlt man sich durch und durch selig, dann ist die ganze Welt im Lot. Du segnest das ganze Dasein und fühlst dich von ihm gesegnet. Alles ist einfach wunderbar… aber erst muss ein Hunger vorausgehen.

Für Heraklit ist der Mensch ein Mikrokosmos. Für Mikrokosmos und Makrokosmos gilt das Gleiche: Auch das All pulsiert in zwei Phasen. Wenn das Ganze in der Phase des Hungers ist, herrscht Aktivität und Schaffenskraft. Die Dinge wachsen, Formen bilden sich, Bäume blühen, Menschen lieben, Kinder werden geboren: Alles ist ein einziger dynamischer Schöpfungsprozess. Dann, nach der Befriedigung, geht die Schöpfung in ein Ruhestadium über – und alles verschwindet. Keine Bäume, keine Erde, keine Sterne, keine Sonne – das Feuer ruht.

Die Sonne ist jeden Tag neu.

Und das hier ist einer der tiefgründigsten Aussprüche Heraklits: „Die Sonne ist jeden Tag neu.“

Der Hunger ist mit jedem Tag neu. Die Liebe ist mit jedem Tag neu. Das Leben ist jeden Tag neu. Nicht nur mit jedem Tag – mit jeder Bewegung, jeder Geste, jedem Augenblick: Alles ist neu. Aber woher kommt dann das Alte? Wie kommt dann Langeweile zustande? Wenn alles neu ist und man in den gleichen Fluss nicht zweimal steigen kann und man den gleichen Sonnenaufgang nie wieder zu Gesicht bekommt; wenn alles so neu und frisch ist, warum seid ihr dann so gelangweilt, so abgestorben? Weil ihr nicht aus der inneren Harmonie heraus lebt. Ihr lebt aus dem Kopf. Und der Kopf ist uralt.

Jede Sonne ist neu, jeder Morgen ist neu, jeder Hunger und jede Sättigung ist neu – aber der Kopf ist alt. Der Kopf ist die Vergangenheit, die angehäufte Erinnerung. Und wenn du alles durch den Kopf erlebst, bekommen die Dinge sofort eine Kruste von Alter und Tod, die alles grau und verstaubt erscheinen lässt; das liegt an der Brille des Verstandes! Nimm die Brille des Verstandes ab, wirf alle Erinnerungen fort! Wenn du alle Erinnerungen wegwerfen kannst, wirst du deine Frau jeden Tag neu erleben, denn es liegt nur an den Erinnerungen, dass du glaubst mit dieser Frau seit dreißig Jahren zusammenzuleben und sie genau zu kennen.

Wer kennt den andern? Niemand kennt je den andern. Wir bleiben uns fremd, ewig unerforschlich. Wie kannst du jemanden kennen? Einen Gegenstand kann man in- und auswendig kennen, aber niemals einen Menschen, denn ein Gegenstand ist begrenzt und lässt sich ausloten. Ja, die Wissenschaftler sagen heute sogar, dass selbst Gegenstände nicht erkennbar sind, dass auch sie nicht endgültig erforschbar sind. Wie will man da also einen Menschen wirklich kennen?

Ein Mensch ist Freiheit. Jeden Augenblick verändert er sich. Du kannst nicht zweimal in den gleichen Fluss steigen, wie könntest du da einem Menschen zweimal begegnen? Wenn selbst Flüsse nicht stehen bleiben, kann das Bewusstsein, der Strom des

Bewusstseins, niemals alt sein. Lege die Brille deiner vergangenen Erfahrungen endlich beiseite, sieh einmal nicht mit den Augen des Verstandes hin: Dann ist dir deine Frau plötzlich unbekannt, dann ist dir jede ihrer Bewegungen neu. Dann wird dein Leben zu einer ständigen, ununterbrochenen Begeisterung, einer Lebendigkeit, die nie mehr endet.

Der Hunger, den du heute spürst, ist neu. Die Vergangenheit besteht nur in der Welt der Gedanken, im Kopf. Die Existenz ist immer in der Gegenwart, immer neu und frisch, immer unterwegs; sie ist eine dynamische Kraft, eine dialektische Bewegung, ein ständiges Strömen. So treibt sie dahin ...

Wenn du zu dieser Einsicht kommst, hört alle Langeweile auf. Und Langeweile ist die übelste Krankheit, sie tötet bis in die Wurzel, sie vergiftet allmählich alles. Nach und nach wirst du dir selber mit deiner Langeweile so sehr zur Last, dass du dich nur noch wie ein schweres Gewicht herumschleppst. Dem Leben geht alle Poesie verloren. Keine Blumen blühen, keine Vögel singen mehr. Du liegst lebendig im Grab, du kannst dich gleich einsargen lassen. Man sagt, die Menschen sterben um die dreißig und werden erst mit siebzig begraben. Dreißig scheint mir noch viel zu hoch angesetzt. Dieses Sprichwort muss aus Urzeiten stammen. Heute stimmt es jedenfalls nicht mehr – mit zwanzig, das kommt schon eher hin... und selbst das ist übertrieben.

Es kommen junge Leute zu mir, zwanzig, achtzehn Jahre alt und klagen über Langeweile. Sie sind schon Greise. Der Verstand hat sie schon hinter Schloss und Riegel. Sie liegen schon im Sterben. Bevor sie noch ihre Jugend ausleben können, sterben sie.

Denkt daran: Jugend ist eine Art zu sein. Wer auf die Welt ohne Scheuklappen, ohne die Brille des Intellekts blicken kann, wird immer und ewig jung bleiben. Selbst dem Tod begegnest du dann als junger Mensch – aufgeregt siehst du diesem neuen Erlebnis, dem Tod entgegen: Voller Begeisterung, gespannt auf dies neue Abenteuer, diesen Höhepunkt, diese Tür, die sich jetzt ins Unendliche öffnet. Der Hunger ist vorbei, jetzt kommt die Sättigung. Jetzt gehst du zur Ruhe. Jetzt wirst du wieder zum Samenkorn, und das Samenkorn wird ruhen und schlafen, viele, viele Jahre lang. Und dann wirst du dich erneut entfalten, wirst neu die Augen aufschlagen… aber es wird nie wieder so sein wie vorher.

Nichts bleibt je gleich. Alles wandelt sich ständig. Nur der Verstand ist tot und rührt sich nicht. Meditation heißt, auf das Leben zu blicken – ohne Verstand.

10

DIE NATUR VERSTECKT SICH GERN

Es wäre nicht besser für die Menschen,
Wenn alles, was sie wollen,
In Erfüllung ginge.
Wer nicht hofft, dass das Unhoffbare eintritt,
Wird nie zur Wahrheit vordringen,
Denn sie ist unaufspürbar
Und unzugänglich.
Die Natur versteckt sich gern.
Der Gott des Orakels von Delphi
Verrät nichts und verschweigt nichts –
Er gibt Zeichen.

DAS DASEIN HAT KEINE SPRACHE... und wer auf Sprache angewiesen ist, für den gibt es keine Kommunikation mit dem Dasein. Das Dasein ist ein Mysterium, es lässt sich nicht deuten. Wenn du es deutest, entwischt es dir. Man kann das Dasein nur leben, aber nicht darüber nachdenken. Es hat etwas mit Poesie zu tun, aber nichts mit Philosophie. Es ist ein Wink, es ist ein Wegweiser. Es zeigt etwas, ohne zu sagen was.

Deswegen kommt man durch Denken dem Dasein nicht näher. Wenn du über das Dasein nachdenkst, kannst du bis in alle Ewigkeit weiterdenken, immer im Kreis herum und wirst doch nie hineinkommen. Denn Denken ist genau das Hindernis.

Mach die Augen auf! Sieh hin! Fühle! Geh auf Tuchfühlung – dann kommst du ihm näher. Aber denk nicht! In dem Augenblick, wo du zu denken anfängst, bist du schon entgleist – jetzt lebst du in einer Privatwelt. Deine Gedanken bilden eine Privatwelt; es ist deine Welt. Du bist in dir selbst eingeschlossen, eingekapselt, eingekerkert. Ohne Gedanken bist du nicht mehr da, bist du nicht mehr eingeschlossen. Ohne Gedanken öffnest du dich, wirst du porös. Das Dasein strömt in dich hinein und du strömst in das Dasein ein.

Aber der Kopf will lieber denken, will lieber interpretieren. Noch bevor du etwas siehst, hast du es schon beurteilt. Du hörst, und noch bevor ich etwas ausspreche, denkst du schon darüber nach. Und so wird jedes Zuhören unmöglich. Ihr müsst lernen zuzuhören.

Zuhören heißt, dass du offen bist, verwundbar, empfänglich – aber ohne jeden Gedanken. Denken ist etwas Aktives. Zuhören ist etwas Passives: Du wirst empfangsbereit wie ein Tal, empfangsbereit wie ein Schoß. Wenn du wirklich zuhörst, spricht die Natur selbst – aber ohne Sprache. Die Natur macht keine Worte. Aber wie macht sich die Natur dann verständlich? Heraklit sagt, sie gibt Zeichen. Du siehst eine Blume: Was für ein Zeichen gibt sie dir? Sie redet nicht; aber kannst du wirklich behaupten, dass sie nichts sagt? Sie sagt sehr viel, aber ohne Worte – eine wortlose Botschaft. Um das Wortlose hören zu können, musst du wortlos werden, denn nur Gleiches kann Gleiches verstehen, nur Gleiches kann sich für Gleiches öffnen. Setz dich zu der Blume und sei nicht Mensch, sondern Blume. Und sitzt du unter einem Baum, dann sei nicht Mensch, sondern Baum. Beim Baden im Fluss sei nicht Mensch; werde zu fließendem Wasser. Und dann bekommst du Zeichen in Hülle und Fülle.

Aber das nenne ich nicht mehr Kommunikation, sondern Kommunion – Vereinigung. Dann redet die Natur, sie redet mit tausend Zungen, aber ohne Sprache. Sie spricht zu dir aus tausend Richtungen, aber du kannst in keinem Wörterbuch nachschlagen, was sie sagt, und kein Philosoph kann dir darüber Auskunft geben. Sobald du darüber zu grübeln anfängst, hast du die Spur schon wieder verloren.

Ein Kunstkritiker besuchte einmal Picasso. Er schaute sich seine Gemälde an und sagte dann: „Ungemein schön – aber was bedeuten diese Bilder? Zum Beispiel dieses hier: Was bedeutet es?“, und er zeigte auf das Bild, vor dem sie gerade standen. Picasso zuckte die Achseln und sagte: „Sehen Sie da zum Fenster hinaus – der Baum dort: Was bedeutet er? Und der Vogel, der dort zwitschert? Und was bedeutet der Sonnenaufgang? Wenn alle diese Dinge ohne Bedeutung existieren dürfen, warum dann nicht auch mein Bild?“

Warum fragt ihr nach der Bedeutung? Weil ihr interpretieren wollt. Ihr möchtet ein sprachliches Netz über die Dinge werfen. Es geht euch um Kommunikation, nicht um Kommunion. Nein, die Natur bedeutet nichts. Sie ist da, in ihrem ganzen Glanz. Sie hat eine Bedeutung, aber sie bedeutet nichts. Ihre Bedeutung ist existenziell. Schau, nimm sie wahr, fühle sie, lebe in ihr – erlaube ihr, in dich einzudringen – aber stelle keine Fragen. Wenn du Fragen hast, geh auf die Universität; das Universum bleibt dir dann verschlossen.

Wenn du in das Universum eindringen willst, frage nicht. Es ist niemand da, der dir antworten kann. Dein Leben muss sich von Grund auf ändern, erst dann kannst du mit dem Dasein in Berührung kommen.

Ein Zen-Meister – jetzt kommt eine wirkliche, unwahrscheinliche Geschichte, bei der einem schwindlig wird – ein Zen-Meister arbeitete einmal im Palast des Königs an einem Wandbild und der König fragte immer wieder: „Ist es fertig?“ Er aber antwortete jedes Mal: „Warte noch ein Weilchen, warte noch.“ Jahre verstrichen und schließlich sagte der König: „Es dauert mir zu lange. Du erlaubst mir ja noch nicht einmal, den Raum zu betreten, und außerdem werde ich alt...“ – tatsächlich hielt der Meister den Raum ständig verschlossen – „Ich werde immer unruhiger und kann es nicht mehr erwarten, dein Bild zu sehen. Ist es denn wirklich immer noch nicht fertig?“ Der Meister sagte: „Das Bild ist längst fertig. Aber ich beobachte dich – und du bist noch nicht fertig. Das Bild ist seit langem fertig, aber darauf kommt es nicht an. Wenn du nicht bereit bist, wem soll ich es dann zeigen?“

Das Dasein ist bereit und wartet, wartet immerzu, es ist längst fertig. Jeden Augenblick, an jeder Wegbiegung, gleich um die Ecke, immerzu wartet es. Es ist unendlich geduldig – aber du bist nicht bereit.

Schließlich, so heißt es, war der König bereit und der Maler erklärte: „Gut, nun ist es so weit.“ Gemeinsam betraten sie den Raum. Niemand sonst wurde eingelassen. Das Gemälde übertraf alles, was der König je gesehen hatte. Es war kaum noch als Malerei zu erkennen, so wirklich schien es. Der Maler hatte Hügel und Täler hingezaubert, dreidimensional, als gäbe es das wirklich alles dort zu sehen. Und über das Vorgebirge schlängelte sich ein schmaler Pfad, der sich im Hochgebirge verlor. Und nun kommt das Unglaubliche der Geschichte:

Der König fragte: „Wohin führt dieser Pfad?“ Der Maler antwortete: „Ich bin diesen Weg nie selbst gegangen; aber warte, ich will hingehen und nachschauen." Und er betrat den Weg, verschwand langsam zwischen den Hügeln und kam nie wieder zurück.

Das ist mit Mysterium gemeint! Vieles wird gesagt, ohne dass etwas gesagt wird ...

Wenn du in die Natur gehst und herausfinden möchtest, wo der Weg hinführt, dann stelle keine Fragen von außen, denn so kommst du nicht weiter. Du musst dich schon selber auf den Weg machen. Und wenn du hineingehst, dann kommst du nie wieder zurück, denn unterwegs verlierst du dein Ego, unterwegs verschwindest du. Du wirst am Ziel ankommen, aber du wirst nicht mehr zurückkommen, um davon zu erzählen. Der Maler kam nie mehr zurück. Keiner kann zurückkommen, denn je tiefer du in das Dasein eindringst, desto mehr gehst du verloren.

Das Dasein öffnet dir Tausende von Türen, aber du stehst draußen und möchtest gern vorher wissen, wie es drinnen aussieht. In der Natur gibt es kein Draußen... alles ist drinnen. Wie kann etwas außerhalb der Natur existieren? Das Ganze ist das Innere. Aber der Verstand versucht das Unmögliche: Er versucht draußen stehen zu bleiben, zuzuschauen und zu deuten, was es damit auf sich hat! Nein, du musst schon selber mitmachen. Du musst dich auf die Natur einlassen und dich mit ihr vereinigen, musst dich auflösen wie eine Wolke – Wohnsitz unbekannt.

Und nun hört euch die Worte Heraklits an:

Es wäre nicht besser für die Menschen,
Wenn alles, was sie wollen,
In Erfüllung ginge.

Warum? Warum wäre es nicht besser? Weil all eure Wünsche falsche Wünsche sind. Wie könnt ihr etwas Richtiges wünschen und wollen, solange ihr selbst noch falsch liegt? Um das Richtige zu wollen, muss man selbst erst richtigliegen. Alles, was man aus seiner Blindheit will, führt nur immer tiefer in die Hölle hinein – denn dein Wunsch gehört zu dir, er kommt aus dir. Was, außer du selbst, kann aus dir kommen? Alles, was zum Vorschein kommt, bist du. Also erzeugst du mit deinen Wünschen immer nur neue Probleme. Je mehr du dir wünschst, desto mehr Probleme schaffst du dir auf den Hals. Je mehr Wünsche in Erfüllung gehen, desto mehr kommst du in Schwierigkeiten. Aber es gibt keinen Weg zurück, du musst immer weitermachen.

Aus diesem Grund haben alle, die zur höchsten Einsicht gelangt sind, gefordert, dass man zuerst wunschlos werden muss, wenn man dem Dasein begegnen will.

Am Wünschen ist an sich nichts verkehrt. Wünschen ist etwas sehr Schönes... wenn es ein Buddha ist, der wünscht. Aber wie soll das, was du dir wünschst, dich dem wahren Glück näherbringen? Unmöglich – solange der Wunsch aus dir kommt, gehört er zu dir, ist er nur eine Verlängerung deiner selbst. Und wenn du falschliegst, kann es mit dem Wunsch auch nicht stimmen. Deine Begierden reproduzieren immer nur dich selbst; freilich in verschiedenen Situationen, in verschiedenen Welten, auf verschiedenen Planeten, in verschiedenen Leben, aber dein Wunsch reproduziert dich. Deine Wünsche können nie und nimmer einen anderen aus dir machen. Darum sage ich allen Leuten: „Wenn du Sannyas nehmen willst, wenn du den Sprung ins Unbekannte wagen willst, dann denk nicht darüber nach, sondern überlasse alles mir!" Warum lege ich so viel Wert darauf, dass alles mir überlassen wird? Damit ihr es nicht zu einem Wunsch, zu einem Verlangen macht.

Lass einmal etwas zu, das nicht aus dir kommt, denn was immer aus dir kommt, ist mit dir identisch – leicht abgewandelt, leicht getönt, in verschiedenen Schattierungen, aber im Grunde du selbst. Wenn du zum Beispiel ein Geschäftsmann bist und nach *Moksha* – der höchsten Befreiung – verlangst, dann machst du ein Geschäft daraus. Du kannst gar nicht anders. Du bist auf

Profit aus – zwar in der andern Welt, aber du kannst dir gar nichts anderes vorstellen als das, womit du vertraut bist.

Bei Sannyas kommt es aber unbedingt auf den Bruch mit der Vergangenheit an: Ein vollständiger Bruch ist notwendig, ein Bruch, der nicht mehr überbrückbar ist.

Das heißt es, zu einem Meister zu gehen und sich ihm ganz zu überlassen. Was überlässt man ihm denn? Man gibt seine Wunschvorstellungen auf – was hat man denn sonst aufzugeben? Du hast ja gar nichts anderes.

Du sagst zum Meister: „Jetzt habe ich keine eigenen Wünsche mehr. Jetzt sag du mir, was ich tun soll, und ich werde es tun." Du lässt etwas Neues in deine Vergangenheit eindringen. Wenn du sagst: „Ja, das überzeugt mich. Ich bin bereit Sannyas zu nehmen", dann ist dein Sannyas umsonst. Wenn dein Sannyas aus deiner Überzeugung kommt, wird es sinnlos. Aber hier steckt das Problem: Erst möchtest du überzeugt werden, erst möchtest du darüber diskutieren. Du möchtest zu einer klaren, verstandesmäßigen Entscheidung kommen.

Zu mir kommen Leute und sagen: „Wie können wir den Sprung wagen, wenn wir noch nicht den Wunsch danach verspüren?" Aber genau hier liegt das Problem. Seit unzähligen Leben sind eure Wünsche aus euch selbst gekommen, und wohin hat es euch gebracht? Nirgendwohin… wie denn auch? Seht ihr nicht, dass es unmöglich ist?

Mit dir stimmt es nicht: Du wünschst dir etwas; der Glaube stimmt nicht. Kennt ihr die Geschichte von König Midas? Was er auch anrührte, wurde zu Gold – sogar Staub.

Es geht nicht darum, ob der Wunsch richtig oder falsch ist. Es geht darum, ob dein Wesen wahr oder unwahr ist. Es geht nicht um richtiges oder falsches Handeln. Es gibt keine richtigen und keine falschen Handlungen. Und es gibt auch keine richtigen und keine falschen Wünsche. Es gibt nur jemanden, der wünscht. Wenn er unwissend ist, ist alles falsch, was er hervorbringt. Ist der

Wünschende nicht unwissend, dann hat alles, was er hervorbringt, eine völlig andere Qualität. Denkt daran: Es kommt nur auf das an, was ihr seid; nur euer Sein ist wichtig. Nichts sonst.

Es wäre nicht besser für die Menschen,
Wenn alles, was sie wollen,
In Erfüllung ginge.

Hört auf zu wünschen! Ihr lebt nur deshalb in Höllenqualen, weil ihr ständig etwas verlangt. Hört damit auf! Wenn du dein Verlangen einstellst, öffnen sich plötzlich die Türen. Wünsche füttern nur deine Fantasie.

Du musst erkennen, was Wünsche eigentlich sind. Wünschen heißt, die Vergangenheit auf die Zukunft zu projizieren. Die Zukunft ist dunkel, und alles, was du erwartest, orientiert sich am Vergangenen. Mit deinen Wünschen wiederholst du immer nur die Vergangenheit. Wie kannst du Unbekanntes wünschen? Das, was erst in der Zukunft liegt – wie kannst du das schon wünschen? Du kennst es doch gar nicht! Die Zukunft ist das Unbekannte, die Vergangenheit das Bekannte. Alles, was du wünschst, muss also aus der Vergangenheit stammen.

Mulla Nasrudin lag auf dem Sterbebett. Jemand fragte ihn: „Wenn du noch einmal leben könntest, würdest du dann irgendetwas anders machen oder würdest du dein Leben noch einmal so leben, wie es war?“ Mulla dachte lange nach. Dann öffnete er die Augen und sagte: „Ja, eines: Ich wollte eigentlich immer mal einen Mittelscheitel haben und das würde ich das nächste Mal anders machen; nicht mehr den Scheitel auf der rechten Seite, sondern in der Mitte. Sonst kann alles so bleiben, wie es war.“

Es mag idiotisch klingen, aber das ist eure Realität. Wenn du darüber nachdenkst, was du anders machen würdest, wenn du noch einmal von vorn anfangen könntest – worauf würdest du kommen? Im Grunde auf Mullas Mittelscheitel. Vielleicht hättest du gern eine andere Frau, aber was für ein Unterschied wäre das schon? Oder einen anderen Beruf. Aber wo liegt da der Unterschied? Das ist im Grunde nur ein Mittelscheitel… Du kannst die Vergangenheit nicht zurückbitten und die Zukunft kennst du nicht. Aber weil du nur immer die Vergangenheit zurückwünschst, kommst du aus dem Teufelskreis nicht heraus. Dieser Teufelskreis ist der Lauf der Welt, das Rad *Samsara*, das Kommen und Gehen, Geburt und Sterben – wieder und wieder und wieder. Immer wieder tust du dasselbe. Im Grunde ohne die geringste Änderung. Es ist auch gar nicht anders möglich, denn was du dir auch vorstellen kannst, kommt aus dem Bekannten. Das Bekannte ist deine Vergangenheit. Was also tun? Wünsch dir nichts. Lass die Zukunft auf dich zukommen, ohne dass du sie herbeiwünschst. Die Zukunft kommt von selbst! Du brauchst sie nicht herbeizusehnen. Sie ist schon unterwegs. Du brauchst ihr nicht deine Projektionen aufzuzwingen. Sei passiv, verhalte dich ihr gegenüber nicht aktiv. Lass sie nur kommen. Stelle ihr keine Bedingungen. Das ist wirkliche Wunschlosigkeit.

Wunschlosigkeit ist weder Weltflucht noch Abkehr von der Welt oder Rückzug in den Himalaja – alles nur unreife Verhaltensweisen. Wer wirklich alles hinter sich lassen will, wer sich wirklich lossagen will, der braucht nur mit dem Wünschen aufzuhören, wunschlos abzuwarten, was kommt. Nichts als Warten: „Was immer kommen mag, ich werde es unbeteiligt beobachten." Wer ohne Wunsch warten kann, der bekommt alles, was es nur geben kann. Und das kommt dann vom Ganzen, von Gott selbst.

Alles, was du nur deshalb bekommst, weil du darum gebeten hast, weil du es herbeigewünscht hast, kommt aus dir selbst. Und damit bleibst du in dir, eingeschlossen in dir selbst, drehst du dich im Kreis und lässt das Dasein niemals an dich herankommen.

Es wäre nicht besser für die Menschen,
Wenn alles, was sie wollen, in Erfüllung ginge.

Heraklit sagt: Es ist gut, dass nichts so geschieht, wie du es dir wünschst. Denn das ist deine einzige Chance je aufzuwachen. Darum heißt er es gut; andernfalls – wenn dir jeder Wunsch erfüllt würde, fielst du in ein so tiefes Koma, dass dich nichts mehr aufrütteln könnte. Du hast dir Reichtum gewünscht und Reichtum hast du bekommen. Schöne Frauen hast du dir gewünscht und schöne Frauen hast du bekommen. Und Erfolg wolltest du und Erfolg hast du bekommen. Und dann wolltest du noch eine Himmelsleiter und auch die Himmelsleiter steht vor dir. Du liegst im Koma und träumst einen süßen Traum. Wenn all deine Wünsche erfüllt wären, würdest du dich nie auf die Suche nach der Wahrheit machen. Dann gibt es für dich kein Schlupfloch; denn nur das Elend, *Dukkha*, das Unglück, die Hölle, die du um dich her geschaffen hast, gibt dir den Anstoß aufzuwachen; nur so kann dir geholfen werden aus dem Schlaf zu erwachen.

In der Mythologie der Hindus wird im Himmel, wo die Götter wohnen, jeder Wunsch auf der Stelle erfüllt – ohne Zeitverlust. Im Paradies der Hindus gibt es Wunschbäume, *Kalptarus*. Unter denen macht man es sich bequem und wünscht sich was, und im selben Augenblick, kaum gewünscht… schon erfüllt. Nicht der Bruchteil einer Sekunde wird vergeudet. Du wünschst dir eine schöne Frau und siehe da, da sitzt sie schon. Aber diese Götter leben offenbar in Trance; sie sind völlig bekifft, *high*. Die Hindus sagen: „Vom Paradies geht kein Weg zur Wahrheit." Das ist sehr schön beobachtet. Sie sagen, dass ein Gott, der endgültig erlöst, befreit werden will, erst wieder auf die Erde zurückkommen muss. Warum? Weil es im Paradies kein Unglück gibt, kein Elend, das einen aufrütteln könnte. Dort gibt es nur einen ewig langen Schlaf, wo sich unentwegt alle Träume erfüllen. Und wer will schon aufwachen, wenn sich jeder Traum erfüllt? Also müssen sogar die Götter zur Erde kommen, wenn sie die endgültige Befreiung wollen. Das ist eine bemerkenswerte Idee, einem Christen völlig fremd. Für ihn ist das Paradies die Endstation. Aber für die Hindus nicht: Das Paradies ist lediglich eine schöne, angenehme Traumstation. Gut, schön, sehr lang, Tausende von Jahren kann es dauern, aber es ist ein Traumzustand. Wenn die Götter befreit werden wollen, müssen sie zur Erde zurückfallen. Warum zur Erde? Weil es auf Erden Elend gibt, Leid und Qual und weil man nur durch Qualen aufwachen kann. Nur Qualen können dich aus deinem Schlummer reißen.

Heraklit hat recht: Es wäre keinem geholfen, wenn alles so kommen würde, wie es sich die Menschen wünschen. Irgendetwas kommt immer dazwischen. Wie gut! Wenn nichts schief gehen würde, wenn alles so wäre, wie ihr es gern hättet, wer würde dann noch die Wahrheit wollen? Wer würde dann das wirkliche Dasein suchen? Wer würde sich dann um die letzte Befreiung kümmern, um *Moksha*, *Nirvana*? Kein Mensch!

Heutzutage versuchen die Leute mithilfe von Drogen, wie die Götter im Hinduparadies zu leben. Man versetzt sich mit Marihuana oder Haschisch oder LSD in Traumzustände, verzückte Traumzustände: Man setzt sich unter einen wunscherfüllenden Baum. Drogen sind gegen die Wahrheit; denn für die Wahrheit ist Aufwachen eine Notwendigkeit. Ein Erwachen aus der Vergangenheit, ein Erwachen aus den Träumen, ein Erwachen aus den Wünschen. Wenn du den ganzen Selbstbetrug erkennst, den du um dich her erzeugt hast, lässt du das alles mit einem Schlag fallen. Ohne die geringste Anstrengung lässt du es fallen. Du erkennst das Falsche einfach, und es fällt ganz von selbst in sich zusammen. Aber merke dir: Wenn du dich allzu sehr anstrengst es loszuwerden, kannst du dich vor Anstrengung verrenken.

Zur Einsicht in die Wirklichkeit ist nur diese eine Anstrengung nötig; verstehe die Wirklichkeit, erkenne sie – und das Falsche fällt in sich zusammen. Kannst du denn nicht einsehen, dass es an deinen Wünschen liegt, dass du unglücklich bist? Muss man darüber wirklich erst diskutieren? Ist das nicht sonnenklar? Es ist so klar, dass du dich wirklich nicht anzustrengen brauchst, um einzusehen, dass deine Hölle aus deinen Wünschen entsteht. Ein einziger intensiv gefühlter Augenblick der Einsicht genügt, um das augenblicklich fallen zu lassen. Und wenn es dir im Handumdrehen gelingt, dann gewinnst du eine große Anmut und Leichtigkeit.

Unter Mönchen allerdings sucht man nach dieser schönen Leichtigkeit umsonst. Auf der ganzen Welt versuchen hinduistische, katholische, jainistische Mönche, ihre Wünsche loszuwerden; aber diese schöne Leichtigkeit findet man an ihnen nicht. Schon die Tatsache, dass sie sich so sehr anstrengen müssen ihre Wünsche loszuwerden, zeigt, dass sie immer noch festhängen: Woher sonst die Anstrengung? Sie möchten ihre Wünsche und Begierden gern los sein; das heißt, sie machen wieder einen Wunsch daraus. Daher die Angestrengtheit! Sie klammern sich an das, was sie gleichzeitig fallen lassen wollen. Aber das geht nur in einem Augenblick totaler Einsicht: im Augenblick der Wahrheit.

Alles, was ich mit euch vorhabe, ist, euch an den Punkt zu bringen, wo plötzlich die Einsicht kommt und alle Mühe sinnlos wird. Die Einsicht ist so intensiv, so feurig, dass alles einfach in Flammen aufgeht. Du erkennst, und im Erkennen wird alles Verlangen zu Asche.

Das ist möglich – es ist mir so ergangen, es kann euch genauso ergehen. An mir ist nichts außergewöhnlich, ich bin ein einfacher Mensch. Wenn es mir, einem ganz gewöhnlichen Menschen, geschehen kann, warum dann nicht dir? Du musst nur so intensiv wie möglich versuchen es zu verstehen. Im Erkennen liegt die Umwandlung, die tief greifende Veränderung, die Offenbarung. Einsicht befreit.

Hört euch die Verse noch einmal an:

Es wäre nicht besser für die Menschen,
Wenn alles, was sie wollen,

In Erfüllung ginge.
Wer nicht hofft, dass das Unhoffbare eintritt,
Wird nie zur Wahrheit vordringen,
Denn sie ist unaufspürbar
Und unzugänglich.

Lasst euch diese Worte zu Herzen gehen:

Wer nicht hofft, dass das Unhoffbare eintritt,
Wird nie zur Wahrheit vordringen.

… denn Wahrheit kann nicht mit deinen Hoffnungen übereinstimmen. Was immer du erhoffst, kann nur Lüge sein. Was immer du erhoffst, kann nur Projektion sein. Was immer du erhoffst, kann nur eine Ausgeburt deiner Vorstellungswelt sein. Nein, die Wahrheit lässt sich nicht berechnen. Sie überrascht dich aus dem Hinterhalt. Ja, sie zeigt sich just dann, wenn du am wenigsten mit ihr rechnest. Sie kommt als plötzliches, blitzartiges Aufleuchten.

Erwartung heißt, alles was du kennst auf das zu projizieren, was noch kommt, was du noch nicht kennst. Darum sage ich immer wieder, dass du als Christ, als Hindu, als Buddhist oder als Jain nie der Wahrheit begegnen kannst. Was heißt es denn zum Beispiel, ein Christ zu sein? Es heißt, dass man von christlichen Erwartungshaltungen geprägt ist. Es bedeutet, dass du dir einen christlichen Gott denkst. Du siehst durch die Brille einer ganz bestimmten Vorstellungswelt, einer ganz bestimmten Philosophie. Und was heißt es, ein Hindu zu sein? Es heißt, ein bestimmtes Glaubenssystem zu haben, eine bestimmte Erwartungshaltung. Man stellt sich einen bestimmten Gott, eine bestimmte Wahrheit vor. Die Wahrheit sieht so und so aus, Gott sieht so und so aus – du kennst geradezu schon das Gesicht, die Gestalt, die Form und den Namen.

Und genau mit solchen Erwartungen versperrst du dir den Zugang zu Gott. Denn Gott überrascht; die Wahrheit ist nicht vorhersehbar. Keine Theorie hat sie je eingefangen, keine Sprache je erfasst; sie kann nicht in Worte gebracht werden. Das ist noch niemandem gelungen und wird auch niemandem gelingen. Sie ist und bleibt das Unverhoffte. Sie ist das Fremde schlechthin.

Wann immer Gott an deine Tür klopft, wird sich dir alles andere als ein vertrautes Gesicht zeigen. Er ist der Unbekannte, der Fremde. Das hast du nicht gedacht, davon hast du noch nie gehört, so hast du es noch nie gelesen. Durch und durch ein Fremder! Und wenn du den Fremden nicht willkommen heißen kannst, wenn du nur das Vertraute einlassen kannst, dann ist die Wahrheit nichts für dich. Die Wahrheit ist ein Fremdling. Sie kommt ohne jede Vorankündigung. Sie kommt, wenn du nicht mit ihr rechnest, wenn du sie nicht erwartest.

Macht euch klar, dass die Wahrheit, auch wenn die Leute noch so viel meditieren – und ohne das geht es nicht –, trotzdem nicht in der Meditation erscheint. Sie kommt außerhalb der Meditation. Aber Meditation ist eine Hilfe. Sie macht dich wachsam, sie schärft dir die inneren Augen, sie macht dich wacher und bewusster. Und dann, plötzlich, irgendwo… es passiert in so völlig unverhofften Momenten, dass es nicht zu fassen ist, wieso Gott ausgerechnet diesen Augenblick gewählt hat. Eine Nonne trägt einen Topf mit Wasser, und plötzlich reißt der Bambusstrick, der irdene Topf fällt zu Boden, das Wasser strömt heraus… und plötzlich ist sie erleuchtet.

Was ist geschehen? Vierzig, fünfzig Jahre lang hat sie meditiert, ohne dass Gott an ihre Tür geklopft hätte; und Meditation heißt im Grunde, dass du voller Erwartung bist, nach etwas Ausschau hältst, mit etwas rechnest. Dein Denken mischt sich dazwischen, leise, leise, unmerklich – du ahnst es vielleicht selber nicht. Du magst dir vollkommen still vorkommen, ohne jeden Gedanken, aber selbst das ist ein Gedanke.

Du fühlst vollkommene Stille in dir, aber selbst in diese absolute Stille schleicht sich eine Erwartung ein: Öffnet die Tür sich nun bald? Das ist wieder ein Gedanke. Wäre die Stille absolut, könnte selbst dieser Gedanke nicht mehr aufkommen, der Gedanke: „Ich bin still." Aber völlige Stille heißt auch zugleich, dass du nicht mehr meditierst. Und das ist das Paradox: Du meditierst so viel du kannst, um einen Augenblick nicht-meditativer Meditation herbeizuführen.

Genau das passierte dieser Nonne. Sie trug ihren Topf mit Wasser und dachte nicht an Gott. Der Bambus war morsch und sie fürchtete, er könnte brechen. Sie ging so vorsichtig mit ihm um, wie nur möglich; jeden Augenblick konnte er brechen und dann würde auch der irdene Topf in Scherben gehen. Sie dachte nicht im Geringsten an das „Tor", aber das Tor stand offen, denn seit vierzig Jahren hatte sie meditiert. Das Tor stand offen, aber sie war ganz woanders … plötzlich bricht der Bambus, der Topf fällt, geht entzwei und das Wasser strömt. Es ist ein Schock! Einen Augenblick lang löst sich auch diese letzte kleine Ängstlichkeit auf: Jetzt ist passiert, was passieren musste. Jetzt ist sie einen Moment lang in einer nicht-meditativen Meditation … und Gott ist da! Es ist passiert. Es ist nie anders als so passiert: In Augenblicken, in denen man nie damit gerechnet hätte. Wenn du damit rechnest, kann es nicht eintreten, denn in deiner Erwartung bist du anwesend. Wenn du nicht damit rechnest, passiert es, weil du nicht da bist, weil niemand da ist. Wenn dein Haus vollkommen leer ist, so leer, dass nicht einmal der Gedanke: „Ich bin leer" da ist, – das wäre schon Störung genug –, wenn selbst die Leere hinausgeworfen worden ist, dann kommt er.

Wer nicht hofft, dass das Unhoffbare eintritt…

Gib all deine Vorstellungen von Gott auf. Alle Begriffe stimmen nicht. Ihr könnt die Hindus sagen hören, dass die Christen einen falschen Gott anbeten, und die Christen sagen, die Hindus haben einen falschen Gott, und die Jains sagen, dass sowohl die Hindus wie die Christen falsche Gottesvorstellungen haben, und die Buddhisten sagen, dass die Jains, die Hindus und die Christen falschliegen. Lasst euch von mir sagen: Alle Vorstellungen über Gott sind falsch. Nicht, dass meine Vorstellung die richtige wäre – nein! Vorstellungen an sich sind falsch, denn damit macht man sich ein Bild vom Unbekannten, und das ist absurd. Alle Theorien stimmen nicht – ohne Ausnahme. Alle Theorien sind falsch – absolut, kategorisch, meine eigene eingeschlossen –, denn das Unhoffbare ist und bleibt das Unhoffbare.

Wer nicht hofft, dass das Unhoffbare eintritt,
Wird nie zur Wahrheit vordringen;
Denn sie ist unaufspürbar
Und unzugänglich.

In Wirklichkeit ist sie weder unaufspürbar noch unzugänglich. Du selbst bist der Grund, dass sie unzugänglich und unaufspürbar ist. Denn wie sollst du aus diesem Kopf herauskommen? Der Kopf sagt: „Okay, dann will ich nicht da sein", aber auch dieser Gedanke ist ein Gedanke. Der Kopf sagt: „So, jetzt kann Gott an meine Tür klopfen. Ich bin nicht da." Aber das ist ein Gedanke. Der Kopf sagt: „Ich will meditieren." Der Kopf sagt: „Ich will alle Gedanken aufgeben." Der Kopf sagt: „Sieh, ich bin leer." Aber es ist der Kopf, der das sagt. Das ist das Problem: Was immer du tust – die Gedanken sind da.

Seht den springenden Punkt! Keine Anstrengung kann da helfen. Nur einsehen könnt ihr es: dass die Gedanken von den Erwartungen leben. Das müsst ihr voll erkennen. Warum bestehe ich so darauf, dass ihr diesen Punkt verstehen müsst? Weil ihr eure Erwartungen sofort aufgebt, sobald ihr es eingesehen habt. Solange ihr es aber noch nicht eingesehen habt, könnt ihr zum

Beispiel denken: „Hier stehe ich, ohne jede Erwartung!"

Seht also, worauf es ankommt! Es kommt auf Leere an, nicht auf den Anspruch leer zu sein. Auf Bewusstheit kommt es an, nicht auf den Anspruch bewusst zu sein. Sobald sich das Ego einschleicht, versinkst du in die pechschwarze Nacht des Denkens. Wenn das Ich fort ist, ist alles licht, ist alles klar – eine einzige Durchsichtigkeit; der Blick ist unendlich klar und weit. Weit und breit siehst du alles: Du erkennst das Ganze.

Das Einzige, was du also tun kannst, ist, die Tücke des Verstandes zu beobachten; gegen sie anzugehen ist zwecklos. „Sieh doch", wird der Verstand flüstern, „ich habe alle Gedanken aufgegeben. Wo ist denn nun dein Gott? Wo bleibt die Erleuchtung?" Versuche also nicht, absichtlich das Gegenteil zu tun, schaffe keine Kampfsituation, denn mit dem Kampf kommt auch der Anspruch.

Entspanne dich und beobachte. Entspanne dich und genieße die listigen Kunststückchen des Verstandes. Genieße sie einfach. Wie grandios! Welche Gerissenheit! Wie geschickt er auszuweichen versteht! Wie er immer wieder durch Tapetentüren und Schlupflöcher zurückkommt! Die Hindus haben ihn immer wieder mit einem Hundeschwanz verglichen: Man kann ihn zwölf Jahre lang geradeziehen, aber sobald man ihn loslässt, wird er wieder krumm.

Ich habe mich einmal mit einem kleinen indischen Jungen unterhalten. Er sagte zu mir: „Wir geben uns alle mögliche Mühe unsern Freund geradezubiegen; er glaubt nämlich nicht an den Weihnachtsmann."

Nach sieben Tagen vermeldete er: „Jetzt hat er es schließlich eingesehen und gesagt: ‚Okay, ich glaub dran.'"

Aber schon am nächsten Tag meldete er: „Jetzt müssen wir wieder von vorn anfangen."

Ich fragte: „Was ist denn passiert? Gestern hast du doch gesagt, dass ihr ihn geradegebogen habt. Woran liegt es denn jetzt?"

Er antwortete: „Er ist eben wieder krumm geworden – jedes Mal, wenn wir ihn geradebiegen, wird er hinterher wieder krumm."

Genauso ist's mit dem Verstand, von Natur aus. Du kannst ihn nicht geradebiegen, das ist seine Art. Sieh ein, wie er funktioniert, das ist alles. Einsicht ist alles, was du brauchst. Sonst wird es unmöglich, zur Wahrheit zu gelangen. Du kannst bis in alle Ewigkeit weitermachen, aber der Verstand wird sich an deine Fersen heften wie ein Schatten. Und was immer du glaubst erreicht zu haben, wird eine Vorspiegelung deiner Fantasie sein.

Alle Wissenden haben daher gesagt: „Wer behauptet, die Wahrheit erkannt zu haben, hat sie nicht erkannt. Wer behauptet, angekommen zu sein, ist nicht angekommen." Wieso? Weil ihn schon der Anspruch Lügen straft.

Wer nicht hofft, dass das Unhoffbare eintritt,
wird nie zur Wahrheit vordringen;
Denn sie ist unaufspürbar
Und unzugänglich.
Die Natur versteckt sich gern.

Es ist ein Versteckspiel. Und es ist ein herrliches Spiel – so, wie es ist. Die Natur ist nicht an der Peripherie sichtbar, sie versteckt sich im Mittelpunkt. Die Natur ist wie die Wurzeln eines Baumes, die tief unter die Erde reichen: Das Eigentliche ist verborgen. Glaub nicht, der Baum sei das Eigentliche. Der Baum ist nur das, was man an der Oberfläche sieht, wo sich Blätter, Blumen und Früchte zeigen. Er ist die Peripherie. Der eigentliche Baum lebt unter der Erde, im Dunkeln. Du kannst den Baum fällen – ein neuer Baum wird hervorkommen. Reiße die Wurzeln aus und der ganze Baum ist hin.

Du bist nicht die Außenseite deiner Haut. Das ist nur die Peripherie. Du bist tief im Innern verborgen. Gott ist nicht an der

Oberfläche. Aber was tut die Wissenschaft? Sie trägt mehr und mehr Wissen über die Oberfläche zusammen, sie weiß immer mehr – über die Außenseite! Wie tief die Wissenschaft auch in die Dinge einzudringen vermeint, sie bleibt immer äußerlich, denn sie geht alles von außen an. Und von außen lernst du niemals mehr als die Haut kennen. Das Wirkliche ist innen verborgen, im innersten Heiligtum. Auch in euch ist es verborgen, in eurem innersten Heiligtum. Aber ihr lebt an der Oberfläche und wisst nichts davon. Das Sein hat eine Mitte, aber die Mitte ist verborgen.

Die Natur versteckt sich gern.

Warum? Warum liebt es die Natur, sich zu verstecken? Weil es ein Spiel ist. So wie ihr in eurer Kindheit Versteck gespielt habt, so ist für Heraklit die Natur ein Versteckspiel, ein *Leela*, ein fröhliches Spiel. Sie versteckt sich – und das macht Spaß: Jetzt muss man sie suchen. Und durch die Mühe, die du dir dabei machen musst, wächst du langsam zur Reife heran.

Es gibt zwei Sorten von Menschen. Die einen nenne ich die Nicht-Entdecker: Das sind die, die in den Außenbezirken, an der Peripherie bleiben. Die anderen sind die Entdecker: Sie brechen zum Zentrum auf. Die Menschen an der Peripherie sind die weltlichen Menschen. Ihr Reich ist der Marktplatz, die Politik, Erfolg, Leistung; all das ist Peripherie. Sie sind keine Entdecker, keine Forscher, keine Abenteurer. Selbst wenn sie zum Mond fahren, ist das kein Abenteuer, sie bleiben trotzdem an der Peripherie. Das wahre Abenteuer ist religiös: Aufzubrechen zum innersten Kern deines Seins. Erst musst du nach innen gehen – denn du bist die Welt im Kleinen. Du dringst zu deinem Mittelpunkt vor, und wenn du dort bist, siehst du zum ersten Mal, wie die Dinge wirklich sind.

Das Wirkliche ist verborgen. An der Peripherie gibt es Wellen, an der Peripherie gibt es Träume, an der Peripherie ist alles Theater. Tief im Innern, im innersten Kern des Daseins, lebt der verborgene Gott. Heraklit nennt ihn die verborgene Harmonie.

Bewege dich auf das Sein zu, den Mittelpunkt, den Urgrund. Suche immer nach den Wurzeln! Lass dich nicht vom Blätterwerk blenden.

Aber ihr habt euch vom Laub blenden lassen. Wenn eine Frau äußerlich schön ist, verliebst du dich in sie – du hast dich in das Laub verliebt. Denn die Frau muss noch lange nicht innen schön sein. Sie mag durch und durch hässlich sein; aber jetzt sitzt du in der Falle. Es gibt eine innere Anmut, die von einem inneren Licht herkommt, dessen Schein bis nach draußen, an die Peripherie dringt. Aber du weißt nicht, woher es kommt. Du kannst eine schöne Frau ansehen und doch erkennen, dass sie hässlich ist; und umgekehrt eine hässliche Frau als schön erkennen. Wenn eine hässliche Frau dennoch schön ist, weißt du nicht warum; du kannst die Ursache nicht erkennen; ihr Äußeres, die Haut, der Körperbau, die ganze Physiologie ist unansehnlich, und doch fühlst du dich zu ihr hingezogen. Wenn innere und äußere Schönheit zusammentreffen, dann überwältigt dich ein Mysterium. Dann bist du vom Charisma gebannt. Manchmal triffst du auf so einen charismatischen Menschen. Charisma bedeutet, dass zwischen dem Inneren und dem Äußeren eines Menschen eine geheimnisvolle Harmonie herrscht, dass von dem Menschen ein Magnetismus, eine göttlich anmutende Ausstrahlung ausgeht. Diese Übereinstimmung der Mitte mit der Außenseite ist eine verborgene Harmonie.

Die Natur versteckt sich gern.

Warum? Weil nur dadurch, dass sie sich versteckt, das Spiel weitergehen kann. Sonst würde es zu Ende sein. Das Spiel geht weiter… es ist ein endloses Spiel. Und macht euch klar, dass das

Spiel sogar dann noch weitergeht, wenn ihr schon dahintergekommen seid; nur ist das Spiel dann von einer ganz anderen Qualität. Glaubt nicht, dass das Spiel auch nur für einen einzigen Augenblick aufhört, wenn du bis zum innersten Kern vorgedrungen bist. Nein, das Spiel geht weiter. Von jetzt an wirst du dich immer wieder ganz bewusst vom verborgenen Mittelpunkt wegbewegen. Ganz bewusst gibst du der Natur wieder die Chance, sich zu verstecken... nur eben geschieht das jetzt bewusst.

Es ist, wie wenn zwei Kinder Versteck spielen, und das eine weiß, wo sich das andere versteckt hat; also sucht es überall, nur nicht da, wo das Versteck ist; es sucht und sucht, damit es Spaß macht. Es weiß, wo du dich versteckt hältst, es braucht nur hinzugehen und dich zu fangen, aber stattdessen sucht und sucht es überall sonst.

Die Buddhas setzen das Spiel fort, aber jetzt ist es ein anderes Spiel. Jetzt wissen sie die Wahrheit, jetzt gibt es keine Angst mehr. Jetzt gibt es kein Verlangen mehr, nichts, was erreicht werden müsste. Jetzt ist es einfach nur Spiel! Ohne jedes Ziel... und es geht immer so weiter.

Es gibt also zwei Möglichkeiten. Unwissend zu spielen – das ist es, was ihr tut. Und weil ihr unwissend spielt, nehmt ihr das Spiel sehr ernst. Eure Ernsthaftigkeit macht euch krank. Ihr werdet traurig dabei. Manchmal kommt jemand ganz niedergeschlagen zu mir, sehr ernst und frustriert, weil er meditiert hat und noch nicht erleuchtet ist. Ich sage dann: „Kein Grund, frustriert zu sein, denn darum geht es ja gerade: Es ist ein Spiel! Hab's nicht so eilig, dass es zu Ende geht. Es ist kein Geschäft. Lass es so lang wie möglich weitergehen. Warum sich hetzen? Warum so verspannt? Die Unendlichkeit liegt vor dir, die Zeit ist ewig, hab keine Eile! Und es wird dich immer geben und das Spiel ebenfalls – es war seit je da und wird immer da sein.

Nimm' s leicht! Nimm' s nicht so schwer. Die Wahrheit ist immer gleich um die Ecke, jederzeit kannst du sie entdecken.

Warum also solche Hast? Entspanne dich! Wenn du dich entspannen kannst, kommst du dem Mittelpunkt näher. Wenn du dich abhetzt, bleibst du an der Oberfläche; denn ein angespanntes, gehetztes Gemüt kann nicht zu den tieferen Bereichen des Daseins vordringen. Nur Geduld kann dir helfen in die Tiefe zu sinken, ganz bis zum Meeresboden hinunter.

Die Natur versteckt sich gern.

Und das ist schön, dass die Natur sich gern versteckt. Die Natur ist kein Exhibitionist. Ihr mögt denken, was ihr wollt – sie ist kein Exhibitionist. Das bunte Treiben, das sich an der Oberfläche abspielt, ist nichts weiter als ein Trick, sich zu verstecken. In einer Blume verbirgt sich Gott auf ganz versteckte Weise. Wer nichts als die Blume sieht, geht daran vorbei.

Ein englischer Dichter – Alfred Tennyson – hat gesagt und mit vollem Recht: „Wenn ich eine Blume ganz und gar verstanden habe, dann habe ich Gott verstanden." Er hat völlig recht! Wer einen Kieselstein am Meer ganz und gar versteht, der versteht Gott, denn das sind alles nur Verstecke. Eine Blume ist ein Versteck. Ein Kiesel ist ein Versteck. Gott versteckt sich überall – in Millionen von Formen. Wo immer du bist, er ist in allen Formen um dich herum enthalten. Jede Form kann plötzlich zur Tür werden. Sobald du bereit bist, sobald du nichts mehr erwartest, sobald du aufhörst zu wünschen, sobald du zu betteln aufhörst und zu projizieren, öffnet sich die Tür.

Der Gott des Orakels von Delphi
Verrät nichts und verschweigt nichts –
Er gibt Zeichen.

In Delphi steht ein alter griechischer Tempel und darin war ein Orakel, zu dem die Menschen pilgerten, um es zu befragen. Aber das delphische Orakel gab nie deutliche Auskunft, es gab nur Zeichen. Heraklit benutzt das hier als Bild, als Gleichnis. Er will sagen, dass das Göttliche, das Ganze, das All nie mit einem klaren Ja oder Nein antwortet, sondern nur durch Zeichen. Gott ist poetisch. Er gibt euch Symbole. Versucht nicht, sie zu interpretieren. Wenn du sie interpretierst, entgehen sie dir. Nimm sie einfach wahr! Und lass die Symbole tief in dich hineinsinken, damit sie sich in dein Herz einprägen.

Versuch nicht sofort ihre Bedeutung herauszufinden, denn wer ist es denn, der sie deutet? Wenn du sie deutest, wird die Bedeutung deine eigene sein. Lass also das Zeichen, das Symbol, sich einfach deinem Herzen einprägen und eines Tages wird das Leben den Sinn davon enthüllen. Lebe einfach damit. Lass die Zeichen einfach Zeichen sein.

Wenn du zum Beispiel zu mir kommst und mich fragst, wie es mit deiner Meditation steht, und ich dir daraufhin zulächle, dann habe ich dir ein Zeichen gegeben. Was fängst du jetzt damit an? Du kannst es interpretieren. Das ist der natürliche Impuls des Verstandes. Du denkst zum Beispiel: „Okay, er lächelt also. Das heißt, ich komme voran. Er sagt, dass alles okay ist. Ich bin auf dem richtigen Weg." Dein Ego fühlt sich bestätigt. Das ist deine Interpretation, vorausgesetzt, dass du in einer positiven Verfassung bist. Bist du in einer negativen Stimmung, wirst du denken: „Er lächelt – er sagt nicht Ja, also ist er nur höflich. Ich bin also auf dem Holzweg."

Beide Interpretationen sind falsch. Denn wenn es ein Ja gewesen wäre, dann hätte ich es gesagt. Ich hätte es dir nicht so schwer gemacht, das Richtige herauszufinden. Wenn es hätte Ja heißen müssen, hätte ich es gesagt. Aber ich habe einfach gelächelt. Ich habe weder Ja noch Nein gesagt. Vielmehr habe ich überhaupt nichts gesagt, sondern dir ein Zeichen gegeben.

Deute es nicht! Lass dieses Lächeln tiefer in dein Herz eindringen. Behüte dies Lächeln dort. Führ es dir von Zeit zu Zeit vor Augen und lege es dann wieder beiseite; lass es sich in dir auflösen, aber suche nicht, seine Bedeutung herauszufinden – auf diese Weise wird es deiner Meditation helfen. Eines Tages plötzlich, in tiefer Meditation, wirst du zu lächeln anfangen: Das gleiche Lächeln, das ich dir gegeben habe, denn in diesem Augenblick hast du verstanden. Jetzt kannst du lachen, denn jetzt weißt du, was es bedeutete.

Das Leben ist vielschichtig. Ja und Nein reichen nicht aus. Das Leben ist so fein abgestimmt, dass du es verfälschst, wenn du Ja oder Nein sagst. Die Sprache ist arm: Sie kennt nur Ja oder Nein. Und das Leben ist reich, es kennt unendliche Nuancen, Zwischenstufen, Gesten zwischen Ja und Nein, unendliche Abstufungen. Es ist ein Spektrum von vielen, vielen tausend Farben. Ja und Nein sind sehr arm – nichts ist damit gesagt. Ja und Nein bedeuten, dass du das Leben in Schwarz-Weiß aufgeteilt hast; dabei hat das Leben Tausende von Farben. Es ist ein einziger Regenbogen.

Schwarz und Weiß sind im Übrigen nicht einmal Farben. Das müsst ihr gut verstehen: Schwarz ist die Abwesenheit aller Farben, ist also überhaupt keine Farbe. Wenn jede Farbe fehlt, entsteht eine schwarze Leere. Dieses Schwarz ist keine Farbe. Deshalb findet man in der ganzen Natur kein wirkliches Schwarz. An Schwarz ist nicht viel dran: Es ist Abwesenheit. Und Weiß ist ebenfalls keine Farbe. Weiß ist eine Synthese aus allen Farben. Wenn du alle Farben bündelst, entsteht ein weißer Lichtstrahl. Auch das ist keine Farbe mehr. Am einen Pol ist also Weiß, am andern Schwarz. Die Vereinigung aller Farben ist Weiß, die Abwesenheit aller Farben ist Schwarz. Und zwischen diesen beiden Polen entfalten sich alle wirklichen Farben: Blau und Rot und Gelb mit all ihren Varianten, Tausende von Tönungen.

Wenn ich also lächle, sage ich weder Schwarz noch Weiß, weder Ja noch Nein, sondern gebe dir eine Schattierung, eine Farbe des Spektrums, eine wirkliche Farbe. Versuch also nicht zu interpretieren, denn sonst machst du sofort ein Schwarz oder Weiß daraus. Es ist so fein abgestimmt, dass es mit Worten nicht zu sagen ist. Wenn Worte es ausdrücken könnten, hätte ich es dir mit Worten gesagt. Ich mache die Dinge nicht absichtlich komplizierter für dich, als sie sind.

Oder du kommst zu mir und sagst etwas und ich gebe keine Antwort; auch das kommt manchmal vor. Du kommst zu mir und ich hole dich nicht nach vorn. Ich schenke dir einfach keine Beachtung. Ich frage andere und tu so, als wärst du gar nicht da. Dann interpretierst du das sofort. Warum? Du darfst nicht interpretieren. Lass diese Geste ganz einfach tief in dich eindringen. Eines Tages, in einer sehr, sehr meditativen Verfassung, wird sich der Sinn dieser Geste entfalten.

Ich streue Samenkörner in euch hinein, ich gebe euch keine Wörter und Theorien. Wenn ich nicht mehr bin, dann erinnert euch meiner als Dichter und nicht als Philosoph. Dichtung muss anders verstanden werden als Philosophie. Du musst sie lieben, nicht deuten. Du musst sie dir oft laut vorsagen, sodass sie dir ins Blut übergeht, sodass sie dir durch und durch vertraut wird. Du musst deine Lieblingsgedichte immer wieder laut lesen, um alle Nuancen, alle verborgenen Schwingungen auszukosten. Du musst dich einfach hinsetzen und der Poesie freien Lauf in dir lassen, wie einer lebendigen Kraft. Du nimmst die Poesie ganz in dich auf und dann vergisst du sie wieder. Inzwischen dringt sie tiefer und immer tiefer ein und verwandelt dich.

Behaltet mich als einen Dichter in Erinnerung. Gewiss, ich schreibe keine Gedichte mit Worten. Ich schreibe meine Gedichte in einem lebendigeren Medium: in euch. Und die gesamte Schöpfung macht es auch so.

Heraklit sagt:

Der Gott des Orakels von Delphi
Verrät nichts und verschweigt nichts –

Er gibt Zeichen.

Ein Zeichen darf nicht interpretiert werden. Ein Zeichen muss erlebt werden. Deine Gedanken wollen sich zwar darüber hermachen und es deuten; aber lass dich nicht von deinen Gedanken versuchen. Sag ihnen einfach: „Das ist nichts für euch; das ist nicht euer Ressort. Beschäftigt euch mit andern Dingen. Dies hier soll tiefer in mich eindringen."

Und genau das mache ich, während ich zu euch spreche. Ich wende mich nicht an eure Gedanken. Ich rede zu euch als existenzielle Wesen, als leuchtende Wesen, als Fleisch gewordene Gottheiten, als noch nicht entfaltete Möglichkeiten, als unendliche Möglichkeiten. Ich rede zu eurer Zukunft, nicht zu eurer Vergangenheit. Eure Vergangenheit ist Müll, werft ihn fort! Schleppt euch nicht damit ab! Ich spreche zu eurer Zukunft – dem Unerhofften, dem Unbekannten. Ganz allmählich werdet ihr euch einstimmen und diese Musik hören können, die Musik des Unerhörten, die Musik, bei der alle Widersprüche schwinden und eine verborgene Harmonie aufsteigt.

Ja, die Natur liebt es, sich zu verstecken: Denn die Natur ist ein Geheimnis. Sie ist kein philosophisches Problem, sie ist kein Rätsel, das man lösen muss. Sie ist ein Mysterium, das man leben, genießen und feiern muss.

MAN KANN NICHT ZWEIMAL IN DENSELBEN FLUSS STEIGEN

Wir steigen in dieselben Flüsse und tun es doch nicht.
Man kann nicht zweimal in denselben Fluss steigen
Alles fließt, nichts ruht.
Alles vergeht, nichts dauert.
Kaltes wird warm, Warmes wird kalt.
Feuchtes trocknet und Trockenes wird feucht.
Durch Krankheit wird Gesundheit schön,
Durch das Schlechte wird das Gute gut.
Durch Hunger: Sättigung,
Durch Mühe: Schlaf.
Lebendig oder tot sein,
Schlafend oder wach, jung oder alt - alles ist eins.
Das eine schlägt jeweils ins andere um,
Und umgekehrt -
Mit einer schnellen, unverhofften Wendung.
Erst werden die Dinge auseinandergesprengt,
Dann werden sie wieder zusammengefügt.
Alles kommt zu seiner Zeit.

WIR STEIGEN IN DIESELBEN FLÜSSE UND TUN es doch nicht… weil sie äußerlich gesehen – und vergesst nicht, nur äußerlich gesehen – die Gleichen bleiben. In Wirklichkeit verändert sich alles und fließt.

Hier liegt der grundsätzliche Unterschied zwischen der üblichen Vorstellung von Religion und wirklicher Religiosität. Für die Hindus ist alles Vergängliche nur ein Trugbild – *Maya*, und nur das, was sich niemals ändert, ist ewig – *Brahma*. Heraklit sagt genau das Gegenteil: Alles scheinbar Dauerhafte ist Täuschung, *Maya*, und was sich immerzu ändert, ist *Brahma*. Buddha sieht es ebenso: Veränderung ist das einzig Dauerhafte, Veränderung ist das einzig Ewige. Nur der Wandel bleibt, sonst nichts. Und so sehe ich es auch.

Wer nach einer ewigen Wahrheit sucht, sucht lediglich sein eigenes Ego. Denn was sucht ihr, wenn ihr nach einem ewigen Gott sucht? Ihr sucht nach Dauer, in dieser oder jener Form. Ihr möchtet euch auf Dauer einrichten, damit ihr euch keine Sorgen mehr zu machen braucht, falls sich die Welt verändert. Der Verstand redet dir ein: „Wenn du Gott erst einmal gefunden hast, dann ändert sich nichts mehr und du kannst in alle Ewigkeit leben."

Die übliche religiöse Einstellung, ob nun hinduistisch, jüdisch oder christlich, ist im Grunde ein reiner Egotrip. Warum wird so gern behauptet, dass alle Veränderung Täuschung ist? Weil ihr vor jeder Veränderung Angst habt. Veränderung erinnert an den Tod. Ihr hättet gern etwas absolut Dauerhaftes, worauf ihr bauen könnt. Ihr möchtet ein Haus, das für die Ewigkeit gebaut ist.

Es gibt auf dieser Welt kein Haus, das für die Ewigkeit gebaut ist. Ihr findet keine Beziehung auf der Welt, die ewig hält. Und so fantasiert ihr euch eine Beziehung mit Gott zurecht, weil „Gott ewig ist"; und damit verewigt ihr euch vor allem selbst. Aber diese Suche, dies Verlangen, diese Sucht nach ewiger Dauer, das ist genau das Problem! Warum wollt ihr ewig sein? Warum nicht

nicht-sein! Warum habt ihr Angst davor, nicht zu sein? Wenn ihr euch vor dem Nicht-Sein fürchtet, vor dem Nichts, vor der Leere, vor dem Tod, dann könnt ihr die Wahrheit nie erfahren. Man erfährt das Wahre nur, wenn man bereit ist, sich selbst total, rückhaltlos fallen zu lassen.

Darum sagt Buddha: „Es gibt keine Seele. Du bist kein Selbst, kein *Atma*! Du bist *Anatta* – Nicht-Selbst. Es gibt nichts in dir, das Dauer hat, nichts, das Wesen hat. Du bist etwas Fließendes, ein Strom."

Warum besteht Buddha so auf dem Nicht-Selbst? Weil ihr, sobald ihr das Nicht-Sein, das Nichts akzeptieren könnt, jede Angst vor dem Tod verliert und euch endgültig fallen lassen könnt. Und wenn du dich endgültig fallen lässt, dann offenbart sich die Wahrheit. Dann wirst du fähig zu erkennen. Solange das Ego da ist, könnt ihr nicht erkennen. Nur aus der Ichlosigkeit, aus dem tiefen Abgrund, in dem das Ego verloren geht, steigt die Erkenntnis auf... dann seid ihr wie ein Spiegel. Das Ego interpretiert nur immer, aber es kann die Wahrheit nicht sehen. Solange das Ego in dir ist, wirst du alles immer nur klug auslegen, aber deine Auslegung ist nicht die Wahrheit. Dein Ego verzerrt alles. In seinem Spiegel wird alles schief. Wenn du nicht da bist, spiegelt sich das Wahre. Irgendwie müsst ihr es verstehen lernen, dieses Nicht-Selbst, dieses ewige Fließen: Keine eigentliche Substanz, nichts als ein Fließen, das immer weitergeht. Dann bist du ein Spiegel, eine einzige Klarheit. Es gibt keinen mehr, der sich einmischt, der deutet, keinen, der verzerrt. So spiegelt sich die Schöpfung in dir, wie sie ist. Diese Spiegelung der Existenz – so, wie sie ist –, das ist die Wahrheit.

Als Zweites merkt euch: Wer immer und ewig da sein will, der versäumt den Augenblick. Jemand, der sein Leben wahrhaft gelebt hat, der tatsächlich gelebt und sich am Leben gefreut hat, der ist immer bereit zu sterben, bereit aus dem Leben zu gehen. Wer das Leben nicht dankbar genossen und ausgekostet hat, wer nicht den Augenblick gelebt hat, und damit auch nicht das Leben, der sträubt sich vor dem Weggehen: „Wie, ich soll schon Abschied nehmen? Ich bin doch immer noch unerfüllt!"

Die Furcht vor dem Tod ist nicht die Furcht vor dem Tod, sondern die Furcht vor der Unerfülltheit; du stehst vor dem Tod und hast nicht das Geringste an Lebenserfahrung gewonnen: keinen Zuwachs, keine Reife, keine Blüte. Mit leeren Händen bist du gekommen, mit leeren Händen gehst du wieder. Das ist die eigentliche Angst!

Jemand, der gelebt hat, ist immer bereit zu sterben. Und seine Bereitschaft ist nicht gespielt. Er ist so bereit wie eine Blüte, die sich geöffnet hat, die ihren Duft in die entferntesten Winkel der Existenz ausgeschickt hat, die ihre Zeit genossen und sie bis zur Neige ausgekostet hat, die leicht im Wind getanzt und sich im Sturm aufgebäumt hat, die in den Himmel geschaut und den Aufgang der Sonne gesehen hat; kurz – sie hat gelebt. In einer solchen Blüte stellt sich am Abend das Gefühl der Erfüllung ein und sie ist bereit, sich zur Erde fallen zu lassen, heimzukehren, zu ruhen. Und es ist immer wohltuend, immer herrlich, sich auszuruhen, wenn man gelebt hat. Gibt es Größeres? Die Blüte lässt sich einfach zu Boden fallen und geht zur Ruhe; ganz ohne Sträuben, ohne Qual, ohne Aufschrei, ohne den leisesten Versuch sich ans Leben zu klammern.

Ihr klammert euch ans Leben, weil sich euer Leben nicht erfüllt hat. Ihr habt euch nicht vom Wind zerzausen lassen. Ihr habt den Morgen nicht kennengelernt, und nun ist es Abend. Ihr seid nie jung gewesen, und nun klopft das Alter an die Tür. Ihr habt nie geliebt, und nun naht der Tod.

Dieser unerfüllte Zustand und die Nähe des Todes verursacht die Angst. Buddha sagt, dass du bereit bist jederzeit zu sterben, wenn du gelebt hast. Diese Bereitschaft ist dann keine gezwungene Geste. Sie kommt von selbst. Sie ist das Natürlichste von der Welt. Du wurdest geboren – also stirbst du. Wie du kommst, so gehst du. Das ist das Rad des Daseins. Die Seins-Rolle hast du gespielt, jetzt spielst du die Rolle des Nicht-Seins. Du hast existiert, jetzt existierst du nicht mehr. Du bist entstanden, du hast Form angenommen, jetzt gehst du ins Formlose hinüber. Du warst sichtbar, hattest dich verkörpert; jetzt gehst du ohne den Körper ins Unsichtbare ein. Du hast deine Zeit zu leben gehabt. Jetzt ruhst du dich im Dunkel aus. Was ist daran so schlimm?

Die Suche nach dem Dauerhaften zeigt, dass du unerfüllt bist. Die Suche nach einem dauerhaften Selbst ist Klammern. Du weißt, der Tod erwartet dich; also was tun? Der Körper wird sich auflösen, vergehen. Jetzt machst du dir Hoffnungen, dass es ein dauerhaftes Selbst geben muss, das überhaupt nie mehr zu Ende geht. Merkt euch das: Es sind immer die Ängstlichen, die an die Unsterblichkeit der Seele glauben.

Schaut euch dieses Land an: Ganz Indien glaubt, dass die Seele ewig ist, aber man kann kein zweites Land finden, das so feige ist wie dieses. Und das ist nicht zufällig so. Warum sind die Inder solche Feiglinge? Eigentlich müssten sie doch die tapfersten Menschen der Welt sein, wo sie doch so genau wissen, dass die Seele unsterblich ist, dass es keinen Tod gibt! Sie reden immerzu vom Todlosen, aber wenn man sich ihre Lebensweise genauer ansieht, dann haben sie mehr Angst vor dem Tod als alle andern. Wie sonst ist es zu erklaren, dass dieses Land länger als tausend Jahre in Sklaverei verbracht hat? Ganz kleine Völker – England ist nicht größer als eine kleine indische Provinz – konnten Indien beherrschen. Dreißig Millionen Menschen konnten ein Land von fünfhundert Millionen beherrschen. Geradezu unfassbar! Wie konnte es dazu kommen? Weil das Land feige ist. Sie können nicht kämpfen – aus Angst vor dem Tod. Sie reden vom Todlosen nicht umsonst; dahinter steckt ein Motiv.

Jeder, der zu viel vom Ewigen Leben spricht, verrät damit Angst vor dem Sterben, verrät, dass er ein Feigling ist. Und Indien hat vor lauter Priestern nicht leben können. Indien hat das

Leben nicht kennengelernt – wegen seiner Priester. Sie haben den Menschen Entsagung gepredigt und jeder ist schon bereit zu entsagen, bevor er überhaupt gelebt hat.

Wenn du gelebt hast, bis zur Neige gelebt hast, alle deine Möglichkeiten ausgeschöpft hast, dann verschwindet die Furcht vor dem Tod. Nur dann verschwindet die Furcht vor dem Tod, niemals zuvor. Wenn du dem Leben entsagst und nicht liebst, nicht isst, nicht genießt und tanzt, wenn du einfach nur entsagst, alles verdammst und sagst: „Das ist mir alles viel zu materialistisch, das lehne ich ab!“, was ist das dann für ein „Ich“, das da sagt: „Das lehne ich ab!“? Es ist das Ego.

Und man kann keine größeren Egoisten als die Geistlichen finden. Sie verdammen immerzu die Materialisten. Sie predigen immerzu: „Was! Damit vergeudet ihr euer Leben? Essen und Trinken? Jubel, Trubel, Heiterkeit? Ist das eure Religion? Ihr fallt der Erde zur Last. Ihr gehört in die Hölle.“ Wer wagt es, andere so zu verdammen? Was ist verkehrt an Essen, Trinken, Heiterkeit? Was ist daran verkehrt? Das ist schließlich die eine Seite des Lebens. Und das ist gut so. Ihr sollt eure Freude haben am Essen und Trinken und an der Heiterkeit. Ihr müsst feiern können. Erst dann, wenn ihr euch bis zum Äußersten ausgefeiert habt, seid ihr bereit Abschied zu nehmen, und zwar ohne Groll, ohne Klage.

Du hast den Tag gelebt, jetzt ist die Nacht da. Und wenn der Tag wirklich schön war – du hast dich von den Wellen zum Himmel hinauftragen lassen, hast getan, was der Augenblick verlangte –, dann ist die Ruhe, dann ist die Rückkehr zur Erde auch schön. Indien hat dem Leben entsagt, und eine Religion, die entsagt, ist keine. Nur eine Religion, die die Menschen beflügelt bis zur Erschöpfung zu feiern, ist eine wahre Religion. Und das ist das Schöne dabei: dDass ganz von allein, nur indem du dein Leben lebst, auch die Entsagung kommt. Sie geschieht einfach. Das bringt die Natur so mit sich.

Wenn du gut isst, kommt die Sättigung von allein. Wenn du

gut trinkst, verschwindet der Durst. Wenn du voll gelebt hast, verschwindet die Lebensgier.

So soll es sein. Das ist das Gesetz, der Logos. Wenn du nicht richtig gelebt hast, dann wirst du dich immer ans Leben klammern, dann träumst du immer davon, dass du eines Tages richtig leben wirst. Und wenn du dieses Leben abgeschrieben hast, dann musst du dir ein weiteres Leben entwerfen. Du brauchst ein ewiges Leben; sonst bist du nämlich der Dumme. Dieses Leben hast du schon versäumt – und ein Leben danach soll es nicht geben? Jetzt muss ein ewiges Selbst herhalten. Du musst dran glauben und dich trösten: „Der Körper stirbt zwar, okay, aber das Selbst, das stirbt nie!"

Wenn ihr auf Buddha und Heraklit und mich hört, dann stirbt das Selbst sogar noch vor dem Körper. Denn das Selbst ist ein noch feineres Traumgewebe als der Körper. Der Körper ist wesenhafter; immerhin braucht er an die siebzig Jahre, um sich wieder aufzulösen. Aber das Selbst stirbt jeden Augenblick.

Schaut einmal genau hin: Am Morgen hast du das eine Selbst, am Nachmittag schon wieder ein anderes. Am Morgen warst du fröhlich, warst du ein anderer Mensch. Am Nachmittag ist es weg – schon so schnell! Ja, Heraklit hat recht: „Wir steigen in dieselben Flüsse – und tun es doch nicht." Es scheint nur so, dass du am Nachmittag noch derselbe bist, noch das gleiche Selbst hast: Es scheint nur so! Wo ist das Selbst des Morgens geblieben, das so froh war und mit den Vögeln singen konnte, das mit der aufgehenden Sonne tanzen konnte? Wo ist dieses Selbst? Schon am Nachmittag bist du traurig; der Abend hat sich bereits über dich gesenkt. Schon mitten am Nachmittag ist es Nacht geworden; du bist traurig.

Ist es noch das gleiche Selbst? Wenn du hasst und wenn du liebst, glaubst du ein und derselbe Mensch zu sein? Wenn du deprimiert bist und wenn du auf dem Gipfel der Freude bist – bist du derselbe? Nein, das bist du nicht! Es scheint nur so. Es erscheint nur als das gleiche Selbst. Es ist wie mit dem Ganges: Morgens, nachmittags, abends scheint er der gleiche Ganges zu sein – aber er ist es nicht. Er fließt ständig weiter.

Heraklit liebt das Symbol des Flusses.

Buddha liebt das Symbol der Flamme. Das Symbol der Flamme ist sogar noch subtiler. Eine Flamme scheint wirklich immer genau die gleiche zu bleiben; das ist aber nur Täuschung. Augenblick für Augenblick verschwindet sie; die alte Flamme verflüchtigt sich und die neue tritt an ihre Stelle. Buddha sagt, dass die Kerze, die du am Abend ansteckst, nicht mehr die gleiche Flamme hat, wenn du sie am Morgen ausbläst... Buddha sagt, dass das gar nicht so sein kann. Die ganze Nacht über brannte und brannte und brannte sie. Die ganze Nacht lang verging eine Flamme nach der andern, immerzu, und eine Flamme nach der andern wurde von immer neuen Flammen ersetzt. Aber der Abstand zwischen den Flammen, zwischen der Flamme, die verlöscht, und der Flamme, die nachkommt, ist so unmerklich, dass du ihn nicht wahrnehmen kannst.

Buddha sagt: „Das Selbst, als das du geboren wurdest, kann nicht sterben – es ist schon gestorben! Der Mensch, als der du geboren wurdest, und der Mensch, der du im Sterben sein wirst, sind nicht dieselben." Buddha sagt: „Es ist ein Kontinuum, aber nicht dasselbe Ding." Die Flamme vom Abend und die Flamme vom Morgen bilden ein Kontinuum, eine Kette von gleichen Flammen, aber es sind nicht dieselben Flammen. Der Ganges sieht immer identisch aus, aber ist es nicht. Alles verändert sich.

Das Wesen der Wirklichkeit ist Veränderung. Dauer ist Täuschung. Und diese Einsicht reicht tiefer als die der Hindus. Es ist die tiefste, die je erlangt wurde. Denn der Verstand wünscht sich ein dauerndes Zuhause, einen Dauerwohnsitz, einen Stammplatz. Dauer ist Trug. Die Täuschung kommt daher, dass die Dinge immer gleich aussehen.

Dein Gesicht bleibt das gleiche, am Abend wie am Morgen,

also halten wir dich für dieselbe Person. Du warst gestern hier und vorgestern auch; dein Gesicht scheint das gleiche – aber bist du der Gleiche? Als ihr heute Morgen zu mir gekommen seid, wart ihr andere, ihr habt euch inzwischen schon verändert; und wenn ihr weggeht, werdet ihr schon wieder andere Menschen sein – denn ihr habt mir zugehört und etwas Neues ist in euch gedrungen. Euer Selbst hat sich bereits verändert.

Neue Flüsse ergießen sich in den Ganges, neue Rinnsale, neue Bäche. Ich bin in euch eingeströmt. Wie könnt ihr je wieder dieselben sein? Es ist unmöglich. Augenblick für Augenblick ergießen sich Tausende von Bächen in dein Bewusstsein. Du gehst auf der Straße entlang und eine Blume lacht dich an – die Blume verändert dich. Oder eine kühle Brise kommt auf und erfrischt dich, diese Brise verändert dich. Und dann geht die Sonne auf und eine neue Wärme durchströmt dich – die Sonne verändert dich. Jeden Augenblick ändert sich alles. Und es gibt nichts, was dauert.

Was passiert, wenn du das verstehst? Wenn du das verstehen kannst, hast du die große Chance dein Ego aufzugeben. Denn wenn sich alles verändert, woran willst du dich dann klammern? Wo du doch damit die Veränderung nicht aufhalten kannst! Du kannst den Fluss nicht zum Halten bringen. Er fließt dennoch weiter. Anhalten kannst du ihn nicht. Und nur, weil wir die Dinge anhalten wollen, sie verewigen wollen, schaffen wir eine Hölle um uns herum. Nichts kann zum Stillstand gebracht werden. Ich liebe dich heute Morgen; wer will wissen, was morgen früh geschieht?

Aber du möchtest die Liebe gern festhalten: So wie es heute Morgen war, so soll es auch morgen Abend sein. Wenn du dich festkrallst und zum Stillstand kommst, bist du tot. Keiner kennt das Morgen, das Unbekannte, das Unerwartete. Erwarten kannst du nur dann etwas, wenn die Dinge Dauer haben. Wenn nichts von Dauer ist, fallen alle Erwartungen in sich zusammen. Ohne Erwartungen – die Dinge gehen ja immer weiter –, was kann dich da noch enttäuschen? Wo es Erwartungen gibt, gibt es auch Enttäuschungen. Wo keine Erwartung ist, kann es auch keine Enttäuschung geben. Deine Erwartungen kommen daher, dass du die Dinge für dauerhaft hältst. Nichts ist dauerhaft.

Wir steigen in dieselben Flüsse – und tun es doch nicht.

Nur das äußere Erscheinungsbild bleibt gleich, dein eigenes so gut wie das des Flusses.

Man kann nicht zweimal in denselben Fluss steigen.

… weil der Fluss nie wieder der Gleiche sein wird. Und auch du wirst nie wieder der Gleiche sein. Das macht aus jedem Augenblick etwas so Einzigartiges, etwas so Unvergleichliches. Es hat ihn nie zuvor gegeben und wird ihn nie wieder geben. Das ist das Schöne! Er ist keine Nachahmung. Er ist taufrisch! Diese Frische wird dir entgehen, solange sich dein Verstand an Dinge klammert und sie besitzen will, solange er nach dem Beständigen sucht.

Macht euch einmal Folgendes klar: Wenn ihr ein dauerhaftes Selbst hättet, dann wäre dies Selbst wie ein Felsblock. Dabei verändern sich sogar die Felsen! So ein felsenhaftes Selbst könnte dann nicht mehr wie eine Blume sein. Wenn du ein dauerhaftes Selbst hättest und auch die Dinge eine dauerhafte, eine solide Grundlage hätten, dann wäre die gesamte Schöpfung langweilig, auf keinen Fall festlich. Zum Fest wird sie erst, wenn jeder Augenblick Neues bringt. Wenn dir jeder Augenblick etwas aus dem Unbekannten bringt, wenn jeder Augenblick ein Auftauchen des Unbekannten in das Bekannte ist, dann ist dein Leben voller Reiz und Spannung – aber ohne jede Erwartung. Dann ist das Leben eine ständige Bewegung auf das Unbekannte zu. Dich kann nichts enttäuschen, weil du ohnehin nicht damit rechnest, dass irgendetwas ewig so bleibt, wie es ist.

Warum gibt es auf der Welt so viel Enttäuschung? Weil jedermann sich auf Dauer einrichtet. Und Dauer entspricht nicht der Natur der Dinge. Daran ist nichts zu ändern. Ihr müsst erwachsen werden und eure Vorstellungen von Dauer fallen lassen. Ihr müsst innerlich wachsen und anfangen mitzufließen. Seid nicht hart wie Stein – seid zart wie Blumen!

Euer *Brahma* ist nichts als harter Stein. Das Absolute, von dem Hegel und *Shankara* sprechen, ist steinhart. Aber das *Nirvana* Buddhas, die letzte Einsicht Heraklits – das sind zarte Blumen: veränderlich. Freut euch, solange es währt, und fragt nicht nach mehr. Du bist verliebt: Feiere das, solange es anhält! Triff keine Vorkehrungen, dass es immer so bleibt; sonst vertust du den gegenwärtigen Augenblick mit Zukunftsplänen. Und wenn die Pläne dann in die Wirklichkeit umgesetzt werden, ist die Blume schon tot. Wenn alles endlich bereitsteht, dass du genießen kannst, ist der ursprüngliche Augenblick längst vorbei. Unwiederbringlich. Es führt kein Weg zurück. Der Fluss fließt vorwärts, immer nur vorwärts, und jeden Augenblick wirst du an neue Ufer gespült. Und das ist das Problem des Menschen, seine Furcht und seine Qual: dass seine Gedanken sich an Ufer heften, die es nicht mehr gibt. Das Denken möchte gern die Ufer von früher auf die Zukunft projizieren, aber jeden Augenblick erreicht der Fluss neue Ufer, unbekannte, unerwartete Ufer. Und das ist gut so! Würde sich euer Wunsch nach Dauer erfüllen, wie hässlich wäre dann euer ganzes Leben!

Stellt es euch einmal genau vor: Die Hindus und die Jains stellen sich die endgültige Befreiung – *Moksha* – als einen Bewusstseinszustand vor, in dem sich nichts mehr ändert. Stellt euch vor: Nichts ändert sich; und wer erleuchtet wird, der wird in diesem absolut unveränderlichen Zustand verweilen, wo nichts passiert, nicht das Geringste – absolute Monotonie! Es gibt nichts zu verbessern; es ist ja schon das Absolute. Eine langweiligere Situation kann man sich gar nicht vorstellen; da sitzt Gott und hier sitzt du und nichts passiert; es gibt noch nicht einmal was zu sagen. Schon ein einziger Moment kommt dir vor wie eine Ewigkeit, ganz entsetzlich langweilig.

Nein – für Buddha, Heraklit und Laotse ist Veränderung die Seele der Schöpfung. Erst die Veränderung macht alles schöner. Wenn eine Frau jung und schön ist, hättest du sie gern immer so – so jung wie jetzt. Würde es wahr, würdest du dich zu Tode langweilen. Sollte es eines Tages wirklich möglich werden, dass man eine junge Frau durch irgendwelche biologischen Eingriffe, durch irgendwelche wissenschaftlichen Tricks ... Ja, und es ist möglich! Die Menschen sind so idiotisch, dass sie es früher oder später bewerkstelligen werden, das Älterwerden anzuhalten, durch biologische Manipulation, durch Hormonspritzen oder dergleichen. Ein Mädchen, das zwanzig ist und in Ewigkeit zwanzig bleibt ... kann man so ein Mädchen lieben? Es wäre eine Plastikpuppe. Sie bleibt immer die Gleiche, ohne Jahreszeiten, ohne Sommer, Winter, Herbst und Frühling. Eine solche Frau wäre tot! So eine Frau könntet ihr nicht lieben; es wäre ein Alptraum. Lieber bis ans andere Ende der Welt flüchten, als so eine Frau lieben!

Jahreszeiten sind etwas Schönes und der Wechsel erneuert dich ständig; jeden Augenblick eine neue Stimmung, jeden Augenblick eine neue Nuance des Daseins, jeden Augenblick ein neues Gesicht, neue Augen.

Und wer sagt denn, dass eine alte Frau hässlich ist? Eine alte Frau wirkt erst dann hässlich, wenn sie immer noch jung zu sein versucht; nur das macht sie wirklich hässlich. Sie bemalt sich das Gesicht, trägt Lippenstift auf und stellt alles Mögliche an – und macht sich damit nur hässlich. Aber eine alte Frau, die das Altern als natürlich, als selbstverständlich hinnimmt, wird mit ihrem alten Gesicht vor Schönheit strahlen, mit ihren tausend Fältchen, mit den Furchen vieler Jahreszeiten, völlig verwittert; voll von Erfahrungen, ausgereift, erwachsen.

Ein alter Mensch wird schön, wenn er sein Leben gelebt hat. Wer nicht gelebt hat, will sich an irgendeinen Augenblick der Vergangenheit klammern, der nicht mehr ist. Und das ist der hässliche Mensch: dessen Jugend vorbei ist und der dennoch zu beweisen versucht, dass er jung ist; der, wenn es mit dem Sex vorbei ist – oder sein sollte, wenn er wirklich gelebt hätte –, noch immer hinter dem Sex herjagt, hinter Dingen, die zu ihrer Zeit gut waren, die zu bestimmten Zeiten im Leben zum Schönsten gehörten, aber die nun vorbei sind. Ein alter Mann, der sich verliebt – wie lächerlich! Er macht sich so lächerlich wie ein junger Mann, der sich nicht verliebt. Unzeitgemäß – nicht im Takt mit dem Leben.

Darum spricht man von einem alten, geilen Bock. Die Redewendung ist gut: Wenn ein alter Mann an Sex denkt, ist es nichts als Geilheit; es zeigt, dass er nicht erwachsen ist. Sex ist etwas Schönes zu seiner Zeit, aber ein alter Mann sollte sich jetzt darauf vorbereiten, Abschied zu nehmen, sollte sich jetzt auf den Tod einstellen, sollte sich bereit machen – denn bald liegt sein Schiff bereit zum Auslaufen nach unbekannten Küsten. Darauf sollte er sich vorbereiten, aber stattdessen führt er sich auf wie ein junger Mann, wie ein Kind. Nichts ist hässlicher, als etwas längst Vergangenes vorzutäuschen, als in der Vergangenheit zu leben. Das ist reiner Wahnsinn!

Alles ist zu seiner Zeit schön. Und alles hat seine Zeit. Gerate nie aus dem Takt – das ist es, was ich religiös nenne: nie aus dem Takt zu fallen. Sei dem Augenblick treu: Wenn du jung bist, sei jung, und wenn du alt bist, sei alt. Und bring nicht alles durcheinander, sonst wirst du chaotisch, und Chaos ist hässlich. Eigentlich gibt es gar nichts, was du deinerseits zu tun brauchst. Du brauchst dich nur an die Natur zu halten. Was immer du tust, ist falsch. Es selber machen zu wollen, ist falsch … einfach nur fließen…

Wir steigen in dieselben Flüsse – und tun es doch nicht.

Man kann nicht zweimal in denselben Fluss steigen. Man kann nicht wieder jung werden, wenn man einmal alt ist. Man kann nicht wieder zum Kind werden, wenn man ein junger Mann ist. Wenn man zwanzig ist und immer noch Kind sein will, dann ist man zurückgeblieben. Und das zeigt nur eines klar: dass man keine Kindheit gehabt hat, als man ein Kind war. Dann fühlt man, wie man da festhängt. Selbst ganz alte Menschen sehnen sich nach ihrer Kindheit zurück. Sie versäumen ihr ganzes Leben, bloß weil sie den ersten Schritt versäumt haben. Als sie Kinder waren, müssen sie davon geträumt haben bald erwachsen zu sein, groß und stark wie Papi, wie all die großen Leute. Das müssen sie sich in ihrer Kindheit gewünscht haben, und so sind sie an der Kindheit vorbeigegangen und sehnen sich nun danach Kind zu sein. Und sie reden und dichten über die schöne Kindheit, was für ein Paradies es war...

Das sind die Menschen, die ihr Leben verfehlt haben. Wer das Paradies verfehlt hat, redet vom Paradies. Wenn du das Paradies erlebt hast, brauchst du nicht darüber zu reden. Und wenn du ein Kindheitsparadies erlebt hast, dann wird auch deine Jugend schön. Sie wird aus dem Paradies deiner Kindheit hervorgehen. Sie wird anmutig sein, voll Schönheit. Und wenn du deine jungen Jahre so durchlebst, dann wird dein Alter sein wie ein Gipfel, ein *Gourishankar,* ein Mount Everest. Und das weiße Haar auf deinem alten Kopf wird sein wie der Schnee auf einem majestätischen Berggipfel. Und wenn alles vorbei ist und alles anders geworden ist, wenn du aus allen Flüssen getrunken und alle Küsten besucht hast, kannst du dich ausruhen.

Zum ersten Mal spürst du in dir keine Unruhe mehr. Du kannst du selber sein. Es gibt kein Ziel mehr, es gibt nichts mehr zu tun. Du darfst dich entspannen! Wenn sich ein alter Mann nicht entspannen kann, bedeutet das, dass er sein Leben nicht gelebt hat.

Und wer sich nicht entspannen kann, wie will der sterben? Und genau diese Leute, die nicht sterben können, sind es auch, die das Verlangen nach der unsterblichen Seele entwickeln, nach einem dauerhaften Gott.

Bedenkt: Nur die Veränderung ist Gott; Veränderung ist das Einzige auf der Welt, was Dauer hat. Nur die Veränderung ist ewig. Alles andere ändert sich – bis auf die Veränderung. Veränderung ist die einzige Ausnahme – ansonsten verändert sich alles.

Alles fließt, nichts ruht.
Alles vergeht, nichts dauert.

Ihr müsst bereit sein! Das ist es, was ich Meditation nenne: Ihr müsst euch auf etwas gefasst machen. Wenn etwas zu Ende geht, seid bereit! Lasst es bereitwillig gehen. Ihr dürft euch nicht beklagen. Ihr dürft keine Szene machen – wenn etwas zu Ende geht, geht es eben zu Ende!

Du hast eine Frau geliebt, du hast einen Mann geliebt – und nun kommt der Augenblick des Abschieds. Jetzt, in diesem Augenblick, zeigt sich der innere Wert: Wenn du dich beklagst, wenn du dich sträubst und ärgerst, aggressiv, destruktiv wirst, dann hast du diesen Menschen überhaupt nicht geliebt. Wenn du diesen Menschen geliebt hast, dann wird das Abschiednehmen etwas ausgesprochen Schönes. Du bist von Dank erfüllt und kannst es jetzt, wo die Zeit des Abschieds gekommen ist, mit vollem Herzen tun – wenn du wirklich geliebt hast. Dann nämlich bist du dankbar! Hast du aber nicht wirklich geliebt, hast du nur von Liebe geträumt und alles mögliche getan, nur nicht geliebt, dann kannst du jetzt, wo es zum Abschied kommt, kein schönes Lebewohl sagen, weil dir jetzt klar wird, dass du die ganze Sache verfehlt hast, deine Zeit vertan hast – du hast ja den andern überhaupt nicht geliebt, und jetzt geht dieser Mann, geht diese Frau auf immer. Du wirst böse, du wirst brutal, du wirst aggressiv.

Der Augenblick des Abschieds enthüllt alles, weil es der Höhepunkt ist. Von jetzt an wirst du dich dein ganzes Leben über diese Frau beschweren. Sie hat dein Leben zerstört! Du wirst nun nie wieder aufhören dich zu beklagen. Von nun an schleppst du die Wunde mit dir herum.

Eine Liebe muss dich zum Blühen bringen. Aber das, was normalerweise geschieht, das, was ich überall beobachten kann, ist, dass die Liebe auf der ganzen Welt nur Wunden hinterlässt. Wenn jemand dein Leben mit dir teilt, liebe ihn! Denn niemand kennt den nächsten Schritt, und irgendwann kommt die Trennung. Liebst du einen Menschen wirklich, wird der Abschied wunderschön. Hast du das Leben geliebt, wirst du auch vom Leben einen schönen Abschied nehmen. Du bist dankbar. Deine letzten Worte, wenn du von diesem Ufer aus nach dem andern aufbrichst, werden Worte des Dankes sein – dass dir das Leben so viel gegeben hat, dass es dich so reich gesegnet hat mit Erfahrung. Dem Leben verdankst du, was aus dir geworden ist.

Es hat elende Zeiten gegeben, aber es waren auch Segnungen da. Es gab Leiden, aber auch Glück. Und wenn du beides durchlebt hast, dann weißt du, dass das Leiden dazu da war, dich das Glück empfinden zu lassen. Die Nacht dient dazu, dir den neuen Tag zu bringen. Es ist ein Spiel mit Kontrasten: Weil das Glück nicht ohne Leid erfahrbar ist, existiert Leid. Und so dankst du nicht nur den glücklichen Augenblicken, sondern auch den leidvollen Momenten; ohne sie hätte es keine glücklichen Augenblicke geben können. Du wirst dem Leben als Ganzem danken, ohne irgendwelche Vorlieben; denn ein Mensch, der durchs Leben gegangen ist und dabei gereift ist und erfahren hat, was Leben heißt, was es an Leiden und an Glück bringt, der weiß aus eigener Erfahrung, was Heraklit hier sagt:

Gott ist Sommer und Winter,
Gott ist Leben und Tod,

Gott ist Tag und Nacht,
Gott ist Leid und Glück… beides.

Dann sagst du nicht, dass es keine Leiden hätte geben dürfen; denn wer sagt, dass es kein Leid geben darf, der weiß nicht, was Wachstum heißt. Dann sagst du nicht: „Ich will nur die Augenblicke des Glücks. Leiden lehne ich ab. Leiden ist nicht gut." Mit einer solchen Einstellung bleibst du kindisch und unreif. Du willst das Unmögliche. Du willst die Berghöhen und Gipfel haben, ohne die Täler in Kauf zu nehmen. Das ist einfach dumm von dir. Es ist nicht möglich! Es entspricht nicht der Natur der Dinge. Das Tal muss neben dem Gipfel existieren. Je höher der Gipfel, desto tiefer das Tal. Und wer dies versteht, ist mit beidem glücklich. Und es gibt Momente, in denen du gern ins Tal hinuntersteigst, um vom Gipfel auszuruhen. Du liebst den Gipfel – er schenkt Begeisterung, er bildet den Höhepunkt. Aber nach der Begeisterung, nach dem Höhepunkt fühlst du dich müde, und nun liegt das Tal vor dir, der Abstieg in die Dunkelheit des Tals, wo du dich ausruhen und in Vergessenheit versinken kannst, ganz und gar, als ob du nicht mehr existierst… Beides ist schön: das Leiden wie das Glück. Wer sagt: „Ich bin für das Glück allein und gegen das Leiden", der ist unreif, der weiß noch nicht, was Wirklichkeit ist.

Alles fließt, nichts ruht.
Alles vergeht, nichts dauert.
Kaltes wird warm. Warmes wird kalt.
Feuchtes trocknet und Trockenes wird feucht.
Durch Krankheit wird Gesundheit schön,
Durch das Schlechte wird das Gute gut;.
Durch Hunger: Sättigung,
Durch Mühe: Schlaf.

Entscheide dich nicht für die eine Seite! Wähle, und du gehst in die Falle. Bleibe unparteiisch und lass das Leben in seiner Totalität fließen. Die eine Hälfte kann nicht für sich allein bestehen. Das ist das Absurde: Dass der Verstand sich an die eine Hälfte klammert. Du willst geliebt, aber nicht gehasst werden – aber Liebende hassen sich auch. Mit Liebe kommt auch Hass. Und der Liebhaber, der nicht hassen kann, ist auch nicht fähig zu lieben. Liebe bedeutet Zusammenkommen, Hass bedeutet Trennung. Es ist ein Rhythmus. Ihr kommt zusammen – das ist ein Höhepunkt, dann trennt ihr euch wieder und geht in eure Individualität zurück. Das sind eure hassvollsten Augenblicke. Sie stellen euch wieder in eurer Eigenart her und bereiten euch vor, dem andern erneut zu begegnen. Leben ist Rhythmus. Es ist nichts als ein Rhythmus zwischen zentrifugalen und zentripetalen Kräften. Alles fällt auseinander und kommt wieder zusammen …

Es geschah einmal in einem muslimischen Land, dass der König sich in eine Frau verliebte, die Frau aber einen andern liebte. Sie liebte einen Sklaven, einen Sklaven eben dieses Königs. Und der König konnte es einfach nicht begreifen, wieso diese Frau ihm keine Beachtung schenkte, wo er doch der König war, und stattdessen hinter einem Sklaven herlief, der ein Nichts war! Als König konnte er ihn augenblicklich töten lassen, ein Sklave war nichts als Staub. Aber es war nun einmal passiert. Das Leben geht geheimnisvolle Wege. Es lässt sich nicht wie Mathematik begreifen. Niemand weiß. Du magst König sein, aber die Liebe kannst du nicht erzwingen. Du magst Sklave sein, aber die Liebe macht dich zum König. Wer weiß! Das Leben ist ein Geheimnis. Es ist keine Rechenaufgabe, es lässt sich nicht kalkulieren.

Der König versuchte alles, was er konnte, aber je mehr er sich abmühte, desto mehr versagte er. Schließlich riss ihm die Geduld. Aber er war wirklich verliebt in diese Frau, und so wollte er den Sklaven lieber nicht töten. Es wäre ihm ein Leichtes gewesen, ein einziges Wort hätte genügt; aber er hatte Angst die Frau zu verletzen. Und da er sie wirklich liebte, wurde es immer mehr zum Problem. Was also sollte er tun? Sie könnte tief verletzt werden, sie könnte Selbstmord begehen – sie war ja wirklich verrückt!

Und so holte er den Rat eines weisen Mannes ein. Der Weise muss ein Mann wie Heraklit gewesen sein. Alle Weisen sind wie Heraklit. Heraklit ist der Inbegriff eines Weisen. Dieser Mann sagte: „Was du bisher getan hast, ist verkehrt." Er sagte: „Der Fehler ist, je mehr du sie auseinanderhältst, desto mehr fühlen sie sich zueinander hingezogen. Bringe sie zusammen und bald wird alles vorbei sein. Und halte sie so zusammen, dass sie gar nicht auseinandergehen können." Der König fragte: „Wie soll das geschehen?" Er antwortete: „Bringe sie beide her. Zwinge sie, sich zu lieben, und kette sie, binde sie aneinander. Und lass sie nicht mehr auseinander."

So geschah es. Sie wurden an eine Säule gekettet, wo sie sich nackt lieben mussten. Aber wie lange kann man einen Mann oder eine Frau lieben, an die man gekettet ist? Genau deswegen tötet Ehe die Liebe. Man ist angekettet, versklavt, man kann nicht entkommen. Aber hier geschah es als Experiment. Nach wenigen Minuten schon fingen sie an sich zu hassen. Nach ein paar Stunden beschmutzten sie sich gegenseitig – man kann die Eingeweide nicht beherrschen und der Urin muss notgedrungen raus aus der Blase. Was kann man da machen? Ein paar Stunden bezwangen sie sich. Sie wollten es nicht zulassen.

Aber es kommt ein Punkt, wo man sich nicht mehr beherrschen kann; die Eingeweide, die Blase entleeren sich. Sie beschmutzten sich gegenseitig und hassten sich nur noch mehr. Sie schlossen die Augen. Sie wollten sich nicht mehr sehen. Und so ging es vierundzwanzig Stunden – ein Marathon. Und nach vierundzwanzig Stunden wurden sie freigelassen. Es heißt, dass sie sich nie wieder ins Gesicht geblickt haben. Sie flohen im selben Augenblick, wo sie aus dem Palast entlassen wurden. Sie flohen in entgegengesetzte Richtungen. Sie sahen sich nie wieder.

Die große Liebe war in Grauen umgeschlagen. Ehen werden hässlich, weil sie dem Prinzip dieses Weisen folgen.

Es muss einen Rhythmus geben zwischen Zusammensein und Trennung, zwischen Intimität und Alleinsein. Wenn man sich frei begegnen und wieder entfernen kann, entstehen Hunger und Sättigung. Wenn du vierundzwanzig Stunden lang immer nur isst, gibt es weder Hunger noch Sättigung. Erst iss und dann faste. Das englische Wort für Frühstück – breakfast – trifft es gut. Es bedeutet: das Fasten brechen, nachdem man die Nacht über gefastet hat. Man muss fasten, wenn man das Essen genießen will. Das ist die verborgene Harmonie der Gegensätze.

Kaltes wird warm, Warmes wird kalt.
Feuchtes trocknet und Trockenes wird feucht.
Durch Krankheit wird Gesundheit schön.

Es ist manchmal ausgesprochen gut, krank zu werden. Daran ist nichts verkehrt. Ein gesunder Mensch muss von Zeit zu Zeit krank werden. Aber eure Vorstellungen sind da anders. Ihr findet, dass ein gesunder Mensch nie krank werden darf. Das ist reine Dummheit, denn das ist nicht möglich. Nur ein Toter wird nie krank. Ein gesunder Mensch muss manchmal krank sein. Durch Krankheit gelangt er zu vollendeter Gesundheit, denn durch den Gegensatz schöpft die Gesundheit neue Frische. Habt ihr je beobachtet, wie ihr euch nach langem Fieber erholt fühlt und eine jungfräuliche Frische spürt? Der ganze Körper scheint verjüngt!

Wenn du siebzig Jahre lang ununterbrochen gesund bleibst, wird deine Gesundheit wie eine Krankheit sein, wie der Tod, denn sie hat sich nie verjüngen, hat sich nie erholen können. Der Gegensatz schenkt immer Frische. Gesundheit wird schal, wenn nie eine Krankheit kommt; sie wird zur Last. Manchmal ist es schön, krank zu werden. Ich sage nicht, du sollst ewig im Bett bleiben – das wäre genauso schlimm. Immer krank zu sein ist auch nicht besser. Alles was zum Dauerzustand wird, ist verkehrt. Alles was fließt und sich zum Gegenteil hin bewegt, ist gut, ist lebendig.

Aufgrund solcher Behauptungen Heraklits kam Aristoteles zu dem Urteil, dass etwas mit Heraklit nicht ganz stimme, dass ihm ein Zacken in der Krone fehle, dass irgendetwas mit ihm nicht in Ordnung sei – physiologisch oder biologisch. Denn wie sonst kann er behaupten, dass Krankheit etwas Gutes sei? Aristoteles dagegen ist logisch. Er sagt: Gesundheit ist gut, Krankheit ist schlecht. Man muss der Krankheit aus dem Wege gehen, und wenn du sie ganz und gar vermeiden kannst, ist es das Allerbeste. Das ist genau das, was die Wissenschaft auf der ganzen Welt versucht – Krankheit überhaupt endgültig zu besiegen. Sie folgt Aristoteles. Aber ich sage euch: Je mehr die Wissenschaft alle Krankheiten auszumerzen sucht, desto mehr neue Krankheiten werden entstehen.

Es gibt viele neue Krankheiten, die es nie zuvor auf der Welt gab. Denn wenn ihr die Tür hinter einer Krankheit schließt, muss die Natur sofort eine neue Tür aufmachen... denn ohne Krankheit ist keine Gesundheit möglich. Ihr versucht das Unmögliche – es ist töricht. Ihr macht die eine Tür zu: Jetzt gibt es keine Malaria mehr, jetzt gibt es keine Pest mehr – und zwei Türen müssen woanders aufgemacht werden. Und wenn du wie ein Besessener darauf aus bist, Türen zu schließen – und die Wissenschaftler tun nichts anderes –, dann werden nur immer gefährlichere Krankheiten entstehen. Denn wenn ihr Tausende von kleinen Krankheitstüren schließt, dann muss die Natur eine sehr, sehr große Tür aufmachen, um die tausend kleineren wettzumachen. So ist Krebs entstanden.

Ihr heilt Krankheiten und schafft damit unheilbare Krankheiten. Krebs ist ein neues Phänomen; etwas, das es nie zuvor auf der Welt gab – er ist unheilbar. Warum ist Krebs unheilbar? Weil die Natur ihre Gesetze verteidigt. Wenn ihr immer mehr heilbare Krankheiten heilt, muss etwas Unheilbares erschaffen werden, sonst stirbt die Menschheit. Ohne Krankheit kann niemand gesund sein. Und so wird es auch kommen. Es scheint, dass eines Tages, wenn der Krebs besiegt ist, die Natur sofort eine noch schlimmere Krankheit hervorbringen wird.

Und merkt euch: In diesem Kampf kann die Wissenschaft nicht siegen – und darf es auch nicht. Die Natur muss immer der Sieger bleiben. Die Natur ist weiser als all eure Wissenschaftler zusammengenommen. Seht doch: Geht in eine primitive Gesellschaft, wo es keine Medizin gibt, wo es keine Ärzte gibt, wo es keine Wissenschaft gibt, die heilen will. Diese Menschen sind seltener krank, in der Mehrzahl gesund. Krankheiten sind gewöhnliche Erscheinungen und heilbar. Es gibt immer noch einige überlebende primitive Gemeinschaften, die überhaupt nichts von Medizin wissen wollen. Sie machen überhaupt nichts, oder besser, das, was sie machen, dient nur dazu, den Patienten zu trösten, sonst nichts. Mantras und Zaubertricks sind keine Medizin: Sie sind Zeitvertreib für den Patienten, denn die Natur heilt von allein.

Es heißt, wenn man eine gewöhnliche Erkältung medizinisch behandelt, verschwindet sie in sieben Tagen, und wenn man sie nicht behandelt, dann in einer Woche. Die Natur heilt sich selbst. Wirklich: Die Natur heilt. Man muss ihr nur Zeit lassen, es gehört nur Geduld dazu. Das Wort für einen kranken Menschen – Patient – ist sehr schön: Es bedeutet, dass man Geduld haben muss, dass man abwarten muss. Indem man ihm Medizin gibt, tröstet man ihn. Er denkt: „Jetzt wird etwas getan, bald werde ich geheilt sein." Man hilft ihm abzuwarten. Etwas anderes kann der Arzt auch nicht tun. Darum helfen all die verschiedenen Heilmethoden, all die Pathien – Homöopathie, Allopathie, Biochemie, ayurvedische Medizin –, tausend verschiedene Methoden, und alle funktionieren sie; sogar Naturopathie funktioniert. Naturopathie bedeutet, dass man gar nichts tut oder etwas, das auf nichts hinausläuft. Darum kann sogar Satya Sai Baba Erfolg haben. Trost ist gut; die Arbeit selbst aber wird von der Natur erledigt.

Heraklit ist durchaus richtig im Kopf. Aber Aristoteles nicht. Irgendetwas an Aristoteles ist nicht in Ordnung – physiologisch oder biologisch. Aber das gesamte westliche Denken ist Aristoteles gefolgt. Und wenn man seine Logik konsequent bis zu Ende verfolgt und den menschlichen Körper vollkommen von jeder Krankheit befreit, dann wird die Konsequenz sein, dass man Körperteile aus Plastik einsetzt.

Dieses Herz, unser natürliches Herz, muss irgendwann einmal krank sein, erschöpft, müde, ruhebedürftig. Nicht so ein Plastikherz! Es kann nie müde werden. Und wenn etwas schiefläuft, kann man ja einfach ein Teil auswechseln. Man geht zur Werkstatt und lässt sich ein neues Teil einsetzen; oder man trägt die Ersatzteile gleich bei sich. Früher oder später wird der ganze Körper ... vorausgesetzt, dass Aristoteles die Stellung bis zum bitteren Ende hält, vorausgesetzt, dass Heraklit nicht gehört wird und nicht wieder ins menschliche Bewusstsein zurückgerufen wird... wenn es also immer so weitergeht in den Fußstapfen des Aristoteles, dann ist der logische Schluss: ein plastischer Körper mit Ersatzteilen. Dann fließt in den Adern kein Blut, sondern eine andere chemische Substanz, die augenblicklich ausgepumpt und nachgefüllt werden kann. Aber was für Menschen werden das sein?

Freilich, krank können sie nicht werden, aber gesund sind sie auch nicht. Stell dir vor ein solcher Mensch zu sein: Alles an dir ist Plastik – plastische Nieren, ein plastisches Herz und eben alles Plastik, die Haut aus Plastik und innen auch alles – kannst du dich dann noch gesund nennen? Wirst du dich je wohl in deiner „Haut“ fühlen? Nein! Aber krank wirst du auch nicht sein, das stimmt. Die Mücken können dir nichts anhaben; du kannst seelenruhig meditieren, sie können dich nicht stechen. Aber du bist in einem Panzer eingesperrt und vollkommen von der Natur abgeschnitten – ohne sogar atmen zu müssen, denn das ganze Ding könnte mit Batterie laufen. Stell dir nur einmal vor, du bist völlig eingekapselt in so einen mechanisierten Apparat: Kannst du da überhaupt gesund sein? Du kannst nie krank sein, richtig, aber auch nie gesund. Und wenn du dich verlieben solltest, könntest du nicht deine Hand aufs Herz legen – denn da ist nichts als Kunststoff. Und das wird so kommen, wenn man nicht anfängt auf Heraklit zu hören.

Aristoteles hat den Dachschaden – nicht Heraklit! Aristoteles irrt sich, nicht Heraklit.

Durch Krankheit wird Gesundheit schön,
Durch das Schlechte wird das Gute gut.

Er gibt immer mehr zu knacken auf. Wir können gerade noch zugeben, dass es ohne Krankheit keine Gesundheit geben kann, okay. Aber dann sagt er, dass erst durch das Böse das Gute schön wird, dass erst der Teufel Gott göttlich macht, dass erst durch die Sünder die Heiligen heilig werden.

Wenn die Sünder verschwinden, gibt es keine Heiligen mehr. Und ein wirklicher Heiliger ist zugleich auch ein Sünder. Es gibt also nur zwei Möglichkeiten: Die eine ist, dass ich der Heilige bin, du bist dann der Sünder. So haben es alle Religionen gemacht. Einfach eine Arbeitsteilung – du erledigst die Arbeit des Sünders und ich die des Heiligen. Aber wird es in einer besseren Welt – in einer Welt, die sich am Logos und nicht mehr an der Logik ausrichtet –, wird es da noch möglich sein, dem anderen die Rolle des Sünders aufzuzwingen und sich selbst als den Heiligen aufzuspielen? Ist es richtig, auf Kosten anderer ein Heiliger sein zu wollen? Nein, durchaus nicht. Dann, in jener besseren Welt, wird der Heilige auch der Sünder sein. Natürlich wird er auf eine sehr heilige Art und Weise sündigen, richtig. Aber das wird nicht so leicht sein.

Dazu muss man schon so sein wie Gurdjieff: Sünder und Heiliger zugleich. Gurdjieff stellt einen Wendepunkt in der Geschichte des menschlichen Bewusstseins dar: Nach Gurdjieff lässt sich das alte Konzept vom Heiligen nicht mehr aufrechterhalten. Er hat es vollkommen umgestülpt. Gurdjieff markiert den Wendepunkt, von dem an ein neuer Typus des Heiligen seinen Anfang nimmt. Darum ist Gurdjieff auch so sehr missverstanden worden, weil bis dahin galt, dass ein Heiliger ein Heiliger sein muss; er aber war beides. Es war schwierig, das zu verstehen: Wie kann ein Mann beides zugleich sein? Entweder ist er ein Heiliger oder ein Sünder. Und so haben sich um Gurdjieff undurchdringliche Gerüchte gewoben. Einige halten ihn für den teuflischsten Menschen, für einen Agenten des Teufels. Und andere halten ihn für den größten Weisen, den die Erde je geboren hat. Er war beides und beide Gerüchte stimmen – und stimmen auch nicht.

Anhänger von ihm halten ihn für den großen Weisen und versuchen den Sünder in ihm unter den Teppich zu kehren, denn auch sie können nicht verstehen, wie man beides zugleich sein kann. Also tun sie einfach so, dass die Sünder-Gerüchte erfunden sind und von Leuten stammen, die keine Ahnung haben. Und andere sind gegen ihn und halten den Weisen nicht für möglich und argumentieren: „Wie kann ein solcher Verbrecher ein Weiser gewesen sein? Unmöglich! Beides zusammen kann nicht in ein und demselben Menschen existieren."

Ihr könnt immer nur eines, die eine Seite unterdrücken und die andere vortäuschen. Die eine Seite könnt ihr ins Unbewusste verdrängen und die andere Seite könnt ihr an die Oberfläche lassen, aber dann wird euer Heiliger nur hauchdünn sein und euer Sünder wird tief, sehr tief, bis in eure Wurzeln dringen. Oder genau umgekehrt: Ihr könnt den Sünder auf der Haut tragen und den Heiligen unterdrücken – alle Verbrecher machen das. Die eine Möglichkeit ist die, den Sünder zu unterdrücken, aber dieser Sünder wird sich dann anders bemerkbar machen, denn wir sind eins.

Heraklit sagt: Eine private Intelligenz gibt es nicht. Wir sind eins! Bewusstheit ist etwas Allgemeines, ist Gemeinschaft. Wir existieren als ein Netz. Und wenn ich meinen Sünder verdränge, dann wird der Sünder irgendwo an einem dünneren Glied der Kette auftauchen. Ram ist ein Heiliger, und so kommt der Sünder in Ravana hoch. Sie gehören beide zusammen, sind eine einzige Erscheinung. Jesus ist ein Heiliger und Judas, der Jünger, der ihn am tiefsten liebte, wird zum Sünder.

Die Heiligen haben die Sünder auf dem Gewissen und die Sünder verhelfen den Heiligen zur Heiligkeit. Aber das ist nicht gut so. Wenn ich etwas so tief aus meinem Bewusstsein verdränge, dass es in das kollektive Unbewusste eingeht...

Denn so ist die Beschaffenheit des Menschen; das Bewusste bildet nur die oberste Schicht; es sieht privat aus, scheint privat zu sein. Darunter liegt eine tiefere Schicht von Unbewusstem, auch diese Schicht hat noch etwas Privates an sich, weil sie dem Bewussten noch relativ nahesteht. Dann gibt es die dritte Schicht kollektiver Unbewusstheit, die nichts Privates mehr enthält, die öffentlich ist, die sogar universell ist. Wenn ich also etwas unterdrücke, geht es zunächst in mein Unbewusstes und verursacht dort Störungen. Wenn ich es aber wirklich tief unterdrücke, immer weiter unterdrücke und mit allen Methoden und Kniffen so verdränge, dass es auch noch aus meinem eigenen Unbewussten verschwindet, dann gibt es irgendwo einen Schwachen, der es irgendwie aufschnappt. Durch den Druck meiner Verdrängung angetrieben, schlägt es sich woanders wieder zur Oberfläche durch und bricht irgendwo hervor. Dann bin ich Ram und ein anderer wird zu einem Ravana. Dann bin ich Christus und ein anderer wird zu einem Judas.

Erst neulich schrieb mir ein Sannyasin, der hier ist, einen Brief und sagte: „Du bist Christus und ich bin Judas." Aber ich kann ihn trösten, dass das nicht möglich ist – denn ich bin beides. Bei Jesus war das noch möglich, aber nicht mehr bei mir. Diese

Möglichkeit lasse ich nicht zu. Was für eine Art von Heiligen stelle ich mir also vor? Ein Heiliger, der den Gegensatz nicht verdrängt, sondern ihn zu nutzen weiß, einer, der gegen nichts ist, sondern die Dinge neu arrangiert. In der größeren Harmonie, die er schafft, wird Böses gut. In dieser Harmonie haben sogar die verworfenen Dinge ihren Platz. Und es ist eine große Kunst, beides zusammen zu sein. Es ist die größte Kunst überhaupt, denn man muss erst die verborgene Harmonie zwischen den Gegensätzen suchen – wo man weder das eine noch das andere ist, sondern beides. Selbst Gift kann als Elixier gebraucht werden, aber dann muss man sehr, sehr vorsichtig damit umgehen. Es gehört viel Bewusstheit dazu, Gift als Elixier einzusetzen, das Böse gut zu verwenden, den Teufel als Gott zu nutzen. Auch das meint Heraklit mit seiner verborgenen Harmonie. Er sagt:

Durch das Schlechte wird das Gute gut,
Durch Hunger: Sättigung,
Durch Mühe: Schlaf.

Das Gute und das Böse, die Krankheit und die Gesundheit, der Sünder und der Heilige.

Lebendig oder tot sein,
Schlafend oder wach, jung oder alt – alles ist eins.
Das eine schlägt jeweils ins andere um,
Und umgekehrt –
Mit einer schnellen, unverhofften Wendung.

Es ist ein Rad – *Yin* und *Yang*, Gut und Böse, Männliches und Weibliches, Tag und Nacht, Sommer und Winter. Es ist ein Rad, alles durchdringt sich gegenseitig und kommt so wieder zu sich selbst zurück! Es ist ewige Wiederkehr.

Erst werden die Dinge auseinandergesprengt,
Dann wieder zusammengefügt.

Wir haben uns schon früher einmal getroffen; jetzt treffen wir wieder zusammen. Wir haben uns schon früher getroffen! Dann trieb uns die Natur auseinander; und jetzt wieder zusammen. Das ist ebenfalls mit der ersten Zeile gesagt: „Wir steigen in dieselben Flüsse und tun es doch nicht." Wir treffen uns wieder – aber nicht als dieselben. Aber getroffen haben wir uns schon. Diese Vorstellung ergriff Besitz von einem der größten Genies des vorigen Jahrhunderts – Friedrich Nietzsche. Er war so sehr davon besessen, dass er darüber vollkommen wahnsinnig wurde: von der Vorstellung der ewigen Wiederkehr. Er sagt, dass alles schon einmal da war, jetzt da ist und in Zukunft wieder da sein wird. Nicht völlig identisch und doch dasselbe. Das sieht sehr wunderlich aus, nicht wahr: dass ihr mir schon viele Male zugehört habt – und nun wieder zuhört. Sehr merkwürdig sieht es aus, befremdlich; ihr fühlt euch nicht gerade wohl bei dem Gedanken. Aber so ist es. Denn die Natur bringt Menschen zusammen und treibt sie dann wieder auseinander, nur um sie am Ende wieder zusammenzubringen.

Kein Abschied ist endgültig. Keine Vereinigung ist ewig. Zusammenkunft ist nichts als eine Vorbereitung zur Trennung. Und die Trennung nichts als eine Vorbereitung zum Wiedersehen. Und das ist schön; das ist sehr, sehr schön!

Wir steigen in dieselben Flüsse – und tun es doch nicht.
Erst werden die Dinge auseinandergesprengt,
Dann wieder zusammengefügt.
Alles kommt zu seiner Zeit.

Hier erreicht das Bewusstsein Heraklits seinen Gipfel. Lasst dies tief in euch eindringen. Lasst es in eurem Blut kreisen und in eurem Herzen schlagen. Lasst es zum Takt eures Lebens werden:

Alles kommt zu seiner Zeit.

Viele Dinge sind damit gesagt. Eines davon ist: Du brauchst dir keine große Mühe zu machen. Wenn du dich zu sehr anstrengst, könnte das sogar zur Barriere werden, denn nichts kommt vor seiner Zeit. Alle Dinge kommen zur vorbestimmten Zeit. Zu viel Anstrengung ist gefährlich. Zu viel Anstrengung kann heißen, dass du die Dinge herbeizwingen willst, wenn die Zeit noch nicht reif ist. Aber das soll nicht heißen, dass du dir nun überhaupt keine Mühe geben sollst. Denn wenn du überhaupt nichts dazu tust, kann es sein, dass die Dinge nicht einmal zur vorbestimmten Zeit erscheinen. Es kommt auf das richtige Maß von Anstrengung an.

Was tut ein Bauer? Er beobachtet die Jahreszeiten am Himmel: Jetzt ist es Zeit zu säen – und so sät er! Nicht vorher, nicht nachher. Der Bauer wartet ganz einfach den richtigen Augenblick ab, dann sät er. Dann wartet er und singt. Dann schläft er nachts und wartet ab und beobachtet. Was immer es zu tun gibt, das tut er, aber ohne jede Eile.

Darum sind Länder, die seit Urzeiten agrarisch leben, niemals in Eile. Länder, die dagegen technisiert und industrialisiert sind, haben keine Minute zu verlieren – denn Technologie bedeutet, dass du Dinge außerhalb der Saison hervorbringen kannst. Länder, die seit Tausenden von Jahren von der Landwirtschaft gelebt haben und es heute noch tun, haben keine Eile, haben kein Zeitgefühl. So kommt es zum Beispiel in Indien täglich vor, dass jemand sagt: „Ich komme Punkt fünf Uhr" und er kommt dann um zehn Uhr abends. Und man fragt sich, was das wohl für ein Mensch ist … einfach kein Zeitgefühl! Ein Bauer teilt die Zeit nicht in Stunden ein. Er sagt: „Ich komme am Abend."

Abend kann heißen vier Uhr, sechs Uhr, acht Uhr. Oder er

sagt: „Ich komme am Morgen." Das kann alles heißen, von vier bis zehn Uhr. Stunden gibt es für ihn nicht. Es kann für ihn keine geben, und zwar deshalb nicht, weil er nach Tages- und Jahreszeiten lebt.

Das Jahr ist nicht nach Monaten, sondern nach Jahreszeiten gegliedert – Sommer und Winter – und der Bauer muss warten. Er kann sich nicht beeilen. Was soll er mit den Saatkörnern anderes anfangen als warten? Sie würden nicht auf ihn hören. Man kann sie nicht zur Schule schicken und ihnen beibringen, schneller zu wachsen.

Sie kümmern sich um nichts, sind nicht in Eile. Sie warten einfach in der Erde ab. Und wenn die Zeit kommt, sprießen sie und wachsen ganz von allein. Du bist ihnen egal, so ungeduldig du auch sein magst, so sehr du dir darüber auch den Kopf zerbrichst, wie du ihnen Beine machen kannst. Du kannst sie nicht überreden, du kannst ihnen nicht gut zureden – sie nehmen sich die Zeit, die sie brauchen. Das Gemüt eines Bauern wird zu einem tiefen Abwarten. Werdet wie der Bauer. Wenn ihr den Samen der Erleuchtung sät, der Erkenntnis, der Meditation, dann seid wie der Bauer, nicht wie der Technologe. Seid nicht in Eile – es lässt sich nichts vorantreiben. Tut alles, was es zu tun gibt, dann wirkt sich das auf unmerkliche Weise zerstörerisch aus. Der Eifer selbst wird zum Hindernis.

Alles kommt zu seiner Zeit.

Und dann fragt nicht nach dem Ergebnis. Es kommt zu seiner Zeit. Passiert es heute – schön. Wenn nicht, dann weiß der verständnisvolle Mensch, der Intelligente, der Klarsichtige, dass die Zeit noch nicht reif ist.

Wenn die Zeit reif ist, wird es geschehen. Er wartet: Er ist nicht kindisch. Die kindische Einstellung besteht darin, etwas sofort haben zu wollen. Wenn ein Kind mitten in der Nacht ein Spielzeug haben will, dann will es das jetzt. Es kann dich nicht begreifen, es kann dich nicht verstehen, wenn du sagst, dass es erst den Morgen abwarten muss – „weil jetzt die Läden geschlossen sind." Das Kind hält das nur für faule Ausreden. Es will sein Spielzeug jetzt, hier, sofort. Es glaubt, du willst es nur mit irgendwelchen Tricks ablenken, wenn du sagst, dass jetzt um Mitternacht die Läden geschlossen sind. Was hat das denn mit seinem Spielzeug zu tun? Und warum sind die Läden nachts nicht offen? Was ist verkehrt mit Mitternacht? Und es weiß, dass es am Morgen die ganze Sache sowieso vergessen haben wird. Und den Erwachsenen ist nicht zu trauen! Wenn es jetzt einschläft, dann hat es am Morgen alles vergessen. Deshalb muss es jetzt sein.

Und ein Land, das unreif ist, eine kindische und unreife Zivilisation, will auch alles sofort: *Nes*cafe, *Nes*-Liebe, *Nes*-Erleuchtung. Das ist es, was Maharishi Mahesh Yogi tut: Er bietet *Nes*-Erleuchtung an – sofort löslich. Zehn Minuten täglich sagst du dein Mantra und nach vierzehn Tagen bist du erleuchtet... etwas naiv, nicht wahr? Nein, die Natur gibt nichts auf eure Forderungen. Die Natur folgt ihrem eigenen Lauf. Das meint Heraklit, wenn er sagt: „Alles kommt zu seiner Zeit." Warte! Gib dir die nötige Mühe und dann warte. Und bestehe nicht auf schnellen Ergebnissen, sonst führt deine Ungeduld nur dazu, dass du länger und länger darauf warten musst. Wenn du warten kannst, voller Geduld, passiv und doch hellwach, mit offenen Augen, ganz wie der Bauer, dann wirst du erreichen, was du suchst. Wenn du dich überstürzt, verfehlst du es. Wenn du zu zeitbewusst bist, kannst du dich nicht auf Meditation einlassen – denn Meditation ist Zeitlosigkeit. Und vergiss nie: Sobald du reif bist, wird es geschehen. Und Reife kommt zu ihrer Zeit.

Ein junger Mann kommt zu mir und sagt: „Ich bin voll von dynamischer Spannung." Ein junger Mann muss voller Dynamik sein. Er sagt: „Ich hätte gern mehr Abstand von den Dingen". Aber damit fragt er nach etwas, wofür die Zeit noch nicht gekommen ist. Ein junger Mann muss sich voll ins Leben stürzen. Wer Bindungen nie durchlitten hat, kann niemals in die Loslösung hineinwachsen. Und wenn du die Loslösung herbeizwingst, bringst du dein ganzes Leben durcheinander, denn dann hast du die rechte Zeit für Bindungen versäumt. Du hast die Zeit damit verbracht die Loslösung zu erzwingen. Und wenn die Zeit gekommen ist Abstand vom Leben zu gewinnen, wenn du alt geworden bist, umgibt dich immer noch der verdrängte Teil wie eine Nebelwolke, du spürst den Tod näherkommen und plötzlich hast du Angst. Der verdrängte Teil sagt: „Wann komm ich denn nun endlich mal dran? Ich wollte immer lieben, ich wollte mich binden, wollte mich in eine Beziehung stürzen und mich ganz darin verlieren… und jetzt ist dazu keine Zeit mehr übrig?!" Jetzt bricht der verdrängte Teil plötzlich durch und der Mann wird in seinem Alter noch zum Narren und sucht verzweifelt nach Beziehungen. Er hat alles versäumt. Er hat alle Jahreszeiten verfehlt. Denkt daran: Bleibt im Takt mit den Gezeiten!

Wenn die Zeit für Dynamik da ist, überlasse dich der Dynamik. Was ist Schlimmes dabei? Denn wenn du dich nicht anspannst, wie willst du dich ausspannen können? Wenn du nicht wütend wirst, wie kannst du dann mitfühlend werden? Wenn du dich nicht auf die Liebe einlässt, wie willst du dann über sie hinauswachsen? Alles zu seiner Zeit. Und die rechte Zeit kommt von allein. So ist es immer gewesen und so wird es immer sein. Das Sein ist unendlich und du kannst ihm nicht deine eigenen Vorstellungen vorschreiben. Du musst beobachten, wohin es will, und dich dem dann fügen.

Das ist der Unterschied zwischen einem dummen und einem weisen Menschen. Ein Dummkopf will immer den Fluss antreiben, seinen Wunschvorstellungen entsprechend. Ein Weiser hat keine eigenen Vorstellungen. Er beobachtet einfach, wohin sich der Fluss der Natur wendet; dann folgt er diesem Fluss. Er hat kein Ego, das den Fluss vorantreiben will; er legt sich nicht mit der Natur an. Er versucht nicht die Natur zu besiegen; er sieht ein, was das für eine Dummheit wäre; sieht ein, dass es unmöglich ist, sie zu besiegen.

Wie kann der Teil je das Ganze überwinden wollen?

Nein, der Weise fügt sich, er wird zum folgsamen Schatten. Er geht mit der Natur, wohin sie auch will. Er wird wie eine weiße Wolke, die am Himmel zieht, ohne zu wissen wohin; aber sorglos. Sorglos, weil er die Richtung dem Wind überlässt. Wohin der ihn trägt, dort ist das Ziel. Es steht nicht fest. Die Natur mag dich führen, wohin sie will: Wenn du dich ihr ganz und gar anvertraust, macht sie dich selig, wo es auch sei.

Das Ziel ist überall; du musst die Natur nur gewähren lassen. Jeder Augenblick ist Erfüllung – du musst es nur zulassen. Nur zulassen: Lass dich los, gib dich hin und – dafür leg ich die Hand ins Feuer: Alles kommt zu seiner Zeit.

ÜBER OSHO

OSHOS LEHREN widerstehen jeglicher Kategorisierung, sie reichen von der persönlichen Sinnsuche bis hin zu den dringendsten sozialen und politischen Fragen, mit denen die Welt heute konfrontiert ist. Seine Bücher wurden aus zahllosen Tonband- und Videoaufnahmen transkribiert. Er hat über einen Zeitraum von 35 Jahren vor einer internationalen Zuhörerschaft stets aus dem Stegreif gesprochen. Er sagte: „Denkt daran, was immer ich sage, ist nicht nur für euch … ich spreche auch für die kommenden Generationen."

DER LONDONER *Sunday Times* zufolge zählt Osho zu den „1000 Machern des 20. Jahrhunderts"; der amerikanische Romanautor Tom Robbins hat ihn einmal „den gefährlichsten Mann seit Jesus Christus" genannt. *Sunday Mid-Day* (Indien) hat Osho als einen der zehn Menschen bestimmt, die das Schicksal Indiens verändert haben – wie Gandhi, Nehru und Buddha.

OSHO SELBST BESCHREIBT SEIN WERK als „Beitrag, die Voraussetzungen für die Entstehung einer neuen menschlichen Lebensweise zu schaffen". Diesen neuen Menschentypus hat er immer wieder als „Sorbas der Buddha" umschrieben – also einen Menschen, der nicht nur wie Sorbas der Grieche die irdischen Freuden zu schätzen weiß, sondern ebenso sehr die stille Heiterkeit eines Gautam Buddha.

WIE EIN ROTER FADEN zieht sich durch alle Aspekte von Oshos Arbeit die Vision einer Verschmelzung der zeitlosen Weisheit des Ostens mit den höchsten Potenzialen westlicher Wissenschaft und Technik. Vor allem seine revolutionären Ansätze zur Wissenschaft der inneren Transformation haben Osho berühmt gemacht. Seine innovativen „aktiven Meditationen" basieren auf dem Gedanken, dass erst der in Körper und Geist angesammelte Stress abgebaut werden muss, um, frei von Gedanken und entspannt, einen meditativen Zustand zu erfahren.

www.osho.com

DAS OSHO INTERNATIONAL MEDITATION RESORT

LAGE: Etwa 120 Kilometer südöstlich von Mumbai, in der prosperierenden Stadt Pune gelegen, ist das *Osho International Meditation Resort* ein Urlaubsort der besonderen Art. Das Meditationsgelände erstreckt sich über ca. 15 Hektar inmitten eines von prächtigen alten Baumalleen gesäumten Villenviertels.

BESONDERHEIT: Jedes Jahr empfängt das Ressort Tausende Menschen aus über 100 Ländern. Auf dem Campus gibt es die Möglichkeit, direkt Erfahrungen mit einem anderen Lebensstil zu machen – durch mehr Bewusstheit, Entspannung, Festivitäten und Kreativität. Es gibt eine Vielzahl an Programmen die rund um die Uhr und über das ganze Jahr hin angeboten werden. Nichts zu tun und zu entspannen, ist eine davon. Alle Programme gründen auf Oshos Vision von „Sorbas, dem Buddha" – einer qualitativ neuen Art von Mensch, der nicht nur sein Alltagsleben schöpferisch zu gestalten vermag, sondern auch Zugang zu entspannter Stille und Meditation findet.

MEDITATIONEN: Es werden täglich und regelmäßig Meditationen unterschiedlichster Art angeboten – aktive und passive Methoden, traditionelle und revolutionäre, und ganz besonders natürlich, die von Osho entwickelten *Aktiven Oho Meditationen.* Sie alle finden in der wahrscheinlich weltgrößten Meditationshalle, dem Osho Auditorium, statt.

MULTIVERSITY: Hier kann man Einzelsitzungen, Kurse und Trainings zu unterschiedlichen Themen buchen – von den bildenden Künsten bis hin zu ganzheitlichen Heilmethoden, von persönlicher Transformation bis hin zu Therapie, esoterischer Wissenschaft, Sport- und Fitnessprogrammen mit Zen-Akzent. Das Geheimnis des Erfolgs der *Multiversity*, liegt darin, dass alle

Programme immer mit Meditation verknüpft sind, um das Verständnis zu fördern, dass wir menschlichen Wesen mehr sind als die Summe aller Teile.

BASHO SPA: Das luxuriöse Basho Spa hat einen großzügigen Pool unter freiem Himmel, der von Bäumen und tropischem Grün gesäumt ist. Das weitläufige Jacuzzi, die Sauna, das Gym, der Tennisplatz ... all diese Plätze liegen in einer ausgesprochen ästhetisch gestalteten Umgebung.

KÜCHE: Es gibt stets eine Auswahl köstlicher vegetarischer Gerichte in westlicher, asiatischer und indischer Ausrichtung. Das Meiste davon wird speziell für das Ressort organisch angebaut. Brot und Kuchen werden in der hauseigenen Bäckerei gebacken.

NACHTLEBEN: Die Nummer 1 der Abendveranstaltungen ist das Tanzen, neben Vollmond-Meditationen unterm Sternenhimmel, Varietétheater, Musikveranstaltungen und Meditationen. Man kann auch Leute am *Plaza Café* treffen oder einen Spaziergang durch die Gärten in dieser märchenhaften Umgebung machen.

INFRASTRUKTUR: Alle wesentlichen Dinge kann man in der Galeria einkaufen. In der *Multimedia Gallery* bekommt man alle *OSHO Media Produkte.* Es gibt eine Bank, ein Reisebüro und ein Internetcafé auf dem Campus. Für alle die gerne auf Shoppingtour gehen: Man findet in der Stadt sowohl gute traditionelle Produkte, wie auch weltbekannte Markenläden.

UNTERBRINGUNG: Man kann sich im eleganten *Osho Guesthouse* einmieten oder sich für längere Aufenthalte zum *Living-In Programm* anmelden. Zusätzlich gibt es noch zahlreiche Hotels und Appartements in der direkten Umgebung.

www.osho.com/resort

OSHO
VERSTEHE DICH SELBST
DIE PSYCHOLOGIE DER BUDDHANATUR
240 Seiten, Broschur
ISBN 978-3-942502-17-7

- Psychoanalyse und Beichte bringen vorübergehend Erleichterung
- Verhaltenstherapie verändert die Peripherie
- Ändert sich aber das Bewusstsein, ändert sich das Verhalten ganz von selbst

Wenn Freuds Psychologie eine Psychologie des Pathologischen ist und Maslows Psychologie, die Psychologie des Gesunden, dann ist Oshos Psychologie, die Psychologie der Buddhas. Osho fängt beim Körper an und geht Schritt für Schritt bis zum Transzendentalen, vom Bekannten bis zum Unerkennbaren und durchdringt so mit unbestechlichem Scharfblick die letzten Winkel unseres Daseins. Dabei gilt es, weder das Rationale noch das Irrationale zu verleugnen, weder Intellekt und Wissenschaft, noch Gefühl und Religion. Der Mensch muss fließend, „flüssig" bleiben, fähig sein, von einem Pol zum anderen zu wechseln.

www.innenwelt-verlag.de